*Baedeker*

**Allianz**  **Reiseführer**

# Florida

www.baedeker.com

Verlag Karl Baedeker

# TOP-REISEZIELE ✱ ✱

»Fun in the Sun« – so lautet einer der zahlreichen Slogans, mit denen die Werbestrategen auf die Vorzüge des »Sunshine State« hinweisen. Und tatsächlich: Nirgendwo sonst in den USA scheint die Sonne länger als in St. Petersburg, nirgendwo sonst in den USA gibt es so viele tolle Badestrände wie in Florida und nirgendwo sonst in den USA gibt es so viele Vergnügungsparks wie in Florida. Und dann gibt es in Florida auch noch die älteste Stadt der USA!

**Ein Eldorado für Muschelsammler**
*sind die Strände von Sanibel & Captiva.*

**Ein reges Nachtleben**
*herrscht am Ocean Drive in Miami Beach.*

©Baedeker

16 Pensacola
15 Tallahassee
14 Amelia Island
13 St. Augustine
12 Cape Canaveral
• Kennedy Space Center
10 Walt Disney World
11 Orlando
9 Tampa
8 St. Petersburg
7 Sarasota
6 Palm Beach
5 Sanibel & Captiva Islands
2 Miami Beach
1 Miami
3 Everglades Nat. Park
4 Key West

### 8 ✶✶ St. Petersburg
Amerikas sonnenreichste Stadt wird neuerdings von jungen Leuten ebenso geschätzt wie seit Jahrzehnten schon von Ruheständlern.  ▶ Seite 348

### 9 ✶✶ Tampa
Jung, dynamisch, aber auch traditionsbewusst zeigt sich die Hafenstadt an der Tampa Bay mit der hübsch restaurierten Ybor City.  ▶ Seite 379

### 10 ✶✶ Walt Disney World
Micky Maus und Konsorten sowie neueste High-Tech-Attraktionen ziehen Groß und Klein in ihren Bann.  ▶ Seite 389

### 11 ✶✶ Orlando
Hier locken Mega-Parks wie Universal Studios, SeaWorld usw. Gäste aus aller Welt an.  ▶ Seite 303

### 12 ✶✶ Cape Canaveral Kennedy Space Center
Den US-Weltraumbahnhof muss man gesehen haben!  ▶ Seite 125

### 13 ✶✶ St. Augustine
Auf ihr kolonialspanisches Erbe ist die älteste Stadt der USA stolz.  ▶ Seite 338

### 14 ✶✶ Amelia Island
Die Insel kann mit traumhaft schönen Stränden und einer interessanten Historie aufwarten.  ▶ Seite 148

### 15 ✶✶ Tallahassee
Südstaaten-Atmosphäre umfängt einen in Floridas Hauptstadt.  ▶ Seite 371

### 16 ✶✶ Pensacola
Eine restaurierte Altstadt und tolle Strände locken hier.  ▶ Seite 330

# DIE BESTEN BAEDEKER-TIPPS

**Von allen Baedeker-Tipps in diesem Buch haben wir hier die interessantesten für Sie zusammengestellt! Erleben und genießen Sie die Halbinsel Florida von ihrer schönsten Seite.**

### ▮ Ermäßigte Eintrittsgebühren
Wer während seines USA-Aufenthaltes mehr als einen Nationalpark besuchen möchte, für den lohnt sich der Pass »America the Beautiful«. ▸ **Seite 99**

### ▮ Für Krimi-Fans
Das Pendant zu Agatha Christies »Mord im Orient-Express« heißt in Florida »Murder Mystery Train«. Wer sich für eine Zugfahrt mit Gänsehaut-Garantie interessiert, wende sich an die Eisenbahngesellschaft »Seminole Gulf«. ▸ **Seite 123**

### ▮ Billig Bus fahren
Florida kann man gut mit Bussen der Firma Greyhound erkunden. Besonders preisgünstig kommt man mit dem »Greyhound AmeriPass« durchs Land. ▸ **Seite 136**

### ▮ Raketenstarts live
Gar nicht weit weg vom US-Weltraum-Bahnhof Cape Canaveral, vom Jetty Park in Port Canaveral, kann man Raketenstarts beobachten. ▸ **Seite 164**

### ▮ Easy Rider ...
In Daytona, der Stadt der heulenden Motoren, gibt es nicht nur Renn-Boliden, sondern auch einen der größten Harley-Davidson-Läden der Welt, der seine heiß begehrten Motorräder auch gerne für eine Schnuppertour ausleiht. ▸ **Seite 178**

### ▮ Unter Wasser schlafen ...
... kann man auf den Florida Keys, genauer gesagt in einer zur »Jules' Undersea Lodge« umgebauten ehemaligen Unterwasser-Forschungsstation. ▸ **Seite 190**

**Easy Rider**
*in Daytona Beach*

**Aus der Vogelperspektive**
*lernt man Florida bei einem Flug mit dem Doppeldecker kennen.*

## 🔲 Nachtschwärmer aufgepasst!

Toller Live-Jazz ist jede Nacht in Fort Lauderdale zu hören und zwar im »O' Hara's Jazz & Blues Café«, den man auch in Jeans betreten darf. ► Seite 200

## 🔲 Für Schnäppchenjäger

Wer edle Markenware (Nike, Reebok, Tommy Hilfiger usw.) preiswert erwerben will, kann dies in der Nähe von Fort Walton Beach tun. ► Seite 215

## 🔲 Einen traumhaften Sonnenuntergang

erlebt, wer gegen Abend mit einem Charterboot von Key West aus aufs Meer hinausfährt. ► Seite 237

## 🔲 Fallsüchtige

kommen am Lake Okeechobee auf ihre Kosten. Hier können sich Fallschirm-Novizen als Tandem-Springer mit Profis aus Flugzeugen stürzen. ► Seite 247

## 🔲 Abenteuerliche Kanu-Touren

lassen sich auf dem Chipola River unternehmen, der sich durch Nord-floridas stark verkarstete Landschaft schlängelt. ► Seite 249

## 🔲 Leckere »Stone Crabs«

gibt es von Oktober bis März bestens zubereitet im Fischrestaurant »Joe's Stone Crab« in Miami Beach ► Seite 284

## 🔲 Von Baum zu Baum

schwingen – wie weiland Tarzan und Jane – lässt es sich am Quelltopf der Juniper Springs im urwaldähnlichen Ocala National Forest. ► Seite 301

## 🔲 Sehr gute Tropfen

bekommt man eine halbe Autostunde westlich von Orlando in der »Lakeridge Winery« serviert, einer der besten der immer zahlreicher werdenden Wein-kellereien Floridas. ► Seite 315

## 🔲 Per Rad an der Golfküste entlang

Eine frühere Eisenbahntrasse an der Sonnenküste von St. Petersburg ist kürzlich zum komfortablen Radweg umgebaut worden. ► Seite 354

## 🔲 Mit dem Propellerboot in den Urwald

Solche Abenteuer mit Alligatoren-Kontakt werden im Myakka River State Park bei Sarasota geboten. ► Seite 367

**Lecker zubereitete Schalentiere**
*bekommt man in Miami Beach serviert.*

**Mit Alligatoren**
*Bekanntschaft macht, wer sich in den Urwald am Myakka River wagt.*

**Postmoderne
Architektur**
*in Miami*
► Seite 54

# HINTERGRUND

**Sonne, Sand, Meer …**
*Badeurlaub an Miamis South Beach*
► Seite 75

**Ob Spiderman davonkommt?**
*bei Universal in Orlando*
*erfährt man´s*
▶ **Seite 303**

# TOUREN

**See you later ...**
*... alligator!*
▶ **Seite 182**

**Schaut, schaut …**
*… ein Astronaut in Cape Canaveral*
▶ **Seite 157**

# REISEZIELE VON A bis Z

**Mit dem Lufttaxi unterwegs …**
*… zu den Florida Keys*
▶ **Seite 188**

**Pastellfarbene
»Augenbrauen«**
*Art Deco in Miami Beach*
▶ **Seite 288**

nachdenken · klimabewusst reisen
**atmosfair**

**Preiskategorien**

*Hotels:*
*Luxus: ab 150 $*
*Komfortabel: ab 100 $*
*Günstig: ab 35 $*
*(Doppelzimmer pro Nacht)*

*Restaurants:*
*Fein & teuer: ab 40 $*
*Erschwinglich: ab 20 $*
*Preiswert: ab 8 $*
*(Hauptgericht ohne Getränk)*

**Das macht Spaß!**
*Mit Micky Maus durch das »Magic Kingdom«*
▶ **Seite 389**

# Hintergrund

WISSENSWERTES ÜBER NATUR,
LANDSCHAFT UND KLIMA, ÜBER
GESCHICHTE, WIRTSCHAFT UND
KULTUR, ÜBER DIE MENSCHEN
UND DEN ALLTAG, NATÜRLICH AUCH ÜBER
ALLIGATOREN, MICKYMÄUSE UND RAKETEN –
ALLES FINDET MAN IN DIESEM BUCH.

# FUN IN THE SUN

**So viel zu tun – so wenig Zeit: Diesen Stoßseufzer hört man in Florida von Besuchern immer wieder. Zu Recht, denn das Freizeitangebot des Sunshine State ist überwältigend. Unmöglich, alles auf einer Reise zu sehen! Auch sollte man den Urlaub nicht nur am Strand oder in Vergnügungsparks verbringen. Denn Florida ist – natürlich – viel mehr als Sonne, Sand und Micky Maus.**

Erst war da die umstrittene Stimmzettelauswertung während der Wahl des US-Präsidenten George W. Bush im Jahre 2000, dann kamen die Terrorangriffe des 11. September 2001, deren Schockwellen auch in Florida zu schweren Einbrüchen im Tourismus führten. Und kaum hatte sich der wichtigste Wirtschaftszweig des Bundesstaats von den Verlusten erholt, richtete im Sommer 2004 ein Hurrikan-Quartett schlimme Verwüstungen an und ließ in Florida die Buchungszahlen wieder auf das Niveau der Tage nach dem 11. September stürzen. Florida hatte es wahrlich nicht leicht! Doch trotz Milliarden-Schäden – betroffen waren vor allem die Ferienregionen an der Westküste – meldete der Sonnenstaat bald wieder »business as usual«: Die meisten Feriengebiete, darunter Miami und die Florida Keys, waren von den tropischen Wirbelstürmen ziemlich unberührt geblieben. Unter einem neuerlichen Rückschlag hatten 2010 vor allem die Urlauberstrände

**Relaxen ist angesagt**
*am feisandigen South Beach von Miami Beach*

im Westteil des Florida Panhandle zu leiden, als diese von der Ölpest der Deepwater-Horizon-Havarie heimgesucht wurden.

## True Lies – Wahre Lügen

Dass die Gäste auf Dauer wegbleiben, ist auch angesichts der seit 2007 währenden Immobilien- und Finanzkrise und der Ölpest von 2010 kaum zu befürchten, auch wenn der »Sunshine State« besonders stark betroffen ist. Florida steht für entspannte Ferien unter Palmen, man denkt an Alligatoren in den Everglades, an Flamingos und Cocktails am Beach. Miami, seit der Krimi-Kult-Serie »Miami Vice« ein Synonym für sonnengebräunte Körper und pastellfarbene Sonnenuntergänge, bedeutet heiße Nächte und schöne Menschen auf

**Orangen satt**
*Dank langer Sonnenscheindauer gedeihen in Florida die Orangen prächtig.*

**Glasklare Quellteiche**
*laden vor allem in Nordflorida zum Baden ein.*

**Spaceship Earth**
*Das »Raumschiff Erde« ist eines der Wahrzeichen der Disney World bei Orlando.*

**Mit Alligatoren, ...**
*... auch mit kleinen, macht man
auf der Halbinsel Florida
häufig Bekanntschaft.*

**Traditionelles Handwerk**
*sieht man bei den Miccosukee-Indianern
in den Feuchtgebieten der Everglades.*

**Art-Deco-Architektur**
*in allen möglich Formen
studiert man am besten
in Miami Beach.*

MTV-Awards-Parties. Florida, das bedeutet: Mit Delfinen schwimmen wie einst Bud und Sandy Ricks mit dem klugen Flipper und an luftigen Strandbars versacken wie einst »Papa« Hemingway, Amerikas trinkfester Literat, der in Key West wilde Parties feierte, Schwertfische angelte und nebenbei einige seiner besten Bücher schrieb. Und keine Klischee-Parade wäre komplett ohne Floridas gigantische, das kann man ruhig so sagen, Themenparks, von Disney World in Orlando bis zum Kennedy Space Center in Cape Canaveral. Kurz und gut: Man denkt an Kurzweil bei tropischen Temperaturen. Floridas Freizeitangebot ist so riesig wie die Cumuluswolken über den Keys.

## Entspannt im Hier und Jetzt

Wer länger bleibt, wird vor allem Floridas zwanglosen Lebensstil schätzen lernen. Nirgendwo sonst auf dem Kontinent scheint der Himmel blauer, der Sand weicher und die Wärme angenehmer zu sein als hier. Das sind beste Rahmenbedingungen für eine tropische Version des »american way of life«, die Freiheit und Freizeit, Sand und Sonne, Offenheit und Optimismus zu einem verführerischen Cocktail mixt. Zwangsläufig ist man an den palmengesäumten Stränden, auf dem heißen Sand und den tropischen Inseln nicht ganz allein. Inzwischen kommen jährlich über 50 Millionen Besucher nach Florida. Der »Sunshine State« ist aber mehr als ein Touristenparadies. Kenner behaupten sogar, Florida gehöre zu den am wenigsten verstandenen Gegenden der USA. Mit bis zu 1000 Zuwan-

derern pro Tag ist es noch weit davon entfernt, politisch und gesellschaftlich ein »fertiger« Bundesstaat zu sein.

**Die Metropole wächst**
*Kaum eine andere Stadt der USA hat sich so stürmisch und dynamisch entwickelt wie Miami.*

## Langeweile? No thanks!

Tatsächlich ist es von den Liegplätzen bronzefarbener Sonnenanbeter zum idyllischen, nur Naturfreunden bekannten Strand oft nur ein Frisbeescheibenwurf. Nur Vogelbeobachtern bekannte Inseln mit Korallenriffen laden zum Schnorcheln ein. Und vor den Toren der modernen Städte können unberührte Wälder, Seen und riesige Sümpfe mit Alligatoren und anderem urweltlichem Getier liegen. Wer sich in Florida langweile, schrieb unlängst eine amerikanische Tageszeitung, gehöre eingesperrt.

# Fakten

**Was hat es mit den Everglades auf sich? Wo gibt es in Florida Berge und wo Korallenriffe? Welches sind die wichtigsten Wirtschaftszweige und in welchen Regionen leben die meisten Menschen?**

# Natur

## Flache Halbinsel

Der auf einer **Halbinsel** zwischen Atlantik und Golf von Mexiko auf der Höhe Nordafrikas gelegene »Sunshine State«« Florida ist der südöstlichste und am weitesten nach Süden reichende Bundesstaat der kontinentalen USA. Die Südspitze der Halbinsel **ragt bereits in den Tropengürtel hinein**. Von Key West bis nach Havanna auf der Karibikinsel Kuba sind es nur 145, von Miami Beach zu den Bahamas im Atlantik nur 100 Kilometer. Die größte Nord-Süd-Ausdehnung beträgt – gemessen von Pensacola nach Key West, 1342 Kilometer. Im Norden grenzt Florida an Georgia. Im Nordwesten berührt seine pfannenstielähnliche Fortsetzung, der so genannte Panhandle, den Bundesstaat Alabama.

◄ **Lage und Ausdehnung**

Mit 151 670 Quadratkilometern fast halb so groß wie Deutschland, belegt Florida Rang 22 unter den US-Bundesstaaten. Die Küstenlänge beträgt 3000 Kilometer (1280 Kilometer davon Strände), und selbst im Landesinnern ist das Meer nie weiter als 100 Kilometer entfernt.

◄ Fläche

Die Halbinsel Florida ist weitgehend flach. Die höchsten »Berge« sind der gerade mal 100 Meter hohe **Iron Mountain** bei Lake Wales und das 113 m über dem Meeresspiegel liegende **Lakewood** bei De-Funiak Springs im Nordwesten. Nur der **Panhandle** im Nordwesten ist sanft gewelltes Hügelland, mit einer von ausgedehnten Sumpfgebieten zerlappten **Golfküste** im Westen. Die **Atlantikküste** im Osten mit ihren flachen Buchten und Lagunen wird meist von vorgelagerten Sandbänken und Inseln, sog. Barrier Islands, geschützt. Rund 7800 Seen sprenkeln das Innere der Halbinsel.

◄ Höhe

Am Ende des Erdaltertums vor etwa 250 Mio. Jahren, als der damalige Superkontinent Pangaea zerbrach, war Florida noch ein kleiner Teil Gondwanas, also des Riesenkontinents auf der Südhalbkugel. Der Zerfall Gondwanas, der von intensiver vulkanischer Tätigkeit begleitet war, vollzog sich im Laufe des Erdmittelalters vor 230 bis 65 Mio. Jahren. Übereinstimmungen in der Gesteinsstruktur bezeugen, dass der heutige Südostzipfel der USA einstmals mit dem heutigen Westafrika verbunden war. Wie die heutigen Karibischen Inseln waren Florida und die östlich vorgelagerten Bahamas einstmals eine aus Vulkanen bestehende Inselgruppe.

◄ **Ein Blick in die Erdgeschichte**

Seit dem Tertiär, beginnend vor ca. 65 Mio. Jahren, versank das Land allmählich in einem flachen Meer. Flüsse schwemmten seinerzeit riesige Mengen Quarzsand, Mergel und Tone von den Appalachen ins Meer und schufen im heutigen Norden Floridas gewaltige Deltas. Südlich davon entstand die **Florida Platform** (Florida Plateau), eine 3800 – 5400 m mächtige Tafel aus Kalkstein und Dolomit, die das

◄ Tertiär

← *Floridas Feuchtgebiete lernt man mit dem Airboat am besten kennen.*

Grundgebirge noch weiter in die Tiefe drückte. Erst im späten Tertiär, also vor etwa 20 Mio. Jahren, setzte eine gegenläufige Bewegung ein: Als letztes Gebiet der kontinentalen USA wurde das heutige Florida über den Meeresspiegel herausgehoben.

**◄ Eiszeitalter** Während der Kaltzeiten, die vor ca. 2 Mio. Jahren einsetzten, wurden enorme Wassermassen in Form von Eis gebunden. Dies führte zu einer **Absenkung des Meeresspiegels** um bis zu 120 Meter. Das zurückweichende Meer gab den küstennahen Meeresboden frei. Die Halbinsel Florida war – gemessen an ihrer Landfläche – zeitweise doppelt so groß wie heute. Flüsse und Wind verfrachteten gewaltige Mengen Sand auf den trocken gefallenen Schelf. Während der Zwischeneiszeiten stieg der Meeresspiegel wieder an, örtlich sogar über sein heutiges Niveau, wie Terrassen und alte Strandlinien zeigen.

**◄ Vom Ende des Eiszeitalters bis heute** Nach dem Ende der letzten Eiszeit, d.h. vor ca. 12 000 – 10 000 Jahren, verteilten Wellen und Strömungen die Sandmassen entlang der Küsten. Es entstanden riesige Sandbänke und Dünenketten. Ferner bildeten sich langgestreckte Sandinseln, die vom Festland durch mehr oder weniger breite Lagunen getrennt waren bzw. noch sind. Im flachen, warmen und salzhaltigen Wasser entstanden dicke Kalkschichten. **Korallen** schufen im klaren und sauerstoffreichen Wasser **Riffe**. An den seichten Küsten vor den Flussmündungen in Nordflorida wuchsen Feuchtgebiete mit Wattflächen, Salzmarschen und Sümpfen. Mangrovengürtel umschließen seither die Südspitze Floridas und schützen mit ihrem dichten Wurzelwerk das niedrige Hinterland vor Sturmfluten.

**◄ Erosion, Verkarstung** In die porösen Kalksteinschichten des Festlandes drang Grundwasser ein. Unter dem Einfluss der im Wasser gelösten Kohlensäure zersetzte sich das Gestein. Klüfte und Risse im Gestein erweiterten sich zu Felsspalten und Hohlräumen, ja ganzen Höhlensystemen. Und wenn Höhlendecken bei fortschreitender Erosion einbrachen, bildeten und bilden sich heute noch Einsturztrichter, die sich rasch mit Wasser füllen. Das an vielen Stellen unter Druck stehende **Grundwasser** tritt in kräftig schüttenden **Quelltöpfen** zutage. Ihr heutiges Aussehen hat die Halbinsel Florida also hauptsächlich der abtragenden Kraft des Wassers zu verdanken. Die Verkarstung der oft nur wenige Meter über den Meeresspiegel herausgehobenen Kalktafel brachte schließlich ganz unterschiedliche Landschaftsformen hervor.

## Nordflorida

**Wälder und Feuchtgebiete** Nahezu die Hälfte Floridas, vor allem nördlich der Linie Tampa – Orlando, ist von Wäldern und Sümpfen bedeckt und dünn besiedelt. Im Schatten der Mega-Themenparks in und um Orlando bieten vor allem die vier National Forests Floridas, Apalachicola, Choctawhatchee, Ocala und Osceola, ein etwas anderes Florida-Erlebnis. Kanutouren durch **Zypressensümpfe**, Wandertouren durch kaum berührte **subtropische Urwälder**, Schwimmen in glasklaren **Quellteichen** und Übernachtungen in zünftigen Hütten oder auf herrlich gelegenen Campingplätzen können Strand, Sand und Micky Maus durchaus vergessen machen. Auch die wichtigsten der 34 meist ziemlich kurzen Flüsse Floridas fließen hier. Manche der **Flussmündungen an der Golfküste** sind letzte Refugien der vom Aussterben bedrohten Seekühe: Im sumpfigen Delta des Crystal River fühlen sich die Manatees besonders wohl. Im ländlichen Innern Nordfloridas führen alle Wege nach Gainesville. Die Hälfte der über 80 000 Einwohner sind Studenten der hiesigen University of Florida, was ein reges Nachtleben garantiert. Doch besuchenswerter ist der nahe Paynes Prairie Preserve State Park, dessen **Mischwälder in sumpfigen Marschen** daran erinnern, wie große Teile des Landesinnern aussahen, bevor sie trocken gelegt wurden. Auch »The Ridge«, die von Lee im Norden längs durch Zentralflorida bis Sebring im Süden verlaufende, bis zu 100 m hohe Hügelkette wurde landwirtschaftlich genutzt: Bis heute ist dies das größte Zitrusfruchtanbaugebiet der Welt. Dass Natur, Fortschritt und Entertainment koexistieren können, demonstriert Nordflorida an der Atlantikküste: Hier heben von der **Canaveral Peninsula** nicht nur Raketen ins Weltall ab. Hier leben auch, geschützt in den Naturschutzgebieten Canaveral National Seashore und Merritt Island National Wildlife Refuge, Zug- und Watvogelarten sowie Wildkatzen, Seeschildkröten und andere seltene Arten.

*Ganz typisch – vor allem für Nordflorida – sind malerische Quelltöpfe.*

## Südflorida

Vor allem südlich dieser Linie werden einige Florida-Klischees Wirklichkeit. Wahr werden die Träume vom Hängemattenurlaub im bis zu 90 Kilometer tief ins Land reichenden Küstentiefland, den so genannten **Coastal Lowlands**. Während die weitläufigen nördlichen Ebenen land- und weidewirtschaftlich genutzt werden, scheint die einzige Daseinsberechtigung der Ballungszentren an der Küste der Tourismus zu sein: Jeder Ort mit Pier, Aussichtsrestaurant und wenigstens einem Motel. Wo der feste Küstenstreifen zu schmal war, wurden, wie in Naples, Sumpfgebiete trocken gelegt. Der einstige Fischerort wuchs innerhalb weniger Jahrzehnte zum touristischen Zentrum der Südwestküste heran. Am dichtesten besiedelt ist die Südostküste. Miami und Fort Lauderdale sind zu einem Ballungsgebiet mit über vier Mio. Einwohnern zusammengewachsen. Allerdings macht die Südostküste den stellenweise argen Rummel mit sagenhaften Stränden und hervorragendem Kulturangebot mehr als wett.

Wie stark sich das Leben in Süd-Florida auf die Küsten konzentriert, zeigt Naples. Gleich hinter der Stadtgrenze beginnen die ausgedehnten Sumpfgebiete des **Big Cypress Swamp** und der **Everglades**. Siedlungen gibt es in dieser urweltlichen Landschaft im Südzipfel der Halbinsel nicht. Die nur wenige Dezimeter über dem Meeresspiegel

*Die Golfküste Südfloridas mit ihren leuchtend weißen Stränden aus der Vogelperspektive*

liegenden Everglades sind eine Abfolge von **Süßwassermarschen, Sumpfzonen und Grasland**, hin und wieder durchsetzt von **Hammocks** (Hartholz-Bauminseln). Dass dies eigentlich ein 80 Kilometer breiter, aber nur 15 Zentimeter tiefer Fluss ist, ist mit bloßem Auge nicht erkennbar. Dieser »**Fluss aus Gras**« ist das größte subtropische Feuchtgebiet Nordamerikas. Hunderten von Tierarten bietet sie Lebensraum, darunter vor allem den berühmten Alligatoren, den »Maskottchen der Everglades«, und Pelikanen, Reiherarten und Ibissen. Ihre Zukunft ist alles andere als gesichert. Ihr hochempfindliches Ökosystem wird von vielerlei Gefahren bedroht, unter anderem von Trockenperioden und Wirbelstürmen. Die größte Gefahr geht vom Menschen aus. Er legt immer größere Teile trocken, um Farmland zu gewinnen oder zweigt Wasser zur Bewässerung ab. Ob die von Regierungen und privaten Gruppen initiierten Rettungsprojekte greifen, wird man sehen. Bis dahin schützen der Everglades National Park, das als Pufferzone zwischen Menschen und Sümpfe eingerichtete Big Cypress National Preserve und weitere Naturschutzgebiete den Rest dieser einzigartigen Sumpflandschaft.

Last but not least: die **Florida Keys**. Diese Inselkette, die wie ein Haken in den Golf von Mexiko ragt, beschreibt einen 220 Kilometer langen Bogen, der eine halbe Autostunde südlich von Miami beginnt und auf den Dry Tortugas im Golf von Mexiko versinkt. Die winzigen Inseln – manche kleiner als ein Fußballfeld – sind Rücken eines Korallenriffs, das während der letzten 150 000 Jahre entstanden ist und heute als Bühne für Delfine, Haiarten und Stachelrochen Taucher aus aller Welt anzieht.

**? WUSSTEN SIE SCHON …?**

■ Vor der Inselkette der Florida Keys erstreckt sich das drittgrößte Korallenriff der Welt.

## Klima

Der südöstlichste Bundesstaat der Vereinigten Staaten von Amerika liegt im Einflussbereich von zwei Klimaregimen. Während der **Norden** Floridas in der subtropisch- bzw. **warm-gemäßigten Zone** liegt, wird der **Süden** der Halbinsel ganz den **Subtropen** zugeordnet. Im äußersten Süden ist bereits das wechselfeuchte tropische Klima des karibischen Raumes spürbar. **Klimazonen**

Im Norden Floridas lassen sich vier Jahreszeiten deutlich unterscheiden. Auch muss man hier praktisch das ganze Jahr über mit Regenfällen rechnen. Anders ist die Situation im Süden Floridas, wo es praktisch nur zwei Jahreszeiten gibt. Die warmen Gewässer, die hohe **Luftfeuchtigkeit** und hohe Verdunstungsraten tragen zu einer drückenden sommerlichen **Schwüle** bei, die von Mitte Mai bis Oktober als belastend empfunden wird. Dagegen zeichnet sich die von November bis April dauernde kühle Jahreszeit durch drei bis fünf niederschlagsarme Monate aus. **Jahreszeiten**

*Chaotische
Zustände nach dem
Durchzug von
Hurrikan Andrew*

# NACHTS, ALS ANDREW KAM...

**Die Nacht vom 24. August 1992 haben die Bewohner Südfloridas so schnell nicht vergessen. Damals fegte der Hurrikan »Andrew« über den Südzipfel der von der Sonne verwöhnten Halbinsel hinweg und hinterließ eine breite Schneise der Verwüstung. Böen des tropischen Wirbelsturms erreichten Spitzengeschwindigkeiten von bis zu 240 km/h. Damit war »Andrew« einer der stärksten jemals im Südosten der USA registrierten Wirbelstürme.**

Alles, was nicht niet- und nagelfest war, flog durch die Luft: Palmenwedel, Bretter, ja ganze Hausdächer. Schwere Brecher krachten gegen die Küsten und ließen zahllose Boote kentern. Auf einer Fläche von knapp 300 km² walzte der Hurrikan alles nieder, was sich ihm in den Weg stellte. Zehntausende Häuser und Wohnungen wurden zerstört, wodurch rund 300 000 Menschen ihr Zuhause verloren. Nur den Warnungen der Behörden war es zu verdanken, dass »nur« 55 Menschen den Naturgewalten zum Opfer fielen.

## Milliardenschäden

**»Andrew« verursachte Sachschäden in Höhe von rund 40 Milliarden Dollar** und erwies sich damit als einer der teuersten Wirbelstürme überhaupt. Doch die Versicherungen sind glimpflich davongekommen; Denn wäre das Zentrum des Hurrikans nur ein paar Meilen weiter nördlich über den dicht bebauten Ballungsraum Miami – Fort Lauderdale hinweggezogen, so hätte man mit wesentlich höheren Versicherungsschäden rechnen müssen. Die von »Andrew« angerichteten Zerstörungen bedeuteten für nicht wenige kleinere Unternehmen das wirtschaftliche Aus.

## Klima im Wandel

»Andrew« war nicht der erste und auch nicht der letzte verheerende Hurrikan mit sintflutartigen Regenfällen. **Allein im Spätsommer 2004 fegten innerhalb von sechs Wochen gleich vier tropische Wirbelstürme über den »Sunshine State« hinweg.** Der schlimmste hieß »Ivan«. Und im Juli 2005 ersäufte »Dennis« die Florida Keys und die Golfküste.

Bei den Versicherungen hat das Nachdenken eingesetzt. Die immer häufiger auftretende Wirbelstürme werden auf den vom Menschen mitverursachten **Klimawandel** zurückgeführt. Lange hat die Assekuranz Florida als ein Land betrachtet, in dem Milch

und Honig fließen. Altbekannte Risiken wurden kaum beachtet. Doch heute ist man vorsichtiger. Schützenhilfe bekommen die Versicherungsmathematiker von Klimaforschern, die ein **zunehmendes Zerstörungspotenzial von Wirbelstürmen** prognostizieren.

## Hurrikansaison

**Hurrikane entstehen zwischen Juni und November** über mindestens 26°C warmen äquatornahen Wasseroberflächen des Atlantiks, wo hochreichende Gewitterwolken stehen. Pro Saison ziehen mehrere tropische Wirbelstürme mit Windstärke 12 (= 118 km/h)

und mehr über die Karibik bzw. den Golf von Mexiko in Richtung Florida. Die zentralen Orkanfelder können Durchmesser zwischen 100 und 200 km erreichen. Ein ganzes Sturmfeldes (ab Windstärke 8) kann sich bis zu 500 km weit ausdehnen. Sturmböen mit weit mehr als 200 km/h sind möglich. Ein Hurrikan verlagert sich jedoch recht gemächlich mit einer Geschwindigkeit von 30 km/h. **Im Auge des Hurrikans (Durchmesser: ca. 20 km) sinkt der Luftdruck unter 950 Millibar.** Dieses Druckgefälle kann extrem starke Winde, ja sogar Tornados auslösen und Wolkenwirbel mit gewaltigen Ausmaßen bilden.

## *Hurrikan* Schaubild

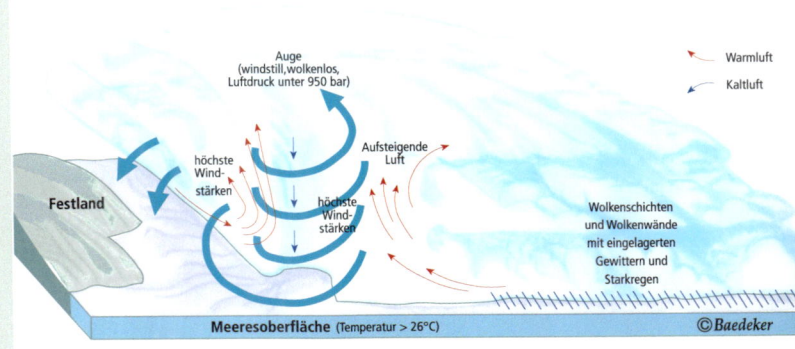

Auge (windstill, wolkenlos, Luftdruck unter 950 bar)

Warmluft
Kaltluft

höchste Windstärken

Aufsteigende Luft

höchste Windstärken

**Festland**

Wolkenschichten und Wolkenwände mit eingelagerten Gewittern und Starkregen

**Meeresoberfläche** (Temperatur > 26°C)

©Baedeker

**Temperaturen und Niederschläge**

Von **Juni bis September** ist es auf der gesamten Halbinsel ziemlich heiß. Die höchsten Temperaturen werden im Bereich der Florida Keys sowie in den trockeneren Gebieten des Landesinneren gemessen, wobei mehrere Wochen dauernde Hitzeperioden mit **Tagestemperaturen bis über 40°C** keine Seltenheit sind. Als relativ normal werden im Südosten der USA Temperaturen bis 35°C betrachtet. Im Sommer muss man praktisch jeden Tag mit heftigen Gewittern rechnen, die nicht nur Hagelschlag, sondern gelegentlich auch gefährliche Tornados hervorbringen können.

Recht angenehm sind die Monate März, April und Mai sowie Oktober und November. Die Temperaturen erreichen bei zumeist strahlendem Sonnenschein sommerliche Werte.

Von **Dezember bis Februar** kann es in Nord- und Zentralflorida empfindlich kühl werden. Bei heftigen Kaltluftvorstößen aus dem Norden können auch **Fröste** auftreten, die enorme Schäden in den Zitrus- und Gemüsekulturen verursachen. Lediglich die Südspitze Floridas gilt als frostfrei. Die winterlichen Durchschnittswerte sinken hier kaum unter +6°C.

Die höchsten Niederschlagsmengen werden im Norden des Bundesstaates im Bereich des Florida Panhandle registriert, wo jährlich manchmal weit über 1500 mm fallen. Trocken ist es auf den Keys, wo mit rund 1000 mm nur etwa zwei Drittel der im Norden gemessenen Niederschläge fallen.

**Hurrikansaison**

Jedes Jahr muss man in Florida mit dem Durch- oder Vorbeizug mehrerer tropischer Wirbelstürme rechnen, die meist in der Zeit von Juni bis September entstehen. Ein Hurrikan kann nicht nur riesige Ausmaße erreichen, sondern entwickelt nicht selten auch ein gewaltiges Zerstörungspotenzial. Noch in schlimmer Erinnerung ist der Hurrikan »Andrew« (▶ Baedeker-Special S. 22/23), der im August 1992 über Südflorida hinwegfegte und vor allem an der südlichen Peripherie von Miami eine Spur der Verwüstung hinterließ.

**Golfstrom**

Der Golfstrom ist eine wichtige Komponente in der zirkumplanetarischen Wetterküche und von besonderer Bedeutung für das Witterungsgeschehen in West- und Mitteleuropa. Aus dem Golf von Mexiko strömt **warmes Oberflächenwasser** in Gestalt des Floridastroms durch die Floridastraße und vereinigt sich vor der Ostküste Floridas mit dem ebenfalls warmen, aus dem Bereich der Westindischen Inseln heranziehenden Antillenstrom, um als durchschnittlich 50 km breiter und bis zu 1000 m tiefer Golfstrom zunächst an der amerikanischen Ostküste entlang und später in Richtung Nordosten (Westeuropa) zu fließen. Dabei werden bis zu 55 Mio. m³ Meerwasser pro Sekunde nordostwärts verfrachtet.

**? WUSSTEN SIE SCHON …?**

■ Das Phänomen Golfstrom ist 1513 erstmals von Ponce de León beschrieben worden. Die Spanier nutzten die Strömung bei der Rückfahrt mit ihren Schiffen aus Westindien in die Heimat.

## Pflanzen

Typisch für Florida ist der Übergang von den Kiefernwäldern der ge-  **Wälder**
mäßigten Zone zur üppigen Vegetation der sub- und randtropischen
Zone. In Nord- und Zentralflorida gedeihen vielerlei Pinienarten.
**Sabalpalmen** bilden den Unterwuchs der lichten **Kiefernwälder.** Von
Nord nach Süd nimmt die Zahl der **Palmen** zu, vor allem Kokos-,
Dattel- und Zwergpalmen. Auch majestätische Königspalmen treten
hier und da in größerer Zahl auf. Imposant sind die immergrünen
**Lebenseichen** (live oaks) mit dichtem Unterholz, von deren Ästen
ganze Bärte der Bromelienart **Spanisch Moos** herunterhängen. In
den Feuchtgebieten treten **Zypressen** als typische Gewächse hervor.

Nach Süden gehen die Wälder in Grasländer und Feuchtgebiete über,  **Grasländer**
in denen viele tropische Pflanzen gedeihen. Charakteristisch für diese  **und Sümpfe**
Zonen sind Sumpfzypressen, eine Vielzahl von Gräsern, Aufsitzer-
pflanzen (Epiphyten), Farne, Lianen sowie allerlei Orchideen. Daneben findet man hier zahlreiche Baumwürger- und Bromelien. In den
eigentlichen Sumpfgebieten kann man viele Schilf, Seggen, Riedgräser, Binsen, Seerosen und vor allem Wasserhyazinthen unterscheiden.
Außerdem findet der Kundige hier vielerlei Orchideen.

Besonders in den Feuchtgebieten Floridas sind Hammocks genannte  **Hammocks**
**Hartholz-Bauminseln** verteilt, mit Palmen, Mahagonibäumen, Eichen
und Magnolien. Sabalpalmen, Palmetto und vielerlei Schlingpflanzen
bilden das undurchdringliche Unterholz.

In Südflorida, also dort, wo das Festland allmählich unter den Mee-  **Mangroven**
resspiegel sinkt, gibt es noch ausgedehnte Mangrovenküsten. Infolge
hochgradiger Spezialisierung sind diese Mangrovenwälder artenarm.
Vorherrschend ist die Rote Mang-
rove, deren Tannin das Wasser rot
schimmern lässt. Daneben gibt es
Weiße und Schwarze Mangroven.
Diese Salz liebenden Pflanzen mit
dicken immergrünen Blättern stehen im amphibischen Buschwald.
Stelz- und Luftwurzeln geben den
Pflanzen Halt.

Florida ist weltberühmt als Anbau-
gebiet von **Zitrusfrüchten**. Am Indian River, in Zentralflorida und
an der Golfküste gibt es ausgedehnte Zitrusplantagen, wo vor allem Orangen und Grapefruits, aber
auch Mandarinen und Zitronen
geerntet werden. Diese Früchte     *Erntereife Pampelmusen*

werden in erster Linie zu Säften und Saftkonzentraten weiterverarbeitet. Eine Besonderheit unter Floridas Zitrusfrüchten ist die **Key Lime**, eine grüne bis gelbe dünnschalige Frucht, deren säuerlicher Saft (Lime Juice) in der Küche Verwendung findet. Aus ihren Schalen werden ätherische Öle gewonnen.

## Tiere

**Artenreichtum** Trotz massiver Eingriffe des Menschen in den Naturhaushalt der Halbinsel Florida kann man in einigen Rückzuggebieten dennoch erahnen, wie artenreich die Fauna ursprünglich gewesen sein muss. Dieser Eindruck wird auch bestätigt, wenn man Beschreibungen von Naturforschern wie Muir oder Audubon studiert.

**Vögel** In bunter Vielfalt präsentiert sich die Vogelwelt. Besonders im Bereich von Merritt Island (bei Cape Canaveral) an der Atlantikküste, an den Mangrovenküsten Südwest- und Südfloridas, in den noch wenig berührten Marschen sowie in den versumpften Zonen nisten und brüten Hunderte Vogelarten, darunter Graureiher, Blaureiher, **Silberreiher**, Seidenreiher, Mangrovenreiher sowie Weiße und **Braune Pelikane**. Auch Waldibisse, **Schlangenhalsvögel** (Anhingas), Rosa Löffler, diverse Spechte und Geier kann man beobachten. Recht häufig kann man den für Südflorida so typischen Osprey sichten, der gelegentlich auch als Fischadler bezeichnet wird. Mitunter schwebt das US-amerikanische Wappentier, der Weißkopf-Seeadler, über Meeresbuchten und Sümpfe hinweg. Kundige Ornithologen entdecken auch Rallenkraniche, Kormorane, Sichler, Scherenschnäbel und Käuzchen. Auch einige Flamingos leben noch in freier Wildbahn.

**Reptilien** Wohl fühlen sich ca. 1 Mio. **Alligatoren** in Wasserläufen und Sumpfgebieten. Man sieht sie in den Everglades ebenso wie in den Kanälen um den Weltraumbahnhof Cape Canaveral. Mitunter tauchen sie auch in den Grünanlagen großer Einkaufsmalls, auf Golfplätzen und in Gärten auf, und in den Nachtstunden sieht man nicht selten einen »Gator«, der gerade über den Highway kriecht.
Nur noch selten bekommt man ein **Amerikanisches Krokodil** zu Gesicht. Dieses Reptil ist aufgrund extensiver Jagd und Wilderei in seinem Bestand bedroht. Ein wichtiges Rückzugsgebiet dieser Reptilien sind die Everglades bzw. die Sumpfgebiete an der Biscayne Bay und der Florida Bay, wo noch einige Dutzend Krokodile leben.

Schildkröten ► Ebenfalls vom Aussterben bedroht sind einige Schildkrötenartenarten. Dazu gehören die Florida-Weichschildkröte, die Schmuckschildkröte und eine Reihe von Meeresschildkröten, deren sandige Eiablageplätze bisweilen von hungrigen Alligatoren aufgestöbert oder aber von unachtsamen Touristen zerstört werden.

Schlangen ► Im Palmetto-Gestrüpp der Hammocks sowie in anderen trockeneren Biotopen halten sich gern giftige, ziemlich aggressive Diamantschlangen (Diamond Snake) und Zwergklapperschlangen (Ground Rattler) auf. Tödliche Gefahren für den Menschen sind die Wassermokkassinschlange (Cottonmouth), die Korallenschlange (Coral Snake) und die in Nordflorida heimische Kupferkopfschlange (Copperhead). Neben diesen gefährlichen Reptilien gibt es in Florida noch zahlreiche weniger giftige Schlangenarten sowie einige Nattern, darunter die Strumpfbandnatter und die Gelbe Erdnatter.

In Florida leben vielerlei Säugetierarten, von denen einige in ihrem **Säugetiere** Bestand bedroht sind. Häufig begegnet man Waschbären, Rotluchsen sowie **Weißwedelhirschen** und Rehen. Daneben trifft man auf Kojoten, Füchse, Wildschweine, Nerze und Gürteltiere. Oft sieht man das **Opossum**, ein Beuteltier, das Ähnlichkeit mit einer Ratte hat. Nur noch wenige dieser geschmeidigen Großkatzen leben zurückgezogen im Süden Floridas im Everglades National Park und im Big Cypress Preserve. Trotz strenger Schutzmaßnahmen haben die **Florida-Panther** immer weniger Überlebenschancen.

Ebenfalls in ihrem Bestand bedroht sind die **Manatis** (Seekühe). Die ◄ Seekühe se massigen, aber dennoch possierlichen Tiere leben in den flachen Küstengewässern und ernähren sich von den dort gedeihenden Wasserpflanzen. In der kalten Jahreszeit wandern sie aus kühleren Gewässern landeinwärts zu den relativ warmen Quelltöpfen bzw. in Kanäle, durch die temperierte Abwässer von Kraftwerken und Industrieanlagen abfließen. Ihre schlimmsten Feinde sind unachtsame Motorboot-Freizeitkapitäne, die alljährlich Dutzende Manatis töten. ◄ weiter auf S. 30

*Possierliche Seekühe im warmen Wasser der Tampa Bay*

*Diese Meeresschildkröten, die auch an Floridas Stränden ihre Eier ablegen, sind am meisten von der Ölpest im Golf von Mexiko betroffen.*

# DIE ÖLPEST VON 2010 UND IHRE FOLGEN

**Der 20. April 2010 wird als Menetekel für immer in Erinnerung bleiben. Denn an diesem Tag explodierte die vor dem Mississippi-Delta bzw. südwestlich vom »Florida Panhandle« im Golf von Mexiko installierte Tiefbohrplattform »Deepwater Horizon« des Öl- und Energie-Giganten BP. Bis Mitte Juli 2010 sprudelten daraufhin – nach Angaben der US-Regierung – 780 Millionen Liter Rohöl unter großem Druck in den Golf.**

Doch erst am 15. Juli 2010 gelang es Technikern, das defekte Bohrloch in zirka 1500 Metern Meerestiefe mit einer mächtigen stählernen Kappe zumindest provisorisch abzudichten. Anfang August konnte das Leck endgültig mit Schlamm und Zement abgedichtet werden. Bis zum Spätsommer wurde unter dem Meeresgrund ein Entlastungskanal gebohrt, durch den man auch das untere Ende des Lecks abdichten konnte.

## Gesundheitsgefahren

Spätestens seit der Exxon-Valdez-Katastrophe 1989 in Alaska weiß man um Gesundheitsschäden durch eine Ölpest. Der Sauerstoffgehalt des Wassers in der Nähe von Ölteppichen im Golf hat um ein Drittel abgenommen und die Konzentration von Methan ist sehr hoch. Auch beim (kontrollierten) Abbrennen des Ölteppichs verbleiben hochgiftige polyzyklische aromatische Kohlenwasserstoffe, die in die Nahrungskette gelangen. Die Öldämpfe greifen die Atemwege und das Nervensystem an.

## Folgen für die Umwelt

Obwohl seitens BP versucht wurde, das Problem kleinzureden, waren die Folgen der schlimmsten Umweltkatastrophe der US-Geschichte alsbald vor allem in den Marschen und Sumpfzonen des Mississippi-Deltas zu besichtigen, aber auch an den Golfküstenstränden von Texas bis hinüber zu einigen der schönsten Strände Floridas. Auch in Windeseile verlegte Ölsperren konnten nicht verhindern, dass immer wieder **Ölschlieren, Ölschlick und Teerklumpen** in besonders sensible Küstenbereiche, auf Strände und in Hafenbuchten gespült wurden. Bis Ende Juli 2010 wurden über 70 tote Delfine, weit über 500 tote Meeresschildkröten und Abertausende tote Wasservögel, darunter auch sehr viele für Floridas Golfküste so typi-

sche Braune Pelikane eingesammelt. Die Wasseroberfläche vor vielen Stränden und in etlichen Häfen war mit Millionen toter Fische bedeckt. Die **Kinderstuben vieler Meeresbewohner**, Amphibien, Reptilien, Krustentiere, Vögel sind für lange Zeit zerstört. Von der gigantischen Ölpest bedroht sind auch die ausgedehnten, für den Küstenschutz bedeutenden Sumpfgraswiesen. Tropische Wirbelstürme könnten weite Bereiche der nördlichen Golfküste unter ölverseuchtes Wasser setzen. Einen Vorgeschmack gab bereits der Sturm »Alex« Ende Juni/Anfang Juli 2010, dessen vergiftete Wogen vor allem Teile des Mississippi-Deltas überspülten. Was dies alles für die **Nahrungskette** im Meer, den Fischfang und den Verzehr durch den Menschen bedeutet, ist bislang völlig ungewiss.

## Folgen für die Wirtschaft

Unter dem »BP Oil Spill« besonders zu leiden hatte die **Tourismusindustrie**. Die Buchungszahlen für den Sommer/ Herbst 2010 gingen örtlich um bis zu 80 Prozent zurück, Hotels, Restaurants, Eisdielen, Souvenirläden senkten ihre Preise um bis zu 50 Prozent. Allein an Floridas Golfküste rechnet man mit einem Milliardenverlust. Etliche Strände zwischen Pensacola und Panama City, darunter jene von Destin und Fort Walton, wurden von den Gesundheitsbehörden wochenlang für den Badebetrieb gesperrt.

Die Ölpest im Golf von Mexiko führte zu spürbaren Auswirkungen auf dem Arbeitsmarkt. Ferienwohnungsmakler, Hoteliers, Restaurant- und Ladenbesitzer etc. stellten Personal frei Der **Fischfang und die Shrimps-Aquakultur** ist an Floridas nordwestlicher Golfküste vorübergehend zum Erliegen gekommen. Ab Juni galt ein Fischfangverbot für ein riesiges Areal vor Floridas Küste. Fischer und »Shrimper« (Garnelen- und Krabbenzüchter) wurden arbeitslos bzw. in ihrer Existenz bedroht. Die Finanzagentur Moodys rechnete im Juli 2010 damit, dass die Ölpest im Golf von Mexiko bis zu 100 000 Arbeitsplätze kosten könnte. Besonders betroffen wären die Fischerei, die Landwirtschaft und das Fremdenverkehrsgewerbe.

Es gab aber auch makaber-positive Auswirkungen auf den Arbeitsmarkt: An den einstigen Traumstränden des »Florida Panhandle« waren Abertausende von BP bezahlte Helfer im Einsatz, um Strände zu säubern, denn jede Woge ließ auf dem silbrig-weißen zuckerfeinen Strand klebrige und übel riechende größere und kleinere Ölfladen zurück.

*Meistens gut aufgelegt sind die Delfine in den Gewässern um Florida.*

**Delfine ▶** Nicht nur in Gefangenschaft, sondern vor allem auch in freier Wildbahn kann man in Florida Delfine beobachten. Häufig sichtet man diese kühnen Schwimmer in den küstennahen Gewässern Süd- und Südwestfloridas. Oft begleiten Delfine Ausflugsboote und lassen sich zu fotogenen Luftsprüngen animieren.

**Fische** In den Gewässern um die Halbinsel Florida tummeln sich nicht wenige **Haie**, die gleich mehreren Arten zuzurechnen sind. Unter ihnen befinden sich Tigerhaie, Hammerhaie und auch riesige Walhaie. Eine Gefahr für Strandgänger und Schwimmer sind **Stachelrochen** (amerikan. = stingray). Diese Fische wandern vor allem im Sommer in seichte Gewässer an Stränden und in Badebuchten, um ihre Jungen zur Welt zu bringen. Sie vergraben sich im Sand und Schlamm. Nur Augen und Schwanz bleiben frei. Wer auf einen solchen Fisch tritt, kann sich schlimme Verletzungen zuziehen, die von den giftigen Stacheln des Rochen herrühren.

**Insekten** Im schwül-heißen Sommer kann ein Aufenthalt im Freien (vor allem in der Nähe stehender Gewässer) zur Tortur werden. Myriaden von **Stechmücken** (Moskitos) und Fliegen, die so gefährliche Krankheiten wie Hirnhautentzündung übertragen können, sind in vielen Gegenden der Halbinsel Florida eine Plage für Mensch und Tier. Zecken sowie Flöhe und **Spinnen** sorgen für zusätzliches Ungemach. Sehr in Acht nehmen sollte man sich vor den giftigen **Skorpionen**.

## Umweltprobleme und Naturschutz

Umweltschutz ist auch in den USA kein Fremdwort mehr. Auch die gestiegenen Benzinpreise haben dazu geführt, dass die Amerikaner ihre Autos nicht mehr stundenlang laufen lassen. Treibhauseffekt, Ozonloch, Korallensterben und Naturschutz sind in den US-Medien Standardthemen. Vor allem die **globale Erwärmung** bereitet Kummer. Der vorhergesagte Anstieg des Meeresspiegels bedroht Florida ebenso wie die Zunahme tropischer Wirbelstürme (Hurrikane).

**Folgen des Klimawandels**

Vor der Küste ist nicht nur die Wasserverschmutzung ein Problem. Auch die Erwärmung der Küstengewässer hat die Artenvielfalt der Unterwasserflora und -fauna bereits dramatisch reduziert. Betroffen sind vor allem die Korallenbänke der Florida Keys, die bereits auf geringste Temperaturveränderungen in ihrem Ökosystem reagieren. Messungen zufolge sterben jährlich bis zu 10% der Korallen ab: Hält das **Korallensterben** in diesem Tempo an, werden die meisten Riffe Floridas binnen weniger Jahre verendet sein. Durch den starken Wasserverbrauch der Städte sowie der Obst- und Gemüseplantagen ist der Grundwasserspiegel vielerorts auf einen dramatischen Tiefstand abgesunken. Dies hat auch negative Auswirkungen auf die noch verbliebenen Sumpflandschaften: Sie trocknen allmählich aus. Ein weiteres Umweltproblem ist der Pflanzen und Tiere kontaminierende Einsatz von **Dünge- und Schädlingsbekämpfungsmitteln**.

**Gewässerverunreinigung**

Der Bundesstaat Florida reagiert auf die Gefährdung seiner Natur mit Gesetzen, Verordnungen und Aufklärungskampagnen, Umweltschützer verteilen »Save the Manatees«-Aufkleber für Autos. Noch nie war das Umweltbewusstsein der Bürger Floridas stärker als heute. In drei **National Parks**, vier **National Forests** und über 100 **State Parks** steht die Natur unter Schutz oder darf nur begrenzt genutzt werden. Diese Schutzgebiete haben eigene Parkverwaltungen und Vorschriften, deren Einhaltung von Park Rangern streng kontrolliert wird. Besucherzentren, die so genannten »Visitor Centers«, sind Anlaufpunkte und dienen als Informationsbörsen.

**Gesetze und Verordnungen**

Zugleich werden jedoch viele gute Ansätze Opfer politischer Kungeleien. Allein während der letzten vier Jahre drehte die Bundesregierung in Washington am Geldhahn für Abwasserreinigungsprogramme, verwässerte den »Clean Water Act« gegen die Verschmutzung durch Großfarmen mit Ausnahmeregelungen und trieb die Beendigung des Schutzes von 300 000 Acres Feuchtgebiet voran. Mit Genehmigung Washingtons verzögerte Floridas mächtige Zuckerindustrie auch den längst vereinbarten Zeitplan, der das Ende der Entsorgung ihrer Abfälle in die Everglades vorsieht. Und vor der Küste ließ die Bundesregierung alle potenziellen Öl- und Gasreserven erfassen – ein Vorgang, so argwöhnen nicht nur Umweltschützer, der unweigerlich Bohrungen im Golf von Mexiko nach sich ziehen wird, mit unabsehbaren Folgen für Fauna, Flora und Menschen.

# Bevölkerung · Politik · Wirtschaft

## Bevölkerung

**Dynamisches Wachstum**

Das günstige Klima und die wirtschaftlichen Möglichkeiten haben ein außergewöhnliches Bevölkerungswachstum auf der südostamerikanischen Halbinsel hervorgerufen. Lebten 1830 in dem damals noch unerschlossenen Gebiet nur knapp 35 000 Menschen, so sind es heute bereits über 18 Millionen – und täglich kommen Hunderte hinzu. Besonders stürmisch war die Entwicklung nach dem Ende des Zweiten Weltkrieges, als in Florida nur 2,7 Mio. Menschen lebten. Kräftige Wachstumsimpulse lösten der Erholungsfremdenverkehr sowie die Weltraumfahrt und die damit zusammenhängende Ansiedlung von High-Tech-Industriebetrieben aus. In den 1960er- und 1970er-Jahren entstanden riesige Vergnügungsparks, die zusätzliche Touristen und Migranten ins Land brachten. Außerdem ist Florida ein Ziel von Pensionären und Rentnern, die hier einen angenehmen Lebensabend verbringen wollen, und von Sonnenhungrigen aus dem kühlen Norden, die hier überwintern.

**Ballungsräume ▶**

Florida wächst, vor allem der Süden. Während vor hundert Jahren nur fünf Prozent der Menschen in Südflorida lebten, wohnen hier heute zwei Fünftel der Bevölkerung. Größter Ballungsraum ist die **Südostküsten-Megalopolis**, ein durchgehendes Siedlungsgebiet mit über 5 Mio. Menschen, das von Miami bis nach West Palm Beach reicht. Miami selbst ist heute Brennpunkt eines der finanzstärksten Wirtschaftsräume der USA sowie eine bedeutende Handels- und Verkehrsdrehscheibe zwischen Nord- und Südamerika einerseits und Europa andererseits. Nächstgrößter Ballungsraum ist Tampa mit St. Petersburg und Clearwater. Hier leben über 2,5 Mio. Menschen. Weitere wichtige Verdichtungsräume sind Orlando mit 1,7 Mio. Menschen und Jacksonville mit 1,2 Mio. Menschen.

**Multikulturelles Florida**

Im Bevölkerungsmosaik ist die Nähe Floridas zur Karibik und zu Lateinamerika unverkennbar. Fast ein Drittel sind afro-amerikanischen oder hispanischen Ursprungs, fast ein Viertel spricht zuhause eine andere Sprache als Englisch. Allein im Großraum Miami stellen Hispanics bzw. Latinos, darunter viele Exilkubaner, bereits über 60 Prozent der Bevölkerung. Weitere stark vertretene ethnische Minderheiten sind Filipinos, Vietnamesen, Chinesen und Thais. Der Zuzug von täglich mehreren Hundert meist jungen und qualifizierten Berufstätigen mindert Floridas Image als Amerikas beliebtestem Refugium für Senioren und Ruheständler. Zugleich erinnert der kaum nachlassende Einwandererstrom aus dem Süden an die historischen Beziehungen mit der Karibik und Lateinamerika. Heute ist in Miami mehr spanisch zu hören als englisch, die kubanische Gemeinde der Stadt übt beträchtlichen politischen Einfluss aus, und auch die kreolisch sprechenden Viertel Miamis erheben oft und laut ihre Stimme.

*Multikulti im Sunshine State*

Florida, wo man englisch, spanisch und kreolisch spricht, ist das Musterbeispiel des amerikanischen Schmelztiegels. Aber nicht alles ist rosig. Der Wohnungsmarkt ist leergefegt, es gibt nicht genug Schulen, und die Zahl der Armen wird immer größer. Der zur Stimulierung des Wachstums niedrig gehaltene Steuersatz Floridas erschwert zugleich die Finanzierung öffentlicher Dienstleistungen. Eine hohe Kindersterblichkeit unter den Ärmsten und Straßenkriminalität sind die Folgen. Unter diesen Umständen braucht es nicht viel, um die unter der Oberfläche gärenden ethnischen Spannungen in dieser multiethnischen Gesellschaft aubrechen zu lassen. ◄ Probleme im Schmelztiegel

Etwa ein Sechstel der Bevölkerung ist dunkelhäutig. Ihre Zahl erhöht sich ständig durch **Zuwanderung aus dem karibischen Raum** (Bootsflüchtlinge). Viele Schwarze fristen aufgrund schlechter Entlohnung oder mangels Arbeitsplatz und Wohnung ein menschenunwürdiges Dasein. **Afro-Amerikaner**

Der Anteil der indianischen Bevölkerung nimmt nach einem Tiefstand in den 1950er-Jahren wieder zu und liegt derzeit bei rund 40.000. Dies ist auf den Zustrom von Indianern aus anderen Teilen der USA zurückzuführen, die in Florida ihr wirtschaftliches Auskommen suchen. Die zirka 3000 einheimischen **Nachkommen von Seminolen und Miccosukee** wohnen nicht nur in den Reservaten in den Everglades und im Big Cypress Reserve. Viele von ihnen haben sich dem gängigen amerikanischen Way of Life angepasst und leben unauffällig in vielen Städten Floridas. **Indianer**

**Religion** Die sechs größten Religionsgemeinschaften in Florida bilden römisch-katholische **Christen** (ca. 30%), Baptisten (etwa 30%), Methodisten (ca. 15%), **Juden** (etwa 12%), Presbyterianer (knapp 7%) und Anglikaner (etwa 5%). Zuwächse verzeichneten in letzter Zeit **Muslime** und Anhänger einiger Naturreligionen.

## Staat und Gesellschaft

**Bundesstaat Florida** Florida ist 1845 der Union der Vereinigten Staaten von Amerika beigetreten. An der Spitze des Staates steht ein **Gouverneur**. Ähnlich wie auf Bundesebene gibt es einen **Kongress**, bestehend aus **Senat** und **Repräsentantenhaus**. Beide Gremien amtieren im **Kapitol** in der **Hauptstadt Tallahassee**. Die Stellung des Gouverneurs ist politisch wichtig, ist bleibt aber den Beschlüssen des Kongresses verpflichtet. Ein Veto des Gouverneurs gegen eine Entschließung des Kongresses kann durch einfachen Mehrheitsbeschluss aufgehoben werden. Bedeutsam ist z.B. die Befugnis des Gouverneurs, bei inneren Unruhen die Staatspolizei durch Einheiten der Nationalgarde verstärken zu lassen.

Wer durch Florida reist, dem wird die **Selbstständigkeit** des Bundesstaates an vielen Beispielen aus dem Alltagsleben bewusst: Der Staat greift regulierend in die Straßenverkehrsordnung (z.B. Höchstgeschwindigkeiten, Promillegrenze) ein, bestimmt über den Ausschank von alkoholischen Getränken und ist zuständig für die Polizeiordnung, das Wahlrecht und die Schulgesetzgebung.

Florida hat eine **eigene Verfassung**, die 1885 ausgearbeitet und 1968 überarbeitet worden ist. Das **Gerichtswesen** ist auf vier Stufen organisiert. Die Basis bilden die unseren Amtsgerichten vergleichbaren County Courts. Diesen übergeordnet sind die Circuit Courts und der District Court. Höchste Instanz ist der Supreme Court, dessen Richter vom Gouverneur ernannt werden. In der amerikanischen Bundeshauptstadt Washington ist Florida durch zwei Senatoren und 25 Abgeordnete vertreten.

**Verwaltungsgliederung** Florida ist in **67 Counties** untergliedert. Die Behörden bzw. Organe dieser in etwa mit deutschen Landkreisen vergleichbaren Verwaltungsbezirke haben vielfach mehr Befugnisse als ihre europäischen Pendants. Die **Indianerreservate** werden von deren Bewohnern selbst verwaltet und sind von Steuern befreit.

## Wirtschaft

**Wirtschaftsgeschichte** Floridas Wirtschaft entwickelt sich seit dem ausgehenden 19. Jh. sehr dynamisch. Entscheidende Impulse brachte der **Eisenbahnbau**. Zum einen wurde das touristische Potenzial Floridas erschlossen, zum zweiten konnten so die landwirtschaftlichen Produkte schneller zu den Absatzmärkten im Norden gebracht werden. Nicht zu unterschätzen ist die **Rolle des Militärs** als Entwicklungsmotor. Tausende

## *Zahlen und Fakten* Florida

©Baedeker

Florida

### Lage
► Südosten der USA

### Fläche
► insgesamt: 140 256 km²
(BR Deutschland: 357 031 km²)

### Bevölkerung
► Einwohnerzahl: 18 Mio.
(ca. 6 % der US-Bevölkerung)
► Bevölkerungsdichte:
130 Einwohner je km²
(BR Deutschland: 231 Einw./km²)
► Ballungsräume
Miami/Ft. Lauderdale/Palm Beach:
5,4 Mio. Einw.
Tampa/St. Petersburg/Clearwater:
2,7 Mio. Einw.
Raum Orlando: 2 Mio. Einw.
Raum Jacksonville: 1,3 Mio. Einw.

### Sprachen
► Englisch und Spanisch

### Religion
► Katholiken: 30%
► Protestanten: 57%
► Juden: 12%
► Sonstige (u.a. Muslime): 1%

### Verwaltung
► Hauptstadt: Tallahassee
► 67 Counties
► mehrere Indianerreservate

### Wirtschaft
► Pro-Kopf-Einkommen:
ca. 29 000 US$/Einw.
(BR Deutschland: ca. 20 000 US$/Einw.)
► Armutsrate: 12,5%
► Landwirtschaft:
Zitrusfrüchte, Gemüse, Zucker, Rinder-
und Pferdezucht, Milchwirtschaft
► Industrie:
Lebensmittel, Luft- und Raumfahrt,
Elektronik, Elektrotechnik, Maschinen-
bau, Druck, Medien
► Dienstleistungen (Tourismus, Bank- und
Versicherungswirtschaft, Transport)
► Tourismus: rund 80 Mio. Gäste pro Jahr,
davon 6 Mio. Besucher aus Übersee,
davon 0,5 Mio. aus dem deutsch-
sprachigen Raum

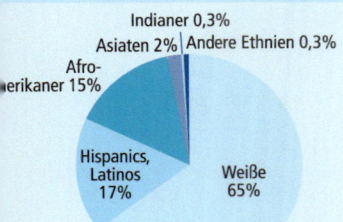

Indianer 0,3%
Asiaten 2% | Andere Ethnien 0,3%
Afro-
erikaner 15%
Hispanics,
Latinos
17%
Weiße
65%

Amerikaner durchliefen vor und während der beiden Weltkriege Trainingscamps oder arbeiteten in Betrieben der Rüstungsindustrie. Sie verbreiteten die Kunde vom »Sunshine State« und regten so den von Nord nach Süd gerichteten Fremdenverkehr an.

Geradezu stürmisch wächst die Wirtschaft seit dem Ende des Zweiten Weltkrieges. Besondere Impulse gehen vom **US-Weltraumbahnhof Cape Canaveral** aus. Die Raketenbauer gaben die Initialzündung für die Ansiedlung neuer Industrie- und Dienstleistungsunternehmen. Darüber hinaus wurden in der jüngeren Vergangenheit **Mega-Vergnügungsparks** wie SeaWorld, Walt Disney World, EPCOT, Universal Studios usw. aus dem Boden gestampft, die nicht nur zu einem Anschwellen des Touristenstroms beitrugen, sondern auch die Gründung vieler neuer Arbeitsplätze bewirkten.

**Bergbau**  In Florida gibt es eine Reihe mineralischer Rohstoffe, darunter die Metalle **Titan** und **Zirkon**. Was die nicht metallischen Rohstoffe betrifft, kann Florida große Mengen **Kalke**, **Phosphate** (etwa ein Drittel der Weltproduktion) und hochwertige **Tonerden** vorweisen. Phosphate werden in großen Mengen im Westen Floridas abgebaut. Die Kalkvorkommen ließen eine bedeutende Zementindustrie entstehen. Vor der Südwestküste Floridas gibt es einige **Erdöl- und Erdgasvorkommen**, die in den letzten Jahren durch Offshore-Bohrungen erschlossen worden sind.

**Fischerei**  Eine wichtige Rolle spielen die **Austernzucht** (bes. in der Apalachicola Bay) sowie der **Krabben- und Garnelenfang** (u.a. im Bereich von Amelia Island). Darüber hinaus werden jährlich größere Mengen Speisefische angelandet. Eine gewisse Bedeutung hat auch noch das **Schwammtauchen**. Einwanderer aus Griechenland waren es, die den Reichtum an Naturschwamm vor Floridas Küsten als Erste erkannten. Auch die **Süßwasserfischerei** in den Binnengewässern Floridas ist nennenswert. Gefangen werden vor allem Wels, Karpfen, Aal und verschiedene Sunfish-Arten.

**Forstwirtschaft**  Einige Regionen im Norden Floridas sind für ihren Waldreichtum bekannt. Über 7 Mio. ha Land werden forstwirtschaftlich genutzt. Das Holz wird vor allem in der **Papier- und Zellstoffindustrie** verarbeitet. Seit langem wird in den Pinienwäldern **Terpentin** gewonnen. Die ursprünglich stattlichen Hartholzbestände haben im Laufe der Zeit stark abgenommen. Um den großen Bedarf der Holz verarbeitenden Industrie und des Baugewerbes decken zu können, hat man bereits in den 1920er-Jahren Aufforstungsprogramme realisiert.

**Landwirtschaft**  Die bei weitem wichtigste Sparte der Landwirtschaft bilden die großflächigen **Zitruskulturen**. Vor allem in Zentral- und Ostflorida (bes. am Indian River) werden jährlich rund 5 Mio. Tonnen Orangen, zirka 2 Mio. Tonnen Grapefruits sowie größere Mengen Tangerinen und Zitronen geerntet. Winterliche Kaltlufteinbrüche verursa-

*Die Ernte von Zitrusfrüchten ist voll im Gange.*

chen immer wieder erhebliche Ernteausfälle trotz kostenintensiver Beheizung der Obstanlagen. Bedeutsam ist auch der **Gemüseanbau**. Es werden vor allem Kartoffeln, Gurken, Tomaten, Zwiebeln, Sellerie, Rettiche, Kohl, Grüne Bohnen, Melonen, Kürbisse, Auberginen und Avocados angebaut. Auch diese Kulturen leiden gelegentlich unter Frosteinbrüchen. Nach Hawaii und Louisiana liegt Florida mittlerweile an dritter Stelle, was die Kultivierung von **Zuckerrohr** betrifft. Die Anbaufläche umfasst heute rund 100.000 Hektar. Riesige Zuckerrohrfelder gibt es im Raum Clewiston – Belle Glade, die hier nach Eindeichung des Lake Okeechobee und der Drainage des Sumpf- und Schilfgürtels entstanden sind. In jüngerer Zeit konnten sich **Blumenzucht** und **Baumschulen** als neue Zweige der Landwirtschaft etablieren. Vielerlei Schnittblumen, Palmen und Ziergehölze werden zumeist im subtropischen Süden Floridas großgezogen.

Große Flächen nimmt die **Rinderweidewirtschaft** in Anspruch. Gegenwärtig werden rund 2 Mio. Stück Vieh gehalten, davon ca. 10% Milchkühe. Zu dieser Entwicklung haben Zuchterfolge beigetragen, die sich aus der Kreuzung von robusten europäischen Rinderrassen und indischen Zebus ergaben. Erfolgreich ist die vor noch nicht allzu langer Zeit in Florida etablierte **Pferdezucht**. Etliche Gestüte widmen sich höchst erfolgreich der Aufzucht von arabischen Vollblütern.

◄ Viehzucht

Die Industrie hat in der Vergangenheit in Florida eine eher untergeordnete Rolle gespielt. Nennenswert waren allenfalls die **Lebensmittelindustrie** und die **Tabakmanufaktur**. Gab es zu Beginn des 20.Jh.s allein in Tampa mehr als 100 Zigarrenfabriken, so sind es heute nur noch zwei Dutzend in ganz Florida. Dagegen hat sich die sog. **Zitrusindustrie** gut entwickelt, deren Rohstoffbasis die Orangen- und Grapefruitplantagen sind. Es gibt Betriebe, die Säfte und Saftkonzentrate erzeugen bzw. in denen Früchte, Säfte, Konzentrate etc. konserviert und verpackt werden. Zu diesem Industriezweig gehören auch Spezialunternehmen, die sich mit der Weiterverarbeitung von Zitrusobstschalen sowie mit der Gewinnung von Ölen, Konservierungsstoffen, Kosmetika und Reinigungsmitteln befassen.

Nicht zu übersehen sind die riesigen **Papier- und Zellulosefabriken** in Nordflorida, die heimisches Nadelholz verwerten. Vereinzelt sieht man auch **Sägewerke**, in denen Harthölzer für das Bau- und Ausbaugewerbe sowie für den Bootsbau zurechtgeschnitten werden.

Aus der Holzindustrie ist die **Chemische Industrie** hervorgegangen. Einer ihrer wichtigsten Grundstoffe ist das Terpentin, das seit langem in Floridas Wäldern gewonnen wird. Die **Düngemittelindustrie** verarbeitet heimische Rohstoffe wie Kalk und Phosphat weiter.

Ein wichtiger Industriezweig Floridas ist die **Bauindustrie**, die stark vom boomenden Tourismus profitiert. An allen einigermaßen reizvollen Küstenabschnitten werden neue Feriensiedlungen, Rentnerstädte, Einkaufszentren usw. erstellt. Dazu kommen Vergnügungsparks, Marinas, Straßen, Kläranlagen und sonstige Infrastrukturbauten. Jährlich werden in Florida weit über 20 Mrd. US$ verbaut..

Mit dem Aufbau des Weltraumbahnhofs am Cape Canaveral sind in Florida viele Betriebe der **Luft- und Raumfahrtindustrie** sowie der **Elektronik- und Elektrotechnik** herangewachsen. So haben alle namhaften amerikanischen Flugzeughersteller, Maschinenbauer und

*Viel zu tun haben Floridas Flugzeug- und Raketenbauer.*

Computergiganten Niederlassungen im »Sunshine State«. Im Gefolge des Raumfahrt-Booms konnten sich auch viele hochspezialisierte Dienstleistungsunternehmen etablieren.

»Sie kamen mit einem T-Shirt und einer 20-Dollar-Note und haben **Tourismus** beides nie gewechselt ...« Gemeint sind mit dieser spitzen Bemerkung die Urlauber von früher, die mit einer gehörigen Portion Abenteuerlust in klapprigen Automobilen in das weitgehend unerschlossene und noch provinzielle Florida kamen und den Winter über blieben. Heute ist der Tourismus eine wesentliche Existenzgrundlage geworden. Stolz vermerkt eine offizielle Studie, dass von den US-amerikanischen und kanadischen Urlaubern weit über 90% wieder nach Florida kommen möchten. Jährlich verbringen **rund 80 Mio. Menschen** ihren Urlaub im »Sunshine State«. Jeder fünfte USA-Besucher aus Übersee verbringt zumindest einen Teil seines USA-Aufenthaltes in Florida. In guten Jahren kommen rund 6 Mio. Besucher aus Übersee nach Florida, darunter etwa eine halbe Million aus dem deutschsprachigen Raum. Highlights wie die Traumstrände an der Atlantik- und an der Golfküste, die Mega-Vergnügungsparks im Raum Orlando, der US-Weltraumbahnhof Cape Canaveral, Miami und Miami Beach sowie die Everglades und die Keys lassen den Zustrom von Touristen nicht abreißen. Mittlerweile hängen im »Sunshine State« über 2 Mio. Arbeitsplätze direkt oder indirekt vom Tourismus ab. Die sog. Weiße Industrie kann jährlich Einnahmen in Höhe von zirka 65 Mrd. US$ verbuchen.

Jährlich werden **über 4 Mio. Kreuzfahrtpassagiere** in Floridas Häfen ◄ Kreuzfahrt-abgefertigt. Die meisten Seetouristen gehen in Miami an Bord. Wei- tourismus ter nördlich, bei Fort Lauderdale, nimmt der hochmoderne Port Everglades bereits den zweiten Platz hinsichtlich des Passagieraufkommens ein. Auch Port Canaveral, unweit des US-Weltraumbahnhofs ausgehoben, erfreut sich wachsender Beliebtheit. Weitere bedeutende Kreuzfahrthäfen sind Tampa und Key West.

Floridas Reiz als Winterdomizil für Wohlhabende, sein industrieller **Finanzmarkt** Aufschwung und die Nähe attraktiver Steuerparadiese (u.a. Bahamas) haben mit dazu beigetragen, dass sich hier immer mehr Geldinstitute niederließen. Miami, die Drehscheibe zwischen Nord-, Mittel- und Südamerika, ist heute eines der weltweit führenden Finanzzentren. Die glanzvollen Fassaden der Bankpaläste an Miamis Brickell Avenue unterstreichen dies in höchst eindrucksvoller Weise.

Zu den Wirtschaftsbereichen, die sich in Florida derzeit besonders **Zukunfts-** rasant entwickeln, gehören die **Software-Branche,** die **Biotechnolo- branchen** **gie** und **Medizintechnik**, die **Forschung** sowie das hochqualifizierte Dienstleistungsgewerbe (Gesundheit, Handel, Finanz- und Rechtswesen). Allein in Floridas Forschungsstätten fließen jährlich über 500 Mio. US-Dollar. Vor allem der Raum Orlando boomt als Zentrum der Hochtechnologie.

# Geschichte

**Für manche Zeitgenossen beginnt Floridas Geschichte erst mit Micky Maus und Walt Disney. Doch auf der sonnigen Halbinsel im Südosten der USA sind menschliche Spuren seit mindestens 12 000 Jahren nachweisbar.**

# Ureinwohner

| | |
|---|---|
| **12. bis 10. Jt. v. Chr.** | Fischer, Jäger und Sammler kommen auf die Halbinsel Florida. |
| **7. Jt. v. Chr** | Erste Siedlungen entstehen. |
| **1492** | Christoph Kolumbus entdeckt Amerika. |
| **16. Jh. n. Chr.** | Ca. 100 000 Indianer leben auf der Halbinsel Florida. |

## Paläoindianische Besiedlung

Forscher nehmen an, dass die indianischen Ureinwohner Nordamerikas vor etwa 30 000 bis 10 000 Jahren – am Ende der letzten Eiszeit – von Nordasien aus über die seinerzeit bestehende Bering-Landbrücke nach Nordamerika vordrangen. Die in mehreren Schüben und in unterschiedlicher ethnischer Zusammensetzung eingewanderten Gruppen entwickelten eigene Kulturen. Vor zirka 12 000 bis 10 000 Jahren tauchten die ersten **nomadisierenden Fischer, Jäger und Sammler** auf der Halbinsel Florida auf. Zahlreiche Quellen, fischreiche Seen und Flüsse, seichte Lagunen, Buchten voller Muscheln und anderer Meerestiere, eine üppige Vegetation und ein reicher Wildbestand boten das ganze Jahr über günstige Lebensbedingungen.

**Vorstoß in mehreren Schüben**

Älteste menschliche Spuren hat man südlich von Sarasota bei Warm Mineral Springs entdeckt und auf ein Alter von 10 000 Jahren datiert. Bei Titusville ist ein ca. 8000 Jahre alter Lagerplatz nachgewiesen. Im 7. Jahrtausend vor Christus gründeten Paläoindianer an Quellen und Flussläufen erste Siedlungen. Funde wie Tonscherben, Kupfer, Eisenerz und Maiskörner weisen auf Handelsbeziehungen mit den Völkern am Mississippi und mit Mexiko hin. Mit Palisadenwällen befestigte Dörfer entstanden, die Stammesgesellschaften gliederten sich in Hierarchien. Ranghohe Tote wurden in bis zu 30 Meter hohen Erdhügeln bestattet, den so genannten **Mounds**.

**Älteste Funde**

 **WUSSTEN SIE SCHON …?**

■ Bis heute haben Archäologen auf der Halbinsel Florida über 12 000 Mounds nachweisen können.

## Ankunft der ersten Europäer

Im frühen 16.Jh., als erste Entdeckungsreisende aus Europa die Halbinsel Florida auskundschafteten, lebten hier zirka 100 000 indianische Ureinwohner, die sich in mehrere Völker untergliederten. In Nordflorida wohnten die **Apalachee** und die **Timuacan** als Ackerbauern.

**Indianische Ureinwohner**

← *Relikt aus kolonialspanischer Zeit in St. Augustine*

*Palisadengeschützte Indianersiedlung zur Zeit der ersten Europäer*

Die Südwestküste war das Territorium der kriegerischen **Calusa**. Sie lebten hauptsächlich vom Fischen und der Jagd. Mit ihren Kanus wagten sie sich bis nach Kuba. An der Südostküste lebten zahlreiche kleinere Stämme, darunter die **Tequesta, Mayaimi und Jeagas**. Sie lebten vom Fischen im Atlantik und der Jagd in den Sümpfen.

**Untergang der Indianer** Im 16. und 17. Jh. wurde die indianische Bevölkerung vor allem durch die in die Neue Welt vordringenden Spanier, Franzosen und Engländer dezimiert. Viele Indianer fielen den von Europäern eingeschleppten Krankheiten (bes. Grippe) zum Opfer. Im 18. Jh. verließen letzte größere Gruppen der Timucuan und Apalachee Florida zusammen mit den sich nach Kuba zurückziehenden Spaniern.

# Spanier, Franzosen und Briten

| | |
|---|---|
| **1492** | Kolumbus entdeckt Amerika. |
| **1513** | Ponce de León nimmt die von ihm »La Florida« genannte Halbinsel für Spanien in Besitz. |
| **1563/1564** | Französische Kolonisten unternehmen einen vergeblichen Siedlungsversuch. |
| **1586** | Der englische Freibeuter Sir Francis Drake legt St. Augustine in Schutt und Asche. |
| **1763** | Im Frieden von Versailles kommt Florida an Spanien zurück. |
| **1817/1818** | Erster Seminolenkrieg |
| **1821** | Spanien tritt Florida an die USA ab. |

## Erste spanische Periode

Bald nach der Entdeckung der Neuen Welt durch **Kolumbus** im Jahre 1492 machte sich auch der im Dienste des englischen Königs Heinrich VIII. reisende **Giovanni Caboto (John Cabot)** auf den Weg nach Amerika. Man nimmt an, dass er die Halbinsel Florida noch Ende des 15. Jh.s zumindest gesehen und vielleicht auch kartografiert hat. Auf einer spanischen Karte von 1502 sind die Umrisse einer Florida ähnelnden Halbinsel zu erkennen.

**Kolumbus und die Folgen**

Der wohl erste Europäer an Floridas Stränden war der Spanier **Juan Ponce de León**. Am Ostersonntag 1513 sichtete er die Küste, sechs Tage später landete er bei St. Augustine und nahm das Land für die spanische Krone in Besitz. Auf seiner zweiten Reise 1521 wurde er an der Golfküste von einem Indianerpfeil tödlich getroffen, doch da hatte er den Konquistadoren die Tür nach Florida bereits geöffnet. Nun suchten diese auch in Florida

**WUSSTEN SIE SCHON …?**

■ In Anlehnung an das spanische Osterfest Pascua Florida nannte Juan Ponce de León das von ihm am Ostersonntag des Jahres 1513 gesichtete neue Land »La Florida«.

nach Gold. 1528 landete **Pánfilo de Narváez** in der Tampa Bay und zog mordend und sengend, aber letztlich erfolglos mit seinen Soldaten nordwärts. 1539 folgte **Hernando de Soto** mit tausend Soldaten zunächst Narváez´ Route. Von der verängstigten Indianern erpressten Kunde unermeßlich reicher Städte im Norden vorangetrieben, zog er 6000 Kilometer durch Georgia, Tennessee, South Carolina, Arkansas und Mississippi. 1542 erlag er am Mississippi dem Fieber, der Rest seiner von feindlichen Indianern nahezu aufgeriebenen Truppe schlug sich über Land bis nach Mexiko durch. Nach einer weiteren desaströsen Expedition unter **Tristán de Luna**, die 1559 in Pensacola eine Siedlung gründen sollte, doch im Sturm unterging, verlor die spanische Krone vorübergehend das Interesse an Florida.

Strategisch blieb Florida gleichwohl bedeutsam. Spanische Festungen halfen von hier aus die Goldtransporte aus Mexiko zu sichern. Deshalb mochte sich Madrid auch nicht mit den französischen Hugenotten abfinden, die 1564 unter **Jean Ribault** am St. John´s River das Fort Caroline errichteten. Ein Jahr später zerstörte eine spanische Expedition unter **Pedro Menéndez de Aviles** das Fort. Danach begann Menéndez die Küsten mit einer Kette wehrhafter Forts, darunter St. Augustine, zu sichern und entlang der Nordgrenze Missionsstationen anzulegen. Bereits 1570 war Florida eine Provinz Neuspaniens, doch im Vergleich zu den übrigen Provinzen, darunter Mexiko und Venezuela, galt es als armer Hinterhof.

**Konkurrenz zwischen Spaniern und Franzosen**

Im Jahre 1586 brannte der berüchtigte Freibeuter **Sir Francis Drake** St. Augustine nieder, die Spanier antworteten mit dem Bau des trutzigen, noch heute stehenden Fort San Marcos. Erneute Unstimmigkeiten mit den Franzosen wurden ohne Blutvergießen beigelegt:

Neuspanien erlaubte die französischen Siedlungen Mobile und New Orleans, im Gegenzug verpflichteten sich die Bourbonen, keine Kriegsschiffe in den Golf von Mexiko zu senden.

**Spanische Missions- stationen**

Obwohl die Spanier ihre Herrschaft über Florida mehr als zwei Jahrhunderte aufrechterhalten konnten, waren nur wenige Neusiedler bereit, sich außerhalb spanischer Militärstützpunkte oder befestigter Missionsstationen niederzulassen. Daher begannen die Spanier 1565 mit dem Bau von Missionsstationen. Eine Siedlungskette sollte sich von **St. Augustine** aus nordwärts durch das Siedlungsgebiet der Timucua bis an die Nordgrenze der spanischen Einflusssphäre erstrecken, die andere von St. Augustine westwärts ins Gebiet der Apalache und bis **Pensacola**. Eine der wichtigsten Missionssiedlungen war **San Luis de Talimali**, die 1656 an der Peripherie der heutigen Hauptstadt Tallahassee angelegt worden ist. Hier und auch in anderen Missionen haben die heimischen Indianer und die spanischen Franziskanermönche und Militärs friedlich zusammen gelebt, denn neben einer christlichen Kirche und einem Rathaus gab es auch ein Indianerdorf mit Versammlungshalle und einem Feld für rituelle Ballspiele.

## Britisches Intermezzo

**Der Vertrag von Paris und seine Auswirkungen**

Ernstere Rivalen waren die Briten. 1762 nahmen sie Havanna ein, 1763 diktierten sie im **Vertrag von Paris** den im Siebenjährigen Krieg geschlagenen Franzosen ihre Bedingungen. Darin mussten sich diese für immer aus Nordamerika verabschieden. Und Spanien musste zusehen, wie Florida britisch wurde. Zwar hielten auch die neuen Herren die Kolonie kurz, doch agierten sie als die Spanier: Zur Vereinfachung der Verwaltung teilten sie zunächst die Halbinsel in Ostflorida (Hauptstadt: St. Augustine) und Westflorida (Hauptstadt: Pensacola), dann förderte der Gouverneur die Einwanderung von Familien aus Europa und den 13 Kolonien im Norden. Entlang der schiffbaren Flüsse entstanden **Baumwoll-, Indigo- und Zuckerrohrplantagen**, die von **Sklaven** bewirtschaftet wurden. Tropische Hölzer wurden nach South Carolina verschifft. Zum ersten Mal erwirtschaftete Florida einen bescheidenen Wohlstand.

## Zweite spanische Periode

**Folgen der Amerikanischen Unabhängig- keitserklärung**

Umso schmerzhafter traf die britischen Siedler 20 Jahre später die hohe Politik. Der englische König gab seine ihm während des amerikanischen Unabhängigkeitskriegs treu ergebenen Untertanen 1783 im **Frieden von Versailles** nicht den jungen USA, sondern an Spanien zurück. Dieses hatte zwei Jahre zuvor bereits Pensacola zurückerobert. Die Spanier wurden ihres Erfolges jedoch nicht froh. Erst verließen die britischen Siedler Florida in Scharen. Dann überquerten von den Amerikanern vertriebene **Seminolen** die Grenze und ließen sich in Florida nieder. Die Praxis der Indianer, entlaufenen afrikanischen Sklaven Schutz zu gewähren, belastete bald das amerikanisch-spanische Verhältnis. Hinzu kamen der umstrittene Grenzverlauf im Norden und eine allgemeine Gesetzlosigkeit im Süden, die von der schwachen Kolonialverwaltung nicht unterbunden wurde. So konnte die amerikanische Regierung Teile Floridas beanspruchen, und amerikanische Sklavenbesitzer machten dort ungestraft Jagd auf ihren »Besitz«. Die spanische Kolonialverwaltung geriet immer mehr unter Druck. 1817/1818 begann der **Erste Seminolenkrieg**, als **General Andrew Jackson** zwischen Pensacola und Suwanee River zahlreiche indianische Dörfer zerstörte, ihre Bewohner tötete oder vertrieb und zuletzt auch spanische Siedlungen überfiel. General Jacksons Ziel war klar: Demütigung Spaniens, Inbesitznahme Floridas. 1821 trat Spanien Florida für 5 Mio. Dollar an die USA ab.

# Florida gehört zu den USA

| | |
|---|---|
| **1835** | Der Seminolenführer Osceola beginnt einen Guerillakrieg gegen Einheiten der US-Armee. |
| **1855 – 1858** | Dritter Seminolenkrieg |
| **1861** | Florida schlägt sich im Amerikanischen Bürgerkrieg auf die Seite der Konföderierten. |
| **1865** | Ende des Bürgerkrieges, Sieg der Unionisten; Abschaffung der Sklaverei auch in Florida |
| **1881** | Nach Abschluss des Disston Purchase beginnt die planmäßige Erschließung Floridas. |
| **1886** | Flaglers Eisenbahn erreicht St. Augustine. |

## Plantagenwirtschaft und Seminolenkriege

Im neuen US-Territorium fehlte es an Siedlern und Infrastruktur, überdies waren die Seminolen feindlich gesinnt. Washington beschloss daher eine Reihe von Steuern, um Floridas Kassen aufzufüllen. Zugleich begannen Pflanzer aus Georgia, sich im fruchtbarsten Farmland Floridas niederzulassen. Zwischen den Flüssen Suwannee und Apalachicola im Nordwesten gründeten sie riesige Baumwoll- und Indigoplantagen. Schon um 1840 war Florida ein **Teil des Alten Südens**, mit einer feudal-agrarischen Oberschicht und mit den übrigen Südstaaten eng verbandelt. Der sandige Boden Zentralfloridas wurde dagegen von kleinen Farmern besetzt, »Florida Crackers« genannt, ein Spitzname für arme Weiße. Städte, die den Namen verdienten, gab es zunächst kaum. Die spanischen Militärsiedlungen Pensacola, St. Augustine und Key West wurden jedoch bald von amerikanischen Gründungen wie Jacksonville und der **neuen Hauptstadt**

**»Cotton Barons« und »Florida Crackers«**

Tallahassee überflügelt. Bis zum Bürgerkrieg blieb Florida die am wenigsten industrialisierte Region des Südens: Die **Holzwirtschaft** und **Teer- und Terpentinerzeugung**, neben der **Plantagenwirtschaft** wichtigste Einnahmequellen, hatten keine Eisenbahn, um ihre Erzeugnisse zu den Märkten im Norden zu schaffen.

**Seminolenkriege** Der Entwicklung Zentral- und Südfloridas standen auch 7000 **Seminolen** im Weg. Mehrere Versuche, sie in Reservate abzuschieben, scheiterten. Scharmützel mit Siedlern waren an der Tagesordnung. Als eine Gruppe Ältester sich 1832 ohne Absprache mit den Häuptlingen im **Vertrag von Fort Gibson** mit der Abschiebung des Stammes nach Oklahoma einverstanden erklärte, setzte sich ein junger Seminole namens **Osceola** an die Spitze des Widerstands. 1835 begann er einen Guerillakrieg, der die amerikanische Armee jahrelang band und ihr zwischen Tampa und Ocala u. a. mit dem **Dade Massacre**, bei dem Major Francis Dade und 110 Soldaten während eines Hinterhalts getötet wurden, schwere Verluste beibrachte. Mit einem Ring kleiner Festungen – Fort Lauderdale, Fort Myers, Fort Meade und Fort Pierce wurden als Militärstützpunkte im Seminolenkrieg erbaut – zog die Regierung darauf den Ring um die Indianer immer enger. Kopfgelder wurden ausgesetzt, Seminolendörfer verbrannt.

**Osceolas Ende** Im Jahre 1837 wurde Osceola mit falschen Versprechungen zu Friedensverhandlungen gelockt und verhaftet. Ein Jahr später starb er in Gefangenschaft. Die überlebenden Seminolen flüchteten in die Sümpfe. Doch selbst dort waren sie nicht sicher. Weiße Trapper und Fischer machten ihnen den Lebensunterhalt streitig, einmal mehr kam es zu Auseinandersetzungen. Als um 1840 in Nordflorida die Plantagenwirtschaft blühte, war der Süden Kriegsgebiet. Als Florida 1845 US-Bundesstaat wurde, zog eine Spezialeinheit der US-Armee kreuz und quer durch die Sümpfe, auf der Jagd nach Indianern. Ein Waffenstillstand mit **Billy Bowlegs**, dem Seminolen-Führer, hielt nicht lange. Der **Dritte Seminolen-Krieg** dauerte von 1855 bis 1858, wieder wurden Kopfgelder auf Männer, Frauen und Kinder ausgesetzt. Erst als auch Bowlegs Familie gefangen wurde, ergab sich der letzte Seminolenführer. Mit seinem Gefolge wurde er nach Oklahoma deportiert. Der Weg war frei für die Entwicklung des Südens.

## Der Amerikanische Bürgerkrieg und die Folgen

**Ende der Sklaverei** Dann jedoch verzögerte der Bürgerkrieg den Sprung nach vorn. Die Plantagenbesitzer waren die Herren in Florida. Gut die Hälfte der 140 000 Einwohner waren schwarze Sklaven: Anfang **1861 trat Florida den Konföderierten Staaten bei**. In den folgenden Jahren wurden die konföderierten Armeen mit Fleisch aus Florida versorgt. Vom Kriegsgeschehen blieb die Halbinsel weitgehend verschont. Unionstruppen blockierten Häfen und Schifffahrtsrouten. Erst 1864 kam es zu einer größeren **Schlacht bei Olustee**. Bei dem Dorf östlich von La-

*Im Bürgerkrieg zahlten Unionisten und Sezessionisten einen hohen Blutzoll.*

ke City konnten die Konföderierten die Invasion der Unionstruppen aufhalten und die Nordstaatler nach Jacksonville zurückdrängen. **1865 endete der Bürgerkrieg** jedoch mit dem Sieg der Union. Die von Präsident Lincoln 1863 proklamierte **Aufhebung der Sklaverei** wurde nun auch in Florida durchgesetzt. Von den 15 000 in den Krieg gezogenen Männern kam ein Drittel nicht zurück.

Disston Purchase

Nach Kriegsende füllten sich die Städte mit Investoren aus dem Norden. Sie kurbelten die Wirtschaft Floridas an, sorgten aber auch für eine bis heute als schmerzhaft empfundene Umstrukturierung der Besitzverhältnisse. 1881 stellte **Hamilton Disston**, ein reicher Fabrikant aus Philadelphia, die Weichen für die Zukunft: Im sog. **Disston Purchase** erwarb er zwischen Kissimee Basin, Golfküste und Everglades vier Millionen Acres Land, legte sie trocken und verkaufte das Land in Parzellen an Farmer, Investoren und die wohlhabende Ostküstenprominenz. Quasi über Nacht entstanden neue Städte und landwirtschaftliche Regionen, darunter die Zitrusanbaugebiete. Bereits 1884 verbrachten mehrere Hundert Touristen, unter ihnen der berühmte Erfinder **Thomas A. Edison**, den Winter an der Golfküste.

Eisenbahn-Ära

Der »Disston Purchase« rückte Florida ins Blickfeld der Eisenbahnbarone. **William D. Chipley** verband mit seiner **Pensacola & Atlantic Railroad** die Holzwirtschaft im Panhandle mit den Märkten im Norden. Die **South Florida Railroad** von **Henry B. Plant** verband Sanford am St. John's River mit der Golfküste und verwandelte das Fischernest Tampa über Nacht in eine Hafenstadt. Vom touristischen Potenzial Floridas überzeugt, baute Plant Hotels, allen voran das noble Tampa Bay Hotel, dessen Zimmer bereits vor mehr als 120 Jahren 100 Dollar die Nacht kosteten. **Henry M. Flagler**, der schillernste dieser »Railway Barons«, trieb seine **Eastcoast Railroad** 1886 von New

York nach St. Augustine. Als der Ort zum touristischen Winterziel wurde, trieb Flagler seine Bahn noch weiter nach Süden. 1894 erreichte sie Palm Beach, 1896 Miami. Von 1904 bis 1912 ließ er seine Bahn über die Keys und das offene Meer nach Key West legen.

# Florida im 20. Jahrhundert

| | |
|---|---|
| **ab 1868** | Unabhängigkeitskampf auf Kuba: Zahlreiche Flüchtlinge kommen nach Florida. |
| **1914 – 1918** | Erster Weltkrieg: Floridas Werften florieren. |
| **ab 1920** | Florida Land Boom. Namhafte Architekten lassen ihren Visionen freien Lauf. |
| **1930er-Jahre** | Florida leidet unter den Folgen des Börsenkrachs von 1929. |
| **1939 – 1945** | Zweiter Weltkrieg: Florida ist Übungs- und Erholungsgelände der US-Streitkräfte. |
| **1950** | Beginn des Raketen-Testprogramms in Cape Canaveral |
| **1959** | Castro übernimmt die Macht auf Kuba. Abertausende fliehen nach Florida. |
| **1961** | Start des ersten bemannten US-Raumfluges |
| **1969** | Apollo 11 startet zum Mond. |
| **1971** | Die »Walt Disney World« öffnet ihre Pforten. |
| **1981** | Die Raumfähre »Columbia« startet als erster Spaceshuttle in den Weltraum. |
| **2003** | Nach vielen erfolgreichen Missionen verglüht die »Columbia« auf ihrem letzten Flug beim Wiedereintritt in die Erdatmosphäre. |

## Vom »Land Boom« zum »Land Bust«

**Tabak und Tourismus**

Seit dem 1868 ausgebrochenen Unabhängigkeitskrieg war Kuba nicht mehr zur Ruhe gekommen. Viele **kubanische Flüchtlinge** hatten sich in Tampa angesiedelt und die Tabakmanufaktur als profitablen Wirtschaftszweig mitgebracht. Immer mehr **Prominente bauten sich luxuriöse Villen** u.a. in Fort Myers, St. Petersburg und Palm Beach. Die **ersten Autotouristen** rollen auf nagelneuen Fernstraßen an. Der Erste Weltkrieg ließ Floridas Werften florieren.

**Bauboom ohnegleichen**

Von 1920 an erlebte der Sonnenstaat den **»Florida Land Boom«**: Hundertausende kamen, sahen und kauften. Namhafte Architekten, allen voran **Addison Mizner**, ließen Träume in Pink aus den Dünen wachsen. Visionäre schufen Inseln und Städte: **George Merrick** baute

Coral Gables, **Carl Fisher** trieb einen Damm nach der vorgelagerten Düne. Kurz darauf war Miami Beach »das« Seebad Amerikas. Weniger begüterte Amerikaner kreierten eine neue Touristen-Spezies, die **»Tin Canners«**. Diese frühen Autotouristen kampierten in Wohnwagensiedlungen, ebenfalls Sand, Strand und Sonne genießend.

Im Jahre 1926 brach Floridas **überdehnter Immobilienmarkt** massiv ein. Der **Börsenkrach von 1929** und der verheerende **Hurrikan 1935**, der Flaglers Eisenbahn über die Keys zerstörte, verschlimmerten das wirtschaftliche Chaos in Florida. Erst die mit dem **New Deal** durchgesetzten Reformen halfen dem Bundesstaat wieder auf die Beine. Dann schob der **Zweite Weltkrieg** Floridas **Kriegsindustrie** an. Riesige **Ausbildungslager** – vor allem für die Luftwaffe – entstanden. An den Stränden von St. Petersburg und Daytona wurden die Invasionen in Italien und Frankreich geübt.

*Wirtschaftskrisen und Zweiter Weltkrieg*

## Raketen, Vergnügungsparks und Flüchtlinge

Nach 1945 begannen Jahrzehnte ungebremsten Wachstums. Die **Entwicklung von Saftkonzentraten** führte zu einer Ausweitung der Anbaufläche für Orangen und Grapefruits. Das 1950 auf **Cape Canaveral** gestartete **Raketen-Testprogramm** signalisierte den Beginn von Floridas Raumfahrt- und verwandten Zukunftsindustrien. Und natürlich der **Tourismus**! Die Einführung des zweiwöchigen bezahlten Urlaubs brachte vor nun an jährlich Millionen auf den Weg in den Süden. Vor allem die Südostküste erlebte einen beispiellosen **Bauboom**. Allein im Großraum Miami wurden bis Mitte der 1950er-Jahre mehr Hotels gebaut als in den übrigen Bundesstaaten zusammen. Gigantische Highway-Projekte, darunter die **Sunshine Skyway** über die Tampa Bay und der **Florida Turnpike**, ließen Florida zusammenwachsen. 1959 zählte der Sonnenstaat bereits 5 Mio. Einwohner.

*Die »Fifties«*

1959 kam Fidel Castro auf Kuba an die Macht. Darauf verließen Tausende Kubaner ihre Heimat und ließen sich in Florida nieder. In Miami wuchs **Little Havanna** heran. 1961 entbrannte der sog. Zuckerkrieg zwischen den USA und Kuba, der im Abbruch der diplomatischen Beziehungen zwischen den beiden Staaten gipfelte. In einer neuerlichen Welle kamen wiederum Tausende von Kubanern nach Florida. Fast zum dritten Weltkrieg führte die **Kuba-Krise** (1962). Damals begann die mit Kuba verbündete Sowjetunion damit, auf der Zuckerinsel einen Marine- und Luftwaffenstützpunkt und Raketenabschussrampen zu bauen. Die USA empfanden dies als direkte Bedrohung und verhängten eine Luft- und Seeblockade gegen Kuba. Schließlich lenkten die Sowjets ein. Bis heute bestehen massive Sanktionen der USA gegen den karibischen Inselstaat. Von 1965 bis 1973 wurden Tausende von Kubanern im Rahmen von **Freedom Flights** aus ihrer Heimat nach Florida ausgeflogen. In den 1980er-Jahren erlaubte die kubanische Regierung über 120 000 Menschen

*Kuba-Krise*

die Ausreise in die USA. Die meisten wählten den Großraum Miami als neue Heimat. Bis 1990 stieg die Zahl der in Florida lebenden Kubaner auf weit über 650 000 an.

**Höhepunkte der Weltraumfahrt**

Bereits 1961 wurde von Cape Canaveral aus **der erste bemannte US-Weltraumflug** gestartet. In der Folgezeit sollte Cape Canaveral zum amerikanischen Weltraumbahnhof werden. Von hier starteten die erfolgreichen Mercury-, Gemini-, Apollo- und Skylab-Missionen. 1966 erfolgte die erste »weiche« Mondlandung eines in Cape Kennedy gestarteten Raumfahrzeugs. Einen schweren Rückschlag erlebte die US-Weltraumfahrt 1967. Damals kamen drei Astronauten bei einem Feuerausbruch an Bord von »Apollo I« ums Leben. **Am 21. Juli 1969 betraten die mit »Apollo 11« gestarteten Astronauten Neil Armstrong und Edwin Aldrin als erste Menschen den Mond**. 1986 ereignete sich die **Challenger-Katastrophe**: Alle sieben Astronauten starben an Bord der Raumfähre »Challenger«. Für zweieinhalb Jahre hat man alle bemannten Raumflüge abgesagt. 1988 bereitete man sich im Kennedy Space Center auf eine neue Serie bemannter Raumflüge vor. Die Weltraumfähre »Discovery« wurde in eine Erdumlaufbahn geschossen.

*1969: Neil Armstrong und Edwin Aldrin auf dem Mond*

Mit der 1971 erfolgten **Eröffnung der Walt Disney World in Orlando** begann für Florida eine neue Zeitrechnung. Der Mega-Vergnügungspark setzte neue Maßstäbe in puncto Unterhaltung und Fremdenverkehr. Weitere ähnlich konzipierte Anlagen folgten.

Im Schatten der Tourismusindustrie blühten auch Floridas traditionelle Wirtschaftszweige wie Phosphatabbau, Fischerei, Gemüse- und Zitrusfrüchteanbau wieder auf. Neue Wirtschaftszweige wie Raumfahrt- und Militärtechnologie, Biotechnologie, Software-Entwicklung bewirkten einen andauernden Strukturwandel. Immer mehr Rentner wählten Florida als Altersruhesitz.

Die Nähe zum karibischen bzw. lateinamerikanischen Raum macht Florida allerdings auch zum gelobten Land für **Bootsflüchtlinge aus der Karibik**. Das Miteinander der verschiedensten Ethnien ist nicht immer friedlich: Bereits mehrfach hat sich der soziale Druck in den Städten gewaltsam Luft verschafft. Die **Bandenkriege in Miami**, die Drogenkriminalität – Miami war in den 1980er- und 1990er-Jahren eine Drehscheibe des Drogenhandels – und die **Raubüberfälle auf Touristen**, bei denen einige Besucher auch ermordet wurden, müssen in diesem Zusammenhang gesehen werden.

# Florida im 21. Jahrhundert

| 7. November 2000 | Unregelmäßigkeiten bei der Wahl des neuen US-Präsidenten |
| --- | --- |
| 11. September 2001 | Terroranschläge in New York und Washington beeinträchtigen den Florida-Tourismus. |
| Spätsommer 2004 | Eine ganze Serie von Hurrikanen richtet enorme Schäden an. |
| 2007 – 2010 | Die Immobilien- und Finanzkrise setzt Floridas Wirtschaft sehr zu. |
| 20. April 2010 | Nach Explosion einer Bohrplattform strömen Unmengen Rohöl in den Golf von Mexiko und auch an Floridas Nordwestküste. |

## Stürmische Zeiten

Im Jahr 2000 polarisierten die **Vorgänge bei der Wahl des neuen US-Präsidenten**. Im Raum Miami regte sich Protest gegen das Wahlergebnis. Zuvor hatte Staatssekretärin Harris das Nachzählen aller abgegebenen Stimmen abgebrochen und ihren republikanischen Parteifreund George W. Bush zum Sieger in Florida erklärt. Zu diesem Zeitpunkt hatte Bush mit weniger als 1000 Stimmen vor seinem demokratischen Kontrahenten Al Gore gelegen. Dies und die Anschuldigung, illegal von der Polizei errichtete Straßensperren hätten potenzielle Gore-Wähler – vor allem Afro-Amerikaner – von den Wahlurnen ferngehalten, tauchte die US-Politik in ein zweifelhaftes Licht. **Skandal-Wahl**

US-Präsident Bush befand sich gerade in einer Schule in Sarasota, Florida, als er die Nachrichten von den Terroranschlägen in New York und Washington erfuhr. Auswirkungen dieser Ereignisse waren bald auch im »Sunshine State« spürbar. Sehr betroffen war die Tourismusbranche, die einen **Rückgang des Besucheraufkommens** verkraften musste. Inzwischen steigen die Touristenzahlen wieder. **11. Sept. 2001**

Eine Folge des Klimawandels: Florida wird von immer mehr verheerenden **tropischen Wirbelstürmen** heimgesucht. Allein der Hurrikan »Andrew« (1992) forderte 55 Menschenleben und machte rund 300 000 Menschen obdachlos. Im Spätsommer 2004 richteten vier Hurrikane einen Schaden von mindestens 30 Mrd. US$ an. **Immer mehr Hurrikane**

In den Jahren 2007 bis 2010 machte die Immobilien- und Finanzkrise Floridas Wirtschaft sehr zu schaffen. **Immobilien- und Finanzkrise**

Nach der Explosion einer Bohrplattform strömt monatelang Öl in den Golf von Mexiko. Die Gewässer vor Floridas Nordwestküste werden verseucht und Strände verschmutzt (►Baedeker-Special S. 28). **Ölpest von 2010**

# Kunst und Kultur

Keine Sorge: Florida erweckt nicht nur Comic-Figuren zum Leben, sondern bietet auch einige der besten Kunstmuseen und -galerien der USA. Floridas Sonderweg in der Architektur dagegen lernt man unter freiem Himmel kennen – am besten spätnachmittags, wenn die Sonne zu zaubern beginnt.

# Bildende Kunst

Es sind »Miami Vice«, »CSI: Miami« und Universal Studios, Kennedy Space Center und Disney World, die einem zum Stichwort »Florida« einfallen. Der »Sunshine State« hat aber nicht nur »Fun & Sun«, sondern auch »richtige« Kultur zu bieten. Sieht man vom Kunsthandwerk der Indianer ab – bekannt sind die Patchwork- und Webarbeiten der Miccosukkee –, so waren es ab dem 16. Jh. Maler und später auch Fotografen, die sich mit Florida künstlerisch befassten.

Die frühesten Bilder stammen von dem Franzosen **Jacques le Moyne de Morgues** (1533–1588), der 1564 als Zeichner und Maler die französische Expedition Laudonnière begleitete. War sein Interesse noch mehr wissenschaftlicher Natur, so stand bei den Malern und Fotografen des 19. und frühen 20. Jh.s eine romantische Begeisterung für die Landschaft mit ihren verborgenen Reizen im Vordergrund. Vom Bostoner Maler **Homer Winslow** (1836 – 1910) existieren mehrere eindrückliche Landschaftsbilder. Auch der Fotograf **Walker Evans** (1903 – 1975) arbeitete zeitweise in Florida, besonders in den Jahren von 1928 bis 1941. Die Naturschönheiten der Everglades und Ansichten von St. Augustine, der ältesten Stadt der festländischen USA, waren bei Malern und Fotografen beliebte Motive. So waren Ansichten von St. Augustine neben solchen von den Niagarafällen lange Zeit der am weitesten verbreitete Schmuck amerikanischer Wohnzimmer. Die Aktivitäten reicher Sammler machten Florida schließlich richtig kunstsinnig: Die Gallery of Fine Arts des **Ralph Hubbard Norton** (1875 – 1953) in West Palm Beach und das Museum of Art von **John & Mable Ringling** in Sarasota bereiteten das Terrain vor. **A. E. »Bean« Backus** (1906 – 1990) aus Fort Pierce machte sich mit naturalistischen Landschaftsbildern einen Namen. **Hiram D. Williams** (1917 – 2003) aus Gainesville ermalte sich einen Stammplatz unter Amerikas Impressionisten, die Malerin **Doris Leeper** (1929 – 2000) aus New Smyrna Beach war als Umweltschützerin auch maßgeblich an der Gründung des Canaveral National Seashore beteiligt. Unterstützung erhielt Floridas Kunstbetrieb in den siebziger Jahren vom obersten Kulturschützer  des Staats: Innenminister **George Firestone** (geb. 1931), der aus Florida einen »State of the Arts« machen wollte, erhöhte während seiner Amtszeit die Subventionen für junge Künstler um sagenhafte 3200 Prozent! Auch etablierte moderne Künstler wie **Robert Rauschenberg** (geb. 1925) in Captiva oder der Pop-Art-Künstler **James Rosenquist** (geb. 1933) in Aripeka nahmen den Nachwuchs unter ihre Fittiche. »Beanie« Backus war Mentor der **»Highwaymen«**: Diese Gruppe afro-amerikanischer Maler um **Alfred Hair** (1941-1970) verkaufte in den 1960er-Jahren rund 200 000 Bilder mit tropischen Motiven für die amerikanischen Wohnzimmer und

**Malerei und Fotografie**

← *Nirgendwo sonst so prägnant: Art Deco in Miami Beach*

erlebt derzeit eine bundesweite Renaissance. Fotografen verfielen ebenfalls der tropischen Natur. Auch zwei hervorragende zeitgenössische Fotografen dokumentieren dies: Der detailbesessene **Clyde Butcher** (geb. 1942) aus Ochopee hält die bedrohte Natur für nachfolgende Generationen fest, der in Gainesville arbeitende **Jerry N. Uelsmann** (geb. 1934) zieht sein Publikum mit abstrakten, traumartigen Montagen in den Bann.

**Zeitgenössische Skulptur**

Auf vielen öffentlichen Plätzen, in Grünanlagen, Verkehrsbauten und kulturellen Einrichtungen werden seit den 1970er-Jahren in verstärktem Umfang Plastiken zeitgenössischer Künstler aufgestellt. Darunter findet man auch Arbeiten von **Claes Oldenbourg, Isamu Noguchi, Nam June Paik, Edward Ruscha** und vielen anderen Künstlern. Man möchte damit die Lebensqualität heben und die Identität des Gemeinwesens unterstreichen. Vor dem Center for the Performing Arts in Miami Beach fällt beispielsweise die Skulptur »Mermaid« von **Roy Lichtenstein** ins Auge. Der Künstler zitiert in seinem Kunstwerk das hiesige Art Deco. Zusammen mit seiner Frau **Coosje van Bruggen** hat **Claes Oldenbourg** einen Brunnen im hypermodernen Metro-Dade Government Center gestaltet. Ihr Werk trägt den Titel »Dropped Bowl with Scattered Slices and Peels« und soll die multikulturelle Vielfalt von Floridas Metropole symbolisieren, einer Stadt, die laut Claes Oldenbourg »in ständiger Entwicklung begriffen ist und deren Ordnungssystem auf der Unordnung ihrer städtischen Entwicklung, die nicht planmäßig verläuft, beruht ...«.

# Architektur

**Mediterrane Einflüsse**

Über 200 Jahre spanischer Kolonialzeit gingen an Floridas Häusern nicht spurlos vorüber. Als **Mediterranean Style**, der spanische und italienische Einflüsse in sich vereinigt, trat das koloniale Erbe vom Ende des 19. Jh.s an als immer beliebtere Bauform neben den strengen viktorianischen und den symmetriebewussten kolonialen Stil und ist heute – stark vereinfacht – im Wohnungsbau Floridas die vorherrschende Formsprache.

Charakteristisch für den Mediterranean Style sind geschwungene Bögen, Terracotta-Ziegeldächer und sandfarbene Stuckwände, deren Mauerbehänge mit Pastellfarben gestrichen werden, die das für Florida so typische Licht nachbilden. An teureren Villen und repräsentativen Bauten sind italienische und spanische Einflüsse oft deutlich erkennbar. Während italienisch inspirierte Häuser in ihrer Detailverliebtheit – Balustraden, Türen und Fenster sind elegant verziert – femininer wirken und häufig Ziegelmauern verwenden, verzichten

*Ein Musterbeispiel für den italienisch inspirierten →*
*Mediterranean Style: das Luxushotel »The Breakers« in Palm Beach*

spanisch inspirierte Häuser auf zuviel Ornamentik und wirken deshalb eher maskuliner. Dieser Stil, auch als **Mizner Style** bekannt, erlebte seine Blüte in den 1920er-Jahren. Eindrucksvolle Beispiele »mediterraner« Architektur findet man nicht nur im Raum Miami (vor allem Coral Gables, Coconut Grove, Miami Beach), sondern auch in Palm Beach, Naples und Tampa. In Miami Beach konnte sich gar der Baustil des **Mediterranean Revival** ausbilden als südliche Variante des »Colonial Revival« in Neu-England. Hübsche Details mit Anklängen an spanische, italienische und maurische Formen schmücken die Bauten des Mediterranean Revival. Als Baustoff wählte man oftmals den hiesigen Coquina-Kalkstein.

**Art Deco**
Wer Miami Beach besucht, kommt am Art Deco Historic District nicht vorbei (▶Baedeker Special S. 286). Nirgendwo sonst gibt es so viele verschiedene Beispiele dieses eklektischen Baustils, der Formen und Motive aus allen Epochen und Kulturen stromlinienförmig vereinigt. Seit den 1970er-Jahren setzen sich namhafte Bürger für die Erhaltung der rund 600 Art-Deco-Bauten in Miami Beach ein. Hübsch renovierte Häuser sieht man vor allem an den Flaniermeilen, d.h. an Ocean Drive, Collins Avenue und Española Way.

**Conch Houses**
Eine andere Besonderheit begegnet Reisenden auf den Florida Keys: die dem tropischen Klima angepassten Conch Houses. Zur besseren Ventilierung auf Stelzen gebaut, reflektieren ihre geneigten Blechdächer die Hitze und leiten Regenwasser in bereitstehende Wasserbehälter. Jalousienartige Fensterläden halten die Hitze draußen und bieten Schutz vor Hurrikanen. Balkone und umlaufende Veranden bieten Schatten und Schutz vor allzu großer Hitze. Besonders schöne alte Conch Houses sind in Key West zu bewundern.

**Architektur nach 1945**
In den Boomjahren nach dem Zweiten Weltkrieg schossen vor allem an der Atlantikküste zwischen Miami Beach und Palm Beach **Hotel- und Apartment-Hochhäuser** wie Pilze aus dem Boden. In Miami Beach drohten diese Bettenburgen die seit den 1930er-Jahren gewachsene Art-Deco-Architektur zu überwuchern. Neben vielen unschönen »Kästen« entstanden auch einige architektonisch interessante Neubauten. Zu nennen ist das **Fontainebleau** in Miami Beach, ein für die großspurige Architektur der 1960er-Jahre ganz typischer Hotelkomplex. In jüngerer Zeit sind im Raum Miami gigantische **postmoderne Hochbauten** errichtet worden, die einerseits alles Bisherige in den Schatten stellen, andererseits aber Architekturformen und Gestaltungselemente des Art Deco zitieren. In den 1970er- und 1990er-Jahren entwickelte sich Downtown Miami entlang der Biscayne Bay in atemberaubendem Tempo. Dass die Stadt heute das zweitwichtigste Finanz- und Dienstleistungszentrum der USA ist, zeigen die neue Skyline und vor allem die protzigen Bankpaläste an der Brickell Avenue sehr eindrucksvoll. Als Musterbeispiel sei hier der 1987 fertig gestellte **Centrust Tower** erwähnt, den Amerikas bekanntester zeitge-

*Miami spektakulär: der 20-stöckige Apartmentbau »Atlantis« mit Loch in der Fassade*

nössischer Architekt, I. M. Pei, in Zusammenarbeit mit Spillis Candela & Partnern entworfen hat. Eine Schöpfung der Architektengemeinschaft »Arquitectonica« ist das **Atlantis** (s. oben), das mit seinem Loch in der Fassade mit roter Treppe, Palme und Pool Furore gemacht hat.

In jüngster Zeit versucht man, sich mehr an Überliefertem zu orientieren, d.h. man zitiert Bauweisen der indianischen Ureinwohner und Stilelemente der spanischen Kolonialzeit. Architekturformen, die im karibischen Raum verbreitet sind, kann man ebenso wiedererkennen wie angloamerikanische Monumentalbauten. Die Wucht riesiger Hochbauten, wie sie von Banken, Versicherungen und sonstigen Großunternehmen realisiert werden, wird durch Einflüsse der Postmoderne gemildert. Gelungene zeitgenössische Architektur kann man heute überall in Florida besichtigen.

**Zeitgenössische Architektur**

Hotels als Pyramiden und Shopping Malls als orientalische Städte, Häuser als mittelalterliche Burgen und Statuen und Springbrunnen: In Floridas Themenparks dürfen sich Amerikas Architekten so richtig austoben. **»Entertainment Architecture«** soll inspirieren, die Fantasie anregen und ganz einfach Spaß machen. Ein klassisches Beispiel: das »Swan & Dolphin Hotel« in Walt Disney World. Die Dächer der 2500-Zimmer-Herberge zieren monumentale Statuen, verspielte Fisch- und Schwanskulpturen signalisieren Beschwingtheit und Sinn für Humor. Wandgemälde mit tropischen Motiven und postmodern wirkendes, in Pastellfarben gehaltenes Interieur sorgen für Entspannung.

Bemerkenswert sind ferner die **neuen Ferienhaussiedlungen** Seaside, Grayton Beach und Seagrove Beach an der Golfküste. Hier wachsen ganz neue Urlaubswelten heran, die eine Abkehr von der massiven und massigen Beton-Architektur hin zur filigranen und vielerlei Stile zitierenden Individualarchitektur anzeigen.

# Berühmte Persönlichkeiten

**Wem darf man dafür danken, in Floridas Häusern selbst an heißesten Tagen nicht schwitzen zu müssen? Warum sind die Everglades nicht schon längst verschwunden? Und warum heißt Miami Miami? Kurze Biografien derer, die Florida geprägt haben.**

## Neil Alden Armstrong (geb. 1930)

Der aus Wapakoneta, Ohio gebürtige Astronaut **betrat** im Rahmen der von Cape Canaveral aus gestarteten Apollo-11-Mission **am 21. Juli 1969 als erster Mensch den Mond.** Armstrong war im Koreakrieg Pilot bei der US-Marine. Später studierte er Flugingenieurwesen und arbeitete danach als Testpilot für die NASA, bevor er 1962 Astronaut wurde. 1966 startete er im Rahmen der Gemini-8-Mission zu seinem ersten Flug ins All. Als Kommandant leitete er das erste Kopplungsmanöver zweier Raumfahrzeuge. Seit 1971 ist er Dozent für das Raumfahrt-Ingenieurwesen.

**Astronaut**

## John James Audubon (1785 – 1851)

In Les Cayes (Haïti) wurde der berühmte Zeichner und Vogelkundler als Sohn eines Kaufmanns geboren. 1805 kam er in die USA und ließ sich bei Philadelphia nieder. Mit mäßigem Erfolg versuchte er sich zunächst in diversen Geschäften. Audubon war jedoch ein begnadeter Zeichner. Seine Kupferstiche und Zeichnungen mit Darstellungen aus der Tier- und Pflanzenwelt haben ihm Ruhm eingebracht. Zwischen 1827 und 1838 hat er die »Birds of America« geschaffen. Viele Eindrücke sammelte er auf **Forschungsreisen nach Florida,** die ihn auch auf die Keys führten. Neben seiner zeichnerischen Tätigkeit verfasste er Artikel, in denen er Vögel Floridas vorstellte. Die im Jahre 1905 ins Leben gerufene älteste Naturschutzorganisation der USA, die National Audubon Society (NAS), trägt den Namen des großen Zeichners.

**Ornithologe und Maler**

## Jimmy Buffett (geb. 1946)

Die »Grateful Dead« haben die »Deadheads«, Jimmy Buffett hat die »Parrot Heads«: Seine stets in farbenfrohen Hawaiihemden und mit fantasievollen Kopfbedeckungen erscheinenden Fans verwandeln jedes Buffett-Konzert in eine fröhliche Strandparty. Der muntere Barde besingt seit 30 Jahren nichts anderes als **die Leichtigkeit des Seins unter Floridas Palmen** – und wurde damit zum Kulturgut des Bundesstaats. Hits wie »Why don't we get drunk«, »Margaritaville« und »Come Monday« machten den bekanntesten Sohn von Key West berühmt. Heute gehört Jimmy Buffett zu Florida wie die Beach Boys zu Kalifornien.

**Musiker**

## Al(fonso) Capone (1899 – 1947)

Alfonso Capone, aus der süditalienischen Großstadt Neapel stammend, wuchs in Brooklyn, New York, auf. Im Jahre 1920 kam er nach Chicago, wo er zur gefürchteten Unterweltgröße heranwuchs.

**Gangsterboss**

*← Andrew Jackson, siebter Präsident der USA, ziert die 20-Dollar-Note.*

*»Scarface« Al Capone*

Als Boss des dortigen Mafia-Syndikats kontrollierte er unter anderem das Glücksspiel, den Alkoholschmuggel sowie die Prostitution. Ferner hatte er einen nicht unwesentlichen Einfluss auf die Arbeit der Polizei. Er brachte es zu einem riesigen Vermögen. Obwohl er als Initiator vieler brutaler Mordüberfälle verdächtigt wurde, wagte man aus Furcht vor Repressalien nicht, ihn vor Gericht zu bringen. Schließlich hat man ihn 1931 wegen Steuervergehen zu elf Jahren Freiheitsentzug verurteilt. Er verbüßte seine Strafe u.a. auf der berüchtigten Gefängnis-Insel Alcatraz bei San Francisco. Wegen seines angegriffenen Gesundheitszustandes wurde er vorzeitig entlassen. 1939 zog er sich nach Deerfield Beach in Florida zurück. 1947 verstarb er in Miami.

## Ray Charles (1930 – 2004)

**Musiker** Bei seinem Tod schrieb eine Zeitung liebevoll: »Heaven gets some blues«. Ray Charles, der auch im Soul und Pop zuhause war, verbrachte seine ersten 18 Lebensjahre in Florida. Mit sieben Jahren erblindet, besuchte er zunächst die Florida School of the Deaf and Blind in St. Augustine. Hier lernte er die Blindenschrift - und das Klavierspiel. Mit 15 verdiente er sein erstes Geld in den Kneipen von Jacksonville, Tampa und Orlando, mit 18 ging er nach Seattle. Der Rest ist Geschichte. Mit Songs wie »Georgia on my mind« und »What I'd say« spielte er sich in die Herzen einer weltweiten Fangemeinde.

## Thomas A. Edison (1847 – 1931)

**Erfinder** Als Edison begann, auf Anraten seines Arztes den Winter in Florida zu verbringen, war er schon ein berühmter Mann und hatte auch schon die Glühbirne erfunden. Von 1901 an kam er jeden Winter **zur Erholung nach Fort Myers.** Richtig bahnbrechende Erfindungen machte er dort zwar nicht, doch zog die Kunde von dem genialen Einwohner weitere Prominente an, vor allem den Automobilfabrikanten Henry Ford. Für die Gastfreundschaft der einheimischen Floridians revanchierte sich Edison, indem er 2000 kubanische Palmen an den Straßen von Fort Myers pflanzen ließ.

## Gloria Estefan (geb. 1957)

Seit mehr als zwei Jahrzehnten – und bis heute mit viel Rhythmus im Blut – mischt die **Latino-Ikone** Gloria Estefan im internationalen Musikgeschäft mit. Zuletzt hat sie mit ihrem englischsprachigen Album »Unwrapped« auf sich aufmerksam gemacht. Sie setzt sich für Gefangene auf Kuba ein und unterstützt die »Ladies in White«, eine oppositionelle Frauengruppe in Castros Reich.

Berühmt geworden ist die im kubanischen Havanna geborene und in Miami/Florida aufgewachsene spätere Sängerin der »Miami Sound Machine« mit ihren spanischsprachigen Liedern. Unvergessen sind ihre beiden Alben »Mi tierra« und »Alma Caribena«. Wie kaum ein anderer Star ihrer Zunft versteht sie es, eingängigen Pop mit Salsa-Rhythmen und Soul-Elementen zu kombinieren. Weltruhm erlangte sie, nachdem der Titel »Reach« aus ihrem 1996er-Album »Destiny« zum offiziellen Song der

*Latino-Ikone Gloria Estefan*

Olympischen Spiele in Atlanta erkoren wurde. Dass Gloria Estefan nach wie vor eine starke Ausstrahlung hat, beweisen nicht zuletzt ihre beiden viel jüngeren Kolleginnen Jennifer Lopez und Shakira, die sich von ihrem großen Vorbild einiges abgeschaut haben.

## Henry Morrison Flagler (1830 – 1913)

Im »Sunshine State« machte der Mitbegründer von Standard Oil das Unmögliche möglich. 1878 kam Flagler wegen der Erkrankung seiner Frau auf die Halbinsel und erkannte deren touristisches Potenzial. Die Bahngesellschaften Floridas zur **Eastcoast Railroad** zusammenlegend, verband er die Ostküstenstädte des Nordens mit Miami und schließlich sogar mit den Keys. 1912 erreichte seine Bahn auf gewagten Brücken Key West. Auch in der **Hotellerie** war Flagler unbescheiden: In St. Augustine baute er das »Ponce de Léon Hotel« und in Palm Beach das »Royal Poinciana Hotel«. Das Ansinnen der Menschen in Biscayne Bay, ihre Stadt Flagler zu nennen, lehnte er jedoch ab. Stattdessen schlug er Miami vor.

**Eisenbahn-magnat**

## John Gorrie (1803 – 1855)

**Arzt** Naturwissenschaftler, Humanist, Politiker, Arzt: Der in der Karibik geborene Gorrie hatte viele Talente. Sein Denkmal in der National Statuary Hall in Washington (DC) jedoch verdankt er seinem Studium der tropischen Krankheiten. Bald nach der Ankunft in Apalachicola erkannte er, dass sich seine Patienten in gekühlten Räumen schneller vom Gelbfieber erholten – und erfand mit einer Maschine, die Kunsteis produzierte und die Temperatur in den Krankensälen effektiv senkte, die Vorläuferin der Klimaanlage.

## Ernest Hemingway (1899 – 1961)

Als sich Hemingway 1928 in Florida niederließ, hatte er bereits einen Namen als **Schriftsteller.** Key West, damals noch ein abgelegenes Nest von Schmugglern und Abenteurern, inspirierte ihn zu einigen seiner besten Werke. Dazu gehören »Tod am Nachmittag« und »Schnee am Kilimandscharo«. Zwölf Jahre lang lebte er zwischen seinen Reisen in seinem Haus in der 907 Whitehead Street. Vormittags arbeitete er, die Nachmittage verbrachte er beim Hochseeangeln und abends besuchte er die Bars. Heute gehört Hemingway zu Key West wie die Sonnenuntergänge am Mallory Square, und sein Gesicht lächelt von den T-Shirts im »Sloppy Joe´s«, seiner Lieblingsbar.

*Ernest Hemingway*

## Zora Neale Hurston (1903 –1960)

**Schriftstellerin** Ihr wichtigster Roman vergrätzte beide Seiten: die Schwarzen, die ihr vorwarfen, finanzielle Unterstützung von Weißen angenommen zu haben, und die Weißen, weil sie nicht die seinerzeit gängigen Stereotype vom schwarzen Amerikaner bediente. Dabei beschrieb Hurston, **eine der bedeutendsten afro-amerikanischen Autorinnen,** in »Their Eyes were watching God« (1937) ihre schwarzen Mitbürger nur als ganz normale Menschen. Damit war sie ihrer Zunft weit voraus. In Eatonville bei Orlando aufgewachsen, studierte sie zunächst Ethnologie und schloss sich in New York der als »Harlem Renaissance« berühmten Gruppe afro-amerikanischer Künstler an. Später zog sie kreuz und quer durch Florida und Mississippi und sammelte alte afro-amerikanische Erzählungen. Nach ihrem Tod geriet ihr Werk in Vergessenheit. In den 1980er-Jahren wurde sie jedoch wiederentdeckt. Seitdem zählen ihre Bücher zur Pflichtlektüre an amerikanischen Universitäten.

## Andrew Jackson (1767 – 1845)

Der Anwalt und Plantagenbesitzer aus Waxhaw, South Carolina, wurde 1798 Richter am Obersten Gericht des US-Bundesstaates Tennessee. Ruhm verschaffte er sich in seiner Funktion als Generalmajor. Im Januar 1815 verteidigte er New Orleans gegen die Engländer. Danach unternahm er **Expeditionen gegen die Seminolen** und gegen das damals noch spanische Florida. 1817/18 nahm er die Stadt Pensacola ein. Sein forsches Vorgehen führte zwar zu Spannungen mit England und Spanien. Die Seminolen nannten ihn gar »Teufel«. In der amerikanischen Regierung fand er Fürsprecher. Jackson wurde 1821 erster **Gouverneur** der beiden Territorien West- und Ostflorida. Drei Jahre später stellte er sich als Präsidentschaftskandidat zur Wahl und verlor vorerst. Aber dann gewann er die Wahlen von 1828 und 1832. Als **US-Präsident** vertrat er eher kleinbürgerliche Interessen, galt als liberal und antimonopolistisch eingestellt. Obwohl er mit der Zerschlagung der Nationalbank eine schwere Finanzkrise auslöste und trotz seiner kritisierten Indianer-Umsiedlungsmaßnahmen genoss er zeitlebens hohes Ansehen.

**General, 7. Präsident der USA (Bild s. S. 58)**

## George Edgar Merrick (1886 – 1942)

Als kleiner Junge träumte Merrick von Burgen in Spanien. 1898 kam er mit seinen Eltern nach Florida. Von 1922 an goss der nun Erwachsene, inzwischen **Rechtsanwalt und Immobilienhändler** in Miami und ebenso Unternehmer wie Ästhet, seine Spanien-Träume in feste Formen. 1924 ließ er seine »City Beautiful« bauen, ein romantisches, ästhetisch geschlossenes Ensemble aus palmengesäumten Straßen, haciendaähnlichen Villen, fantasievollen Swimming Pools und Golfplätzen. Im selben Jahr wurde Coral Gables zur schönsten Vorstadt Amerikas ausgerufen. Obwohl von finanziellen Krisen gebeutelt, blieb Merrick noch bis 1940 im Immobiliengeschäft.

**Unternehmer, Stadtplaner**

## Addison Mizner (1872 – 1933)

Mizner war während der 1920er-Jahre **Floridas führender Architekt** und der **Liebling der High Society.** Beeinflusst von der spanischen und der Mittelmeerarchitektur, schuf er allein in Palm Beach für Kunden wie Irving Berlin, Oscar Hammerstein und die Vanderbilts über 50 herrschaftliche Residenzen mit verspielter Ornamentik - obgleich er nie eine Architektenausbildung genossen hatte und keine Entwürfe zeichnen konnte. Bereits sein erstes Haus in Palm Beach, »El Mirasol«, hatte 37 Zimmer, einen beleuchteten Pool und eine

**Architekt**

Tiefgarage für 40 Autos. Nichts hasste er mehr als seelenlose Häuser. Seinem Credo, ein Haus müsse aussehen, als habe es sich seinen Weg vom hässlichen Entlein zum stolzen Schwan erkämpft, half er auch nach, indem er seine Arbeiter Dachziegel zerbrechen ließ, damit sie älter aussahen. Die Depression verhinderte seine grandiosen Pläne für Boca Raton und ruinierte ihn. Als Mizner in Armut starb, hatte der unkonventionelle »Mizner Style« jedoch Floridas Architektur bereits seinen Stempel aufgedrückt.

## Osceola (ca. 1800 – 1838)

**Anführer der Seminolen**

Als Sohn eines weißen Siedlers und einer Indianerin wurde Osceola Nickanochee im Norden von Georgia geboren. Als er vier Jahre alt war, suchte seine Mutter mit ihm Zuflucht in Florida, um der Diskriminierung durch die Weißen zu entgehen. Osceola entwickelte sich unter den Seminolen zu einer Führungspersönlichkeit. Er kämpfte 1812 und 1818 gegen General Andrew Jackson und lehnte sämtliche Verträge mit den Weißen ab. Seine Attacken gegen weiße Siedler und Armeepatrouillen waren mit ein Grund für den Ausbruch des Zweiten Seminolenkrieges. Die amerikanische Armee konnte gegen die Guerilla der Seminolen keine militärischen Erfolge erzielen. Man versuchte es mit Verhandlungen. 1837 wurde Osceola mit seiner Familie und einigen Anhängern während Friedensgesprächen festgenommen, obwohl ihm zuvor freies Geleit versprochen worden war. Er starb ein Jahr später in Fort Moultrie, South Carolina, an Malaria. Sein Kopf wurde hernach als Zirkusattraktion vorgeführt.

## Juan Ponce de León (1460 – 1521)

Ponce de León war der erste **spanische Konquistador**, der seinen Fuß auf nordamerikanischen Boden setzte. Dies geschah am Ostermontag (span. »Pasqua de Flores«) des Jahres 1513. Er gründete im Auftrag der spanischen Krone die Kolonie »La Florida«, die von den Sümpfen am Golf von Mexiko bis Labrador reichte. Ponce de León war es auch, der als Erster den Golfstrom erkannte. Der Spanier hat Kolumbus auf dessen zweiter Amerika-Reise (1493) begleitet. Von 1502 bis 1504 war er an der Eroberung von Higüey auf der Antilleninsel Hispaniola beteiligt. Von

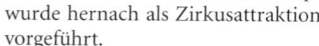

*Ponce de León*

1509 bis 1512 war er Gouverneur auf der Nachbarinsel Puerto Rico. 1513 brach er zur ersten belegten Expedition ins heutige Florida auf. Er landete im Bereich des heutigen Ponte Vedra Beach und glaubte, eine weitere größere Insel entdeckt zu haben. Im Jahre 1521 brach er zu einer weiteren Florida-Expedition auf, zutiefst beseelt von dem Wunsch, die Quelle der Ewigen Jugend zu finden. Als er einen der zahlreichen Brunnen prüfte, traf ihn der vergiftete Pfeil eines Indianers. Er verstarb auf dem Rückweg in die Karibik. Ponce de León wurde in der Kathedrale von San Juan auf der karibischen Insel Puerto Rico bestattet.

## Hernando de Soto (ca. 1500 – 1542)

Nach dem Besuch der Universität von Salamanca diente Hernando de Soto von 1519 bis 1532 in Zentralamerika. 1532/1533 nahm er teil an der Eroberung Perus und an der Gefangennahme von Atahualpa, dem letzten Herrscher der Inka. Nach Auseinandersetzungen mit Pizarro kehrte er 1535 als reicher Mann nach Spanien zurück. 1537 wurde er zum **Gouverneur von Kuba** und **königlichem Beauftragten für Florida** ernannt. Am 25. Mai 1539 landete er beim heutigen Charlotte Harbor. Die nächsten Monate verbrachte er mit der erfolglosen Suche nach den Reichtümern Floridas. Auf seinem Marsch durch die Sümpfe traf er auf den Spanier Ortíz, einen Überlebenden der gescheiterten Narvaez-Expedition, der ihm von nun an als Dolmetscher diente. Mit seiner Hilfe erhielt De Soto wertvolle Erkenntnisse über den Süden der USA. Seine Späher kamen bis Carolina und Tennessee, er selbst wandte sich in Alabama zunächst nach Süden, wo er bei Mobile wieder den Golf von Mexico erreichte. Hier wartete er vergeblich auf Versorgungsschiffe. Während seines Marsches nach Westen überschritt er 1541 den Mississippi und überwinterte 1541/1542 im heutigen Arkansas. Im April 1542 kehrte er nach Florida zurück. Ständige Attacken der Indianer, Fieber und die Enttäuschung, keine Schätze gefunden zu haben, zermürbten De Soto. Er starb noch im selben Jahr.

**Spanischer Konquistador**

## Marjorie Stoneman Douglas (1890 – 1998)

»Es gibt keine zweiten Everglades...«: Der erste Satz aus ihrem 1947 erschienenen Klassiker »Everglades: River of Grass« blieb zeitlebens ihr Programm. Stoneman kämpfte bis zu ihrem Tod im biblischen Alter von 108 Jahren für den Erhalt der Sümpfe Südfloridas – und damit gegen Spekulanten, Fabriken und die Trockenlegungspläne der Armee. 1915 begann sie als Reporterin beim »Miami Herald«, gegen Rassentrennung und für die Gleichberechtigung der Frau zu schreiben. Lange vor den Wissenschaftlern erkannte sie die vom Menschen herrührenden Gefahren für die Everglades. 1970 gründete Floridas Grande Dame des Umweltschutzes die »Friends of the Everglades«, die ihren Kampf bis heute fortsetzen.

**Schriftstellerin und Umweltschützerin**

# Praktische Informationen

WO FINDET MAN DIE SCHÖNSTEN BADESTRÄNDE? WAS IST EIN KEY LIME PIE UND WAS EIN MOJITO? UND WAS IN ALLER WELT BEDEUTET »GATOR XING«? INFORMIEREN SIE SICH – AM BESTEN SCHON VOR DER REISE!

# Anreise · Reiseplanung

**Mit dem Flugzeug**   Von Mitteleuropa aus erfolgt die Anreise nach Florida in der Regel mit dem Flugzeug. Von allen wichtigen Flughäfen im deutschsprachigen Raum (u.a. Frankfurt am Main, Düsseldorf, München, Hamburg, Berlin, Stuttgart, Zürich und Wien) gibt es **täglich Linien- und Charterflugverbindungen** nach Florida. Die wichtigsten Zielflughäfen von Nonstop- und Direktflügen in Florida sind Miami, Orlando, Fort Lauderdale, Fort Myers, Daytona und Tampa. **Ein Nonstopflug von Mitteleuropa nach Florida dauert zirka 9 Stunden**. Günstige Nonstop-, Direkt- und Umsteigeverbindungen bieten an: Deutsche Lufthansa, Condor, Air Berlin, Air France, KLM, British Airways, United Airlines, American Airlines und Continental.

> ## ! *Baedeker* TIPP
>
> **Air Pass**
>
> Wer den Trans-Atlantik-Flug mit einer US-Fluggesellschaft (u.a. America, Delta, United) unternimmt, kann in den Genuss preisgünstiger Rundreise- und Ausflugs-Tarife kommen. Mit einem »Air Pass« bzw. mit Coupons kann man auch andere Ziele in den USA besuchen.

**Mit dem Kreuzfahrtschiff**   Etliche zwischen Europa und Amerika operierende **Kreuzfahrtschiffe** laufen regelmäßig Floridas Metrpole Miami an. Im stärkst frequentierten Kreuzfahrthafen der Erde beginnen oder beenden viele Touristen ihre Seereise. Weitere Kreuzfahrt-Destinationen in Florida sind Port Everglades (Fort Lauderdale), Port Canaveral (in der Nähe des Weltraumbahnhofs) sowie der Golfküstenhafen Tampa.

**Mit dem Frachtschiff**   Wachsender Beliebtheit erfreut sich die **Trans-Atlantik-Passage auf einem Frachtschiff**, das für die mitfahrenden Gäste eigene Kabinen und auch einen entsprechenden Service bietet. Von Deutschland aus werden u.a. die US-Häfen Miami, Savannah (Georgia) und New Orleans angelaufen.

 **WICHTIGE ADRESSEN ANREISE**

## EUROPÄISCHE FLUGGESELLSCHAFTEN

▶ **Deutsche Lufthansa**
Tel. (01805) 805 805
(D = in Deutschland)
Tel. (0810) 1025 8080
(A = in Österreich)
Tel. (0900) 900 922
(CH = in der Schweiz)
Tel. 1-800-645-3880 (in den USA)
www.lufthansa.com

▶ **Condor**
Tel. (01805) 767 757 (D)
www.condor.de

▶ **Air Berlin**
Tel. (01805) 737 800(D)
Tel. (0820) 737 800 (A)
Tel. (0848) 737 800 (CH)
Tel. 1-866-266-5588 (USA)
www.airberlin.com

### ► Air France
Tel. (01805) 830 830 (D)
Tel. (01) 502 222 400 (A)
Tel. (0848) 747 100 (CH)
Tel. 1-800-237-2747 (USA)
www.airfrance.com

### ► British Airways
Tel. (01805) 266 522 (D)
Tel. (01) 79 567 567 (A)
Tel. (0848) 845 845 (CH)
Tel. 1-800-247-92 97 (USA)
www.britishairways.com

### ► KLM
Tel. (01805) 254 750 (D)
Tel. (0810) 310 890 (A)
Tel. (0900) 359 556 (CH)
Tel. 1-800-241-4141 (USA)
www.klm.com

## US-AMERIKANISCHE FLUGGESELLSCHAFTEN

### ► American Airlines
Tel. (01805) 113 709 (D)
Tel. (044) 654 5256 (CH)
Tel. 1-800-433-7300 (USA)
www.aa.com

### ► Continental Airlines
Tel. (01803) 212 610 (D)
Tel. (01) 535 3778 (A)
Tel. (044) 800 9212 (CH)
Tel. 1-800-231-0856 (USA)
www.continental.com

### ► Delta Air Lines
Tel. (01803) 337 880 (D)
Tel. (01) 79 56 70 23 (A)
Tel. (0844) 000 074 (CH)
Tel. 1-800-241-4141 (USA)
www.delta.com

### ► United Airlines
Tel. (069) 50 07 03 87 (D)
Tel. (044) 212 4717 (CH)
Tel. 1-800-538-2929 (USA)
www.united.com

## SCHIFFSREISEN

### ► Hapag-Lloyd Kreuzfahrten
Tel. (01803) 41 21 41 (D)
www.hlkf.de

### ► Aida
Tel. (0381) 20 27 07 07
www.aida.de

### ► Hamburg-Süd Reiseagentur
Tel. (040) 3 70 51 55 (D)
www.hamburg-sued-
reiseagentur.de

### ► Frachtschiff-Touristik Kapitän Zylmann GmbH
Exhöft 12
D-24404 Maasholm
Tel. (0 46 42) 96 55-0 (D)
www.zylmann.de

### ► Kuoni Reisen AG
CH-8010 Zürich
Tel. (044) 2 77 41 00 (CH)
www.kuoni.ch

## BAHNREISEN

### ► Amtrak
Tel. 1-800-USA-RAIL (USA)
Tel. 1-800-872-7245 (USA)
www.amtrak.com

### ► North America Travelhouse CRD International
Stadthausbrücke 1 – 3
D-20355 Hamburg
Tel. (040) 300616-70 (D)
www.crd.de

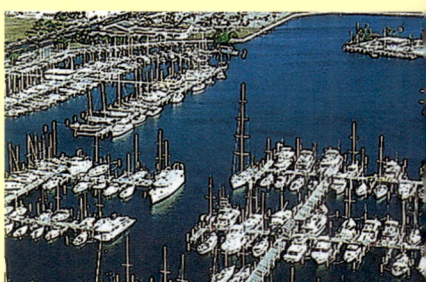

**Mit der Eisenbahn** Innerhalb der Vereinigten Staaten besteht die Möglichkeit, per Bahn nach Florida zu reisen. Täglich fahren Expresszüge von New York via Washington, D. C. nach Orlando, Miami bzw. Tampa. Dreimal wöchentlich fährt der »Sunset Limited« von Los Angeles via Tucson, AZ, Houston TX und New Orleans nach Florida (Pensacola, Tallhassee und Orlando).

## Ein- und Ausreisebestimmungen

**Vorab-Information** Wer eine Reise in die Vereinigten Staaten von Amerika plant, sollte vorab unbedingt die aktuellen Informationen der US-Regierung von der US-Botschaft im jeweiligen Heimatland (► Auskunft, Botschaften) einholen.

**Reisedokumente VWP ►** Deutschland, Österreich und die Schweiz nehmen am visumfreien Reisen teil (**Visa Waiver Program, VWP**): Reisende aus diesen Ländern benötigen für die Einreise in die USA (bei einem Aufenthalt bis zu 90 Tagen) kein Visum, sondern einen maschinenlesbaren Reisepass, der noch mindestens ein halbes Jahr gültig sein muss, und ein Rückflugticket. Kinder brauchen einen eigenen maschinenlesbaren Ausweis. Eine Visumpflicht besteht nur, wenn man länger als 90 Tage im Land bleiben, arbeiten oder studieren will.

> **i Neuer Pass erforderlich**
>
> ■ Von den US-Behörden werden bei der Einreise nur noch maschinenlesbare Pässe mit elektronisch gespeicherten Merkmalen akzeptiert.

**ESTA ►** Die **gebührenpflichtige Genehmigung** (z. Zt. 14 US-\$) zur visumfreien Einreise muss **zwingend via Internet** im Reisegenehmigungssystem ESTA (Electronic System for Travel Authorization) beantragt werden. Die Beantragung über Dritte (z. B. Reisebüro) ist möglich. Die erteilte Einreiseerlaubnis gilt für beliebig viele Einreisen innerhalb eines Zeitraums von zwei Jahren.. Die erteilte Reisegenehmigung stellt jedoch keine Garantie für die Einreiseberechtigung dar! Die Internet-Adresse von ESTA lautet: **https://esta.cbp.dhs.gov/esta/**

**Einreise ►** Bei der Einreise werden von jedem Reisenden außerdem digitale Abdrücke aller Finger sowie ein digitales Porträtfoto angefertigt. Auch bei der Ausreise werden Fingerabdrücke genommen. Der Tag, an dem man spätestens die USA wieder verlassen muss, wird bei der Einreise in den Pass eingestempelt.

**Visumpflicht ►** In folgenden Fällen ist ein **Visum** erforderlich: Personen, die nicht mit einem regelmäßig verkehrenden Verkehrsmittel einreisen (z. B. per Auto zu Kanada oder Mexiko); Personen, die eine Ausbildung machen wollen; Teilnehmer an Austauschprogrammen; Personen, die eine (auch nur vorübergehende) Tätigkeit ausüben wollen (auch Journalisten und Au-Pair-Mädchen); Personen, die eine Forschungsarbeit durchführen; Personen, die in den USA heiraten und anschließend dort wohnen wollen.

Bei der Grenzkontrolle müssen genügend finanzielle Mittel nachgewiesen werden können. Diese müssen ausreichen, um einen USA-
Aufenthalt bestreiten bzw. ein Weiter- oder Rückreiseticket besorgen
zu können.

**Ausreichende Finanzmittel**

Ein Impfzeugnis wird nur dann verlangt, wenn man aus gefährdeten
Gebieten in die USA einreist. Es ist in jedem Falle ratsam, sich vor
Reiseantritt beim zuständigen Konsulat über die neuesten Vorschrif-
ten zu erkundigen.

**Impfbestimmungen**

Wer seinen Hund in die USA mitnehmen will, hat ein tierärztliches
Gesundheits- und Tollwutimpfzeugnis vorzulegen, das mindestens
einen Monat bzw. maximal 12 Monate vor der Abreise ausgestellt
sein muss und nicht länger als ein Jahr gilt. Für alle anderen Haustiere wird ein tierärztliches Gesundheitszeugnis verlangt. Vorschriften
teilen die US-Botschaften mit.

**Haustiere**

Wer in den Vereinigten Staaten selbst ein Auto steuern will, muss einen gültigen nationalen Führerschein vorweisen können. Der nicht
unbedingt notwendige, aber oft hilfreiche internationale Führerschein wird nur in Verbindung mit dem nationalen Führerschein anerkannt.

**Nationaler Führerschein**

## Zollbestimmungen

Bei der Einreise sind eine **Immigration Card** (Einreiseerlaubnis) sowie
eine **Customs Declaration** (Zollerklärung) auszufüllen. Zollfrei eingeführt werden dürfen Gegenstände des persönlichen Bedarfs (u.a.
Kleidungsstücke, Toilettenartikel), Schmuck, Foto- und Filmappara-
te, Filme, Fernglas, Reiseschreibmaschine, tragbares Radio-, Ton-
band- und Fernsehgerät, Sportausrüstung, Kfz (bis 1 Jahr); für über
21-jährige Erwachsene 1 Quart (ca. 1 l) alkoholische Getränke, 200
Zigaretten oder 50 Zigarren oder 3 US-Pfund (lbs; ca. 1350 g) Tabak.
Zusätzlich können pro Person Geschenke bis zum Gegenwert von
100 US-Dollar (Alkohol und Zigaretten sind davon ausgenommen)
eingeführt werden. Strengstens verboten ist die Einfuhr von Lebens-
mitteln, Pflanzen, Süßigkeiten und Obst.

**Einreise in die USA**

Zollfrei sind alle bereits in die Vereinigten Staaten von Amerika mit-
genommenen persönlichen Gebrauchsgegenstände (siehe oben), ferner Reiseandenken bis zu einem Gesamtwert von 430 Euro. Darüber
hinaus sind zollfrei: für Personen über 15 Jahre 500 g Kaffee oder
200 g Pulverkaffee und 100 g Tee oder 40 g Teeauszüge, 50 g Parfüm
und 0,25 l Toilettenwasser sowie für Personen über 17 Jahre 1 l Spirituosen mit mehr als 22 Vol.-% Alkohol oder 2 l Spirituosen mit weniger als 22 Vol.-% Alkohol oder 2 l Schaumwein und 2 l Wein sowie
200 Zigaretten oder 100 Zigarillos oder 50 Zigarren oder 250 g
Rauchtabak.

**Wiedereinreise in EU-Staaten**

Reist man von einem EU-Land wieder nach Deutschland oder Österreich ein, so sind die Mengen dort erworbener und zollfrei einführbarer Waren (bes. Genussmittel) größer.

**Wiedereinreise in die Schweiz** Für die Schweiz gelten folgende Freimengengrenzen: 250 g Kaffee, 100 g Tee, 200 Zigaretten oder 50 Zigarren oder 250 g Rauchtabak, 2 l alkoholische Getränke bis 15 Vol.-% und 1 l alkoholische Getränke über 15 Vol.-%. Souvenirs dürfen bis zu einem Wert von 300 CHF (sfr) zollfrei eingeführt werden.

## Reisewarnungen

**Gefahr terroristischer Anschläge** Weltweit besteht die Gefahr terroristischer Anschläge fort. Als vorrangige Ziele gelten besonders Orte mit Symbolcharakter, Regierungsgebäude, Flughäfen, Bahnhöfe sowie Orte mit großen Menschenansammlungen. Das Department of Homeland Security der US-Regierung warnt vor Attentaten und ruft die Reisenden zu besonderer Vorsicht auf. Im Luft- und Seeverkehr werden penible Sicherheitskontrollen durchgeführt. Aus diesem Grunde sollte man genügend Zeit vor dem Reiseantritt einplanen, um die Kontrollen rechtzeitig vor der Abreise passieren zu können.

*i* **Reisewarnungen im Internet**

- US-Botschaft Berlin: www.germany.usembassy.gov
- US-Botschaft Wien: www.austria.usembassy.gov
- US-Botschaft Bern: www.bern.usembassy.gov
- US-Heimatschutz: www.dhs.gov/us-visit
- Auswärtiges Amt Berlin: www.auswaertiges-amt.de
- Außenministerium Wien: www.bmaa.gv.at
- Auswärtiges Amt Bern: www.eda.admin.ch

## Reiseversicherungen

**Kranken- und Unfallversicherung** Problematisch für Touristen aus Europa können die Kosten für eine medizinische Behandlung werden. Vor allem ein Krankenhausaufenthalt kann extrem teuer werden. Behandlungen erfolgen gegen Vorkasse oder direkte Bezahlung. Eine Krankenversicherung unter Einschluss der USA wird ebenso dringend empfohlen wie eine belastbare Kreditkarte. In vielen Fällen ist es günstiger, nach Hause zurückzufliegen und sich dort behandeln zu lassen. Vor einer USA-Reise sollte man also unbedingt mit seiner Kranken- und Unfallversicherung Rücksprache halten, wie weit sich deren Schutz erstreckt. In den allermeisten Fällen empfiehlt sich der Abschluss einer Reisekranken- und einer Reiseunfallversicherung.

**Kfz-Haftpflichtversicherung** In den USA besteht wie hierzulande Versicherungspflicht. Allerdings wird die heimische Haftpflichtversicherung in den USA nicht anerkannt. Man sollte sich also noch vor der Abreise in die USA um eine Risikodeckung durch eine in den USA anerkannte Versicherung kümmern. Nähere Auskünfte erteilen Reisebüros, Versicherungsagenten und Automobilklubs.

# Auskunft

Der US-Bundesstaat Florida sowie die Vereinigten Staaten von Amerika selbst unterhalten derzeit keine eigenen Touristenbüros im deutschsprachigen Raum. In Deutschland gibt es jedoch einige Marketing-Büros, die Auskünfte über ganz Florida oder einzelne Städte und Regionen im »Sunshine State« geben.

 ## INFORMATIONEN FÜR TOURISTEN

### AUSKUNFT IN FLORIDA

► **Visit Florida**
661 E. Jefferson Street
Tallahassee, FL 32301
Tel. (850) 488-5607
www.visitflorida.com/deutsch

### AUSKUNFT IN DEUTSCHLAND

► **Florida Hotline**
Tel. (06 21) 5 61 54 42

► **Visit Florida**
**Presse- und Touristikdienst**
**Nentwich**
Sporthallenstr. 7
D-64850 Schaafheim
Tel. (06073) 8 81 57
visitfloridainfo@aol.com
(nur Versand von Prospekten und Broschüren)

► **Greater Miami Convention & Visitors Bureau**
c/o PELA Touristikservice
Postfach 12 27
D-63798 Kleinostheim
Fax (0 60 27) 57 48
www.miamiandbeaches.com

► **Florida Keys & Key West**
c/o Get It Across Marketing
Neumarkt 33
D-50667 Köln
Tel. (02 21) 2 33 64 51
Fax (02 21) 2 33 64 50

fla-keys@getitacross.de
www.fla-keys.de

► **Orlando Tourism Bureau**
Angelbergstr. 7
D-56076 Koblenz
Tel. (02 61) 9 73 06 73
orlando.tourism
@t-online.com
www.orlandoinfo.com/de

► **Palm Beach County Convention & Visitors Bureau**
c/o CircleSolution Germany, Ltd.
Seeleitn 65
D-82541 Münsing
Tel. (0 81 77) 9 98 95 09
palmbeachinfo
@circlesolution.com
www.palmbeachfl.de

► **Florida's Gulf Islands**
(Anna Maria Island, Longboat Key, Bradenton Area)
Leibnizstr. 21
D-10625 Berlin
Tel. (030) 31 50 40 46
www.floridasgulfislands.de

► **The Beaches of Fort Myers & Sanibel**
c/o Vera H. Sommer Touristik Marketing
Hanauer Str. 6
D-63739 Aschaffenburg
Tel. (0 60 21) 32 53 03

E-Mail: info@touristiksommer.de
www.fortmyers-sanibel.com/de

► **Naples, Marco Island,**
  **Everglades Convention**
  **& Visitors Bureau**
  c/o DiaMonde
  Calwer Str. 19/1
  D-70173 Stuttgart
  Tel. (0711) 91 25 76 10
  Fax (0711) 91 25 76 11
  www.paradisecoast.de

► **Sarasota Tourist Information**
  c/o Yvon Rocca
  Leibnizstr. 21
  D-10625 Berlin
  Tel. (030) 31 50 40 44
  www.sarasotafl.org

► **Visit St. Petersburg/**
  **Clearwater**
  c/o MS Wolf Marketing
  Postfach 1806
  D-61288 Bad Homburg
  Tel. (0 61 72) 38 80 94 80
  Fax (0 61 72) 38 80 94 81
  www.visitstpeteclearwater.com

► **The Walt Disney Company**
  **(Germany) GmbH**
  **Park & Resorts**
  Kronstadter Str. 9
  D-81677 München
  Fax (089) 99 34 06 88
  www.disneyworld.de

► **SeaWorld Parks**
  **& Entertainment**
  Luisenstr. 7
  D-63263 Neu-Isenburg
  Tel. (0 61 02) 36 66 36
  Fax (0 61 02) 36 66 11
  seaworldparks@noblekom.de
  www.seaworldparksand
  entertainment.com

► **Universal Orlando**
  c/o sales & more consulting
  Uferstr. 47
  D-55116 Mainz
  Tel. (0 61 31) 6 27 74 75
  Fax (0 61 31) 6 27 74 76
  universal@sales-more.de
  www.universalorlando.com

► **Kennedy Space Center**
  **Visitor Complex**
  c/o CircleSolution Germany, Ltd.
  Seeleitn 65
  D-82541 Münsing
  Tel. (0 81 77) 9 98 95 08
  Fax (0 81 77) 10 93
  kennedy@circlesolution.com
  www.kennedyspacecenter.com

## US-BOTSCHAFTEN IN EUROPA

► **Botschaft der USA**
  **in Deutschland**
  Pariser Platz 2
  D-14191 Berlin
  Tel. (030) 8 30 50
  german.germany.usembassy.gov

  Visaabteilung:
  Clayallee 170
  D-14191 Berlin
  Tel. (09 00) 1 85 00 55
  www.usvisa-germany.com

► **Botschaft der USA**
  **in Österreich**
  Boltzmanngasse 16
  A-1090 Wien
  Tel. (01) 3 13 39-0
  Fax (01) 3 10 06 82
  austria.usembassy.gov

► **Botschaft der USA**
  **in der Schweiz**
  Sulgenecksstrasse 19
  CH-3007 Bern
  Tel. (031) 3 57 70 11
  bern.usembassy.gov

## DEUTSCHE VERTRETUNGEN IN DEN USA

▶ **Embassy of the Federal Republic of Germany (Botschaft der Bundesrepublik Deutschland)**
4645 Reservoir Rd. N.W.
Washington, DC 20007-1998
Tel. (202) 298-4000
Fax (202) 298-4249
germany.info/vertretung/usa

▶ **Consulate General of the Federal Republic of Germany (Generalkonsulat der Bundesrepublik Deutschland)**
100 N. Biscayne Blvd.
Miami, FL 33132
Tel. (305) 358-0290
Fax (305) 358-0307
germany.info/vertretung/usa

## ÖSTERREICHISCHE VERTRETUNGEN IN DEN USA

▶ **Embassy of Austria (Österreichische Botschaft)**
3524 International Court N.W.
Washington, DC 20008,
Tel. (202) 895-6700
Fax (202) 895-6750

www.austria.org

▶ **Austrian Consulate (Österreichisches Konsulat)**
2445 Hollywood Blvd.
Hollywood, FL 33020
Tel. (954) 925-1100
Fax (954) 925-1101
www.austrianconsulatemiami.com

## SCHWEIZERISCHE VERTRETUNGEN IN DEN USA

▶ **Embassy of Switzerland (Botschaft der Schweizerischen Eidgenossenschaft)**
2900 Cathedral Ave. N.W.
Washington, DC 20008-3499,
Tel. (202) 745-7900
Fax (202) 387-2564
www.eda.admin.ch

▶ **Consulate of Switzerland (Konsulat der Schweizerischen Eidgenossenschaft)**
825 Brickell Bay Dr., Suite 1450
Miami, FL 33131
Tel. (305) 377-6700
Fax (305) 377-9936
miami@honorarvertretung.ch
www.eda.admin.ch

# Badeurlaub

Bis zur Ölpest des Jahres 2010, als die BP-Bohrplattform »Deepwater Horizon« im Golf von Mexiko südwestlich von Pensacola explodierte, standen das bis dahin noch ziemlich saubere Wasser sowie die zumeist feinsandigen Strände und Buchten sowohl an Floridas Golfküste als auch an der Atlantikküste in bestem Ruf. Doch mit den Folgen der menschengemachten Katastrophe wird man in Florida noch einige Zeit zu tun haben.

**Badeparadies mit braunen Flecken**

Dennoch herrscht in der Nähe von größeren Städten sowie an Stränden, die gerade »in« sind, vor allem an verlängerten Wochenenden und während der Ferienzeiten starker Andrang von Sonnenhungrigen. Doch wenige Kilometer abseits der Tummelplätze findet man auch während der Hauptreisezeiten wenig bevölkerte Strände.

**Strände an der Atlantikküste**

An der Atlantikküste, an deren nördlichem Abschnitt sich noch meilenweit hohe Dünen auftürmen, gibt es neben längeren Muschelstränden auch einige relativ weiche und feinsandige Abschnitte. Ansonsten herrschen breite, manchmal aber recht feste bis harte Badestrände vor. Noch heute kann man an einigen Stränden – beispielsweise in **Daytona Beach** – mit dem Auto direkt an den Badeplatz bzw. ans Wasser fahren. Die Strände zwischen Palm Beach und Miami sind in den letzten Jahrzehnten stark vor der Erosion umgestaltet worden. Mühsam versucht man nicht nur in Palm Beach, Fort Lauderdale und Miami Beach durch entsprechende Schutzmaßnahmen weitere Strandverlagerungen aufzuhalten.

**Strände an der Golfküste**

An der südwestlichen Golfküste, genauer gesagt im Raum Fort Myers – Naples, verdienen die Strände auf **Sanibel** Island und **Captiva** Island sowie der Bonita Beach und der Naples Beach besondere Erwähnung. Traumstrände gibt es auch an der **Pinellas Suncoast** bei **St. Petersburg**. Hier sind vor allem der **Clearwater Beach** sowie die Strände auf **Caladesi Island** und **Honeymoon Island** zu nennen. Noch als Geheimtips werden die zauberhaften Strände von **St. George Island** und **Cape San Blas** bzw. St. Joseph's Point an der nordwestlichen Golfküste gehandelt, die man am besten über den US 98 bzw. via Apalachicola erreicht. Wundervolle Badestrände, die aus feinem weißen Quarzsand bestehen, erstrecken sich zwischen **Panama City** und **Pensacola**, und hier besonders auf den langgestreckten Gulf Islands. Hervorzuheben sind der **St. Andrew's Beach**, der **Panama City Beach**, der Strand von **Destin** und der Strand auf dem der Stadt Pensacola vorgelagerten **Perdido Key**. Zu den schönsten Badestränden Nordamerikas zählen der Strand der Retorten-Feriensiedlung **Seaside** sowie der **Grayton Beach**, die nordwestlich an den viel besuchten Panama City Beach anschließen.

> ## *i* Die besten Strände
>
> - Bahia Honda State Park Florida Keys)
> - Grayton Beach (Golfküste bei Fort Walton)
> - St. Joseph Peninsula (Golfküste bei Port St. Joe)
> - Bill Baggs Cape Florida State Park (Key Biscayne)
> - Caladesi Island State Park (St. Petersburg/Clearwater)
> - St. Andrew's State Park (Golfküste bei Panama City)
> - St. George Island State Park (Golfküste, Apalachicola)
> - Fort Clinch State Park (Atlantikküste, Amelia Island)
> - South Beach (Atlantik, Miami Beach)
> - Canaveral National Seashore (Atlantikküste bei New Smyrna bzw. Titusville)

**FKK**

An Floridas Stränden ist **Freikörperkultur (FKK) verpönt,** nicht jedoch eine manchmal schon recht freizügige Badekleidung. An einer wachsenden Zahl von Strandabschnitten – so etwa am South Beach von Miami Beach, bei Daytona Beach, Key West und Panama City Beach sowie an BadesträNden einiger exklusiver Ferienanlagen wird »oben ohne« toleriert. Ansonsten haben Nacktbader mit empfindlichen Geldstrafen zu rechnen.

*»Baywatch« an Floridas Atlantikküste*

An Floridas Küsten ist mit kräftigem **Wellengang** und gefährlichen **Strömungen** zu rechnen. Jedes Jahr kommen an Floridas Küsten etliche Badegäste wegen besonderen Leichtsinns ums Leben. Es wird deshalb empfohlen, nur von Rettungsdiensten (Life Guard, Bay Watch) überwachte Badeplätze aufzusuchen.

**Gefahren am Strand und im Wasser**

Man vergisst leicht, dass Salzwasser und Sonne rasch zu starkem Sonnenbrand führen können. Es hat sich bewährt, vor allem beim Schnorcheln ein Baumwollhemd oder T-Shirt zu tragen.

◀ Sonnenbrand

Mitunter sorgen **Schlangen** und **Alligatoren**, die im Gebüsch nach Schildkröten- und Vogeleiern suchen, für Aufregung. Ziemlich lästig können auch **Stechmücken** (Moskitos) und **Sandflöhe** werden.

◀ Allerlei Getier

Zu beachten ist, dass in den warmen Gewässern Floridas vielerlei giftige Lebewesen existieren. **Feuerkorallen**, Aktinien und **Quallen** (u.a. die »Portugiesische Galeere«) besitzen ein starkes Nesselgift; Lanzen- und Diademseeigel haben giftführende Stacheln, die leicht abbrechen; Rotfeuerfische, Skorpionfische und Steinfische sind mit giftführenden Flossenstrahlen ausgerüstet; Muränen, Rochen, Barrakudas und Haie können gleichfalls gefährlich werden.

◀ Gefahren unter Wasser

Im Bereich der Florida Keys gibt es nur vereinzelt und dann nur recht kleine Badestrände, von denen aus man aber zu unvergesslichen Schnorcheltouren aufbrechen kann.

**Florida Keys**

Ausführungen zu diesem Thema sind unter dem Stichwort ►Urlaub aktiv (s. S. 118) zu finden.

**Schnorcheln, Tauchen**

# Florida für Menschen mit Behinderung

**Behinderten-freundlicher Sunshine State**

Floridas Bauvorschriften sind sehr behindertenfreundlich. Öffentliche Gebäude, Flughäfen, Häfen, Hotels und Restaurants sind behindertengerecht ausgestattet. Selbst die Bürgersteige sind behindertenfreundlich angelegt. Überall gibt es besonders ausgewiesene Behindertenparkplätze. Auch die zahlreichen Attraktionen bieten besondere Dienste für Behinderte (handicapped persons) an. In den großen Vergnügungsparks kann man Rollstühle ausleihen. Ferner gibt es an vielen Stränden **Surf Chairs,** mit denen Gehbehinderte am Strandleben teilnehmen können.

 ## HILFE FÜR BEHINDERTE

### REISEAGENTUREN IN DEN USA

▶ **Flying Wheels Travel**
Tel. (507) 451-5005
www.flyingwheelstravel.com
Diese Agentur bietet begleitete Reisen und Ausflüge in behindertengerechten Minivans an.

▶ **Accessible Journeys**
Tel. (610) 521-03 39
www.disabilitytravel.com
Gehbehinderte und Rollstuhlfahrer werden von dieser Agentur hauptsächlich betreut.

### BEHINDERTEN-ORGANISATIONEN

▶ **Florida Disabled Outdoor Association (FDOA)**
Tel. (850) 668-7323
www.fdoa.org
Die Organisation bietet ausgesprochen hilfreiche Informationen und Internet-Links.

▶ **Society for Accessible Travel and Hospitality (SATH)**
Tel. (212) 447-7284
www.sath.org

Informationen und Empfehlungen für Menschen mit Behinderungen aller Art sind bei dieser Organisation erhältlich. Sie gibt auch das »Open World Magazine« heraus. Ihre Website enthält neben allgemeinen Informationen eine Liste mit Web-Adressen zu einzelnen Reisezielen und -veranstaltern

▶ **American Foundation for the Blind**
Tel. (212) 502-76 00
www.afb.org
Sehbehinderten Reisenden kann von Mitarbeitern dieser Stiftung geholfen werden.

### MIETWAGEN

▶ **Wheelchair Getaways**
Tel. (859) 873-49 73
www.wheelchair-getaways.com
Die Firma verleiht behindertengerecht ausgestattete Fahrzeuge. Stationen gibt es in West Palm Beach, Fort Lauderdale, Miami, Naples, Fort Myers und Jacksonville. Die Fahrzeuge können auch an den Flughäfen der genannten Städte übernommen werden.

## REISEHELFERBÖRSE

▶ **Bundesverband Selbsthilfe Körperbehinderter (BSK)**
Altkrautheimer Str. 17
D-74238 Altkrautheim/Jagst
Tel. (0 62 94) 42 81 50
Fax (0 62 94) 42 81 59
www.bsk-ev.de
Der Verband vermittelt Helfer und organisiert Reisen ohne Barrieren.

## HOTEL- /REISERATGEBER

▶ **Metro-Dade Disability Services**
1335 N.W. Street
Miami, FL 33125

Tel. (305) 547-5445
Diese Dienststelle publiziert einen Gratis-Reiseführer für Körperbehinderte unter folgendem Titel »Directory of Services for the Physically Disabled in Dade County«

▶ **Handicapped Reisen**
Verlag FMG GmbH
Postfach 2154
D-40644 Meerbusch
Der Auslandsreiseführer dieser Organisation enthält auch einige Adressen aus Florida.

# Elektrizität

In den Vereinigten Staaten von Amerika werden **110 Volt Wechselstrom** in die Stromleitungen eingespeist. Weiterhin ist zu beachten, dass die Frequenz ganz im Gegensatz zu Deutschland (50 Hz) bei 60 Hertz liegt. Wer elektrische Geräte nach europäischer Norm (220 Volt Wechselstrom) mitbringt, braucht einen **Zwischenstecker (Adapter)**, den man am besten schon zu Hause erwirbt. Diese Zwischenstecker sind in vielen einschlägigen Geschäften (Abteilung »Appliances«) erhältlich.

**110 Volt**

# Essen und Trinken

## Im Restaurant

Für Mitteleuropäer etwas gewöhnungsbedürftig ist die amerikanische Küche. Dies fängt an beim deftigen amerikanischen Frühstück mit gebratenem Speck, Eiern, Bratkartoffeln und Pfannkuchen und hört nicht auf beim watteartigen Brot bzw. beim manchmal nur schwach gerösteten und dünn gebrühten Kaffee. Dennoch muss man sich von der Vorstellung lösen, dass Hamburger, Ketchup, Hot Dogs und Chips das einzig Originelle der amerikanischen Küche sind – im Gegenteil: In vielen amerikanischen Restaurants pflegt man neuerdings leicht und bekömmlich zu speisen. Regionale Spezialitäten wie die aus dem Nachbarstaat Louisiana stammende **Cajun Cuisine** oder die **Tex-Mex-Küche** gibt es durchaus, und in guten Bars oder Pubs ist

**Herzhaft bis exotisch**

selbst der »Burger« ein schmackhafter, in dicke Lagen Salat, Gurken und Tomatenscheiben gebetteter Fleischklops. Zudem stehen in dem klassischen Einwandererland zahllose **»ethnische« Restaurants** zur Wahl. Kubanisch, mexikanisch, brasilianisch, Thai, indisch, arabisch, italienisch, französisch: In Florida kann man sich quasi um die Welt essen. Auch die koschere und die vegetarische Küche finden immer mehr Freunde. Besonders zu empfehlen sind die auf **Seafood** (Fisch, Schalen- und Krustentiere) spezialisierten Restaurants, in denen man vielerlei Spezialitäten probieren kann. Auch sollte man sich die Gelegenheit nicht entgehen lassen, zum Essen die recht ordentlichen Weine aus Florida zu versuchen und zum Nachtisch einen **»Key Lime Pie«** zu goutieren.

**Preise** Preisgünstig, aber nicht unbedingt gut, speist man in vielen Kettenrestaurants (z.B. Burger King, Kentucky Fried Chicken, McDonald's, Pizza Hut, Taco Bell). Bessere Speiselokale, zu denen man auch die Familienrestaurantkette »Denny's« zählen kann, findet man in allen größeren Touristenorten. In den herausgeputzten historischen Stadtzentren, an den Marinas sowie in der Nachbarschaft von Luxushotels gibt es s sehr gute, oft aber auch sehr teure Restaurants.

## Mahlzeiten

**Breakfast** Das Frühstück nimmt man am besten in einem Coffee Shop oder in einem Schnellrestaurant zu sich, die in der Nachbarschaft von Hotels und Motels zu finden sind. Zum amerikanischen Frühstück gehören ein Glas Grapefruit- oder Orangensaft, Kaffee, Ei (»poached«/gekocht, gebraten als Spiegel-»sunny side up« bzw. Rührei/»scrambled« oder Omelette), gebratene Speckscheiben (»bacon«) oder Bratwürstchen (»sausages«), Bratkartoffeln (»hashed browns«), Pfannkuchen mit Ahornsirup (»pancakes«) und natürlich Toastbrot mit Butter und Konfitüren (»jam«). Auf vielen Frühstücksbuffets findet man Cornflakes und Milch, auch frisch zubereitetes Müsli, frisches Obst und fruchtige Joghurtzubereitungen.

**Brunch** An Sonn- und Feiertagen ist der Brunch (Verbindung von Frühstück und Mittagessen) sehr beliebt, bei dem meist von 11.00 bis 15.00 Uhr vielfältig bestückte Buffets auf hungrige Leckermäuler warten.

**Lunch** Zur Mittagszeit wird gewöhnlich ein leichtes Essen (»lunch«) eingenommen, z. B. Salate, ein Sandwich mit Hühnchenfleisch oder Kurzgebratenes und Gemüse.

**Dinner** Tägliche Hauptmahlzeit ist das Abendessen (»dinner«). Es gibt Fleisch- und Fischgerichte mit allerlei Beilagen und Garnituren. Dazu gehören in der Regel auch Vorspeise und Dessert. In einigen Lokalen versucht man, die Gäste mit abwechslungsreichen »dinner shows« zu unterhalten.

*Für sein leckeres »seafood« ist Florida bekannt.*

## Speisen und Getränke

Auch in Florida sind T-Bone Steak, Porterhouse Steak und Sirloin Steak neben dem allgegenwärtigen »Burger« die wichtigsten Fleischgerichte. Geradezu ein Zeremoniell ist das Barbecue (BBQ), bei dem allerlei Fleisch auf dem Holzkohlengrill gegart wird. Beliebt sind aber auch Hühnchenfleisch (u. a. »chicken fingers« = gebackene Hühnerbruststücke) und Schweinefleisch (»pork«, z. B. als »prime rib«). Dazu gibt es oft eine »baked potato« (Pellkartoffel mit Crème fraîche) oder »french fries« (Pommes frites). Traditionelles Festessen am Thanksgiving Day ist »turkey« (Truthahn). **Fleischgerichte**

Es gibt nicht nur Meeresfrüchte aus dem Atlantik und aus dem Golf von Mexiko, sondern auch Süßwasserfische aus Flüssen und Seen. Begehrt sind Krabben, Garnelen (Shrimps), Muscheln, Hummer (Lobster), Langusten, Barsche, Snapper. Als Delikatessen werden heimische Stone Crabs (Steinkrebse), die Conchs von den Keys und die Oysters von den Austernbänken bei Apalachicola geschätzt. **Exzellente Fischgerichte**

Daneben kann man auch Köstlichkeiten der vielen Einwanderergruppen probieren. Die Palette reicht von der italienischen »pasta« über griechisches »gyros« und spanische »paella« bis zu Leckereien der karibischen, mexikanischen und fernöstlichen Küche. Selbstverständlich ist auch die koschere Küche vertreten. **Gerichte der Einwanderer**

**Süßspeisen**  Beliebte Süßspeisen sind der »Cheese Cake« (eine Art Käsekuchen) sowie vor allem der »Key Lime Pie«, ein Kuchen, bei dessen Zubereitung der Saft heimischer Limetten und Sahne verwendet wird.

**Obst, Gemüse**  In Florida gibt es das ganze Jahr über frisches Obst und Gemüse. In besonderem Maße gilt dies für Zitrusfrüchte und leicht zu verarbeitende Gemüsesorten (z.B. Gurken, Tomaten, Avocados).

**Kaffee**  US-amerikanischer Kaffee ist nicht mehr so dünn wie früher. Dafür sorgen neue Ketten wie »Starbuck's«, die »Cappuccino«, »Caffè latte« usw. bekannt machen. Wo viele Exilkubaner und Einwanderer aus dem Mittelmeerraum leben, wird Kaffee meist als kräftiger »Espresso« oder »Cafe Cubano« aus kleinen Tässchen getrunken. In den touristischen Zentren findet auch man immer mehr Straßencafés nach südeuropäischem Muster.

**Wein**  An einigen Stellen in Florida wird Wein angebaut, so etwa im Raum St. Augustine. In den Restaurants werden allerdings meist nur kalifornische und ausländische Weine serviert, meist wohl temperiert.

**Bier**  Das stets eisgekühlte Bier (beer) wird in den USA nicht nach dem deutschen Reinheitsgebot gebraut, obwohl es häufig aus ursprünglich von Deutschen gegründeten Brauereien stammt. Es enthält deutlich weniger Alkohol als vergleichbare deutsche Biere. Bars halten in der Regel mehrere Flaschen- und Fassbiere (»draft«) bereit. In Florida werden meist einheimische Marken (u.a. »Budweiser«) getrunken. Beliebt sind aber auch Importbiere (u.a. das mexikanisches »Corona«), für die jedoch erheblich mehr bezahlt werden muss.

### *i* Die besten Lokalbrauereien

- Fernandina Beach: Williamsville Brewery
- Orlando: Beach Brewing
- Tampa: Tampa Bay Brewing Co.
- Key West: Hammerhead's Sharkbite Brewery

Seit einigen Jahren gelingt es immer mehr **Klein- bzw. Lokalbrauereien**, sich neben den etablierten Großbrauereien zu behaupten. Die »local brews« stellen ihr Bier meist nach alten Überlieferungen und Rezepten her und haben bereits einen festen Marktanteil erobert.

**Säfte, Soft Drinks**  Überall erhält man Fruchtsäfte aus heimischen Orangen, Grapefruit oder Ananas. Soft Drinks (Cola-Getränke sowie aromatisierte und mit Kohlensäure versehene Getränke) und Root Beer, ein aus Wasser, Zucker, Farbstoff und Gewürzen zubereitetes Getränk, sowie Eistee (iced tea) sind beliebte Durstlöscher.

**Wasser**  Zu jeder Mahlzeit erhält man ein Glas Eiswasser, doch Vorsicht: Es ist zumeist Leitungswasser mit gestoßenem Eis. Wer ein richtiges Tafelwasser möchte, bestelle »sparkling water« (mit Kohlensäure versetztes Tafel- oder Mineralwasser) oder »mineral water« (oftmals nur stilles Mineralwasser).

Bevorzugte Spirituosen, die jedoch nur in »Liquor Stores« erhältlich sind und in Bars nur zu bestimmten Zeiten genossen werden dürfen, sind Whisky (»whiskey«; Bourbon, Scotch, Canadian, Rye, Irish, Blended), Gin, Wodka, Brandy (Branntwein), Rum, Wermut (»vermouth«) und Likör (»cordial«). **Spirituosen (Liquor)**

In den Bars werden häufig Drinks mit Rum, Whiskey oder Tequila als Basis gemixt. Die absoluten Hits sind jedoch »Mojito«, »Daiquiri«, »Planter's Punch« und »Caipirinha«, ene auf Events bzw. Zuckerrohrschnaps basierenden Mixgetränke, die aus dem karibischen Raum und Brasilien nach Florida importiert worden sind. ◀ Alkoholische Drinks

# Feiertage · Feste · Events

## FEIERTAGE

### FEIERTAGE IN DEN GESAMTEN USA

▶ **New Year**
Neujahr, 1. Januar

▶ **Martin Luther King Jr. Day**
3. Montag im Januar

▶ **President's Day**
3. Montag im Februar

▶ **Good Friday**
Karfreitag
(nur regional)

▶ **Memorial Day**
Heldengedenktag,
letzter Montag im Mai

▶ **Independence Day**
Unabhängigkeitstag, 4. Juli

▶ **Labor Day**
Tag der Arbeit,
1. Montag im September

▶ **Columbus Day**
Kolumbus-Gedenktag,
2. Montag im Oktober

▶ **Election Day**
Wahltag, 1. Dienstag
im November
(nur im Wahljahr!)

▶ **Veteran's Day**
Veteranentag, 11. November

▶ **Thanksgiving Day**
Friedens- und Erntedankfest,
4. Donnerstag im November

▶ **Christmas Day**
Weihnachten, 25. Dezember

### FEIERTAGE NUR IN FLORIDA

▶ **Mardi Gras**
Fastnachtsdienstag, Karneval
(regional v.a. im Panhandle und
in Miami, Little Havanna)

▶ **Confederate Memorial Day**
Heldengedenktag der
Südstaaten, 26. April

▶ **Halloween**
31. Oktober (nur in manchen
Gegenden)

**Nur wenige** In den USA gibt es nur wenige offizielle Feiertage (public/legal holi-
**Feiertage** days). Und selbst an diesen sind mit Ausnahme von Thanksgiving
Day, Ostersonntag, Weihnachten und Neujahr viele Geschäfte geöffnet. Banken, Behörden und Schulen bleiben allerdings geschlossen.
An den christlichen Festen Ostern, Pfingsten, Weihnachten gibt es
auch keine zweiten Feiertage. Fällt ein Feiertag auf einen Sonntag, so
ist der darauf folgende Montag frei. Die Mehrzahl der offiziellen
Feiertage wird alljährlich neu datiert und zur Verlängerung der Wochenenden auf einen Montag vor oder nach dem Feiertag verlegt.

# ▶ VERANSTALTUNGSKALENDER

## JANUAR

### ▶ Crystal River
Florida Manatee Festival
(Mitte Januar)
Veranstaltungen rund um
das Thema Seekuh an beiden
Flussufern

### ▶ Key West
Key West Literary Seminar
(Anfang Januar)
Mehrtägiges Literatur-Event
mit Fete zu Ehren der Schrift-
steller Ernest Hemingway,
Thornton Wilder und
Tennessee Williams

### ▶ Miami Beach
Art Deco Weekend
(Mitte Januar).
Veranstaltungen im Art-Deco-
Bezirk am South Beach

### ▶ Tarpon Springs
Greek Epiphany
(6. Januar).
Erscheinungsfest der
griechischen Einwanderer

## FEBRUAR

### ▶ Daytona Beach
Speed Weeks
(1. u. 2. Februarwoche)
Freunde schneller Autos und Mo-
torräder geben sich ein munteres
Stelldichein.

### ▶ Daytona Beach
Bike Week
(Februar/März)
Es treffen sich hier Motorrad-
fahrer aus den gesamten USA
und auch aus Übersee.

### ▶ Fort Myers
Edison Festival of Lights
(3. Februarwoche)
Lichterfest mit Umzügen zu Ehren
des großen Erfinders

### ▶ Miami, Coconut Grove
Coconut Grove Arts Festival
(Mitte Februar)
Talentierte Nachwuchskünstler
stellen im Peacock Park aus.

### ▶ Palm Beach
ArtiGras
Mischung aus Kunstfestival und
Karneval mit Pferderennen und
Flagler-Geburtstagsfeier.

### ▶ Tampa
Fiesta Day
(Ende Mai)
Straßenfest der Exilkubaner in der
historischen Ybor City
Gasparilla Pirate Invasion Festival
In der Hillsborough Bay begleiten
zahlreiche Segelboote das Schiff
des berüchtigten Seeräubers; an
Land finden Straßenfeste und
Umzüge statt.

## MÄRZ

► **Miami Downtown**
Carnival Miami
(1. Märzwoche)
Ausgelassenes Straßenfest
mit karnevalistischem
Hintergrund

► **Miami**
Jazz in the garden
(Anfang März)
Treffen der weltbesten
Jazzer in Downtown
Miami

► **Miami**
Miami Film Festival
(1. Märzhälfte)

Neueste US-amerikanische und
internationale Produktionen

► **Miami, Calle Ocho**
Calle Ocho Festival
(2. Märzwoche,
SW 8th Street)
Volksfest der Exilkubaner
in Little Havanna

## APRIL

► **Key West**
Conch Republic Independence
Celebration (4. Aprilwoche)
Party auf dem Mallory Square aus
Anlass der (nicht ernst gemeinten)
Unabhängigkeitserklärung der
Keys im Jahre 1982

*Am »Fiesta Day« geht es auf Tampas Straßen ziemlich laut zu!*

## MAI

▶ **Fort Lauderdale**
Air Lauderdale (Ende April)
Flugvorführungen der U.S. Air
Force und der U.S. Navy

## JUNI

▶ **Fort Walton Beach**
Billy Bowlegs Festival
Die Eroberung der Stadt durch
Piraten (1779) wird nachgespielt.

▶ **Miami, Coconut Grove**
Goombay Festival
(1. Juniwoche)
Karnevalistisch ausgelassene
Parties mit viel Musik der
Einwanderer von den Bahamas

## JULI

▶ **Daytona Beach**
Coke Zero 400
(1. Juliwoche)
Viel beachtetes
NASCAR-Rennen

▶ **Key West**
Hemingway Days
(2. u. 3. Juliwoche)
Lesungen und Live-Musik zu
Ehren des großen Schriftstellers

▶ **Miami Downtown**
America's Birthday Bash (4. Juli)
Straßenfeste mit Musik und
Feuerwerk anlässlich des
Unabhängigkeitstages

▶ **Pensacola Beach**
Blue Angels Air Show
(1. Julihälfte)
Luftakrobatische Vorführungen
der weltberühmten Kunstflugstaffel

## AUGUST

▶ **Miami**
Miami Reggae Festival
(1. Augustwoche)
Musikalische Darbietungen aus
Anlass des jamaikanischen
Unabhängigkeitstages

## SEPTEMBER

▶ **Jacksonville**
Riverside Art Festival
(2. Septemberwoche)
Etwa 200 meist jüngere Künstler
stellen im Riverside Avondale
District aus; dazu gibt es viel
Musik und sogar Weinproben.

## OKTOBER

▶ **Clearwater**
Jazz Holidays
(3. Oktoberwoche)
Amerikanische Top Acts

▶ **Daytona Beach**
Biketoberfest
(3. Oktoberwoche)
Feuchtfröhliches Oktoberfest der
Biker und Motorradfans

▶ **Fort Lauderdale**
International Boat Show
(4. Oktoberwoche)
Eine der weltweit größten Boots-
messen

▶ **Miami**
Columbus Day Regatta
(2. Oktoberwoche)
Floridas größte Segelregatta

## NOVEMBER

▶ **Pensacola**
Gulf Coast Art Festival
Event mit lokalen Künstlern in
Downtown Pensacola

## DEZEMBER

▶ **St. Petersburg**
Power & Sailboat Show
(Anfang Dezember)
Bootsmesse für die Superreichen

# Geld

Die Währungseinheit der USA ist der US-Dollar (US-$). Außer Geldscheinen im Nennwert von 1, 2, 5, 10, 20, 50, 100 US-Dollar (im internen Bankverkehr gibt es auch größere Noten) sind Münzen im Wert von 1 (»Penny«), 5 (»Nickel«), 10 (»Dime«), 25 (»Quarter«) Cents, seltener von 50 Cents (half-dollar) und 1 Dollar im Umlauf. **Währung**

Der Kurs des US-Dollars schwankt gegenüber den meisten anderen Währungen. Es empfiehlt sich, schon vor dem Abflug Geld zu tauschen und sich mit ausreichend Kleingeld (Münzen und kleine Scheine) einzudecken, denn der Wechselkurs ist in Europa günstiger als in den USA. Im Übrigen ist in den USA ausländisches Bargeld (Euro, Schweizer Franken) wenig willkommen, so dass man seine Reisekasse möglichst aus Kreditkarte, Dollar-Reisechecks und einigen Dollars in bar für den Anfang zusammenstellen sollte. **Reisekasse**

Die Ein- und Ausfuhr ausländischer und amerikanischer Zahlungsmittel unterliegt keinen Beschränkungen. Die Einfuhr von mehr als 10 000 US-$ muss deklariert werden. **Devisen- bestimmungen**

In den Termminals der internationalen Flughäfen gibt es Bankfilialen, in denen man Devisen gegen US-Dollar eintauschen kann. Auch in Touristenzentren akzeptieren manche Banken ausländisches Bargeld. In Hotels sollte man allerdings kein Geld tauschen, da der Wechselkurs dort viel schlechter als bei den Banken ist. **Geldwechsel:**

## *i* Wechselkurse

- 1 US-$ = 0,75 EUR
- 1 EUR = 1,33 US-$
- 1 US-$ = 1,04 CHF
- 1 CHF = 0,96 US-$
- (Aktuelle Wechselkurse: www.oanda.com)

Es wird empfohlen, vor dem Abflug Dollar-Reisechecks (Traveller Checks) zu kaufen, die wie Bargeld gehandhabt werden und in aller Regel anstandslos von Hotels, Restaurants und Geschäften gegen Vorlage des Reisepasses oder des Führerscheins akzeptiert werden. Bei Diebstahl oder Verlust der Schecks kann man bei den Filialen der ausstellenden Firmen unter Vorlage des Kontrollblatts sofort Ersatz für die verlorengegangenen Schecks erhalten. **Reiseschecks**

Ein gern benutztes Zahlungsmittel ist die Kreditkarte (Credit Card). Beim Mieten von Autos ist sie zur Kautionsleistung sogar unerlässlich. Wer die USA besucht, sollte sich auf jeden Fall eine der gängigen Karten anschaffen. Weit verbreitet sind Mastercard/Eurocard, Visa und American Express. Wer eine Kreditkarte mit persönlicher Geheimnummer (PIN) besitzt, kann an Geldautomaten (ATM = Automated Teller Machine) problemlos Geld abheben **Kreditkarten**

BankCard mit
Maestro-Zeichen ▶ Das bargeldlose Zahlungssystem »Maestro« ermöglicht dem Inhaber einer BankCard mit dem blau-roten Maestro-Signet deren Einsatz an Maestro-Kassen bzw. Maestro-Geldautomaten (ATM).

## *i* Karten-Notfall-Service

- MasterCard: Tel. 1-800-627-8372 (USA)
- VISA: Tel. 1-800-847-2911 (USA)
- American Express: Tel. 011-49-69-97 97 10 00
- Viele in Deutschland ausgegebenen Bank- und Kreditkarten: Tel. 011-49-116-116 Tel. 011-49-1805-021021)

Sollte eine **Kreditkarte** oder **Bank-Card** verloren gehen, muss man diese Karte sofort sperren lassen. Die zur Sperrung einer Kreditkarte erforderliche Telefonnummer findet man auf der Rückseite der Karte und auf der Kreditkartenabrechnung. Es ist dringend angeraten, sich diese Nummer vor Reiseantritt extra zu notieren und mitzuführen.

Bankfilialen
Geldautomaten ▶ Fast in jedem großen Einkaufszentrum und an Flughäfen findet man zumindest eine Bankfiliale bzw. Geldautomaten (ATM). Die **Banken** sind im allgemeinen Mo.–Fr. 10.00–15.00, Do. oder Fr. bis 18.00 Uhr geöffnet. An Wochenenden und Feiertagen sind nur die Bankschalter in den internationalen Flughäfen geöffnet.

# Gesundheit

Apotheken
(Drugstore,
Pharmacy) Amerikanische Drugstores und Pharmacies ähneln eher deutschen Drogeriemärkten oder sind gar kleine Kaufhäuser. In Florida gibt es zahlreiche Filialen der Drugstore-Kette »Eckerd«. Auch in jeder »Winn-Dixie«-Filiale ist ein Drugstore eingerichtet. Frei zugänglich in Regalen findet man darüber hinaus oft ein großes Sortiment an Medikamenten, die in Deutschland verschreibungspflichtig sind.

Öffnungszeiten ▶ Die Drugstores bzw. Pharmacies sind zumeist von 9.00 bis 18.00 Uhr geöffnet. Einige haben auch bis 21.00 Uhr oder noch länger geöffnet. Rund um die Uhr sind die Apotheken in den durchgehend geöffneten Supermärkten zugänglich.

Notdienst ▶ Außerhalb der normalen Ladenöffnungszeiten gibt es keine speziellen Not- oder Nachtdienste. Notfalls muss man sich an die nächste Notaufnahme (Emergency Room, ER) wenden. Auch Krankenhäuser sind durchgehend geöffnet und verfügen über eigene Apotheken.

Medizinische
Versorgung Die medizinische Versorgung ist gut. Dies gilt nicht nur für die Kompetenz der niedergelassenen Ärzte und Zahnärzte, sondern auch für die Hospitäler. Touristen, die regelmäßig ein bestimmtes Medikament einnehmen müssen, sollten eine Rezeptkopie mitführen, damit ein amerikanischer Arzt das Rezept notfalls erneuern kann.

Ärztliche Hilfe
ist teuer ▶ Ein Krankenhausaufenthalt oder auch nur der Besuch in der Notaufnahme kann das Reisebudget in Gefahr bringen. Man sollte daher in jedem Fall **vor Antritt einer USA-Reise eine Reisekrankenversicherung abschließen.**

Niedergelassene Ärzte, Arztpraxen und Krankenhäuser findet man auf den »Yellow Pages« (Gelbe Seiten) der örtlichen Telefonbücher. In akuten Notfällen wählt man die **Notrufnummer 911 oder die Nummer 0 des Operators,** der einen mit dem nächsten Emergency Room (Notaufnahme) verbindet.

◀ Ärztlicher Notdienst

Der größte gesundheitliche Risikofaktor ist die eigene Nachlässigkeit. Gern vergisst man – Floridas **Sonne und Hitze** unterschätzend – bei Unternehmungen in der freien Natur Kopfbedeckung und Wasserflasche, was sich jedoch böse rächen kann. Zwischen 11.00 und 15.00 Uhr ist das Sonnenlicht am intensivsten. Reisende mit empfindlicher Haut sollten diese Zeit überhaupt im Schatten verbringen.
Neben einer guten **Sonnencreme** ist auch ein sehr gutes **Mückenspray** unerlässlich, denn Stechmücken bzw. Moskitos sind überall dort anzutreffen, wo Wasser steht – auf der von Sümpfen und Feuchtgebieten durchzogenen Halbinsel nicht eben selten. **Moskito-Saison ist von Juni bis November.** In dieser Zeit empfiehlt es sich, langärmelige Hemden bzw. Blusen und lange Hosen zu tragen (Risiken am Strand ▶Badeurlaub).

**Gesundheitliche Risiken**

# Mit Kindern unterwegs

Lange Autofahrten, wenig zu sehen und noch weniger zu tun: In den USA können die **ungewohnten Entfernungen** die Eltern mit dem auf den Rücksitzen nölenden Nachwuchs noch auf viel schlimmere Proben stellen, als im dicht besiedelten heimischen Mitteleuropa mit seinen vergleichsweise kurzen Distanzen. Einigermaßen erträglich ist die Situation in weiten Teilen Floridas, wo es in akzeptablen Abständen vielerlei Attraktionen für Kinder gibt.

**Wann sind wir endlich da?**

## Kinderfreundlich Infrastruktur

Kinder unter 2 Jahren fliegen meist umsonst, sofern sie keinen eigenen Sitz beanspruchen – was bei Trans-Atlantik-Flügen weniger in Frage kommt, bei kürzeren USA-Inlandsflügen jedoch denkbar ist. Man erkundige sich nach **Preisermäßigungen für Kinder.**

**Im Flugzeug**

Alle Autoverleihfirmen halten selbstverständlich auch **Kindersitze** bereit. Man sollte sie jedoch rechtzeitig reservieren, da es vor allem während der Hauptreisezeiten zu Engpässen kommen kann.

**Im Mietwagen**

In Hotels und Motels können **Kinder meist kostenlos im Zimmer der Eltern** übernachten. Extrabetten werden gerne aufgestellt. Man erkundige sich jedoch über die Altersgrenze (meist 12 Jahre) und die sonstigen Bedingungen.

**Unterkunft**

**Restaurants** Essen gehen mit Kindern ist in Florida kein Problem. Es müssen nicht immer Fast-Food-Lokale sein. Als Alternativen bieten sich **Family Restaurants** (u.a. »Denny's«, »Wendy's«) an, die Kindermenüs zu erschwinglichen Preisen bieten. Auch in diversen »Steakhouses« und in China-Restaurants kommt man oft günstig weg. Restaurants gehobener Kategorie sind weniger auf Kinder eingestellt. Wer auf sein Budget achten muss, der halte nach **»all you can eat«**-Angeboten Ausschau. Und wenn in einem Family Restaurant nicht alles aufgegessen wird, bekommt man den Rest oftmals in einem **»doggie bag«** mit auf den Heimweg. Abgesehen von Hamburgern, Pommes frites (= french fries) und Ketchup sind Pfannkuchen (pancakes) und Sundae-Eisbecher (mit Schokoladensoße) die Favoriten von Kindern und Jugendlichen.

## Achterbahnen, Raketen und Delfine

**Paradiesische Verhältnisse** Wer mit Kindern nach Florida reist, den erwarten paradiesische Verhältnisse. Denn hier gibt es einige der größten Vergnügungsparks der Welt, die auch im Hauptteil dieses Buches beschrieben sind. An erster Stelle sind die **Walt Disney World,** die **Universal Studios Escape**

*Viel Spaß haben die »lieben Kleinen« in der Welt von Walt Disney.*

und **SeaWorld** bei ▶ Orlando zu nennen. Sehr beliebt sind auch die **Busch Gardens** in ▶ Tampa und das neue **Legoland** bei Winter Haven. Außerordentlich wohl fühlt sich der Nachwuchs in den vielen Wasserparks. Einer der schönsten ist **Aquatica** in Orlando. Außer den großen Anlagen gibt es eine Reihe von Tierparks, Delfinarien, Aquarien usw. meist in der Nähe von touristischen Zentren. Hier wären etwa der **Miami Metrozoo**, das **Marineland of Florida** bei St. Augustine und das **Gulfarium** bei Fort Walton Beach zu nennen. Natürlich kommen die »Youngster« auch in den National- und State Parks auf ihre Kosten, vor allem in solchen, in denen das Wasser eine wichtige Rolle spielt und wo man Alligatoren, Seekühe, Seeadler usw. in freier Wildbahn beobachten.

Ein absolutes Highlight für jeden jungen Florida-Besucher ist das **Kennedy Space Center** am US-Weltraumbahnhof. Daneben gibt es über den ganzen »Sunshine State« verstreut Flugzeugmuseen, deren attraktivstes das **Naval Air Museum** in Pensacola ist. Ein Höhepunkt für alle großen und kleinen Autonarren ist die Multi-Media-Show **»Daytona 500 Experience«** an der weltberühmten Rennstrecke.

*Raketen, Flugzeuge und schnelle Autos*

Weit mehr als die Museumsgestalter im deutschsprachigen Raum denken ihre US-amerikanischen Kollegen auch an die »lieben Kleinen«. In vielen Museen Floridas sind **»Hands on«- oder »Please Touch«-Abteilungen** eingerichtet, in denen Jung und Alt Experimente und technische Tricks aus vielen Wissensbereichen selbst ausprobieren können. In besonderem Maße gilt dies für größere naturwissenschaftlich-technische Museen wie das Museum of Science & Industrie in Tampa oder das Museum of Science & History in Jacksonville.

*Kinderfreundliche Museen*

# Knigge

Die Gesetze und Bestimmungen zum Alkoholkonsum sind in den USA Sache der Bundesstaaten (in manchen sogar der einzelnen Counties) und variieren daher entsprechend. Das **»legal drinking age«** liegt in Florida bei 21 Jahren, d.h. an jüngere Personen wird Alkohol weder verkauft noch ausgeschenkt. Wein, Bier und Spirituosen sind nur in **Liquor Stores** genannten Spezialgeschäften erhältlich. Sonntags ist der Verkauf von Alkoholika erst nach 13.00 Uhr erlaubt. In öffentlich zugänglichen Einrichtungen (z.B. Verwaltungsgebäude, Bahnhöfen, Badestrände) darf kein Alkohol konsumiert werden. Selbst im eigenen parkenden Fahrzeug darf kein Alkohol getrunken werden. Auto fahren unter Alkoholeinfluss wird strengstens geahndet. Es gilt die **0,0-Promillegrenze.** Darüber hinaus ist es verboten, angebrochene Flaschen und Dosen mit alkoholischen Getränken im Auto (auch im Kofferraum!) mitzuführen.

*Strenge Regeln für Alkoholkonsumenten*

**Rauchen verpönt**

Das Rauchen ist in den USA seit einiger Zeit verpönt. Alle Fluggesellschaften haben Rauchverbote verfügt, in öffentlichen Gebäuden darf ebenfalls nicht mehr geraucht werden. In den Restaurants sind nur noch kleine Bereiche für Raucher ausgewiesen. Inzwischen riskiert sogar eine Konfrontation, wer in Gegenwart von Kindern qualmt.

**Begrüßung**

In Florida ist die Begrüßung weniger förmlich als in Mitteleuropa. Man pflegt sich mit dem Vornamen anzureden, wobei jedoch ältere Mitbürger durchaus registrieren, wenn man das höfliche »Mister« bzw. »Mistress« benutzt. Im übrigen beinhaltet die Nennung des Vornamens keinesfalls den sofortigen vertraulichen Umgang. Amerikaner bleiben Fremden gegenüber zunächst ebenso auf Distanz wie etwa Deutsche, nur sind sie meist höflicher.

**Smalltalk**

»It's a fine day, isn't it?« Egal, ob im Aufzug oder in einer Warteschlange: Wo man unversehens längere Zeit mit Amerikanern zusammen ist, äußern diese sich bald zu belanglosen Themen. Damit soll aber niemand in ein Gespräch verwickelt werden, sondern man empfindet dies einfach als höflich. Gar nichts zu sagen oder gar sich abzuwenden gilt als rüde und unhöflich – übrigens eine Eigenschaft, die in Amerika besonders den Deutschen nachgesagt wird.

**Einladungen**

»Come and see us some time!« Man trifft nette Amerikaner und verbringt eine nette Zeit in angeregter Unterhaltung. Zum Schluss wird man mit eingangs erwähnter Aufforderung zu einem neuen Treffen verabschiedet. Eine solche Einladung sollte man nicht wörtlich nehmen, denn sie ist nur eine Höflichkeitsfloskel. In Wahrheit würden die amerikanischen Gesprächspartner nicht schlecht staunen, käme man tatsächlich irgendwann einmal vorbei, ohne den Besuch vorher noch einmal telefonisch rückbestätigt (»reconfirmed«) zu haben.

**Diskussionen**

Dass Amerikaner naive, unbelesene Zeitgenossen sind, ist ein Gerücht, das sich dank immer wieder öffentlich auftretender Klischee-Amerikaner hält. Die meisten US-Bürger kennen den Unterschied zwischen »Austria« und »Australia« und wissen auch, dass sie nicht im Paradies leben. Die Kritik von Besuchern aus dem »Alten Europa« an amerikanischen Dauerproblemen wie Rassenfragen, Einwanderungspolitik, Schulsystem, Waffenbesitz und Außenpolitik kann als Unhöflichkeit aufgefasst werden. Man warte besser, bis man nach seiner Meinung gefragt wird. Dann merkt man, dass Amerikaner ebenfalls neugierige und diskutierfreudige Gesprächspartner sind.

**Trinkgeld (Tip)**

In den USA ist das Trinkgeld nicht im Endpreis enthalten und wird daher gesondert gegeben. Dies ist zwar keine Pflicht, doch das Dienstpersonal in Restaurants und Hotels, das nur bescheidene Löhne erhält, ist auf Trinkgeld (tip) angewiesen. Üblich sind 15% des Rechnungsbetrages vor Steuern. Der »tip« wird im Restaurant auf dem Tisch liegen gelassen. Hotelpagen erwarten 1 US-$ pro Koffer.

Zimmermädchen bekommen 2 US-$ pro Tag. Man kann den Endbetrag beim Auschecken in einem Briefumschlag im Zimmer hinterlassen. Bietet ein Hotel oder Restaurant »valet parking«, d.h. Angestellte übernehmen das Parken des Wagens, so erhalten diese für ihren Dienst 1 US-$ (beim Wegbringen des Wagens und beim Vorfahren).

# Kreuzfahrten

Viele Florida-Besucher lassen sich zumindest eine Kurzkreuzfahrt zu den Bahamas bzw. nach Key West oder eine mehrtägige Vergnügungsfahrt in die Karibik nicht entgehen. Von vielen Touristenorten an Floridas Küsten starten darüber hinaus kleinere Ausflugsschiffe zu mehrstündigen Ausflügen. Unterwegs können die Passagiere opulente Dinner einnehmen, zollfrei einkaufen und manchmal auch ihr Glück im Spiel versuchen.

**Kreuzfahrten**

Der Hafen von **Miami** trägt nicht von ungefähr den Titel »Cruise Capital of the World«: Jedes Jahr werden hier rund 4 Mio. Kreuzfahrt-

◀ Die wichtigsten Kreuzfahrthäfen

*Von Miami aus geht´s mit dem Vergnügungsdampfer in die Karibik.*

KREUZFAHRTEN

## KREUZFAHRTHÄFEN

▶ **Port of Miami**
Tel. (305) 347-4800
www.miamidade.gov/portofmiami

▶ **Port Canaveral**
Tel. (321) 783-7831
www.portcanaveral.org

▶ **Port Everglades**
Tel. (954) 523-3404
www.porteverglades.org

▶ **Port of Key West**
Tel. (305) 809-3790
www.keywestcity.com

▶ **Port of Palm Beach**
Tel. (561) 383-4100
www.portofpalmbeach.com

▶ **Port of Tampa**
Tel. (813) 905-7678
www.tampaport.com

## KREUZFAHRTREEDEREIEN

▶ **Carnival Cruise Line**
Tel. 1-888-227-6482
www.carnival.com

▶ **Celebrity**
Tel. 1-800-647-2251
www.celebrity.com

▶ **Cunard**
Tel. 1-800-7-728-6273
www.cunard.com

▶ **Norwegian**
Tel. 1-800-327-7030
www.ncl.com

▶ **Princess**
Tel. 1-800-PRINCESS
www.princess.com

▶ **Royal Caribbean**
Tel. 1-866-562-7625
www.royalcaribbean.com

passagiere abgefertigt. Außerdem ist er Heimathafen einiger großer Kreuzschifffahrtreedereien. Ziemlich viel Betrieb herrscht auch in **Port Everglades** vor den Toren von Fort Lauderdale. Dritter großer Kreuzfahrthafen ist **Port Canaveral** unweit vom Weltraumbahnhof Cape Canaveral. Von **Palm Beach** werden Kurzkreuzfahrten zu den Bahamas angeboten. Von **Tampa** an der Golfküste brechen Luxusliner nach Key West bzw. in Richtung Mexiko und Karibik auf. Geradezu karibische Atmosphäre herrscht in **Key West**, dem südlichsten Hafen der festländischen USA, wo immer mehr Kreuzfahrtschiffe anlegen.

# Literaturempfehlungen

**Romane, Prosa** **Collins, Max A., Meier, Frauke, Görnig, Antje:** CSI: Miami, In der Hitze der Nacht. Vgs Verlagsgesellschaft, 2004. Floridas »Crime Scene Investigation« (CSI) erobert die Fernsehkanäle in aller Welt – auch in Deutschland. Jetzt gibt es dazu auch die passende Krimi-Literatur.

**Ernest Hemingway:** Inseln im Strom. Reinbek bei Hamburg: Rowohlt, 1971. Der Florida-Klassiker – nicht nur für Hochsee-Angler.

**Ernest Hemingway:** Haben und Nichthaben. Reinbek bei Hamburg: Rowohlt, 1999. Dies ist eine recht turbulente Geschichte um einen zwielichtigen Bootsbesitzer, der im Kampf mit kubanischen Bankräubern umkommt.

**Carl Hiaasen:** Stürmische Zeiten. München: Goldmann, 1997. Der Kolumnist des »Miami Herald« stellt in seinem Roman einige Profiteure vor, die in dem vom Hurrikan Andrew verursachten Chaos ihren Reibach machen wollen.

**Marjorie Kinnan Rawlings:** Cross Creek. Meine Pflanzererlebnisse in Florida. Zürich: Rascher-Verlag 1966.

**Peter Matthiessen:** Stille und Sturm. München: Goldman, 1996. Im Mittelpunkt dieses historischen Romans steht Ed Watson, der als Siedlerpionier in den Everglades lebt.

**Marjorie Stoneman Douglas:** The Everglades – River of Grass. Sarasota: Pineapple Press, 1988. Eines der einfühlsamsten Werke über die fragile Landschaft im US-amerikanischen Südosten.

**Hans-Otto Meissner:** Der Kaiser schenkt mir Florida. Stuttgart: Ernst-Klett-Verlag, 1983. Bericht über die Abenteuer des spanischen Konquistadors Hernando De Soto in Florida.

**Tennessee Williams:** Memoiren. Frankfurt am Main: S. Fischer, 1977. In seinen Erinnerungen gibt es auch ein umfangreiches Kapitel über seine Zeit in Key West.

**Christian Heeb, Stefan Nink:** Reise durch Florida. Würzburg: Stürtz, 2007. Relativ neue Bilder aus dem Sunshine State.   **Bildbände**

**Hans-Joachim und Eleonore Matussek:** Florida. Luzern: Reich Verlag (terra magica), 1994. Schon etwas älterer, aber dennoch sehr informativer Bildband.

**A. E. Johann:** Amerika. Der unbegrenzte Traum. München 1980. Anregende Tour durch die Neue Welt.   **Sachbücher**

**Peter von Zahn:** Fremde Freunde. Bericht aus der Neuen Welt. Hamburg: Hoffmann & Campe, 1953.

**Peter Bührer, Romero Britto:** Sunshine Food. Das Beste aus Floridas Küche. Verlag Mary Hahn, 1999. Großzügig bebildertes Werk mit vielen exotischen Spezialitäten.   **Kochbuch**

# Maße und Gewichte

## ▶ MASSEINHEITEN

### ▶ Längenmaße
1 inch (in; Zoll) = 2,54 cm
1 cm = 0,39 in
1 foot (ft; Fuß) = 30,48 cm
10 cm = 0,33 ft
1 yard (yd; Elle) = 91,44 cm
1 m = 1,09 yd
1 mile (mi; Meile) = 1,61 km
1 km = 0,62 mi

### ▶ Flächenmaße
1 square inch (in²) = 6,45 cm²
1 cm² = 0,155 in²
1 square foot (ft²) = 9,288 dm²
1 dm² = 0,108 ft²
1 square yard (yd²) = 0,836 m²
1 m² = 1,196 yd²
1 squ. mile (mi ) = 2,589 km
1 km² = 0,386 mi²
1 acre = 0,405 ha
1 ha = 2,471 acres

### ▶ Raummaße
1 cubic inch (in³) = 16,386 cm³
1 cm³ = 0,061 in³
1 cubic foot (ft³) = 28,32 dm³
1 dm³ = 0,035 ft³
1 cubic yard (yd³) = 0,765 m³
1 m³ = 1,308 yd³

### ▶ Flüssigkeitsmaße
1 gill = 0,118 l
1 l = 8,474 gills
1 pint (pt) = 0,473 l
1 l = 2,114 pt
1 quart (qt) = 0,946 l
1 l = 1,057 qt
1 gallon (gal) = 3,787 l
1 l = 0,264 gal

### ▶ Gewichte
1 ounce (oz; Unze) = 28,35 g
100 g = 3,527 oz
1 pound (lb; Pfund) = 453,59 g
1 kg = 2,205 lb
1 stone = 6,35 kg
10 kg = 1,57  stone

### ▶ Temperaturen

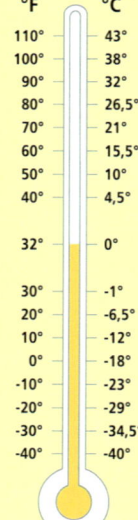

| °F | °C |
|---|---|
| 110° | 43° |
| 100° | 38° |
| 90° | 32° |
| 80° | 26,5° |
| 70° | 21° |
| 60° | 15,5° |
| 50° | 10° |
| 40° | 4,5° |
| 32° | 0° |
| 30° | -1° |
| 20° | -6,5° |
| 10° | -12° |
| 0° | -18° |
| -10° | -23° |
| -20° | -29° |
| -30° | -34,5° |
| -40° | -40° |

# Medien

In jedem Hotelzimmer steht ein **Fernsehapparat**. Unentgeltlich kann man die Programme großer Fernsehanstalten sehen. Demgegenüber muss man für den Konsum von TV-Programmen einer ganzen Reihe von privaten Anbietern in manchen Fällen recht happige Gebühren entrichten (»Pay TV«).

**Fernsehen**

Die amerikanischen Radiosender sind über **Mittelwelle (AM)** zu empfangen. Sie sind die aktuellsten Informationsquellen über Wetter, Verkehr, Veranstaltungen etc.
Über **UKW (FM)** hört man Sender, die über die Region, einzelne Städte, Nationalparks etc. berichten. Wenn man längere Strecken über Land fährt, sind nur wenige Sender zu empfangen, in dichter besiedelten Gebieten dafür umso mehr.

**Radio**

In den einschlägigen Verkaufsstellen liegt eine sehr breite Palette von Tageszeitungen und sonstigen Periodika für jeden Geschmack aus. Die führende Tageszeitung in Florida ist der **»Miami Herald«**. Daneben erscheinen etliche andere regional bedeutsame Gazetten.

**Zeitungen und Zeitschriften**

Deutschsprachige Tageszeitungen und Illustrierte sind in einigen gut sortierten Kiosken auf den internationalen Flughäfen und in den wichtigsten Touristenzentren erhältlich. Sie kommen jedoch in Florida meist mit erheblicher Verspätung auf den Markt.

◀ Deutschsprachige Blätter

# Museen

Die wichtigsten Museen sind im Hauptteil dieses Reiseführers bei den in Frage kommenden Orten erwähnt. Hinsichtlich aktueller Öffnungszeiten und Eintrittsgebühren (admission) wende man sich an die lokalen Fremdenverkehrsbüros oder an die Internet-Adresse www.flamuseums.org (s. Tipp). Viele Museen sind montags geschlossen. Die Eintrittspreise können mitunter hoch sein. Einige Museen gewähren Kindern, Schülern, Studenten und Senioren beträchtliche Ermäßigungen. Die meisten Museen verfügen über Informationszentren und Besucherdienste. Auch Führungen nach besonderen Interessenschwerpunkten werden angeboten. Fast jedes Museum hat einen Shop, in dem man Souvenirs, Bücher, Postkarten etc. erwerben kann.

> ## ! *Baedeker* TIPP
>
> ### Museumsführer
> Im Internet findet man einen ausführlichen elektronischen Museumsführer, der von The Florida's Association of Museums auf dem Laufenden gehalten wird. Die Adresse lautet: www.flamuseums.org

# National Parks · State Parks

**Geschützte Gebiete**
In Florida stehen zahlreiche Flächen unter Schutz. Dabei wird unterschieden in **Naturparks bzw. Naturschutzgebiete** (National bzw. State Park, National bzw. State Forest, National bzw. State Wildlife Refuge oder Preserve, National Seashore usw.), **denkmalgeschützte Flächen** (National bzw. State Monument, Historic Site, Archaeological Site) und **Erholungsparks** (National bzw. State Recreational Area). Hier ist die Landnutzung eingeschränkt und die Besucher haben sich strengen Regeln zu unterwerfen. Die Schutzgebiete werden von speziell ausgebildeten Parkaufsehern (Park Ranger) betreut. Wer auf eigene Faust ein solches Gebiet erkunden will, kann dies nur mit Erlaubnis der Park Ranger tun. In den meisten Schutzgebieten sind Eintrittsgebühren (5−25 US-$ pro Person bzw. Fahrzeug!) zu bezahlen.

**Übernachtung**
In vielen National bzw. State Parks bestehen Übernachtungsmöglichkeiten in Motels, Lodges und Cabins. Eine rechtzeitige Reservierung wird empfohlen.

*Ziemlich abenteuerlich kann eine Kanu-Tour durch die Mangrovensümpfe des Everglades National Park werden!*

In den geschützten Gebieten ist es nicht erlaubt, die vorgeschriebenen Wege und Straßen zu verlassen. Campen und Feuer machen ist nur an den dafür ausgewiesenen Plätzen gestattet; Abfälle dürfen nicht liegen gelassen und Wildtiere nicht gefüttert werden. Jagen ist verboten, Angeln nur mit Erlaubnis möglich. Es versteht sich von selbst, dass man keine Pflanzen oder gar Tiere mitnimmt.

**Verhalten in geschützten Gebieten**

 **WICHTIGE ADRESSEN SCHUTZGEBIETE**

## NATIONAL PARKS

▶ **National Park Service**
Headquarters
1849 C Street NW
Washington, DC 20240
Tel. (202) 208-6843
www.nps.gov

▶ **Biscayne National Park**
9700 SW 328 Street
Homestead, FL 33033-5634
Tel. (305) 230-7275
www.nps.gov./bisc/

▶ **Everglades National Park**
40001 State Road
Homestead, FL 33034-6733
Tel. (305) 242-77 00
www.nps.gov/ever/

▶ **Canaveral National Seahore**
7611 S. Atlantic Ave.
New Smyrna Beach, FL 32169
Tel. (321) 867-0677
308 Julia Street
Titusville, FL 32796-3521
Tel. (321) 267-1110
www.nps.gov/cana/

▶ **Dry Tortugas National Park**
c/o Everglades National Park
40001 State Road
Homestead, FL 33034-6733
Tel. (305) 242-7700
www.nps.gov/drto
www.fortjefferson.com

▶ **Gulf Islands National Seashore**
1801 Gulf Breeze Pkwy.
Gulf Breeze, FL 32563-5000
Tel. (850) 934-2600
www.nps.gov/guis/

**!** *Baedeker* TIPP

**America The Beautiful Pass**

Wer mehrere Nationalparks besuchen will, sollte den Kauf eines »America The Beautiful Pass« in Erwägung ziehen. Ein solches Dokument kostet derzeit 80 $ und gewährt freien Eintritt in alle Nationalparks während eines Kalenderjahres. Dieser Pass ist an den Parkeingängen bzw. in den Besucherzentren (Visitor Centers) erhältlich.

## STATE PARKS, WILDLIFE REFUGES

▶ **Florida Department of Environmental Protection**
3900 Commonwealth Blvd.
Tallahassee, FL
Tel. 32399-3000
Tel. (850) 245-21 18
www.dep.state.fl.us

▶ **US Forest Service**
325 John Knox Road
Tallahassee, FL 32308
Tel. 1-800-832-13 55
www.fs.fed.us

# Notrufe

## ▶ WICHTIGE TELEFONNUMMERN

### NOTRUFSÄULEN

Entlang viel befahrener Fernverkehrsstraßen (Interstates) sind Notrufsäulen aufgestellt.

### NOTRUFE IN FLORIDA

▶ **Polizei, Ambulanz, Feuerwehr**
Tel. 911 (Sollte unter dieser Nummer keine Hilfe zu erreichen sein, wende man sich unter »0« an den Operator der Telefonzentrale.

▶ **Florida Highway Patrol (Autobahnpolizei)**
Tel. FHP

▶ **Touristennotruf**
Tel. 1-800-656-8777

▶ **US-Automobilklub AAA**
Tel. 1-800-AAA-HELP

▶ **ADAC-Notruf-Station Orlando**
Tel. 1-888-222-1373

### NOTRUFE NACH DEUTSCHLAND

▶ **ADAC-Notruf München**
Tel. 0 11 49-89-22 22 22

▶ **ADAC-Ambulanz München**
Tel. 0 11 49-89-76 76 76

▶ **ACE-Notrufzentrale Stuttgart**
Tel. 0 11 49-18 02-34 35 36

▶ **Deutsche Rettungsflugwacht Stuttgart**
Tel. 0 11 49-711-70 07 22 11

▶ **DRK-Flugdienst Bonn**
Tel. 0 11 49-228-23 00 23

# Post · Telekommunikation

**USPS** Der **United States Postal Service** (USPS) ist nur für die Brief- und Paketbeförderung (auch Geldüberweisungen) zuständig. Der Telefon- und Telegrammdienst ist privaten Gesellschaften übertragen.

## _i_ Porto

- Postkarte innerhalb der USA: 28 Cents
- Brief innerhalb der USA: 44 Cents

- Postkarte nach Europa: 98 Cents
- Brief (1 Unze/28 g) nach Europa: 98 Cents

**Briefmarken** erhält man in Postfilialen sowie an Automaten in Flughäfen, Bahnhöfen, Busstationen, Hotel-Lobbies und Drogerien.

Die **durch ausgesteckte US-Flaggen gekennzeichneten Postfilialen** sind zu folgenden Zeiten geöffnet:

Mo. – Fr. 9.00 – 17.00 bzw. 18.00, Sa. 8.00 – 12.00 Uhr. Kleinere Postfilialen halten eine Mittagspause ein.

Die blau-roten Briefkästen sind an der weißen Aufschrift »United **Briefkästen**
States Postal Service« und einem stilisierten Adler zu erkennen.

## Telekommunikation

Die Telefonnetze werden in den USA von privaten Gesellschaften be-  **Private Telefon-**
trieben. Dies macht sich kaum bemerkbar mit Ausnahme von inter-  **gesellschaften**
nationalen Gesprächen von manchen Telefonzellen aus, bei denen
man den Operator (Tel. 0) einschalten muss.

Telefonate und Fax-Sendungen von Hotelapparaten sollte man tun-  **Hoteltelefone**
lichst vermeiden, da hier deftige Gebühren (surcharges) anfallen.

Die meisten öffentlichen Telefone funktionieren nur noch bargeldlos  **Öffentliche**
mit Telefonkarte (callling card) oder Kreditkarte (credit card). Ein  **Telefone**
paar Münzfernsprecher gibt es noch für Ortsgespräche (local calls).

Gespräche mit 800- oder 888-Nummern können nur innerhalb der  **Gebührenfreie**
USA geführt werden und sind gebührenfrei. Sie sind nicht mit 900-  **Nummern**
Nummern zu verwechseln, hinter denen sich oft recht teure kom-
merzielle Dienste verbergen.

Die Telefonwähltasten sind auch mit Buchstaben belegt, so dass viele  **Buchstaben**
Nummern als leicht zu merkendes Kennwort angegeben sind (lan-
desweite Pannenhilfe: Tel. 1-800-
AAA-HELP).

Bei Gesprächen innerhalb eines Te-
lefonbezirkes ist eine »1« und nur
die Teilnehmernummer zu wählen.
Wer **innerhalb der USA** telefonieren
möchte, wähle zunächst die »1«,
dann die Vorwahl (Area Code) und
schließlich die Teilnehmernummer.

Für **internationale Gespräche** gilt:
Von Privatanschlüssen wähle man
»011«, dann die Länder- und Orts-

> ### *i* Telefondienste
>
> - Auskunft Inland: Tel. 411
> - Auskunft Ausland: Tel. 1-555-1212
> - R-Gespräche: Tel. 0
> - Ländervorwahlen von den USA nach Europa:
>   nach Deutschland: Tel. 011 49
>   nach Österreich: Tel. 011 43
>   in die Schweiz: Tel. 011 41
> - Ländervorwahl von Europa in die USA:
>   Tel. 001

netzkennzahl unter Weglassung der »0« und schließlich die Teilnehmernummer. Von öffentlichen Telefonen aus wählt man die »0«. Es
meldet sich der Operator, der alle weiteren Instruktionen erteilt.

Für ein R-Gespräch wird ebenfalls die »0« gewählt, dann folgt die  **R-Gespräche**
Rufnummer. Daraufhin meldet sich der Operator, dem man sein
Vorhaben mitteilt.

**Telefongebühren** Ortsgespräch am Münztelefon: 35 Cents. 3-Minuten-Ferngespräch nach Mitteleuropa: je nach Tageszeit bis zu 15 US-$ (leicht ermäßigte Tarife: 17.00 – 23.00 Uhr; stark ermäßigte Tarife: 23.00 – 8.00 Uhr morgens und an Wochenenden).

**Telefonkarten** Für internationale Telefongespräche empfehlen sich im Voraus bezahlte Telefonkarten (prepaid phone Cards) mit oftmals recht günstigen Tarifen, die in Einkaufszentren, an Flughäfen, an Tankstellen usw. erhältlich sind.

**Mobiltelefon Handy Cell Phone Mobile Phone** In den USA benötigt man ein Triple-Band-Mobiltelefon (Triple Band Handy) für 1900 MHz. Ein flächendeckender Netzzugang besteht nicht. Mit vielen europäischen Geräten kann man in den USA nicht telefonieren. Genaueres erfährt man bei den Service-Unternehmen.

# Preise · Vergünstigungen

**Saisonabhängige Preisgestaltung** Viele Hotels, Restaurants, Vergnügungsparks etc. gestalten ihre Preise saisonabhängig. Teuer ist es in den Hauptreise- und Ferienzeiten sowie rund um wichtige Feiertage. Demgegenüber können die Preise in der Nebensaison um die Hälfte sinken. In der Nebensaison locken Hotels und Vergnügungsparks mit attraktiven Sonderangeboten.

**Nettopreise, Verkaufssteuern** Auf den Preisschildern sind nur die Nettopreise vor Steuern angegeben. Die meisten Waren unterliegen einer staatlichen **Sales Tax** (Verkaufssteuer) von derzeit 6%. Einzelne Städte, Gemeinden und Bezirke (Counties) erheben darüber hinaus noch eine **General Sales Tax** (zumeist 1%). Einzelne Orte erheben zusätzlich eine **Tourism Development Tax**, die in etwa mit der deutschen Kurtaxe vergleichbar ist.

**Vergünstigungen** In den Genuss von Vergünstigungen kommen vor allem Kinder, Schüler, Studenten und Rentner. Die Palette solcher Wohltaten reicht vom preisgünstigen Flug- und Bahnticket bis zu Sondertarifen in Hotels, Vergnügungsparks, National- und Staatsparks. In jedem Fall lohnt es sich, schon bei der Reiseplanung alle Anbieter touristischer Leistungen nach Sonderangeboten abzuklopfen.

 **WAS KOSTET WIE VIEL?**

|  |  |  |  |  |  |
|---|---|---|---|---|---|
| **Eine Tasse Kaffee** ab 2 US-$ | **Einfache Mahlzeit** ab 8 US-$ | **Menü (3 Gänge)** ab 22 US-$ | **Einfaches Zimmer** ab 35 US-$ | **Busfahrschein** ab 1,50 US-$ | **1 gal (3,787 Benzin** ca. 2,60 US-$ |

Etliche Fremdenverkehrsvereinigungen geben Broschüren heraus, die u.a. in Fremdenverkehrsbüros, Besucherzentren, Hotelrezeptionen, Tankstellen und Supermärkten ausliegen. Die in diesen Heftchen inserierenden Unternehmen haben meist auch Coupons (Gutscheine) mit vielerlei Vergünstigungen beigeheftet. Die Palette reicht von der besonders günstigen Hotelübernachtung bis zum Super-Schnäppchen im nächsten Factory Outlet.

**Coupons sammeln!**

# Reisezeit

Im Norden Floridas lassen sich vier Jahreszeiten differenzieren. Auch kann man hier das ganze Jahr über mit Regenfällen rechnen. Anders ist die Situation im Süden Floridas, wo es praktisch nur zwei Jahreszeiten gibt. Die warmen Gewässer rund um Florida, hohe Luftfeuchtigkeit und hohe Verdunstungsraten tragen zu einer sommerlichen

**Im Norden vier, im Süden zwei Jahreszeiten**

Schwüle bei, die von Mitte Mai bis Oktober als belastend empfunden wird. Dagegen zeichnet sich die von November bis April dauernde kühle Jahreszeit durch drei bis fünf niederschlagsarme Monate aus.

Von Juni bis September ist es recht heiß. Die höchsten **Temperaturen** werden im Bereich der Keys sowie im Landesinnern gemessen, wobei Hitzeperioden mit Tagestemperaturen über 40°C keine Seltenheit sind. Im Sommer kommt es zu mitunter sehr heftigen Gewittern mit Hagelschlag und Tornados. Angenehm sind die Monate März, April und Mai sowie Oktober und November. Die Temperaturen erreichen bei meist strahlendem Sonnenschein sommerliche Werte. Von Dezember bis Februar

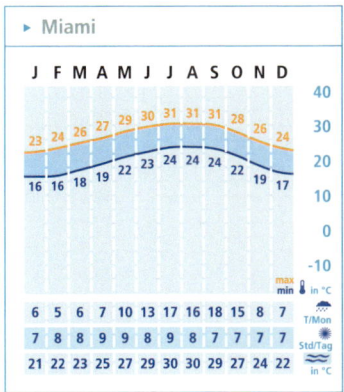

kann es in Nord- und Zentralflorida manchmal empfindlich kühl werden. Es können sogar Fröste auftreten, die enorme Schäden in den Zitrus- und Gemüsekulturen verursachen.

Die höchsten **Niederschläge** werden im Bereich des Florida Panhandle registriert, wo jährlich manchmal weit über 1500 mm fallen. Trocken ist es auf den Keys, wo mit rund 1000 mm nur etwa zwei Drittel der im Norden gemessenen Niederschläge fallen.

Alle Jahre wieder muss man in Florida mit dem Durch- oder Vorbeizug mehrerer tropischer Wirbelstürme rechnen, von denen die meisten in der Zeit von **Juni bis Oktober** entstehen. Ein Hurrikan kann nicht nur riesige Ausmaße erreichen, sondern entwickelt auch ein

**Hurrikansaison**

*i*   NOAA-Wetternachrichten

- 162.400 MHz (Daytona Beach, Key West, Pensacola)
- 162.475 MHz (Fort Myers, Gainesville, Orlando, Palm Beach)
- 162.550 MHz (Jacksonville, Miami, Panama City, Tampa)

gewaltiges Zerstörungspotenzial. Allein im Spätsommer 2004 richteten binnen sechs Wochen nicht weniger als neun tropische Wirbelstürme erhebliche Schäden an.

In den Nachrichten von **Rundfunk** und **Fernsehen** werden regelmäßig Wettervorhersagen durchgegeben. Das **NOAA Weather Radio Network** informiert laufend über aktuelle Entwicklungen in der »Wetterküche« über Florida, dem Golf von Mexiko, dem Westatlantik und der Karibischen See.

**Hoch- und Nebensaison**   Hauptreisezeit für Nordflorida sind die Monate Mai bis September. Dagegen ist im subtropischen Süden von Mitte Dezember bis Mitte April Hochsaison. Nebensaison in ganz Florida sind die Monate April und Mai sowie September, Oktober und November.

**Wichtige Feiertage ▶**   Voll und teuer ist es in Hotels, Vergnügungsparks etc. an den Wochenenden von President's Day, Ostern, Memorial Day, 4. Juli, Labor Day, Thanksgiving, Weihnachten, Silvester und Neujahr.

# Shopping

**Einkaufen nach Lust und Laune**   In allen Fremdenverkehrsorten gibt es vielfältige Einkaufsmöglichkeiten. Jeder Ort, der etwas auf sich hält, hat mindestens eine **Shopping Mall**, einen **Marketplace** oder eine **Galleria** aufzubieten. Hier gibt es dann zumindest einen großen Lebensmittel-Supermarkt, einen **Food Court** mit verschiedenen Imbissständen, Boutiquen und Spezialgeschäfte, Dienstleistungsbetriebe (Arztpraxen, Reisebüros usw.) und eventuell auch ein Restaurant oder andere Lokalitäten. Größter Beliebtheit erfreuen sich die **Factory Outlets** (Fabrikverkäufe), in denen man **Markenware** (Tommy Hilfiger, Ralph Lauren, Levi's usw.) günstig erwerben kann. Eine der größten Outlet Malls der USA, die »Sawgrass Mills« bei Fort Lauderdale, lockt jeden Tag Abertausende potenzieller Kunden an.

**Souvenirs**   Typische Florida-Souvenirs sind **Zitrusfrüchte** (bes. Grapefruits und Orangen) sowie Erzeugnisse aus Zitrusfrüchten (v.a. Säfte, Konzentrate, Marmeladen, Orangenblütenhonig). Die einschlägigen Verkaufsstellen bieten an, ganze Gebinde auf Wunsch des Kunden nach Europa zu schicken. Beliebt sind ferner vielgestaltige **Muschelschalen,** die man hauptsächlich an der Goldküste finden kann. **Schwämme**, natürliche und künstliche, gibt es in großer Vielfalt in Tarpon Springs an der Golfküste zu kaufen. Auch Erinnerungen an Besuche in den Vergnügungsparks, so beispielsweise **Baseballmützen, Sonnen-**

*Schwämme in vielerlei Größen werden in Tarpon Springs an der Golfküste feilgeboten.*

**hüte, Shorts, T-Shirts Sweatshirts** aus dem Kennedy Space Center, Kuschel-Delfine aus SeaWorld, Marineland oder Seaquarium, Filmplakate aus den Universal und/oder Disney-MGM-Studios sind begehrte Mitbringsel. Manche Florida-Besucher finden auch an **indianischem Kunsthandwerk** Gefallen, das es nicht nur in den Indianersiedlungen, sondern auch in vielen Souvenirshops zu kaufen gibt. Freunde des blauen Dunstes sind begeistert von den von Hand gedrehten **Zigarren**, die es vor allem in der Ybor City in Tampa, aber auch in vielen anderen Geschäften in Florida zu kaufen gibt.

Im Sinne des Washingtoner Artenschutz-Abkommens kann jeder Reisende zum Erhalt bedrohter Tier- und Pflanzenarten beitragen, wenn er auf den Kauf von Souvenirs verzichtet, zu deren Herstellung man man wild lebende Pflanzen und Tiere oder Teile von diesen verwendet hat. Dazu gehören insbesondere **Korallen** (vor allem Schwarze Korallen), Panzer und **Schildpatt** von wild lebenden Schildkröten, lebende oder präparierte Echsen bzw. deren Häute, diverse Vogelarten (u.a. Papageien) sowie selten gewordene Schmetterlinge und andere Insekten. Das Ausgraben seltener Pflanzen und das Einfangen von Tieren ist zu unterlassen. Die Einfuhr solcher »Souvenirs« nach Deutschland, Österreich und in die Schweiz ist verboten und wird streng geahndet. Auch vorgegebene Unwissenheit schützt nicht vor Strafe. Informationen zum Thema Artenschutz erhält man bei den Zollbehörden und beim WWF (im Internet: www.wwf.de).

**Achtung!**
**Artenschutz**

# Sicherheit

**Kriminalität** Spätestens seit Al Capone, Miami Vice und einigen spektakulären Mordfällen in den 1990er-Jahren wird Florida als Ganoven-Tummelplatz gefürchtet. Dies gilt besonders für den Ballungsraum Miami – Fort Lauderdale – Palm Beach. Hier sind **soziale Kontraste sehr scharf ausgeprägt**. Probleme bereitet den Sicherheitskräften die Drogenkriminalität. Die verhältnismäßig lange Küstenlinie und die Nähe zu den mittel- und südamerikanischen Produktionsstätten haben den Großraum Miami, zu einem gefährlichen Drogenumschlagplatz werden lassen.

**Vorsicht ist geboten** Obwohl sich die Situation nach den Touristenmorden der 1990er-Jahre wieder weitgehend beruhigt hat, ist im »Sunshine State« Vorsicht nach wie vor angebracht. Als Faustregel gilt, den gesunden Menschenverstand behalten. Nach Einbruch der Dunkelheit sollte man Parkanlagen, dunkle Viertel, unübersichtliche Straßen etc. meiden und nicht allein unterwegs sein. Falls man in einen Unfall verwickelt wird, der sich unter merkwürdigen Umständen ereignet hat, bleibe man zunächst im Auto sitzen und warte mit dem Aussteigen, bis man die Situation überblickt. Wertgegenstände und größere Geldbeträge deponiere man im Hotelsafe. Im Kofferraum des Fahrzeugs verschwindet alles, was Begehrlichkeiten wecken könnte. Tritt der Fall der Fälle doch ein, sollte man sich dem Gangster keinesfalls entgegenstellen. Heldenmut musste schon oft teuer bezahlt werden. In Notsituationen wende man sich unbedingt an die nächste Polizeidienststelle: **Notruf-Tel. 911**.

# Sport

▶ Badeurlaub
▶ Urlaub aktiv

# Sprache

**Englisch und Spanisch** In Florida wird hauptsächlich **Englisch** gesprochen. Überall dort, wo Exilkubaner oder Einwanderer aus Mittelamerika stark vertreten sind, kann man sich auch auf **Spanisch** verständigen. An touristischen Brennpunkten (u.a. Flughäfen, Kreuzfahrthäfen, Hotels) ist gelegentlich auch Deutsch zu hören. Das amerikanische Englisch unterscheidet sich vom britischen Englisch und vom deutschen Schulenglisch nicht nur in Ausprache und Betonung, sondern auch im Wortschatz. Nachfolgend eine kleine Übersetzungshilfe:

# AMERIKANISCHES ENGLISCH

## Auf einen Blick

| | |
|---|---|
| Ja / Nein | Yes / No |
| Vielleicht. | Perhaps. / Maybe. |
| Bitte | Please. |
| Danke. / Vielen Dank! | Thank you. / Thank you very much. |
| Gern geschehen. | You're welcome. |
| Entschuldigung! | Excuse me! |
| Wie bitte? | Pardon? |
| Ich verstehe Sie / dich nicht. | I don't understand. |
| Ich spreche nur wenig ... | I only speak a bit of ... |
| Können Sie mir bitte helfen? | Can you help me, please? |
| Ich möchte ... | I'd like ... |
| Das gefällt mir (nicht). | I (don't) like this. |
| Haben Sie ...? | Do you have ...? |
| Wieviel kostet es? | How much is this? |
| Wieviel Uhr ist es? | What time is it? |
| Wie heißt dies hier? | What is this called? |

## Kennenlernen

| | |
|---|---|
| Guten Morgen! | Good morning! |
| Guten Tag! | Good afternoon! |
| Guten Abend! | Good evening! |
| Hallo! Grüß dich! | Hello! / Hi! |
| Mein Name ist ... | My name is ... |
| Wie ist Ihr / Dein Name? | What's your name? |
| Wie geht es Ihnen / dir? | How are you? |
| Danke. Und Ihnen / dir? | Fine thanks. And you? |
| Auf Wiedersehen! | Goodbye! / Bye-bye! |
| Gute Nacht! | Good night! |
| Tschüs! | See you! / Bye! |

## Auskunft/Unterwegs

| | |
|---|---|
| links / rechts | left / right |
| geradeaus | straight ahead |
| nah / weit | near / far |
| Bitte, wo ist ...? | Excuse me, where's ..., please? |
| ... der Bahnhof | ... the train station |
| ... die Bushaltestelle | ... the bus stop |
| ... der Hafen | ... the harbour |
| ... der Flughafen | ... the airport |
| Wie weit ist das? | How far is it? |

| | |
|---|---|
| Ich möchte ein Auto mieten. | I'd like to rent a car. |
| Wie lange? | How long? |

## Straßenverkehr

| | |
|---|---|
| Ich habe eine Panne. | My car's broken down. |
| Gibt es hier in der Nähe eine Werkstatt? | Is there a service station nearby? |
| Wo ist die nächste Tankstelle? | Where's the nearest gas station? |
| Ich möchte ... | I want |
| Liter/Gallonen (3,7 l) ... | ...liters/gallons of ... |
| ... Normalbenzin. | ... regular. |
| ... Super. | ... premium. |
| ... Diesel. | ... diesel. |
| ... bleifrei/verbleit. | ... unleaded/leade. |
| Volltanken, bitte. | Full, please. |
| Hilfe! | Help! |
| Achtung! | Attention! |
| Vorsicht! | Look out! |
| Rufen Sie bitte ... | Please call ... |
| einen Krankenwagen. | ... an ambulance. |
| ... die Polizei. | ... the police. |
| Es war meine Schuld. | It was my fault. |
| Es war Ihre Schuld. | It was your fault. |
| Geben Sie mir bitte Namen und Anschrift. | Please give me your name and address. |
| Vorsicht vor ... | Beware of ... |
| Ortsumgehung (mit Straßennummer) | Business (mit Straßennummer) |
| Umgehungsstraße | Bypass (Byp) |
| Brücke, Pontonbrücke | Causeway |
| Achtung! Vorsicht! | Caution! |
| Bauarbeiten | Construction |
| Kreuzung, Überweg | Crossing (Xing) |
| Sackgasse | Dead End |
| Umleitung | Detour |
| Straße mit Mittelstreifen | Divided Highway |
| Einfahrt verboten | Do not enter |
| Ausfahrt | Exit |
| Steigung/Gefälle/unübersichtlich (Überholverbot) | Hill |
| Behindertenparkplatz | Handicapped Parking |
| Kreuzung, Abzweigung, Einmündung | Junction (Jct) |
| Abstand halten ... | Keep off ... |
| Ladezone | Loading Zone |
| Einmündender Verkehr | Merge (Merging Traffic) |
| Schmale Brücke | Narrow Bridge |
| Parken verboten | No Parking |
| Überholen verboten | No Passing |
| Rechtsabbiegen bei Rot verboten | No Turn on Red |

| | |
|---|---|
| Wenden verboten | No U Turn |
| One Way | Einbahnstraße |
| Ein- und Aussteigen erlaubt | Passenger Loading Zone |
| Fußgängerüberweg | Ped Xing |
| Zeitlich begrenztes Parken erlaubt | Restricted Parking Zone |
| Vorfahrt | Right of Way |
| Straßenbauarbeiten | Road Construction |
| Schleudergefahr bei Nässe | Slippery when wet |
| Langsam fahren | Slow |
| Straßenbankette nicht befestigt | Soft Shoulders |
| Geschwindigkeitsbegrenzung | Speed Limit |
| Benutzungsgebühr, Maut | Toll |
| Absolutes Parkverbot, Abschleppzone | Tow away Zone |
| Wenden erlaubt | U-Turn |
| Kreuzung, Überweg | Xing (Crossing) |
| Vorfahrt beachten | Yield |

## Einkaufen

| | |
|---|---|
| Wo finde ich ... eine / ein ..? | Where can I find a ...? |
| Apotheke | pharmacy |
| Bäckerei | bakery |
| Kaufhaus | department store |
| Lebensmittelgeschäft | food store |
| Supermarkt | supermarket |

## Übernachtung

| | |
|---|---|
| Können Sie mir ... empfehlen? | Could you recommend ... ? |
| ... ein Hotel / Motel | ... a hotel / motel |
| ... eine Frühstückspension | ... a bed & breakfast |
| Ich habe ein Zimmer reserviert. | I've reserved a room. |
| Haben Sie noch ...? | Do you have ...? |
| ... ein Einzelzimmer | .. .a room for one |
| ... ein Doppelzimmer | ... a room for two |
| ... mit Dusche / Bad | ... with a shower / bath |
| ... für eine Nacht | ... for one night |
| ... für eine Woche | ... for a week |
| Was kostet das Zimmer | How much is the room |
| ... mit Frühstück? | ... with breakfast? |

## Arzt

| | |
|---|---|
| Können Sie mir einen guten Arzt empfehlen? | Can you recommend a good doctor? |

| | |
|---|---|
| Ich brauche einen Zahnarzt. | I need a dentist. |
| Ich habe hier Schmerzen. | I feel some pain here. |
| Ich habe Fieber. | I've got a temperature. |
| Rezept | prescription |
| Spritze | Injection/shot |

## Bank / Post

| | |
|---|---|
| Wo ist hier bitte eine Bank? | Where's the nearest bank? |
| Geldautomat | ATM (Automatic Teller Machine) |
| Ich möchte Euros in Dollars wechseln. | I'd like to change Euros into dollars. |
| Was kostet ... | How much is ... |
| ... ein Brief ... | ... a letter ... |
| ... eine Postkarte ... | ... a postcard ... |
| nach Europa? | to Europe? |

## Zahlen

| | |
|---|---|
| 1 | one |
| 2 | two |
| 3 | three |
| 4 | four |
| 5 | five |
| 6 | six |
| 7 | seven |
| 8 | eight |
| 9 | nine |
| 10 | ten |
| 11 | eleven |
| 12 | twelve |
| 13 | thirteen |
| 14 | fourteen |
| 15 | fifteen |
| 16 | sixteen |
| 17 | seventeen |
| 18 | eighteen |
| 19 | nineteen |
| 20 | twenty |
| 21 | twenty-one |
| 30 | thirty |
| 40 | forty |
| 50 | fifty |
| 60 | sixty |
| 70 | seventy |
| 80 | eighty |
| 90 | ninety |

| | |
|---|---|
| 100 | hundred |
| 1000 | (a) one thousand |
| 1/2 | a half |
| 1/3 | a third |
| 1/4 | a quarter |

## Restaurant

| | |
|---|---|
| Wo gibt es hier ... | Is there ... here? |
| ... ein gutes Restaurant? | ... a good restaurant |
| Reservieren Sie uns bitte für heute abend einen Tisch! | Would you reserve us a table for this evening, please? |
| Die Speisekarte bitte! | the menu please! |
| Auf Ihr Wohl! | Cheers! |
| Bezahlen, bitte. | Could I have the check, please? |
| Wo ist bitte die Toilette? | Where is the restroom, please? |

## Frühstück/Breakfast

| | |
|---|---|
| Kaffee (mit Sahne / Milch) | coffee (with cream / milk) |
| koffeinfreier Kaffee | decaffeinated coffee |
| heiße Schokolade | hot chocolate |
| Tee (mit Milch / Zitrone) | tea (with milk / lemon) |
| Rühreier | scrambled eggs |
| pochierte Eier | poached eggs |
| Eier mit Speck | bacon and eggs |
| Spiegeleier | eggs sunny side up |
| harte / weiche Eier | hard-boiled / soft-boiled eggs |
| (Käse- / Champignon-) Omelett | (cheese / mushroom) omelette |
| Pfannkuchen | pancake |
| Brot / Brötchen / Toast | bread / rolls / toast |
| Butter | butter |
| Zucker | sugar / Bye! |
| Honig | honey |
| Marmelade / Orangenmarmalade | jam / marmelade |
| Joghurt | yoghurt |
| Obst | fruit |

## Vorspeisen und Suppen/Starters and Soups

| | |
|---|---|
| Fleischbrühe | broth / consommé |
| Hühnercremesuppe | cream of chicken soup |
| Tomatensuppe | cream of tomato soup |
| gemischter / grüner Salat | mixed / green salad |
| frittierte Zwiebelringe | onion rings |

| | |
|---|---|
| Meeresfrüchtesalat | seafood salad |
| Garnelen- / Krabbencocktail | shrimp / prawn cocktail |
| Räucherlachs | smoked salmon |
| Gemüsesuppe | vegetable soup |
| Imbiss | snack |

## Fisch und Meeresfrüchte/Fish and Seafood

| | |
|---|---|
| Kabeljau | cod |
| Krebs | crab |
| Aal | eel |
| Schellfisch | haddock |
| Hering | herring |
| Hummer | lobster |
| Muscheln | mussels |
| Austern | oysters |
| Barsch | perch |
| Scholle | plaice |
| Lachs | Salmon |
| Jakobsmuscheln | scallops |
| Seezunge | sole |
| Tintenfisch | squid |
| Forelle | trout |
| Thunfisch | tuna |

## Fleisch und Geflügel/Meat and Poultry

| | |
|---|---|
| gegrillte Schweinerippchen | barbequed spare ribs |
| Rindfleisch | beef |
| Hähnchen | chicken |
| Geflügel | poultry |
| Kotelett | chop / cutlet |
| Filetsteak | fillet |
| (junge) Ente | duck(ling) |
| Schinkensteak | gammon |
| Fleischsoße | gravy |
| Hackfleisch vom Rind | ground beef |
| gekochter Schinken | ham |
| Nieren | kidneys |
| Lamm (mit saurer Minzsoße) | lamb (with mint sauce) |
| Leber (mit Zwiebeln) | liver (and onions) |
| Hackfleisch vom Rind | minced beef |
| Schweinefleisch | pork |
| Würstchen | sausages |
| Lendenstück vom Rind, Steak | sirloin steak |
| Truthahn | turkey |

Kalbfleisch . . . . . . . . . . . . . . . . . . . . . . . . . . . . veal
Reh oder Hirsch . . . . . . . . . . . . . . . . . . . . . . venison

## Nachspeise und Käse/Dessert and Cheese

gedeckter Apfelkuchen . . . . . . . . . . . . . . . . . apple pie
Schokoladenplätzchen . . . . . . . . . . . . . . . . . . brownies
kräftige Käsesorte . . . . . . . . . . . . . . . . . . . . . . Cheddar
Hüttenkäse . . . . . . . . . . . . . . . . . . . . . . . . . . . . cottage cheese
Sahne . . . . . . . . . . . . . . . . . . . . . . . . . . . . . . . . . cream
Vanillesoße . . . . . . . . . . . . . . . . . . . . . . . . . . . . custard
Obstsalat . . . . . . . . . . . . . . . . . . . . . . . . . . . . . . fruit salad
Ziegenkäse . . . . . . . . . . . . . . . . . . . . . . . . . . . . goat's cheese
Eiscreme . . . . . . . . . . . . . . . . . . . . . . . . . . . . . . icecream
Gebäck . . . . . . . . . . . . . . . . . . . . . . . . . . . . . . . . pastries

## Gemüse und Salat/Vegetables and Salad

gebackene Bohnen in Tomatensoße . . . . . . baked beans
gebackene Kartoffeln in der Schale . . . . . . . baked potatoes
Kohl . . . . . . . . . . . . . . . . . . . . . . . . . . . . . . . . . . cabbage
Karotten . . . . . . . . . . . . . . . . . . . . . . . . . . . . . . carrots
Blumenkohl . . . . . . . . . . . . . . . . . . . . . . . . . . . cauliflower
Pommes frites . . . . . . . . . . . . . . . . . . . . . . . . . french fries
Maiskolben . . . . . . . . . . . . . . . . . . . . . . . . . . . corn-on-the-cob
Gurke . . . . . . . . . . . . . . . . . . . . . . . . . . . . . . . . cucumber
Bratkartoffeln . . . . . . . . . . . . . . . . . . . . . . . . . hash browns
Knoblauch . . . . . . . . . . . . . . . . . . . . . . . . . . . . garlic
Lauch . . . . . . . . . . . . . . . . . . . . . . . . . . . . . . . . . leek
Kopfsalat . . . . . . . . . . . . . . . . . . . . . . . . . . . . . lettuce
Kartoffelpüree . . . . . . . . . . . . . . . . . . . . . . . . mashed potatoes
Pilze . . . . . . . . . . . . . . . . . . . . . . . . . . . . . . . . . . mushrooms
Zwiebeln . . . . . . . . . . . . . . . . . . . . . . . . . . . . . onions
Erbsen . . . . . . . . . . . . . . . . . . . . . . . . . . . . . . . . peas
Paprika . . . . . . . . . . . . . . . . . . . . . . . . . . . . . . . peppers
Kürbis . . . . . . . . . . . . . . . . . . . . . . . . . . . . . . . . pumpkin
Spinat . . . . . . . . . . . . . . . . . . . . . . . . . . . . . . . . spinach
Mais . . . . . . . . . . . . . . . . . . . . . . . . . . . . . . . . . . sweet corn
Tomaten . . . . . . . . . . . . . . . . . . . . . . . . . . . . . tomatoes

## Obst/Fruit

Äpfel . . . . . . . . . . . . . . . . . . . . . . . . . . . . . . . . . apples
Aprikosen . . . . . . . . . . . . . . . . . . . . . . . . . . . . apricots
Brombeeren . . . . . . . . . . . . . . . . . . . . . . . . . . blackberries

| | |
|---|---|
| Kirschen | cherries |
| Weintrauben | grapes |
| Pampelmuse/Grapefruit | grapefruit |
| Zitrone | lemon |
| Orange | orange |
| Pfirsiche | peaches |
| Birnen | pears |
| Ananas | pineapple |
| Pflaumen | plums |
| Himbeeren | raspberries |
| Erdbeeren | strawberries |

## Getränke/Beverages

| | |
|---|---|
| Bier (vom Fass) | beer (on tap) |
| Apfelwein | cider |
| Rot- / Weißwein | red / white wine |
| trocken / lieblich | dry / sweet |
| Sekt, Schaumwein | sparkling wine |
| alkoholfreie Getränke | soft drinks |
| Fruchtsaft | fruit juice |
| gesüßter Zitronensaft | lemonade |
| Milch | milk |
| Mineralwasser | mineral water |

# Übernachten

**Riesiges Zimmerangebot** Das Angebot an Übernachtungsmöglichkeiten in Florida ist riesig. In touristischen Zentren gibt es **Hotels** für jeden Geschmack. In vielen Häusern gibt es auch eine Lounge oder Bar, einen Coffee Shop oder gar ein Restaurant. Obligatorisch sind Swimming Pool und Fitness bzw. Health Center. Manche Häuser unterhalten einen kostenlosen Shuttle-Service zum Flughafen und haben oft auch eine Reise- und Mietwagenagentur, einen Kosmetiksalon und ein Souvenirladen implantiert. Luxuriöse und meist recht teure Ferienanlagen mit allerlei Sport- und Freizeitmöglichkeiten, die nicht selten im Stil von Ferienklubs geführt werden, nennen sich **Resort**.

Man darf sich von der Bezeichnung nicht täuschen lassen: **Bed & Breakfast** ist in Florida eine teure Angelegenheit. Dafür kommt man in einer gepflegten Herberge (oft in denkmalgeschütztem Gemäuer) mit geschmackvoll eingerichtete Zimmern unter. Auf die Bedürfnisse von Autotouristen zugeschnitten sind die **Motels** (Motorist's Hotels).

*Beschaulich-moderne Ferienarchitektur an der Golfküste*

Diese befinden sich oft in der Nähe wichtiger Fernstraßenkreuzungen und auch an den touristischen Brennpunkten. Sie verfügen über Autoparkplätze in Zimmernähe und je nach Komfort auch über Swimming Pools, Fitness-Räume etc. Unüberschaubar ist die Zahl von Villas, Apartments und Condominiums (Condos). Die Palette reicht von der luxuriösen Ferienvilla mit eigenem Bootsanleger bis zur einfachen Hochhauswohnung mit Meerblick.

Amerikanische Beherbergungsbetriebe lassen sich ganz grob in die Kategorien »einfach«, »komfortabel« und »luxuriös« mit enstprech-enden Zwischenstufen einteilen. Einfache Hotels und Motels sind zweckmäßig, aber ohne großen Komfort eingerichtet. Guten Komfort und guten Service bieten Häuser der Mittelklasse. Viele dieser Häuser, darunter auch die meisten B & B-Unterkünfte, können gehobene Ansprüche an Service und Ausstattung durchaus befriedigen. First-Class- und Luxus-Hotels bzw. Resorts bieten ein Höchstmaß an Ausstattung, Komfort und Service. ◄ Kategorien

Selbst in einfachen Unterkünften sind Zimmer Doppelbett, Nasszelle (Dusche oder Bad), Klimaanlage, Radio, Farbfernseher und Telefon Standard. Zimmergröße und Ausstattung sind jedoch von der Unterkunftskategorie abhängig. ◄ Ausstattung

In den USA werden Zimmerpreise berechnet, wobei es meist egal ist, ob in einem Zimmer nur eine, zwei, drei oder gar vier Personen übernachten. Als ungefähre Richtwerte für eine Übernachtung (Zimmerpreise) sind zu veranschlagen: First Class, Luxus  ab 150 $; komfortabel, gehoben ab 100 $; preiswert ab 35 $. ◄ Preise

Frühstück ▶ In den meisten Hotels und Motels ist im Gegensatz zu den B & Bs kein Frühstück im Zimmerpreis enthalten. Wenn ein »complementary breakfast« angeboten wird, so ist dies meist recht spartanisch. Opulent hingegen ist das Frühstück in einer B-&-B-Unterkunft.

Nebenkosten ▶ Zu den Übernachtungskosten muss man Steuern und Abgaben rechnen, die bis zu 15% des Nettobetrages ausmachen können. Viele Hotels berechnen Parkgebühren und Safe-Benutzungsgebühren extra.

Wochenendtarife ▶ Viele Stadthotels und Unterkünfte abseits touristischer Attraktionen bieten preisgünstige Wochenend-Übernachtungstarife an.

Zimmer-
reservierung ▶ Es ist ratsam, Zimmerreservierungen besonders während der Hauptreisezeiten im Voraus telefonisch oder per E-Mail vorzunehmen. Unterkunftsverzeichnisse (Accomodation Guides) sind bei den örtlichen Touristenbüros erhältlich und auch im Internet zu finden.

**Jugendherbergen (Youth Hostels)** Der US-Jugendherbergsverband Hostelling International – American Youth Hostels (HI-AYH) ist dem Internationalen Jugendherbergsverband angeschlossen und stattet seine Häuser nach dessen Normen aus. Die Preise bewegen sich zwischen 15 und 40 $ pro Nacht.
**Achtung!** Auch unter den Jugendherbergen gibt es etliche »schwarze Schafe«, die in keiner Weise den HI-AYH-Normen entsprechen und diesem Verband auch nicht angehören. Die richtigen Jugendherbergen erkennt man am dreieckigen HI-Logo mit dem üblichen Haus- und Baum-Symbol.

! *Baedeker* TIPP

**Dorms**

Während der Hochschulferien kann man in Floridas Universitätsstädten (u.a. Miami, Tampa, Gainesville) mitunter recht preisgünstig in Studenten- und Dozentenwohnheimen logieren. Informationen halten die örtlichen Touristenbüros bzw. Hochschulverwaltungen bereit.

**YMCA YWCA** In größeren Städten können junge Menschen in Herbergen der christlichen Verbände YMCA (Young Men's Christian Association) und YWCA (Young Women's Christian Association) übernachten.

**Camping** In Florida gibt es zahlreiche Camping- und Wohnmobil-Stellplätze. Standard ist eine Parzelle mit Stellplatz (Campsite), Tisch, Bank und Feuerstelle. Auf privaten Plätzen sind gepflegte sanitäre Anlagen selbstverständlich. Oft sind zusätzliche Einrichtungen wie Lebensmittelmärkte, Snack Bars, Waschräume und Swimming Pools vorhanden. Die staatlichen Campingplätze in National Parks und State Parks liegen oft sehr schön, dafür müssen allerdings Abstriche bezüglich Ausstattung und Komfort hingenommen werden.

Reservierungen ▶ Die Campingplätze werden vor allem in den Hauptferienzeiten sowie an verlängerten Wochenenden stark frequentiert. Eine rechtzeitige Buchung von Stellplätzen wird dringend angeraten.

Wildes Campen ▶ Freies oder wildes Kampieren ist in den USA verboten. Ausnahmebewilligungen müssen bei den in Frage kommenden Kommunalverwaltungen beantragt werden.

# ▶ ÜBERNACHTEN

## HOTELKETTEN

▶ **Best Western**
Tel. 1-800-780-7234
www.bestwestern.com

▶ **Choice Hotels**
Tel. 1-877-424-6423
www.choicehotels.com

▶ **Days Inn**
Tel. 1-800-329-7466
www.daysinn.com

▶ **Hilton**
Tel. 1-800-445-8687
www.hilton.com

▶ **Holiday Inn**
Tel. 1-800-181-6068
www.ichotelsgroup.com

▶ **Howard Johnson**
Tel. 1-800-446-4656
www.hojo.com

▶ **Hyatt**
Tel. 1-888-591-1234
www.hyatt.com

▶ **Marriott**
Tel. 1-888-236-2427
www.marriott.com

▶ **Motel 6**
Tel. 1-800-466-8356
www.motel6.com

▶ **Quality Inn**
Tel. 1-877-424-6423
www.choicehotels.com

▶ **Radisson**
Tel. 1-800-181-4442
www.radisson.com

▶ **Ramada**
Tel. 1-800-272-6232
www.ramada.com

▶ **Sleep Inn**
Tel. 1-877-424-6423
www.choicehotels.com

▶ **Super 8 Motels**
Tel. 1-800-800-8000
www.super8.com

▶ **Travelodge**
Tel. 1-800-578-7878
www.travelodge.com

## BED & BREAKFAST

▶ **Florida Bed & Breakfast Inns**
Tel. 1-877-303-3224
www.florida-inns.com

▶ **American Historic Inns**
Tel. (949) 481-3796
www.iloveinns.com

## JUGENDUNTERKÜNFTE

▶ **Hostelling International USA Florida Council**
Tel. 1-888-520-0568
www.hiusa.org

▶ **YMCA/YWCA**
Tel. 1-888-477-9622
www.ymcainternational.org

## CAMPING

▶ **Florida Association of RV Parks & Campgrounds**
Tel. (850) 562-7151
www.floridacamping.com

▶ **Kampground of America (KOA)**
Tel. (406) 248-7444
www.koa.com

# Urlaub aktiv

## Zuschauersport

**Baseball** Ganz vorn auf der Beliebtheitsskala rangiert Baseball, aus dem englischen Sport entstanden und nur schwer zu durchschauen. Spitzenteams aus Florida, die in der Oberklasse spielen, sind die **»Florida Marlins«** und die **»Tampa Bay Devil Rays«**. Das Baseball-Fieber steigt im Frühling stark an. Dann kommen viele Top-Mannschaften nach Florida, um ihr Frühjahrstraining und die Freundschaftsspiele der **Grapefruit League** zu absolvieren.

**American Football** Immer mehr Fans lockt auch in Florida der American Football an. Man ist fasziniert von der Dynamik und den taktischen Finessen dieses aus dem Rugby hervorgegangenen Mannschaftssports. Starke Teams sind u.a. die **»Miami Dolphins«**, die **»Jacksonville Jaguars«** und die **»Tampa Bay Buccaneers«**.

College Football ▶ Besonders beliebt ist American Football an den Colleges. Zu Rang und Namen gebracht haben es vor allem die **»Miami Hurricanes«**, die **»Gainesville Gators«** und die **»Tallahassee Seminoles«**. Jedes Frühjahr kämpfen die College-Teams um wichtige Pokale.

**Basketball** Dank weltbekannter Superstars wie Shaquille O'Neal, Dirk Nowitzky, Steve Nash und Michael »Air« Jordan strömen die vom Basketball begeisterten Massen in die Arenen der National Basketball Association (NBA). Erst vor wenigen Jahren ist die **American Airlines Arena an der Bayfront von Miami** fertiggestellt worden, die Heimstatt »Miami Heat«. Und in Orlando spielen die »Orlando Magic«.

## Wassersport

**Schnorcheln, Tauchen** Die flachen Lagunen zwischen der Festlandküste und den vorgelagerten, oft von Sanddünen besetzten Barriere-Inseln bzw. Saumriffen eignen sich gut zum Schnorcheln und Tauchen. Hier findet man einen farbenprächtigen und artenreichen Mikrokosmos vor, in dem eine Vielzahl von Fischen sowie von Korallen-, Weich- und Krustentieren vorkommt. Das weithin noch recht saubere Wasser bietet beste Voraussetzungen zum Beobachten, Fotografieren und Filmen. Ferner liegen noch etliche Schiffswracks – darunter auch etliche Silberschiffe der Spanier – auf dem Meeresgrund, die Schatztaucher anziehen.

Tauchreviere ▶ Die besten Tauchreviere findet man im Bereich der Florida Keys. Gut ausgestattete Tauchstationen gibt es auf Big Pine Key und Cudjoe Key, in Islamorada, auf Key Largo, Key West und Looe Key sowie in Tavernier. Neben der marinen Zone des Key Biscayne National Park sind das Key Largo Coral Reef Preserve, der John Pennekamp Underwater Park sowie die Korallenkalkinselchen zwischen Marathon und Key West von besonderem Interesse. Gut tauchen kann man auch

vor der Gulf Island National Seashore, also an der Golfküste des Panhandle. Größere Tauchstationen gibt es in Destin, Fort Walton
Beach, Panama City und Pensacola. Zum Tauchen laden auch die
vielen **Quelltöpfe** im Landesinnern
ein. Auch hier gibt es Tauchstationen (u.a. Live Oak, High Springs).

**Surfen, Jetski, Wasserski, Sailboard**:
In allen größeren Touristenzentren
und Strandhotels kann man Segel-
und Motorboote, Waterscooter,
Wasserski, Jetski, Surfbretter, Was-
sersport- und Tauchausrüstungen
gegen geringe Gebühren ausleihen.

> ! **Baedeker** TIPP
>
> **Best Surf**
>
> An der zentralen Ostküste und besonders in den
> Räumen Sebastian Inlet und Cocoa Beach finden
> Surfer die landesweit besten natürlichen Voraus-
> setzungen für ihren Sport.

Allerdings dürfen Wassersportgeräte nur außerhalb der für Schwimmer ausgewiesenen Zonen benutzt werden.

Rund um Florida gibt es zahlreiche **Marinas**, in denen man Boote für     *Segeln*
Segelausflüge mit und ohne Besatzung mieten kann. Viele Segelboote
tummeln sich zwischen Miami und den Bahamas, ferner bei den
Florida Keys sowie an einzelnen Abschnitten der Golfküste (u.a. Fort

*Wäre das jetzt schön: ein Ritt übers türkisfarbene Meer mit dem Waterscooter*

Myers – Punta Gorda, Tampa Bay, Panama City, Destin – Fort Walton Beach, Pensacola). Beliebt ist auch das **Island hopping** per Segelboot im Bereich der Keys sowie zu den Barriereinseln vor der Ostküste und der nördlichen Golfküste.

**Kanu, Kajak, Hausboot**
Wer Freude am Seekajak-, Kanu- und Bootssport oder auch an einem Ausflug mit dem Hausboot hat, kommt in Florida voll auf seine Kosten. Gut 1600 Kilometer verschlungene Wasserwege eignen sich für Kanuten und Kajakfahrer. Die **Atlantik- und die Golfküste** sowie zahlreiche Wasserläufe und Seen im Binnenland ermöglichen Aktivitäten aller Art.

Man kann die Halbinsel Florida auf dem **Intracoastal Waterway** umrunden oder auf dem **Okeechobee Waterway** durchqueren. Abenteuerliche Strecken durch Mangroven-Irrgärten und weitverzweigte Sumpfgebiete, auf denen man Bekanntschaft mit diversen Reptilien, Vögeln und Insekten machen kann, locken ebenso wie Koralleninseln und Lagunen.

**Angeln**
Angeln gehört zu den beliebtesten Freizeitbeschäftigungen der Amerikaner. In Florida sind jedoch die **Angelzeiten streng reglementiert**. Wer in Flüssen, Seen und küstennahen Gewässern angeln will, muss eine **Angellizenz** (gebührenpflichtig) vorweisen können. Ein solches Dokument ist erhältlich bei den lokalen Finanzbehörden, in vielen Marinas sowie in einigen Geschäften, die Anglerzubehör verkaufen.

Hochseeangeln ▶
Hochseeangeln bzw. **Big Game Fishing** auf Großfische ist von vielen Häfen aus möglich. Dort können auch voll ausgerüstete Boote mit und ohne Besatzung gechartert werden. Vor Floridas Küsten werden Schwertfisch, Hai, Barrakuda, Thunfisch u.a. geangelt.

Brandungsangeln ▶
Für das Brandungsangeln ist kräftiges Gerät erforderlich, da große Wurfweiten nur mit schweren Grundbleien und entsprechenden Ruten erzielt werden können und mit dem Anbeißen kräftiger Fische zu rechnen ist. Die Angelschnur sollte mindestens 150 m lang sein.

## Sonstiger Aktivsport

**Golf**
Florida ist das Mekka für Freunde des Golfsports. Vortreffliche Greens gibt es nicht nur auf Amelia Island, in Palm Beach, Boca Raton, Bradenton, Fort Walton Beach, Jacksonville, Naples, Sarasota und im Raum Orlando, sondern auch andernorts. Eine Attraktion ist das **World Golf Village** mit der **World Golf Hall of Fame** bei St. Augustine. Heute werden im »Sunshine State« weit über 1000 Golfplätze gepflegt. Viele dieser Anlagen sind öffentlich zugänglich. Verschiedene Hotels und Ferienanlagen mit eigenen Golfplätzen bieten interessante Pauschalarrangements an.

**Tennis**
Florida ist auch das gelobte Land des Tennissports. Etliche deutsche »Cracks«, darunter auch Boris Becker, Michael Stich und vor allem Steffi Graf, haben sich auch in Florida einen Namen gemacht. Fern-

*Florida gilt weltweit als »das Mekka der Golfspieler« –
wie man sieht nicht ohne Grund.*

sehzuschauern sind die **Turniere von Amelia Island, Boca Raton und
Key Biscayne** ein Begriff. Wer selbst gern Tennis spielt, kann dies vielen, oftmals hoteleigenen Plätzen tun. Mitunter hat man als Zuschauer Gelegenheit, hochkarätig besetzte Ausscheidungskämpfe zu
beobachten.

Neuerdings nimmt die Zahl derer zu, die Florida zu Fuß oder per
Trekking-Fahrrad erkunden. Dies haben auch schon viele Touristenorte erkannt. Inzwischen gibt es ein **weitmaschiges Wander- und Radwegenetz**. Man versucht, die großen Naturschutzgebiete durch Trails
miteinander zu vernetzen. Aufgelassene Fahrwege und Bahntrassen
werden in dieses Vorhaben integriert. In den National Parks, State
Parks, Recreational Areas und in einigen Dünengebieten sind spezielle Trails (oft Bohlenwege) für Wanderer und Radler angelegt. Der
**Florida Trail** wird im Endausbau als rund 2000 km langer markierter
Fernwanderweg den ganzen »Sunshine State« durchziehen. Bis heute
sind einige Teilstrecken und Anschlusswege markiert.

**Wandern,
Radwandern**

Florida aus der Vogelperspektive zu betrachten ist kein Hexenwerk.
Von vielen kleineren Flugplätzen starten **Doppeldecker mit offenem
Cockpit** und andere Kleinflugzeuge zu faszinierenden Ausflügen. Auf
einigen Plätzen haben sich auch **Fallschirmspringschulen** etabliert, die
u.a. Tandem-Springen anbieten. Ziemlich aufregend ist auch ein
Ausflug mit dem **Heißluftballon**.

**Florida aus der
Luft**

# ▶ URLAUB AKTIV

## SPORT ALLGEMEIN

▶ **The Florida Sports Foundation**
2930 Kerry Forest Parkway
Tallahasse, FL 32309
Tel. (850) 488-8347
Fax (850) 922-0482
www.flasports.com
Diese Organisation gibt jährlich aktualisierte Verzeichnisse und Broschüren heraus u.a. zu den Themen Golf (Florida Golf Guide), Sportangeln und Boot-fahren ( Fishing & Boating Guide) sowie einen Führer zu den Schauplätzen des Baseball-Frühjahrstraining (Baseball Spring Training Guide).

## GOLF

▶ **The Florida State Golf Association**
8875 Hidden River Parkway
Suite 110
Tampa, FL 33637
Tel. (813) 632-3742
Fax (813) 910-2129
www.fsga.org
Alles über Floridas Golfsport und Golfplätze erfährt man bei dieser Organisation.

## KANU- UND KAJAKTOUREN

▶ **Florida Department of Environmental Protection**
3900 Commonwealth Blvd.
Tallahassee, FL 32399-3000
Tel. (850) 245-2118
www.dep.state.fl.us
Bei dieser Behörde gibt es u. a. die sehr informative Broschüre »Florida Canoe Trails«.

▶ **Florida Paddlesports Association**
Tel. 1-800-268-0083
www.paddleflausa.com
Hier gibt es weitere Informationen

## HAUSBOOTE

▶ **Houseboat Rental Center**
Tel. (386) 763-1729
www.houseboatrentalcenter.com
Etwa zwei Dutzend Hausboot-Vermieter in ganz Florida

▶ **Marinatown House Boating**
Tel. 1-888-454-8825
www.houseboating.org
Hausboot-Vermietung auf Sanibel und Captiva sowie auf dem Caloosahatchee River

▶ **River Adventures**
Tel. 1-889-687-2628
www.riveradventuresinc.com
Hausboote für den St. Johns River und den Lake George

## WANDERN UND RADFAHREN

▶ **Florida Department of Environmental Protection, Office of Greenways & Trails**
3900 Commonwealth Blvd.
Tallahassee, FL 32399-3000
Tel. (850) 245-2052
www.dep.state.fl.us
Diese Behörde koordiniert u. a. die Bemühungen um den Schutz der Everglades.

▶ **Florida Trail Association**
5415 SW 13th Street
Gainesville, FL 32608
Tel. (352) 378-8823
www.florida-trail.org
Beide Institutionen geben Info-Material zu den Themen Wandern (Hiking), Radwandern (Biking) und Kanu (Canoeing) heraus.

# Verkehr

## Flugverkehr

Die beiden mit Abstand wichtigsten **Luftverkehrsdrehscheiben** in Florida sind Miami und Orlando, gefolgt von Fort Lauderdale, Daytona, Tampa, Fort Myers, Jacksonville und Tallahassee. Von diesen Airports aus kann man täglich viele kleine Flugplätze in Florida und auch andere Ziele in den USA erreichen. Daneben werden viele kleine Landeplätzen in Florida bei Bedarf bedient.

**Flughäfen**

Alle größeren Flughäfen sind bestens in die regionalen Straßennetze eingebunden. Ferner bestehen **gute Nahverkehrsanschlüsse** in die Stadtzentren bzw. in wichtige Orte des Hinterlandes. Viele größere Hotels, Mietwagenfirmen usw. unterhalten einen **Airport Shuttle Service** für ihre Gäste und Kunden. An den größeren Flughäfen sind alle namhaften Autovermieter vertreten, so dass man problemlos zu individuellen Mietwagenreisen durch Florida starten kann.

**Nahverkehrsanschlüsse**

## Bahnverkehr

Den Personenverkehr auf der Schiene organisiert das Service-Unternehmen **Amtrak**, das für die Fahrgastbetreuung und die Fahrplangestaltung zuständig ist. Für das Streckennetz und das rollende Material tragen diverse Eisenbahngesellschaften Verantwortung. Amtrak-Reisezüge verkehren täglich auf den Strecken New York – Jacksonville – Miami bzw. Tampa (Silver Service/Palmetto) sowie New Orleans – Pensacola – Orlando (Sunset Limited). Auf der Strecke Lorton (Virginia) – Sanford (Florida) verkehrt der **Auto Train** als komfortabler Autoreisezug. Amtrak bietet verschiedene Rundreisepässe an, die aber nur außerhalb der USA zu günstigen Tarifen eingekauft werden können. Diese Bahnpässe haben 15, 30 oder 45 Tage Gültigkeit. Der **USA Rail Pass** gilt für das gesamte Streckennetz in den USA, mit dem man natürlich auch auf den von Amtrak betreuten Bahnstrecken in Florida mit beliebig vielen Zwischenstops reisen kann.

**Amtrak-Reisezüge**

Täglich verkehren Personenzüge der Gesellschaft **Tri-Rail** zwischen Miami, Fort Lauderdale und Palm Beach. Mit diesem Stadtexpress kann man preisgünstig die Seebä-

> **!** *Baedeker* TIPP
>
> **Mord im Mystery Train**
>
> Liebhaber von Agatha-Christie-Krimis kommen in Fort Myers voll auf ihre Kosten. Denn in der dortigen Colonial Station startet an fünf Abenden in der Woche (Mi. – Sa. 18.30, So. 17.30 Uhr) ein Zug mit der sinnigen Bezeichnung »Murder Mystery Train« zu einer Fahrt ins Blaue. Unterwegs passiert dann das Unfassbare: ein Mord. Nun sind die Passagiere aufgefordert, bei der Suche nach dem Mörder mitzuhelfen. Weitere Informationen: Tel. (239) 275-84 87, www.semgulf.com

der an der südöstlichen Atlantikküste erkunden. Gelegentlich werden auch von ortskundigen Führern begleitete Tri-Rail-Sightseeing-Touren angeboten.

**Seminole Gulf Railway** Ausflugszüge des Seminole Gulf Passenger Service verkehren während der Hauptreisezeit täglich mindestens einmal auf der Strecke Naples – Fort Myers – Punta Gorda – Fort Ogden – Arcadia. Zu bestimmten Terminen verkehrt auch ein abendlicher Dinner Train, bei dem die Passagiere ein Menü einnehmen können.

## Busreisen

**Organisierte Busreisen** Alle großen Reiseveranstalter in Deutschland, Österreich und der Schweiz bieten in ihren Katalogen organisierte Busreisen durch Florida an. Nähere Auskünfte erteilen alle Reisebüros.

**Busreisen mit Greyhound** Die im allgemeinen gut ausgestatteten Autobusse der Firma Greyhound Inc. erlauben ein bequemes Reisen. Greyhound-Busse befahren Linien zwischen allen wichtigen Städten und Touristenzentren Floridas. Die wichtigsten Stationen sind Miami, Miami Beach, Orlando, Jacksonville, Tallahassee, Daytona Beach, Fort Lauderdale, West Palm Beach, Sarasota, Tampa und Key West.

Buspässe ▶ Der **Greyhound AmeriPass**, wahlweise gültig von 7 bis 60 Tage, sowie der **Greyhound DiscoveryPass** sind auch für Rundreisen durch Florida zu empfehlen. Diese Pässe können jedoch nur außerhalb der USA erworben werden. Gute Reisebüros helfen weiter.

## Taxi

**Cabs** In Städten und touristischen Zentren gibt es Taxis (Cabs) in genügender Zahl. Sie können überall per Handzeichen an der Straße angehalten werden. Da die Entfernungen in den Städten und Touristenorten am Meer oft beträchtlich sind, fallen die Preise mitunter ziemlich hoch aus. So kostet eine Fahrt vom Miami International Airport nach Miami Beach mindestens 50 US-$ (ohne Trinkgeld)!

## Öffentlicher Personennahverkehr

**Verkehrsmittel** In den größeren Städten ist der öffentliche Personennahverkehr gut ausgebaut. In vielen Orten verkehren **Autobusse** auf festen Routen. In Miami gibt es zudem eine **Metrorail**, die mit einer deutschen U- bzw. Stadtbahn vergleichbar ist. Ferner ist in Downtown Miami eine vollautomatische Hochbahn namens **Metromover** installiert, die man unentgeltlich benutzen kann. Die Benutzung öffentlicher Verkehrsmittel ist relativ preiswert, d.h. mit mitteleuropäischen Verhältnissen vergleichbar. In Nahverkehrsbussen wird das Beförderungsentgelt in der Regel nur genau abgezählt akzeptiert. Die Busfahrer verkaufen keine Fahrscheine und führen auch kein Wechselgeld mit.

## *Entfernungen* in Florida

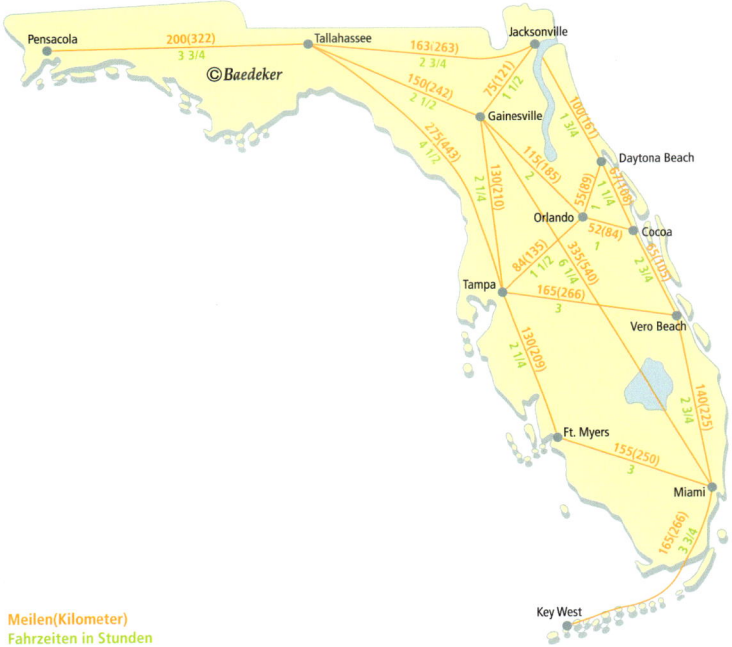

Meilen(Kilometer)
Fahrzeiten in Stunden

## Mit dem Auto unterwegs

Jeder US-Bundesstaat hat neben bundesweiten auch eigene Verkehrsgesetze. Gegenüber den Bestimmungen in Europa bestehen ein paar Unterschiede. Nachstehend einige zu beherzigende Regelungen:

**Vorfahrt**

Trotz Rechtsverkehr hat an ungeregelten Kreuzungen derjenige Vorfahrt, der zuerst da war. Nötigenfalls müssen sich die Verkehrsteilnehmer verständigen.

◄ 4-Way Stop

An vielen Kreuzungen sind alle Einmündungen mit Stoppschildern versehen. Jeder Verkehrsteilnehmer hat hier anzuhalten. Wer zuerst an der Kreuzung war, darf dann auch als Erster weiterfahren.

**Gurte**

In Florida besteht Gurtanlegepflicht. Kinder unter vier Jahren dürfen nur in einem speziellen Kindersitz mitfahren.

**Geschwindigkeiten**

In verkehrsberuhigten Innenstädten und Wohngebieten liegen die zulässigen Höchstgeschwindigkeiten zwischen 20 mph/32 km/h und

35 mph/56 km/h; liegen Schulen, Altenheime oder Krankenhäuser in Straßennähe, so kann die Höchstgeschwindigkeit nur 15 mph/24 km/h betragen! Auf Ausfallstraßen und Überlandstraßen mit Gegenverkehr darf man in der Regel bis zu 45 mph/72 km/h schnell sein. Führt die Straße durch Gebiete mit Wildwechsel, so sind bei Nacht nur noch 35 mph/56 km/h erlaubt. Auf mehrspurigen Straßen und Autobahnen (Highways) darf man bis zu 55 mph/88 km/h schnell sein. Auf verkehrsarmen Autobahnabschnitten sind auch Geschwindigkeiten bis 70 mph/112 km/h erlaubt.

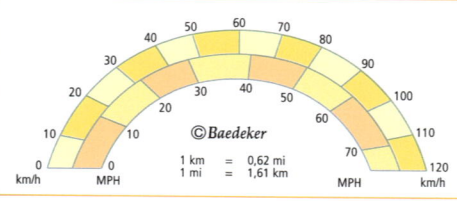

*Geschwindigkeiten* Umrechnungsskala

1 km = 0,62 mi
1 mi = 1,61 km

©Baedeker

**Promillegrenze** Für Fahrzeuglenker gilt ein absolutes Alkoholverbot (0,0 Promille). »Driving under influence« wird hart geahndet. Es ist verboten, angebrochene Flaschen und Dosen mit alkoholischen Getränken im Auto (auch im Kofferraum!) mitzuführen. Unter 21-Jährige dürfen keine alkoholischen Getränke mit sich führen.

**Schulbusse** Auf einer Straße mit Gegenverkehr muss man anhalten, wenn ein signalgelber Schulbus ein- und aussteigen lässt. Hält ein Schulbus auf einer durch einen breiten Grünstreifen bzw. durch eine nicht überwindbare Barriere vom Gegenverkehr getrennten Fahrbahn, so gilt diese Regelung nur für den in selber Richtung fließenden Verkehr.

**Ampeln, Rechtsabbiegen** In den USA **hängen Verkehrsampeln hinter (!) der Kreuzung**. Rechtsabbiegen trotz roten Ampelsignals ist nach vollständigem Anhalten und bei Beachtung der Vorfahrt erlaubt. Verboten ist das Rechtsabbiegen bei Rot durch das Verkehrsschild »No turn on red«.

Bei tief stehender Sonne, bei Sichtweiten unter 300 m, bei Regen sowie auf langen schnurgeraden Straßen mit Gegenverkehr muss mit **eingeschaltetem Abblendlicht** gefahren werden.

**Parken**: An Fernverkehrsstraßen außerhalb von Siedlungen sowie an vielen Straßen innerorts darf nicht geparkt werden. Sollte ein Anhalten erforderlich sein, muss auf das Bankett gefahren werden. Auch vor Hydranten und an Bushaltestellen

*Bei Schulbussen ist Vorsicht geboten!*

darf nicht geparkt werden. Wer im **Parkverbot** oder vor einer Ausfahrt parkt, muss damit rechnen, dass sein Fahrzeug abgeschleppt wird und nur gegen hohes Entgelt ausgelöst werden kann.

Das **Wenden** ist auf den meisten Straßen verboten und durch das Verkehrszeichen mit der Aufschrift »No U Turns« markiert.

## Bordstein-Farben

- Rot: Halten verboten
- Gelb: Ladezone allgemein
- Gelb/Schwarz: Ladezone für Lkw
- Blau: Parkplatz für Behinderte
- Grün: max. 10 Minuten parken
- Weiß: Max. 5 Minuten parken während der Geschäftszeit
- keine Farbe: unbeschränktes Parken

**Rechts überholen**

Auf mehrspurigen Straßen (Interstates, manche Highways) ist rechts überholen gestattet. Bei Spurwechsel nach rechts muss man also genauso vorsichtig sein wie beim Wechseln nach links.

**Durchgezogene Linien**

Durchgezogene Doppellinien dürfen nicht überfahren werden, ebenso einfache durchgezogene Linien auf der Fahrerseite. Auf vielen Straßen sind Abbiegekorridore markiert, in die nur eingefahren werden darf, wo die Begrenzungslinien durchbrochen sind.

**Rush-Hour-Spuren**

Auf mehrspurigen Straßen in Ballungsräumen (bes. im Raum Miami – Fort Lauderdale) sind in staugefährdeten Bereichen Fahrspuren markiert, die zu Zeiten des morgendlichen und abendlichen Stoßverkehrs nur von Fahrzeugen mit zwei und mehr Insassen benutzt werden dürfen. Verstöße werden von der Polizei geahndet.

**Xing (Crossing)**

Das englische Wort »Crossing« (dt. = überqueren) wird in den USA sehr oft mit »Xing« abgekürzt. Ein Verkehrsschild mit der merkwürdigen Aufschrift »Ped Xing« (Abkürzung für »Pedestrian Crossing«) kündigt einen Fußgängerüberweg an. Nach dem Schild »Gator Xing« ist mit Alligatoren zu rechnen, die die Fahrbahn überqueren.

In den Vereinigten Staaten ist **Autostop** zwar erlaubt, aber auf Interstates und deren Zufahrten ist Anhalten per Handzeichen streng untersagt. Im Übrigen sei darauf hingewiesen, dass Autostop auch von den Amerikanern als nicht ganz ungefährliche Art des Reisens – für Fahrer und Anhalter – angesehen wird.

Bei einer **Polizeikontrolle** bleibt man im Auto sitzen, öffnet das Autofenster und lässt die Hände sichtbar am Lenkrad. Dann wartet man auf die Anweisungen der Ordnungskräfte.

## Baedeker TIPP

### Autohilfe

Mitglieder großer Automobilclubs im deutschsprachigen Raum können notfalls die Dienste des AAA (American Automobile Association, »Triple A«) zu günstigen Konditionen in Anspruch nehmen. Nähere Auskünfte erteilen die heimatlichen Automobilclubs sowie AAA, Tel. (407) 444-7000, www.aaa.com

**Interstates**  Die mehrspurigen Interstates entsprechen den deutschen Autobahnen und unterscheiden sich durch blau-weiß-rote Beschilderung von den normalen Highways. Interstates mit geraden zweistelligen Nummern verlaufen in Ost-West-Richtung, solche mit ungeraden zweistelligen Nummern in Nord-Süd-Richtung. Dreistellige Nummern bezeichnen Schnellstraßen-Ringe und Stadtumfahrungen.

**Highways**  Die Highways sind das Pendant zu den deutschen Bundesstraßen, im Gegensatz zu diesen jedoch in den meisten Fällen mehrspurig ausgebaut. Weiße Schilder kennzeichnen sie als Bundes- (z. B. US 1) oder Staatsstraßen (State Roads; z. B. SR 84 bzw. FL 84). Auch bei ihnen definiert die Nummer die grobe Himmelsrichtung. Mit »ALT« (alternativ) oder »BUS« (business) werden Umgehungsstraßen bezeichnet. Der wichtigste Unterschied zwischen Highways und Interstates besteht darin, dass erstere – als mehrspurige Straßen – in den meisten Fällen nicht kreuzungsfrei sind. Bei Einmündungen und beim Linksabbiegen ist daher besondere Vorsicht geboten.

**Toll**  Die Bezeichnung »Toll« steht für eine Straßengebühr, die auf einigen Interstates und Highways sowie für die Benutzung einiger Brücken, Dammstraßen und Tunnels bzw. Unterführungen erhoben wird. Es wird empfohlen, Kleingeld bereitzuhalten, um längere Wartezeiten an den Kontrollstellen zu vermeiden.

**Ausfahrten**  Auf Straßen mit baulich voneinander getrennten Fahrstreifen liegen die Ausfahrten normalerweise auf der rechten Seite. Bei beengten Verhältnissen kann sich eine Ausfahrt aber durchaus auch auf der linken Seite befinden.

**Tankstellen**  In besiedelten Gebieten, an den Zu- und Ausfahrten von Highways und an den Kreuzungen von Überlandstraßen gibt es Tankstellen. Angeboten wird **bleifreies Benzin (gas unleaded)** in den Sorten **Normal (regular)** und **Super (premium)** sowie **Diesel (gasoil)**. Um die Zapfsäule betriebsbereit zu machen, muss ein Hebel umgelegt oder eine Halterung nach oben gezogen werden. An vielen Tankstellen wird vor allem abends und nachts Vorauskasse verlangt. Häufig gibt es verschiedene Zapfsäulen mit Bedienung und Selbstbedienung.

**Verkehrsfunk**  Die Radiostation »WAQI Miami« strahlt das ganze Jahr über ein 24-Stunden-Programm aus. Störungsfrei ist der Empfang auf Kanal 710.

## Mietwagen

**Verkehrsmittel der Wahl**  Florida erkundet man am besten mit einem Mietwagen, mit dem sich auch abseits gelegene Sehenswürdigkeiten bequem erreichen lassen. Einige Autovermieter bieten ihre Fahrzeuge zu interessanten Preisen an, wobei die Wochenpauschalen besonders günstig sind. Man lasse sich jedoch nicht von den extrem niedrigen Grundmieten

*Ein Genuss der besonderen Art: mit dem Miet-Cabrio durch Florida fahren*

blenden. Vielmehr achte man auf einen ausreichenden Versicherungsschutz (Haftpflicht, Kasko, Selbstbeteiligung). Versicherungspakete können recht teuer sein. Zudem fallen noch die Steuern des jeweiligen Staates und eventuell sogar Flughafensteuern (Airport Taxes) an, letztere jedoch nur bei Benutzung eines Airport Shuttle (Autobusdienst) vom Flughafen zum Autohof des Vermieters.

Wer ein Fahrzeug anmieten will, muss einen nationalen oder international anerkannten Führerschein (driver s licence) vorlegen können und in der Regel mindestens 21 Jahre alt sein. Einige Unternehmen überlassen ihre Fahrzeuge auch 18-Jährigen, allerdings verlangen sie dafür einen entsprechend kostspieligen »underaged«-Tarif.

**Führerschein, Mindestalter**

Zwar hat jede Mietwagenfirma ihren Schalter am Flughafen, das Auto selbst erhält man jedoch woanders. Vom Flughafen zur Mietstation wird man mit einem Shuttle Bus gebracht.

**Übergabe**

Ist das bestellte Auto nicht verfügbar, so hat man Anrecht auf ein Fahrzeug der nächsthöheren Klasse. Dies kann unter Umständen auch durch »upgrade coupons« erreicht werden, die von einzelnen Reisebüros und Fluggesellschaften ausgegeben werden.

## ! *Baedeker* TIPP

### Auto mieten

Wer einen Mietwagen schon von zu Hause aus bei seinem Reisebüro oder im Internet bucht, zahlt oft deutlich weniger als bei der Miete erst nach der Ankunft in Florida.

# ▶ PRAKTISCHE ADRESSEN VERKEHR

## INLANDFLÜGE

▶ **American Airlines**
Tel. 1-800-433-7300
www.aa.com

▶ **Continental**
Tel. 1-800-523-3273
www.continental.com

▶ **Delta Air Lines**
Tel. 1-800-221-1212
www.delta.com

▶ **United Airlines**
Tel. 1-800-864-8331
www.united.com

▶ **US Airways**
Tel. 1-800-428-4322
www.usairways.com

## BAHNREISEN

▶ **Amtrak**
Tel. 1-800-USA-RAIL
www.amtrak.com

▶ **Tri-Rail**
Tel. 1-800-TRI-RAIL
www.tri-rail.com

▶ **Seminole & Gulf**
Tel. 1-800-SEM-GULF
www.semgulf.com

## BUSREISEN

▶ **Greyhound**
Tel. 1-800-231-2222
www.greyhound.com

## MIETWAGEN

▶ **Alamo**
Tel. 1-877-222-9075
www.alamo.com

▶ **Avis**
Tel. 1-800-331-1212
www.avis.com

▶ **Budget**
Tel. 1-800-527-0700
www.budget.com

▶ **Dollar**
Tel. 1-800-800-3665
www.dollar.com

▶ **Hertz**
Tel. 1-800-654-3131
www.hertz.com

---

Vor der Abfahrt vom Gelände des Autovermieters sollte man sich über den Zustand des überlassenen Fahrzeuges vergewissern und entdeckte Mängel umgehend anzeigen.

Kaution ▶ Fahrzeuge werden von den Mietwagenfirmen nur gegen eine Kaution abgegeben, die bei den meisten Vermietern durch Vorlage einer Kreditkarte als geleistet gilt.

Versicherungen ▶ Die Autovermieter bieten ein Wirrwarr unterschiedlicher Versicherungen an, die alle abzuschließen nicht unbedingt nötig ist. Nachstehend eine kleine Begriffsklärung: **CDW** (Collision Damage Waiver): Haftungsbefreiung für Unfallschäden am Fahrzeug (dringend empfohlen); **LDW** (Loss Damage Waiver): Haftungsbefreiung bei Verlust des Fahrzeugs; **PAI** (Personal Accident Insurance): Insassenunfallversicherung; **PEC** (Personal Effect Coverage): Reisegepäckversicherung; **LIS** bzw. **SLI**: Haftpflicht-Zusatzversicherung, mit der die Haftpflichtsumme der ohnehin bestehenden gesetzlichen Haftpflichtversicherung erhöht wird.

# Zeit

Der allergrößte Teil Floridas gehört zur Eastern-Time-Zone, d.h. das Gebiet liegt gegenüber der Mitteleuropäischen Zeit um sechs Stunden zurück.

**Eastern Time**

Der westliche Panhandle gehört bereits zur Central Time Zone und liegt damit gegenüber Rest-Florida um eine Stunde zurück.

**Central Time**

Die Sommerzeit (Daylight Saving Time), während der die Uhren um eine Stunde vorgerückt sind, gilt vom zweiten Märzsonntag bis zum ersten Novembersonntag.

**Sommerzeit**

Die Stunden von Mitternacht bis 12.00 Uhr mittags werden mit a.m. (ante meridiem) bezeichnet, die übrigen zwölf Stunden mit p.m. (post meridiem).

**a.m./p.m.**

## *Zeitzonen in den USA*

# Touren

CAUTION
MANATEE
AREA

AN DER ATLANTIK- ODER
DER GOLFKÜSTE ENTLANG?
ODER DOCH LIEBER ZU DEN
RAKETEN, IN DIE MEGA-
VERGNÜGUNGSPARKS ODER GAR ZU DEN ALLI-
GATOREN IN DEN EVERGLADES? SOVIEL STEHT
FEST. FLORIDA HAT FÜR ALLE ETWAS ZU BIETEN!

# TOUREN DURCH FLORIDA

Der »Sunshine State« im Südosten der USA lockt nicht nur mit Sonne satt und herrlichen Stränden, mit höchst attraktiven Vergnügungsparks, mit Mondraketen und Space Shuttles, sondern auch mit viel geschützter Natur. Und so kann man Delfine, Seekühe, Alligatoren, Seeadler nicht nur im Zoo, sondern auch in freier Wildbahn und aus nächster Nähe beobachten. Vorschläge und Tipps für erlebnisreiche Ausflüge sind auf den folgenden Seiten zu finden.

Übrigens: Die drei vorgeschlagenen Routen können ohne weiteres zu einer Großen Florida-Rundreise zusammengefasst werden, für die man sich dann aber mehrere Wochen Zeit lassen sollte.

**TOUR 1  Südflorida**
Dieser Rundkurs führt zu einigen der wichtigsten Sehenswürdigkeiten Floridas. Miami bzw. Miami Beach gehören ebenso dazu wie die Raketen-Abschussrampen von Cape Canaveral sowie die Mega-Vergnügungsparks von Orlando und Tampa. Und schließlich kommt man noch in die Sümpfe der Everglades und über die Florida Keys nach Key West.  ▶ **Seite 138**

*Traumstrand bei Fort Walton Beach*

**TOUR 2  Nordflorida**
Auch auf dieser Rundfahrt lernt man einige Highlights kennen, so die großen Vergnügungsparks von Orlando und den »US-Weltraumbahnhof« Cape Canaveral, aber auch St. Augustine, die älteste Stadt der USA, und Tallahassee, Floridas Hauptstadt. Tolle Strände gibt es u.a. auf Amelia Island, Seekühe sieht man u. a. im Crystal River und in einigen Quelltöpfen.  ▶ **Seite 141**

*Bootsurlaub vor Key West*

**TOUR 3  Florida Panhandle**
Auch »Floridas Pfannenstiel« hat spektakuläre Sehenswürdigkeiten und tolle Strände zu bieten. Da wären die geheimnisvollen Quellteiche bei Tallahassee zu erwähnen und das U.S. Naval Aviation Museum bei Pensacola und die endlosen und feinsandigen Strände von Fort Walton und Panama City. Und Austern satt gibt's im Fischerstädtchen Apalachicola.  ▶ **Seite 144**

Wakulla Springs –
bekannt durch
Tarzan

Living History
in St. Augustine

★ Pensacola   ★ Marianna   ★ ★ Tallahassee

**TOUR 3**

★ Panama City

★ Ft. Walton Beach

★ Apalachicola

★ Perry

★ ★ Amelia Island

★ Jacksonville

★ St. Augustine

★ Daytona Beach

★ Cedar Key

**TOUR 2**

★ Crystal River

★ ★ Orlando   ★ Cape Canaveral Kennedy Space Center

©Baedeker

★ ★ St. Petersburg   ★ ★ Tampa

**TOUR 1**

★ ★ Sarasota

★ Ft. Myers

★ Ft. Lauderdale

★ ★ Miami   ★ ★ Miami Beach

★ Naples

★ ★ Everglades Nat. Park

★ ★ Key West

Pelikane auf der Pier von
Cedar City

Art Deco in Miami Beach:
»Bullaugen« und »Augen-
brauen« im Neonlicht

CARDOZO HOTEL

# Unterwegs in Florida

**Fun in the Sun**
Der Sonnenstaat im Südosten der USA gehört nicht umsonst zu den Gegenden auf der Erde, die sich trotz »nine-eleven« und Finanzkrise eines gewaltigen Urlauberzustroms erfreuen. Schließlich hat die klimatisch bevorzugte Halbinsel auch einiges zu bieten: Herrliche **weiße Sandstrände**, an denen die Badetücher nicht dicht an dicht ausgelegt werden müssen, **viel Natur**, in der man manches Abenteuer bestehen kann, mit Alligatoren, Seekühen, Meeresschildkröten, Delfinen und farbenprächtigen Korallenstöcken sowie **tolle Städte** und **Mega-Vergnügungsparks**, in denen man viel erleben kann. Auch auf **kulturellem Gebiet** hat Florida einiges zu bieten. Stellvertretend soll hier nur auf die Art-Deco-Architektur in Miami Beach und das Dalí-Museum in St. Petersburg hingewiesen werden.

**Mit dem Auto**
Die meisten Urlauber und Touristen aus dem deutschsprachigen Raum erkunden Florida mit einem **Mietwagen** bzw. mit einem **Wohnmobil**. Autoreisen durch Florida sind dank eines hervorragend ausgebauten Netzes von autobahnähnlichen **Highways** und meist zweispurigen State Roads, County Roads und kommunalen Straßen problemlos möglich. In den Ballungsräumen (Miami/Fort Lauderdale/Palm Beach, Jacksonville, Orlando, Tampa/St. Petersburg/Pinellas Coast) verliert man aufgrund der vielen Über- und Unterführungen, Kreuzungen und Einbahn-Verkehrsregelungen leicht die Übersicht. Auch in verkehrsarmen Gebieten wie in den Everglades, in den waldreichen Gebieten Nordfloridas und an der sog. »Lost Coast« sind die Straßen gut ausgebaut. Lediglich beim Tanken muss man aufpassen, denn hier sind die Zapfsäulen nicht so dicht gesät.
Gut gesorgt ist in Florida auch für Wohnmobil-Touristen. Überall – auch in den National Parks und State Parks – gibt es bestens ausgestattete Campingplätze. Die Parzellen für Camper sind meist wesentlich großzügiger bemessen als in Mitteleuropa.

**Busreisen**
Manche Urlauber bereisen Florida per Bus, sei es im Rahmen einer zuvor gebuchten organisierten und geführten oder einer vor Ort organisierten Busreise. In allen größeren Touristenorten gibt es eine Vielzahl von Reiseunternehmen, die Fahrten mit komfortablen und klimatisierten Bussen, Vans und Limousinen anbieten.
Alle wichtigen Städte und Touristenzentren Floridas können mit gut ausgestatteten **Greyhound-Bussen** erreicht werden, die im übrigen ein bequemes selbst organisiertes Reisen durch die gesamte USA ermöglichen.

## ! *Baedeker* TIPP

**Greyhound »Ameripass«**
Der preisgünstige »Ameripass«, wahlweise gültig für 4, 7, 15 und 30 Tage, ist auch für Busrundreisen in Florida und in angrenzende Bundesstaaten zu empfehlen. Dieser Pass kann jedoch nur außerhalb der USA erworben werden.

Etwas schwieriger ist es, Florida nur mit öffentlichen Verkehrsmitteln (Ausnahme: Greyhound-Buss) erkunden zu wollen. Ganz gut klappt dies in großen Ballungszentren wie Miami/Fort Lauderdale/Palm Beach und Orlando, wo es gut ausgebaute **Buslinennetze** gibt.

**Mit öffentlichen Verkehrsmitteln**

Obwohl die Geschichte Floridas und damit zusammenhängend auch die des Tourismus untrennbar mit der Eisenbahn verbunden ist, spielt sie heute im Personenverkehr nur noch eine untergeordnete Rolle. Wegen mangelnder Rentabilität hat man den Personenverkehr auf etlichen Strecken eingestellt. **Amtrak-Reisezüge** verkehren nur noch auf den Strecken (New Orleans) – Pensacola – Tallahassee – Jacksonville und (New York – Charleston) – Jacksonville – Orlando – Miami bzw. Tampa. Den Großraum Miami kann man außerdem mit dem **Regionalexpress »Tri-Rail«** »erfahren«. Hingegen gibt es in den dünner besiedelten Gebieten nur höchst unterschiedlich ausgebaute Buslinennetze, so dass man nur mit hohem Zeitaufwand von einem interessanten Ort zum anderen gelangt. An einigen Orten haben sich Initiativen gebildet, die alte Bahnstrecken reaktivieren und nostalgisch zusammengestellte und bewirtschaftete **Museumszüge bzw. »dinner trains«** fahren lassen.

◀ Eisenbahn

Eine recht originelle Möglichkeit Florida kennenzulernen ist die Reise mit einem gemieteten Hausboot. Die ganze Halbinsel kann man auf dem geschützt zwischen den Barrier-Inseln und dem Festland verlaufenden **Intracoastal Waterway** umfahren. Einige Wasserläufe, so etwa der St. John's River, sind bis tief ins Landesinnere befahrbar.

**Mit dem Hausboot**

*Fort Lauderdale ist zu Lande und zu Wasser erreichbar.*

# Tour 1 Südflorida

**Länge der Tour:** ca. 930 mi/1500 km   **Dauer:** mindestens 8 Tage

**Auf dieser Rundreise lernt man Floridas Highlights kennen. Dazu gehören die umtriebigen Zwillingsstädte Miami und Miami Beach und die Raketen am Cape Canaveral bzw. im Kennedy Space Center, die Mega-Vergnügungsparks von Orlando und Tampa sowie die Sümpfe des Everglades National Park und natürlich auch die Inselkette der Florida Keys.**

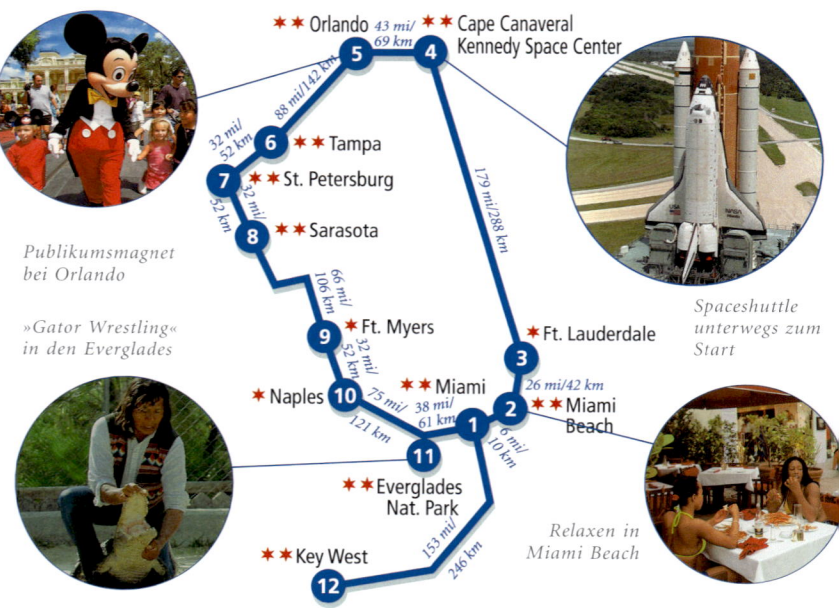

* * Orlando *43 mi/ 69 km*
* * Cape Canaveral
Kennedy Space Center
5   4
*88 mi/142 km*
*32 mi/ 52 km*
6   * * Tampa
7   * * St. Petersburg
*32 mi/ 52 km*
*32 mi/ 52 km*
8   * * Sarasota
*179 mi/288 km*
*66 mi/ 106 km*
9   * Ft. Myers
* Ft. Lauderdale
3
*32 mi/ 52 km*
* * Miami
* Naples   10
2   * * Miami Beach
1   *26 mi/42 km*
*75 mi/ 121 km*
*38 mi/ 61 km*
*6 mi/ 10 km*
11
* * Everglades Nat. Park
*153 mi/ 246 km*
* * Key West
12

*Publikumsmagnet bei Orlando*

*»Gator Wrestling« in den Everglades*

*Spaceshuttle unterwegs zum Start*

*Relaxen in Miami Beach*

Start und Ziel der Rundfahrt ist Floridas Metropole ❶ * * **Miami** mit ihren interessanten Sehenswürdigkeiten. Hier sollte man sich den Bayside Marketplace, das Miami Art Museum, die Villa Vizcaya und das Miami Seaquarium keinesfalls entgehen lassen. Auch »Little Havanna« sowie die Vorstädte Coconut Grove und Coral Gables lohnen einen Besuch. Anschließend geht es hinüber nach ❷ * * **Miami Beach** mit seinem weltberühmten Art Deco District, seinem publicity-trächtigen Badestrand South Beach und dem ausgezeichneten Bass Museum of Art. Wer Zeit hat, sollte sich hier auch mal ins Nachtleben stürzen, vielleicht trifft er ja Madonna oder Gloria Estefan.

Wer genug gesehen hat von Miami bzw. Miami Beach, folgt dem Highway A1A nach Norden. Dieser führt immer schön an der Atlantikküste entlang zunächst nach ❸ ✳ **Fort Lauderdale**, wo man zumindest den Las Olas Boulevard mit dem Museum of Art besucht haben sollte. Nun geht es weiter nach Norden – dem A1A folgend – durch namhafte Seebäder wie Pompano Beach, Deerfield Beach, Boca Raton, Delray Beach und Boynton Beach bis man schließlich das mondäne Seebad **Palm Beach** erreicht, wo sich alter und neuer Geldadel ein Stelldichein geben. Vielleicht reicht es ja zu einem Bummel über die sündhaft teure Einkaufsstraße Worth Avenue oder gar zu einem Tee im Nobelhotel »The Breakers«.

Danach wird es an der Atlantikküste etwas ruhiger. Via Jupiter, Port St. Lucie, Fort Pierce und Vero Beach erreicht man die sog. Space Coast mit ihren tollen Stränden. Nun ist es nicht mehr weit zum ❹ ✳ ✳ **Cape Canaveral/Kennedy Space Center**, dem stark besuchten US-Weltraumbahnhof mit seinen Raketen-Abschussrampen und seinen tollen Ausstellungen. Übernachten könnte man in Cocoa Beach, Melbourne oder Titusville.

Von Cape Canaveral aus erreicht man in einer knappen Autostunde die weiter westlich in Zentralflorida gelegene »Welthauptstadt des Vergnügens« ❺ ✳ ✳ **Orlando**. Allein hier könnte man Wochen verbringen, wollte man alle Vergnügungseinrichtungen besuchen. Die besten heißen »SeaWorld«, »Discovery Cove« und »Universal Studios«. 20 Autominuten südwestlich außerhalb breitet sich endlich der mehrgliedrige Mega-Park »Walt Disney World« aus.

Von Orlando respektive der Disneyworld geht es dann auf dem I-4 schnurstracks nach ❻ ✳ ✳ **Tampa**, wo die hübsch hergerichtete Ybor City, das Florida Aquarium und das Henry B. Plant Museum auf interessierte Besucher warten. Entspannen kann man sich anschließend im Vergnügungspark Busch Gardens oder gleich jenseits der Tampa Bay in ❼ ✳ ✳ **St. Petersburg**, wo die Sonne besonders lange scheint und wo es herrliche Strände an der Golfküste gibt. Weitere Höhepunkte in »St. Pete« sind die Pier und das Dalí Museum.

Danach geht es auf dem spektakulären Sunshine Skyway (mautpflichtig!) über den Eingang der Tampa Bay hinweg südwärts an die Golfküste. Etappenziel ist ❽ ✳ ✳ **Sarasota** mit dem imposanten Anwesen und den reichen Kunstsammlungen des Zirkuskönigs John Ringling und dessen Frau Mable. Rund um Sarasota gibt es schöne Badestrände. Auch kann man von hier aus einen lohnenden Abstecher in den Myakka River State Park unternehmen.

Der noch ziemlich neue I-75 und der ältere US-41 führen weiter nach Süden, vorbei an Venice und Port Charlotte, und erreichen schließlich die aufstrebende Stadt ❾ ✳ **Fort Myers**, die sich der legendäre Erfinder Thomas A. Edison und der Automobilfabrikant Henry Ford seinerzeit als Winterdomizil ausgesucht haben. Von hier lohnen Abstecher zum schönen Strand von Fort Myers Beach oder hinüber zu den wundervollen Muschelstränden der beiden Inseln Sanibel und Captiva.

Ziel der nächsten Etappe ist das weiter südlich gelegene noble Seebad ⑩✶ **Naples** mit seiner eindrucksvollen Dockside und der langen Pier. Auch hier gibt es herrliche Strände wie den Vanderbilt Beach mit seinem noblen Ritz-Carlton Hotel. Im näheren Umkreis gibt es einige interessante Naturschutzgebiete, so das Corkscrew Swamp Sanctuary. Auch ein Abstecher hinüber nach Marco Island mit seinen Stränden ist ganz reizvoll.

Naples ist auch das westliche Eingangstor zum ⑪✶✶ **Everglades National Park**. In diese sumpfige Landschaft zwischen Naples und Miami führt der »Tamiami Trail« (US-41), der seinerzeit nur mit größter Mühe angelegt werden konnte, aber heute eine gut ausgebaute Fernstraße ist. Fahrtunterbrechungen lohnen sich in Everglades City, von wo aus man erlebnisreiche Bootsausflüge mit Park Rangern unternehmen kann, sowie in der Siedlung der Miccosukee-Indianer, die hier Einblicke in ihren Alltag und ihr kunsthandwerkliches Schaffen gewähren.

Der »Tamiami Trail« (US-41) verlässt die Everglades in den Außenbezirken von Miami und endet als Calle Ocho (SW 8th Street) in Downtown ❶✶✶ **Miami**.

Letzter Teil dieser Rundreise ist ein Abstecher über die Florida Keys bis hinunter nach ⑫✶✶ **Key West**. Unterwegs gibt es noch einmal die Möglichkeit zu einem weiteren Abstecher in den ⑪✶✶ **Everglades National Park**, denn am Südrand des Ballungsraumes von Miami, bei Florida City, zweigt die County Road 9336 in das Natuschutzgebiet ab, wobei man auch die Hauptverwaltung des Nationalparks mit ihrem Besucherzentrum passiert.

In Homestead bzw. Florida City beginnt der »Overseas Highway« (US-1), der einer 1935 durch einen Hurrikan zerstörten Bahntrasse über die Korallenkalkinselchen der Florida Keys hinweg folgt und in ⑫✶✶ **Key West** endet. Gleich am Beginn des Overseas Highway lohnt ein Abstecher in das marine Schutzgebiet des **Biscayne National Park** und etwas weiter südlich auf Key Largo zum **John Pennekamp Coral Reef State Park**. Hier sollte man keinesfalls eine Ausfahrt mit dem Glasbodenboot in die zauberhaft bunte Welt der Korallenriffe versäumen. Hinter Marathon überbrückt die Seven Miles Bridge (s. Bild S. 132/133) das Meer und kurz danach erreicht man Bahia Honda mit seinem wunderschönen Badestrand. Bei Spanish Harbour erreicht man die Grenze des National Key Deer Refuge, wo man versucht, diese putzigen kleinen hirsch- oder rehähnlichen Tiere zu erhalten. Ziel der Reise ist ⑫✶✶ **Key West** mit seiner hübschen Altstadt, in der sich schon Ernest Hemingway wohlgefühlt hat. Unbedingt besuchen sollte man hier nicht nur das Haus des Literaturnobelpreisträgers, sondern auch die Ausstellung von Schätzen, die der legendäre Schatztaucher Mel Fisher aus untergegangenen kolonialspanischen Gold- und Silberschiffen geborgen hat. Und wer über Nacht in Key West bleiben will, dem sei der traumhaft schöne Sonnenuntergang am Mallory Square wärmstens empfohlen. Beschließen kann man den Tag ja in »Sloppy Joe's Bar«.

# Tour 2  Nordflorida

**Länge der Tour:** ca. 850 mi/1370 km    **Dauer:** mindestens 6 Tage

**Die zweite Rundreise führt durch Floridas Norden bzw. Nordosten. Auch hier gibt es Spektakuläres zu sehen, angefangen bei den Mega-Vergnügungsparks von Orlando und den Raketen von Cape Canaveral bzw. Kennedy Space Center und endend bei den geheimnisvollen Quelltöpfen bei Floridas Hauptstadt Tallahassee und dem von Seekühen belebten Crystal River.**

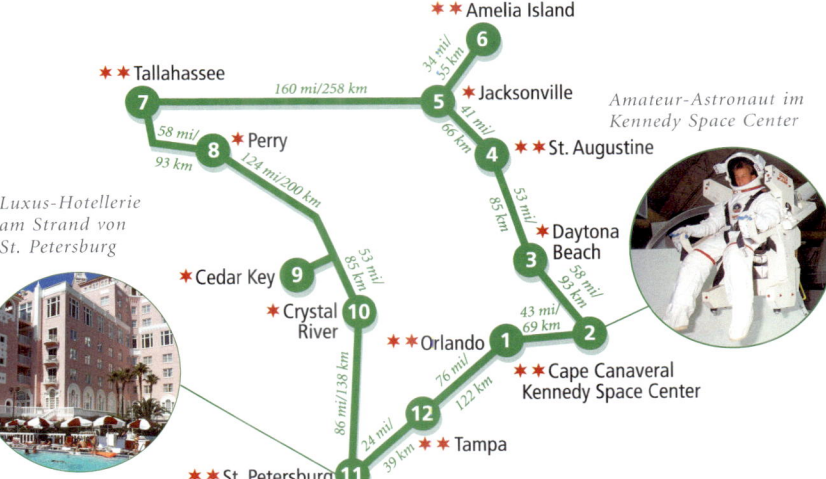

*Amateur-Astronaut im Kennedy Space Center*

*Luxus-Hotellerie am Strand von St. Petersburg*

**★★Amelia Island**
**6**
34 mi/55 km
**5**  ★Jacksonville
**★★Tallahassee**  160 mi/258 km
**7**  41 mi/66 km
58 mi/93 km  **4**  ★★St. Augustine
**8**  ★Perry  124 mi/200 km  53 mi/85 km
53 mi/85 km  ★Daytona **3** Beach  58 mi/93 km
★Cedar Key **9**
★Crystal River **10**  ★★Orlando **1**  43 mi/69 km  **2**
86 mi/138 km  76 mi/122 km  **★★Cape Canaveral Kennedy Space Center**
**12**  24 mi/39 km  **★★Tampa**
**★★St. Petersburg 11**

Ausgangs- und Endpunkt der Rundreise ist **❶★★ Orlando**, die »Welthauptstadt des Vergnügens« mit ihren riesigen, bereits in Tour 1 benannten Themenparks. Von hier fährt man ostwärts und erreicht nach einer knappen Autostunde den ebenfalls schon in Tour 1 angesprochenen US-Weltraumbahnhof **❷★★ Cape Canaveral/Kennedy Space Center**. Zurück von den Raketenabschussrampen folgt man dem US-1 nordwärts bis zu dem von griechischen Einwanderern gegründeten heutigen Ferienort New Smyrna Beach und weiter nach **❸★ Daytona Beach** mit seinem berühmten Autostrand und seinem ebenso berühmten Rundkurs für Automobil- und Motorradrennen. Ab Daytona Beach fährt man auf dem Highway A1A an der Küste bzw. an herrlichen Stränden (u.a. Flagler Beach) entlang nach Norden. Ein paar Autominuten nördlich von Palm Coast erreicht man das Marineland of Florida mit seinen sehenswerten Delfinvorführungen. Wenig später, an der Mündung des Matanzas River lohnt das

*Das ehemalige »Ponce de León Hotel« in St. Augustine*

historische kleine Fort Matanzas einen kurzen Halt. Am schönen Crescent Beach und am St. Augustine Beach vorbei erreicht man schließlich das Etappenziel ❹ ✱ ✱ **St. Augustine**, die älteste Stadt der USA mit vielen historisch interessanten Sehenswürdigkeiten.

Nördlich von St. Augustine zieht sich der Highway A1A weiter an schönen Stränden entlang bis Jacksonville Beach, dem Naherholungszentrum der Großstadt ❺ ✱ **Jacksonville**, wo diese Etappe endet. In Jacksonville selbst gibt es einige interessante Museen zu besichtigen. Nicht entgehen lassen sollte man sich einen Abstecher nach ❻ ✱ ✱ **Amelia Island**, Floridas geschichtsträchtiger nördlichster Insel mit ihrem herrlichen Strand, der malerischen Inselhauptstadt Fernandina und dem geschichtlich interessanten Fort Clinch.

Zurück in ❺ ✱ **Jacksonville** folgt man dem I-10 nach Westen. Unterwegs lohnt ein Halt im hübschen Städtchen **Lake City**, von wo aus man auch einen Ausflug in den Osceola National Forest unternehmen kann. Dann geht es weiter durch den waldreichen Norden Floridas nach ❼ ✱ ✱ **Tallahassee**, der geschichtsträchtigen Hauptstadt Floridas mit dem alten und neuen Kapitol, dem Museum of Florida History und der San Luis Archeological Site. Auch lohnen von Tallahassee aus einige Abstecher in die Umgebung, so etwa in den Apalachicola National Forest, zu den durch Tarzan-Darsteller Johnny Weismuller bekannt gewordenen **Wakulla Springs** und in das St. Marks National Wildlife Refuge mit seiner interessanten Tierwelt.

Von Floridas Hauptstadt folgt man der State Road 363 südwärts bis St. Marks, wo der US-98 kreuzt. Nun geht es auf dem US-98 weiter in südöstlicher Richtung nach ❽ ✱ **Perry**, das sich stolz »Tree Capital of the South« nennt. Das hiesige Forstmuseum sollte man sich nicht entgehen lassen. Einige Meilen südöstlich von Perry lohnt ein Abstecher an die **»Lost Coast«** mit dem einsamen Keaton Beach und dem verträumten Fischernest Steinhatchee. Etwa eine Autostunde später überquert man den von Booten und Kajaks belebten **Suwannee River**. Kurz vor Chiefland zweigt die State Road 230 westwärts zu den Manatee Springs ab, wo sich mit etwas Glück possierliche Seekühe beobachten lassen. Von Chiefland führt die County Road 345 südwärts nach ❾ ✳ **Cedar Key**, das früher einmal ein bedeutender Holzexporthafen gewesen ist. Auch die deutsche Unternehmerfamilie Faber, Hersteller von Blei- und Buntstiften war hier einmal aktiv.

Nach einem Aufenthalt in Cedar Key und vielleicht auch einer Kanutour durch den Mündungsbereich des Suwannee River folgt man der State Road 24 zurück zum US-19/98 und diesem dann in südlicher Richtung nach ❿ ✳ **Crystal River**, dem nächsten Etappenziel. Hier ist der Fluss selbst die Hauptattraktion, leben hier doch noch rund 200 Seekühe. Ferner kann man hier eine altindianische Kultstätte bestaunen. Ab Crystal River fährt man auf dem US-19 weiter nach Süden und erreicht nach ein paar Meilen den an einem natürlichen Quellteich gelegenen Wildlife Park von **Homosassa Springs**. 22 mi/35 km weiter südlich hat man den Quelltopf der **Weeki Wachee Springs** zur Touristenattraktion gemacht, denn hier kann man »Meerjungfrauen« bei akrobatischen Unterwasserübungen zusehen.

Beim Schwammtaucherstädtchen Tarpon Springs erreicht man die Pinellas-Halbinsel mit ihren schönen Badestränden. Etappenziel ist ⓫ ✳ ✳ **St. Petersburg** mit seiner belebten Pier und seinem sehenswerten Dalí Museum. Von dort geht es über die Tampa Bay hinüber nach ⓬ ✳ ✳ **Tampa**, wo das hübsch hergerichtete alte Quartier des Tabakindustriellen Vincente Ybor, das Florida Aquarium, das Henry B. Plant Museum und natürlich auch die Busch Gardens Besuche lohnen. Tampa verlässt man dann auf dem I-4 in nordöstlicher Richtung und erreicht in einer Autostunde die Walt Disney World und wenig später ❶ ✳ ✳ **Orlando**, den Ausgangsort dieser Rundreise.

*Wandmalereien in Tampas historischer Ybor City*

# Tour 3  Florida Panhandle

**Länge der Tour:** ca. 440 mi/710 km        **Dauer:** 3 – 7 Tage

**Die dritte Rundreise erschließt Floridas Nordwesten, der auch »Florida Panhandle« genannt wird. Sie führt durch eine Gegend, die im Gegensatz zu Floridas Süden in Mitteleuropa zwar noch nicht so bekannt ist, die aber auch ihre landschaftlichen und kulturellen Reize hat. Dies zeigen u.a. die Traumstrände entlang der Golfküste und geschichtsträchtige Orte wie Tallahassee und Pensacola.**

*Die »Blue Angels«
in Pensacola*

*Altes Kapitol
in Tallahassee*

★ Marianna

★★ Pensacola

★★ Tallahassee

126 mi / 203 km

62 mi/100 km

**6**

**1**

**5**

41 mi/
66 km

**4**

62 mi/100 km

**3**

66 mi/
106 km

75 mi/121 km

**2**

★ Ft. Walton
Beach

★ Panama
City

★ Apalachicola

*Traumstrand
bei Panama
City*

*Südstaaten-
Architektur in
Apalachicola*

Ausgangs- und Endpunkt der Rundreise ist ❶ ★★ **Tallahassee**, die Hauptstadt des Bundesstaates Florida. Hier gibt es einiges zu sehen, so beispielsweise das alte Kapitol, das Florida Museum of History und die San Luis Archeological Site. Ferner lohnt ein Ausblick vom neuen Kapitol, dem höchsten Bauwerk der Stadt. Ab Tallahassee folgt man dem US-319 in südlicher Richtung, der am Ostrand des **Apalachicola National Forest** hinunter zur Apalachicola Bay führt. Unterwegs lohnen Abstecher zur **Natural Bridge** und einem früheren Bürgerkriegsschlachtfeld. Auch die romantischen **Wakulla Springs**, die als Kulisse für Tarzan-Filme mit Johnny Weismuller bekannt geworden sind, sollte man ebenso wenig entgehen lassen wie einen Abstecher nach **San Marcos de Apalachee** und ins gleichnamige Wildschutzgebiet.

Wenige Meilen nach der Brücke über den bei abenteurlustigen Kanuten und Kajakern geschätzten **Ochlockonee River** mündet der US-319 in den US-98 ein, der als aussichtsreiche Panoramastraße an der Golfküste des Florida Panhandle entlang zieht. Schließlich erreicht man die freundliche Hafenstadt ❷ ✳ **Apalachicola**, die sich stolz »Welthauptstadt der Austernfischer« nennt. Wer noch nie frische Austern versucht hat, kann dies hier nachholen. Vor Apalachicola erstreckt sich die schmale Barrier-Insel **St. George Island** mit ihren herrlichen Badeständen.

Wenige Meilen westlich von Apalachicola zweigt die State Road 30 als Stichstraße zu der wie ein Haken in den Golf hineinragenden St. Joseph Peninsula mit ihren ausgezeichneten Badeständen. Via Port St. Joe führt der US-98 nordwestwärts an schönen Sandstränden entlang nach ❸ ✳ **Panama City** bzw. zu deren schon im Frühling stark belebten und dicht bebauten Strandsiedlung **Panama City Beach**. Weiter nordwestlich erreicht man die tollen South Walton Beaches, an denen sich neue Feriensiedlungen wie Perlen aneinanderreihen. Einen Zwischenstopp lohnt **Seaside** mit ihrer richtungsweisenden Ferienarchitektur. Gleich in der Nähe liegen der schöne **Grayton Beach** und das schlossähnliche Anwesen Eden Garden. Über eine sandige Nehrung kommt man nach **Destin**, der »Welthauptstadt der Sportangler«. Dann geht es über die Choctawhatchee Bay hinweg nach ❹ ✳ **Fort Walton Beach**, wo Überreste altindianischer Kultur und ein interessantes Museum der US-Luftwaffe locken.

Gleich hinter Fort Walton Beach beginnt der **Gulf Islands National Park** mit der zwar sehr schmalen, aber dennoch für ihre traumhaften Strände (Navarre Beach, Pensacola Beach) bekannten Santa Rosa Island. Kurz vor der Überfahrt in die geschichtsträchtige Hafenstadt ❺ ✳ ✳ **Pensacola** lohnen das Gulfarium und das historische Fort Pickens einen Besuch. Pensacola selbst kann mit schön hergerichteten historischen Bauten am Hafen und im Zentrum aufwarten. Eines der interessantesten technischen Museen, das Florida zu bieten hat, ist das U.S. Naval Aviation Museum.

Ab Pensacola folgt man dem US-90 in nordöstlicher Richtung. Dieser erschließt ebenso wie der stark befahrene I-10 das hügelige, waldreiche und zum Teil stark verkarstete Hinterland »Florida Panhandle«. Bald erreicht man den bei abenteurlustigen Kanuten beliebten **Blackwater River** mit dem gleichnamigen großen Waldgebiet, das noch ein Stück ursprüngliches Nordflorida schützt. Via Crestview und De Funiak Springs kommt man zu den legendenumwobenen Ponce de León Springs und erreicht einige Zeit später das nette Städtchen ❻ ✳ **Marianna**, wo das Höhlensystem der **Florida Caverns** ein interessantes Ausflugsziel ist.

Danach geht es in südöstlicher Richtung weiter nahe an die Grenze zu Georgia. Bei Chattahoochee erreicht man den **Apalachicola River** und den Jim Woodruff Dam, der den in den nördlich benachbarten Bundesstaat Georgia hineinreichenden Lake Seminole aufstaut. Hier ist auch der erholsame **Three Rivers State Park** eingerichtet. Nun dauert es noch zirka eine Stunde mit dem Auto, bis man wieder zurück in ❶ ✳ ✳ **Tallahassee** ist.

# Reiseziele
# von A bis Z

HERRLICH WEISSE SANDSTRÄNDE
UND PASTELLBUNTE SEEBÄDER,
ABENTEUERLICHE SÜMPFE UND
GESCHICHTSTRÄCHTIGE FESTUNGEN,
GLITZERNDE STÄDTE UND WELT-
BERÜHMTE VERGNÜGUNGSPARKS – IN FLORIDA
GIBT ES VIEL ZU ENTDECKEN!

## ★ ★ Amelia Island

**H 2**

**Region:** Central East
**Einwohnerzahl:** 15.000

**Höhe:** 0 – 7 m ü.d.M.
**Telefonvorwahl:** 904

**Dieses Paradies ist zwar bereits entdeckt, doch an seinen weißen Stränden und in seinem historischen Städtchen findet man noch immer Beschaulichkeit jenseits vom Mainstream: Die 45 Autominuten nördlich von Jacksonville liegende Insel bietet den besten Mix von Baden und Bildung an diesem Küstenabschnitt.**

**Herrliche Strände und geschichtsträchtige Bauten**

Ein Ritz-Carlton signalisiert normalerweise ein teures und leicht versnobtes Urlaubsziel. Jenes am Amelia Parkway hingegen gibt sich wohltuend entspannt: Die Gäste spazieren in Shorts durch die Lobby, und auch der Service ist nicht halb so angestrengt wie in den übrigen Häusern dieser Luxushotelkette. Genauso ist Amelia Island: Entspannt, informell und stellenweise sogar noch naturbelassen. Angesichts seiner viele Kilometer langen Sandstrände, seiner dichten Wälder aus immergrünen Eichen, rotem Ahorn, Zedern, Kiefern, Magnolien und Palmettogestrüpp ist das ein kleines Wunder. Die umweltbewussten Insulaner, viele liebenswerte Exzentriker darunter, wollen es auch nicht anders. Und die Geschichte mag etwas nachgeholfen haben. Als Flaglers East Coast Railroad zu Beginn des 20. Jh.s vorbei kam, nahm sie den Tourismus mit: Bis dahin hatten Dampfschiffe die Touristen gebracht, und das Städtchen Fernandina, ein viktorianisches Schmuckkästchen, hatte als Umschlagplatz für Holz und Phosphat eine Blütezeit erlebt. Danach versank die ganze Insel in einen Dornröschenschlaf, und erst die internationalen Tennisturniere in den 1970er-Jahren küssten es wieder wach. Mit ihnen kam die Uniformität der Golfplätze, Tenniscourts und Luxusresorts, vor allem im Süden der gut 20 km langen und 5 km breiten Insel. Dennoch ist die Fischerei neben dem Tourismus die wichtigste Einkommensquelle geblieben, Fernandina blieb von bauwütigen Spekulanten weitgehend verschont. Und die Strände... aah, die Strände!

## ▶ AMELIA ISLAND ERLEBEN

### AUSKUNFT

*Amelia Island Tourism Development Council*
102 Centre Street
Fernandina Beach, FL 32034
Tel. (904) 277-0717
Fax (904) 432-8417
www.ameliaisland.org

### ESSEN

▶ **Erschwinglich**
*Brett´s Waterway Café*
1 S. Front St.reet
Tel. (904) 261-2660
Essen mit Aussicht am Bay-Ende der Centre Street. Fangfrischen Fisch und Meeresfrüchte mit Blick auf die hereinkommende Fischerflotte. Ent-

spannte Atmosphäre, schöne Terrasse. Ein besonderer Tipp: In dem Lokal gibt´s tolle Martinis!

### ▶ Preiswert
**Bright Mornings Café**
105 S. 3rd St, Fernandina Beach
Tel. (866) 739-2117
Gutes Frühstück; tagsüber knackige Salate, leckere Omeletts und Hamburger. Freundlicher Service.

### ÜBERNACHTEN

### ▶ Luxus
**Elizabeth Point Lodge**
98 S. Fletcher Avenue
Tel. (904) 277-4851
Fax (904) 277-6500
www.elizabethpointlodge.com
24 Zimmer, 1 Cottage
Am Ende der Atlantic Avenue, direkt am Strand: Traumhaftes B & B in neuenglischer Schindelbauweise. Schöne Terrasse mit Schaukelstühlen, gemütliche Zimmer mit täglich frischen Blumen.

### ▶ Komfortabel
**The Hoyt House**
804 Atlantic Avenue
Fernandina Beach, FL
Tel. (904) 277-4300
www.hoythouse.com
10 Zimmer
Romantisches B & B im historischen Distrikt von Fernandina Beach. Die Zimmer in dem sehr gepflegten Holzhaus sind mit stilsicher ausgewähltem historischem Mobiliar eingerichtet. Morgens wird hier ein wahrlich opulentes Frühstück serviert.

## Sehenswertes auf Amelia Island

Die Häuser spiegeln vom verspielten Queen-Anne- bis zum herrschaftlichen Beaux-Arts-Stil alle zwischen 1870 und 1910 in Mode befindlichen Baustile wider. Dabei reicht die kompakte unter Denkmalschutz befindliche **Altstadt** viel weiter zurück. 1696 stand hier ein spanisches Fort. Im 18. Jh. war die Insel abwechselnd englisch und spanisch. 1811 gründeten die Spanier den Ort offiziell und benannten ihn nach König Ferdinand VII.: Als letzte spanische Gründung in Nordamerika sollte Fernandina die US-amerikanische Expansion nach Süden stoppen. Doch danach machten sich Piraten und Freibeuter hier breit, bis sie 1817 von US-Truppen besetzt und 1821 dem neuerworbenen Florida zugeschlagen wurde. 1853 verlagerte sich die Stadt etwas nach Süden, doch das von den Spaniern stammende Schachbrettmuster der Altstadt blieb intakt. Die von der Centre Street abzweigenden Straßen führen in fotogene Wohngegenden mit herrlichen Häusern. Sehenswert sind v.a. das Fairbanks House (7th St., Italian Style), das Fernandina Beach Courthouse (Atlantic Ave. Ecke 5th St., Victorian Style) und die Villa Las Palmas (304 Alachua St.; Spanish Mission Style).

✳
**Fernandina Beach Historic District**

Hauptstraße ist die Centre Street, die sich östlich in der Atlantic Avenue fortsetzt. Am westlichen Ende liegt die Fischfangflotte der Stadt in der **Fernandina Harbor Marina**. In der Nähe findet man den **Palace Saloon** (117 Centre St.) von 1878, eine der ältesten Kneipen Flori-

◀ Centre Street

*Kolonialspanische Architektur im Fernandina Beach Historic District*

das. Sieht man hier übrigens einen Geist, wird das nicht am Alkohol liegen: »Good ol`« Charlie Beresford, der hier 54 Jahre lang Bartender war, geht seit seinem Tod im Jahr 1960 um. Jedenfalls wird das auf den »Ghost Tours« des **Amelia Island Museum of History** (233 3rd St.; Öffnungszeiten: Mo. – Sa. 10.00 – 16.00, So. 13.00 – 16.00 Uhr) behauptet. Ansonsten vermittelt die Ausstellung einen spannenden, seriös präsentierten Querschnitt durch die wechselhafte Inselgeschichte der Insel.

**★ ★**
**Strände**
In westlicher Richtung endet die Hauptstraße (Centre St. bzw. Atlantic Ave.) am Atlantik. Jenseits der hohen Dünen liegt der schöne **Main Beach**, es gibt Duschen, Toiletten und Parkplätze. Südlich schließen an der **Peters Point Beach Park**, ein herrlicher, ebenfalls mit allen Einrichtungen versehener Strand, und der **American Beach**. Er ist Teil der 1935 von der Afro-American Life Insurance gegründeten gleichnamigen Strandgemeinde. Seine Blütezeit erlebte American Beach in den 1950er-Jahren, als Ray Charles, Duke Ellington und Count Basie hier im legendären Nachtklub »Ocean Rendezvous« gastierten. Heute zwischen die Luxusresorts **Ritz-Carlton Amelia Island** und der **Amelia Island Plantation** eingeklemmt, weigern sich die verbliebenen 30 Familien bislang standhaft, an Immobilienhändler und Golfplatzbauer zu verkaufen. Das Resultat ist ein von Apartmentblocks und Hotels gänzlich freier Strandabschnitt.

**★ ★**
**Fort Clinch**
**State Park**
Vom Main Beach aus führt ein 5 km langer Strandspaziergang nordwärts zum Fort Clinch State Park. Hier kann man im Herbst **Wale** beobachten. Das **Schutzgebiet** umfasst Dünen, den dicht be-

waldeten Nordzipfel der Insel dahinter und bietet ebenfalls schöne, mit Muscheln und Treibholz fotogen übersäte **Strände**. Die lange **Pier** ist nicht nur bei Anglern beliebt, sondern auch bei Verliebten – wegen der herrlichen Sonnenuntergänge. Namensgeber des Parks ist ein 1847 begonnenes **Fort,** das 1862 von Unionstruppen besetzt und nach 1898 endgültig aufgegeben wurde. Die besondere Attraktion sind die mitteilungsfreudigen »Re-Enactors«, die während der Hauptreisezeit, aber auch sonst, in Yankee- und Konföderierten-Uniformen gekleidet, »living history« (lebendige Geschichte) und sachkundige Führungen bieten. Um so authentisch wie möglich zu wirken, übernachten sie sogar in der Festung (2601 Atlantic Ave.; Öffnungszeiten: tgl. 8.00 bis Sonnenuntergang).

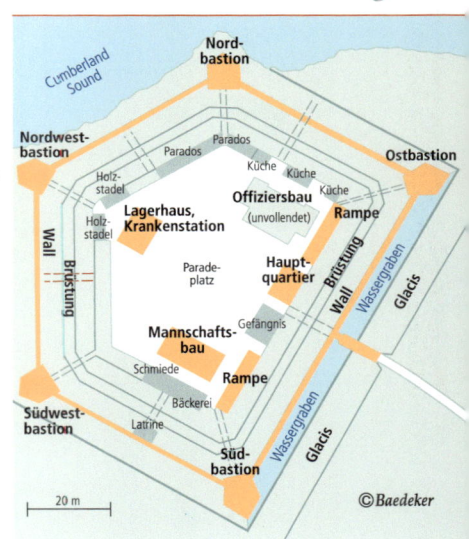

*Fort Clinch* Orientierung

An der Südspitze von Amelia Island ist ein Schutzgebiet ausgewiesen, in dem man die besonderen ökologischen Verhältnisse einer Barrier-Insel studieren kann. Außerdem sind hier Siedlungsspuren der Timucuan erhalten, also jener Indianer, die im Nordosten Floridas lebten, als die ersten Spanier hier ankamen.

**✳**
**Timucuan Ecological & Historical Preserve**

# ✳ Apalachicola

E 3

**Region:** Northwest
**Einwohnerzahl:** 2500

**Höhe:** 0 – 6 m ü.d.M.
**Telefonvorwahl:** 850

**Etwa 80% aller im Sunshine State »geernteten« Austern stammten bis zum verhängnisvollen »Deepwater Horizon Oil Spill« (2010) von den Bänken in der Apalachicola Bay. Die »Oyster Capital« profitierte auch vom Touristenstrom an diesen Teil der Golfküste.**

Dass Apalachicola um 1850 der drittgrößte Hafen am Golf von Mexiko war und Oper und Pferderennbahn besaß, davon ist heute nichts mehr zu spüren. Nur rund 200 alte Häuser, viele davon mit umlaufender Veranda, erinnern an die Zeit der Plantagenbesitzer, die

**Vom Baumwollexport zur Austernzucht**

# ▶ APALACHICOLA ERLEBEN

## AUSKUNFT

***Apalachicola Bay***
***Chamber of Commerce***
122 Commerce Street
Apalachicola, FL 32320
Tel. (850) 653-9419
Fax (850) 653-8219
www.apalachicolabay.org

## ESSEN

### ▶ Erschwinglich
***Boss Oyster***
123 Water Street
Tel. (850) 653-9364
Frittiert, gedämpft oder überbacken:
In dem urigen Restaurant am Wasser

gibt es Austern in allen Variationen
mit mehr als zwei Dutzend verschiedenen Toppings.

## ÜBERNACHTEN

### ▶ Komfortabel
***The Gibson Inn***
51 Avenue C
Tel. (850) 653-2191
Fax (850) 653-3521
www.gibsoninn.com
30 Zimmer
Viktorianisches Gasthaus mit Schaukelstühlen auf der Veranda, wo man
abends die Brise vom Golf mit einem
Drink genießt.

hier ihre Baumwolle verschifften. Dann jedoch kam die Eisenbahn, aber ihre Schienen wurden an der blühenden Hafenstadt vorbei verlegt. Auch die immer größer werdenden Schiffe konnten nicht mehr in den flachen, in einer lagunenartigen Bucht liegenden Hafen einlaufen. Apalachicola hielt sich noch eine Weile mit Schwammfischerei und Zedernholzhandel über Wasser, doch in den 1930er-Jahren ging es dann endgültig bergab. Erst die Austernzucht und der Tourismus brachten wieder Überschüsse in die Kassen. Heute ist der ruhige Ort vor allem bei jungen Familien aus den Großstädten beliebt. Sie verwandeln Apalachicola derzeit in ein hübsches und für seine Größe überraschend weltoffenes Städtchen.

## Sehenswertes in Apalachicola und Umgebung

**Historic Downtown**

Das Tempo ist gemächlich, und durch die Straßen weht noch ein Hauch von »Vom Winde verweht«: Zwischen Eichen und knorrigen, moosbehängten Eichen gibt es so viele schöne alte Holzhäuser wie sonst selten in Florida. Bemerkenswert sind v.a. das 1838 errichtete **Cotton Warehouse** (Water u. Chestnut Sts.) und die **Sponge Exchange** (Commerce u. Chestnut Sts.), die alte Schwammbörse. Die im Greek-Revival-Stil errichtete **Trinity Episcopal Church** (6th u. Chestnut St.; Öffnungszeiten: tgl. 9.00 – 17.00 Uhr) wurde 1837 in New York entworfen und das komplette Baumaterial um die Florida Keys herum geschifft. Einen Besuch wert ist das in einem schlichten Bungalow untergebrachte **John Gorrie Museum** (6th St.; Öffnungszeiten: Mo., Do., Fr., Sa., So. 9.00 – 17.00 Uhr), in dem u. a. ein

Nachbau der von dem berühmten Arzt (▶ Berühmte Persönlichkeiten) ersonnenen Eismaschine zu sehen ist.

Im **Hafen** von Apalachicola und entlang des US-98 gibt es zahlreiche Lokale, in denen man **frische Austern** bekommt – frittiert, gedämpft (steamed) oder überbacken, mit oder ohne scharfe Cocktailsauce. Besonderer Hinweis: Im Gegensatz zu vielen Europäern schlürfen nur ganz wenige Amerikaner frische Austern direkt aus der Schale!

*Beliebte Delikatessen: Austern*

Für diesen 15 km langen, von vielen als schönster Strand Floridas bezeichnet, fährt man gern die 24 km auf dem US-98 nach Osten. In **Eastpoint** biegt man rechts auf die Brücke ab. Sie verbindet das Festland mit dem 6 km vor dem Festland liegenden St. George Island. Die nur wenige hundert Meter breite, aber 45 km lange Insel schützt als Barriere-Insel die Küste. Der State Park selbst liegt im Ostzipfel und bewahrt **Dünen, Salzwassermarschen** und 15 km feinsten **Sandstrand** vor Bebauung. Die ersten 7 km sind per Auto erreichbar, der restliche Strand will zu Fuß erobert sein.

★★
**St. George Island State Park**

Noch ein Strand, der regelmäßig einen der vordersten Plätze in den Strand-Rankings ergattert. Einige Meilen westlich von Apalachicola zweigt die FL 30 vom US-98 auf eine hakenförmige, handtuchbreite Nehrung ab. Am **Cape San Blas** vorbei, dem südlichsten Punkt des Panhandle, geht es durch lichten, auf Sand und Dünen stehenden **Pinienwald** wieder nach Norden. Den unbebauten Nordzipfel schützt der State Park. Neben ungestörtem (Sonnen-)Baden kann man hier auch über das azurblaue Meer gleitende **Pelikane** beobachten.

★
**St. Joseph Peninsula**

21 mi / 34 km westlich von Apalachicola erreicht der US 98 die 1835 gegründete Hafenstadt **Port St. Joe** (4000 Einwohner). Hier trat 1838 die erste verfassungsgebende Versammlung des Staates Florida zusammen. Daran erinnert heute das am südlichen Stadtrand gelegene **Constitutional Convention Museum** (Öffnungszeiten: Do. – Mo. 9.00 – 12.00 u. 13.00 – 17.00 Uhr).

 *Baedeker* TIPP

**Wildschutz**

Ausgedehnte Marschen, Teiche und Dünen, vor allem aber undurchdringliches Dickicht: So sahen einst alle Barriere-Inseln im Golf aus. St. Vincent ist eines der letzten Refugien für Alligatoren, Seeadler, Wölfe und Meeresschildkröten. Die Insel ist jedoch nur per Boot erreichbar. Ausflugsboote vermittelt das Apalachicola Chamber of Commerce, Tel. (850) 653-9419.

**★**
**Apalachicola**
**National Forest**

Eine Autostunde nördlich von Apalachicola beginnt dieses große Naturschutzgebiet. Seit 1936 als National Forest ausgewiesen, haben sich seine **Eichen-, Zedern- und Zypressenbestände** vom Raubbau der Holzwirtschaft erholt. Es bietet heute mit Savannen, Feuchtgebieten und für mehrtägige Kanuwanderungen geeigneten Flüssen ein herrliches Alternativprogramm für den Florida-Reisenden.

Fort Gadsden ►

Kurz hinter dem Parkeingang zweigt ein Weg ab zur Fort Gadsden State Historic Site. Nur noch ein paar überwachsene **Schanzanlagen** und ein **Besucherzentrum** mit einem Landschaftsmodell, alten Musketen und indianischen Artefakten erinnern an die aufregende Biografie des Orts. 1814 errichteten die Briten das Fort, um Indianer und entlaufene Sklaven für den Krieg gegen die Amerikaner zu rekrutieren. Zwei Jahre später wurde es von amerikanischen Truppen zerstört, doch während des Ersten Seminolenkrieges diente es den Amerikanern als Nachschubbasis.

# ★ Boca Raton

**J 6**

| | |
|---|---|
| **Region:** Southeast | **Höhe:** 0 – 6 m ü.d.M. |
| **Einwohnerzahl:** 76 000 | **Telefonvorwahl:** 561 |

**Der Name ist spanisch, bedeutet »Rattenmaul« und stammt von spanischen Seefahrern, die im 17. Jh. in dieser Bucht ankerten und so die scharfkantigen Riffe vor der Küste bezeichneten.**

**Mondänes**
**Seebad**

Boca Raton ist heute eines der wohlhabendsten Seebäder Floridas und man darf vermuten, dass die Anwohner ihr rundum perfektes Paradies kaum nach einem Nagetier benannt hätten. Lächelnde Menschen in urbaner Freizeitkluft und bewaffnet mit cremefarbenen Einkaufstaschen shoppen unter Palmen, uniformierte Supermarkt-Angestellte parken Kunden den Wagen und Yuppies mit ständig fiependen Handies fahren ihre Golfausrüstung im Jeep spazieren: Boca Raton ist reich und schön – man tut einiges, damit das so bleibt. Dazu gehören u.a. strengste Bauvorschriften: Selbst McDonalds ließ sich zwingen, sein Logo anzugleichen. Wer hier baut, muss sein Haus, Bürogebäude oder Restaurant mit rotem Ziegeldach und geschwungenen Bogengängen ausrüsten. Denn seit Star-Architekt **Addison Mizner** (► Berühmte Persönlichkeiten) den Stil vorgab und hier in den 1920er-Jahren kreativ war, geht nichts mehr ohne den von ihm maßgeblich geprägten **Mediterranean Style** (► Kunst und Kultur). Seine großartigen Pläne für Boca Raton – Mizner dachte u.a. an Kanäle mit Gondeln und eine Kathedrale für seine Mutter – gingen zwar 1926 mit dem »Florida Land Bust« baden, doch einige Projekte konnte er zuvor noch realisieren. So ist sein **Boca Raton Hotel** (heute: Boca Raton Resort & Club), ein pinkfarbener, maurisch anmutender Strandpalast, heute das Wahrzeichen der Stadt.

# ⏵ BOCA RATON ERLEBEN

### AUSKUNFT
**Greater Boca Raton**
**Chamber of Commerce**
1800 N. Dixie Highway
Boca Raton, FL 33432
Tel. (561) 395-44 33
Fax (561) 392-37 80
www.bocaratonchamber.com

### ESSEN
#### ▶ Erschwinglich
**Cap's Place**
2765 NE 28th Court
Lighthouse Point
Tel. (561) 941-0418
Seit den 1920er-Jahren die Adresse für bestes »Seafood«. Von Cap's Dock in der Marina von Lighthouse Point nördlich von Pompano Beach geht es per Boot zum Restaurant, in der bereits Präsident Roosevelt und Gangsterboss Al Capone gespeist haben.

**Brewzzi**
2222 Glades Rd.
Tel. (561) 392-2739
Fisch und Schalentiere werden frisch zubereitete. Dazu gibt es süffiges Bier aus der Hausbrauerei. Übrigens: Wer keinen Fisch mag, kann auch gegrillte Hähnchen und sogar Frikadellen haben.

### ÜBERNACHTEN
#### ▶ Luxus
**Boca Raton Resort & Club**
501 E. Camino Real
Tel. (561) 447-3000
Fax (561) 394-394-3961
www.bocaresort.com
963 Zimmer und Suiten, 120 Villas
Boca Ratons ganzer Stolz wurde seit 1926 mehrfach erweitert und verfügt als perfektes Resort über zwei Golfplätze, mehrere Tennis Courts und Fitnessräume, fünf Pools und zehn Restaurants.

#### ▶ Günstig
**Ocean Lodge**
531 N. Ocean Blvd.
Tel. (561) 395-7772
www.oceanlodgeflorida.com
18 Zimmer
Gepflegtes, zweigeschossiges Motel. 11 der Zimmer haben Kitchenettes. Pool und Terrasse, Strand auf der anderen Straßenseite.

## Sehenswertes in Boca Raton

Alle Wege führen in den Mizner Park: In den 1990er-Jahren erbaut, ist er mit seinem prall gefüllten Veranstaltungskalender, seinem von Pflasterstraßen gerahmten Grün mehr als eine feine Mall für begeisterte Ladenbummler.

✳
**Mizner Park**

Das pinkfarbene, im Jahre 2001 an seiner neuen Adresse Mizner Park eröffnete Museum gehört zu den besten seiner Art im Süden der USA. Hier stellen die interessantesten Künstler Floridas aus. Daneben gibt es eine kleine, aber feine und ansprechend präsentierte Sammlung von Meistern des 19. und 20. Jh.s, darunter Picasso, Degas und Matisse (Mizner Park, 501 Plaza Real; Öffnungszeiten: Di. bis Fr. 10.00 – 17.00, Sa., So. 12.00 – 17.00 Uhr).

✳

◄ Boca Raton
Museum of Art

★
**Boca Raton Hotel**

Nicht nur Hotel, sondern auch Touristenattraktion: Auf Führungen durch diesen pinkfarbenen, weithin sichtbaren Palast erfährt man nicht nur, wie Addison Mizner es schaffte, die Holzdielen so alt aussehen zu lassen (indem die Bauarbeiter das Holz mit Nagelschuhen bearbeiteten), sondern auch, wer alles in den prunkvollen Räumen geschlafen hat und was dort an Wichtigem – und Pikantem – geschehen ist (501 E. Camino Real).

**? WUSSTEN SIE SCHON …?**

■ Im (inzwischen verlegten) IBM-Zweigwerk von Boca Raton wurde 1981 der allererste IBM-PC entwickelt. Allerdings fischen Boca Ratons »Cybernauten« desöfteren auch im Trüben: Boca Raton gilt als »Welthauptstadt des Spam« und ist zudem Heimat so mancher bekannter, inzwischen verurteilter Hacker und High-Tech-Betrüger.

Nicht künstlich angelegt, sondern echt: Das nach einem hier wachsenden Baum benannte Waldgebiet zwischen Atlantik und Intracoastal Waterway schützt eines der letzten

★
**Gumbo Limbo Environmental Complex**

ursprünglichen Küstengebiete Floridas. Ein Plankenweg führt durch palmenbestandene **Hammocks** (dt. Waldinseln) und **Mangroveninseln** und endet an einem **Aussichtsturm** mit schönem Blick auf den Atlantik. Zu den Bewohnern dieses Ökotops gehören seltene Arten, darunter Braune Pelikane, diverse Amphibien und Seekühe, die man mit etwas Glück sehen kann (1801 N. Ocean Blvd.; Öffnungszeiten: Mo. – Sa. 9.00 – 16.00, So. 12.00 – 16.00 Uhr).

★
**Strände**

Einige der schönsten Strände in diesem Abschnitt sind als State Parks geschützt. In Boca Raton sind dies der **South Beach Park** (400 N. Ocean Blvd., Umkleiden, Toiletten, Zugang nur tagsüber) und der **Spanish River Park Beach** etwas weiter nördlich. Hier führen schöne Wege durch eine dichte Vegetation zu einem Aussichtsturm. Besonders belebt und an Wochenenden der Treff der Jugend ist der **Delray Public Beach** (Ocean und Atlantic Blvds.), der als Wiege der Surferkultur in Florida gilt. Tatsächlich locken die hier ziemlich gleichmäßig brechenden Wellen ganze Rudel sonnengebräunter Jünglinge und junger Damen an.

## Umgebung von Boca Raton

★
**Morikami Museum & Japanese Gardens**

Nur die Sonne erinnert daran, dass man sich noch in Florida befindet. Dieser herrliche, nach alter japanischer Tradition angelegte Garten sorgt bei manchem Besucher leicht für geografische Irritation. Die friedvolle Anlage 16 km nordwestlich von Boca Raton in Delray Beach erinnert an eine Gruppe japanischer Bauern, die um 1900 von der East Coast Railway hier angesiedelt wurden, um Reis und Tee anzubauen. Das Experiment schlug jedoch fehl. Nur George Sukeji Morikami blieb und stieg erfolgreich auf Ananas um. Später vermachte er sein Anwesen dem County (4000 Morikami Park Rd., Delray Beach; Öffnungszeiten: Museum Di. – So. 10.00 – 17.00, Gärten Di. bis Sa. 10.00 – 17.00 Uhr).

*Ausgesprochen fotogen: Strandleben in Boca Raton*

Das 60 000 ha große Wildnisgebiet liegt 20 km westlich von Delray Beach und ist der nördlichste Zipfel der Everglades. Größtenteils aus sumpfiger Marschlandschaft und geisterhaften Zypressenbeständen bestehend finden in dem Schutzgebiet Tausende Alligatoren, verschiedene Kranicharten, Waldstörche und über 250 weitere Vogelarten Unterschlupf. Die beste Art, dieser Landschaft näher zu kommen, ist zu Wasser: Mehrere Kilometer lange Kanutrails ermöglichen tolle Fotomotive. Zu Fuß kommt man der Sumpflandschaft auf dem kurzen, am Visitor Center beginnenden Plankenweg näher (10216 Lee Rd., Boynton Beach; Öffnungszeiten: tgl. 9.00 – 16.00 Uhr).

**★**
**Loxahatchee National Wildlife Refuge**

# ★ ★ Cape Canaveral ·
# Kennedy Space Center

J 4

**Region:** Central East

**Höhe:** 0 – 10 m ü.d.M.
**Telefonvorwahl:** 321

**Das Sprungbrett ins All: Ein Besuch in Amerikas Weltraumbahnhof ist nicht nur für Raketen-Fans ein tolles Erlebnis. Die Hangars und Abschussrampen an der Atlantikküste dokumentieren den ungebrochenen Optimismus einer Nation und die unstillbare Sehnsucht des Menschen nach immer neuen Herausforderungen.**

**The Cape**  Hunderte erfolgreicher Weltraumreisen begannen hier, darunter die Apollo-Missionen zum Mond, das Spacelab-Projekt und die »Space Shuttles« genannten Weltraumfähren, die von hier aus in den Orbit aufstiegen und noch aufsteigen. Derzeit sind 17 000 Menschen auf Cape Canaveral beschäftigt. Während der Apollo-Missionen in den 1960er-Jahren waren es gar 25 000.

**Geschichte**  Amerikas Weltraumbahnhof begann nach dem Zweiten Weltkrieg als Testgelände für Langstrecken-Raketen. 1949 ließ US-Präsident Harry S. Truman das sich weit in den Atlantik vorschiebende Cape Canaveral absperren, das anno dazumal noch ein unverbautes Ausflugsziel für Städter aus Miami und Jacksonville war. Der Ort war gut gewählt. Über dem Atlantik konnte gefahrlos getestet werden, das ganze Jahr über herrschte meist gutes Flugwetter. Die Tests begannen im Jahr darauf, zunächst mit modifizierten V-2-Raketen aus deutschen Beständen, die Höhen von bis zu 16 Kilometern erreichten.
Unter der wissenschaftlichen Leitung des deutschen Raketenexperten **Wernher von Braun** wurden während der nächsten Jahre immer leistungsstärkere Raketen entwickelt, darunter die »Redstone«- und »Polaris«-Raketen für Heer und Marine. Richtig in Schwung kam die amerikanische Raumfahrtindustrie jedoch erst mit dem Sputnik-Schock im Oktober 1957. Der Erfolg der russischen Sonde Sputnik 1 zeitigte in Washington die Erkenntnis, dass Moskau leistungsfähigere Raketen baute. Deshalb wurde zur Bündelung der amerikanischen Ambitionen bzw. »zur friedlichen Nutzung und Erforschung des Weltraums« am 1. Oktober 1958 die Weltraumbehörde **NASA** (National Aeronautics and Space Administration) gegründet.
Bald hatte die gesamte Küste zwischen Fort Pierce und Daytona Beach ihren Namen weg: »Space Coast«. Bereits am 31. Januar 1958 hatte das Team um Wernher von Brauns Kollegen **Kurt Debus** den 13,6 kg schweren Satelliten **»Explorer 1«** in die Umlaufbahn geschossen. Doch während die NASA noch im Aufbau war, meldeten die Sowjets den ersten bemannten Raumflug. Am 12. April 1961 erreichte der Kosmonaut Juri Gagarin den Orbit. Weniger als einen Monat später konterten die USA: Am 5. Mai schickten sie **Alan Shepard** an Bord der **»Mercury 1«** ins All. Noch im gleichen Monat kündigte US-Präsident John F. Kennedy an, innerhalb der nächsten zehn Jahre bemannte Expeditionen zum Mond zu schicken. Kurz darauf wurde das Apollo-Programm aus der Taufe gehoben. Als Startgelände für die gigantischen **»Saturn-V«-Trägerraketen** wählte man das westlich gelegene Merritt Island und taufte es 1963 nach dem ermordeten Präsidenten **John F. Kennedy Space Center (KSC)**. Während unbemannte Satelliten weiterhin von Cape Canaveral aus starteten, diente das KSC als Sprungbrett zum Mond. 1966 begann das Apollo-Programm, das mit **»Apollo 11«** seinen Höhepunkt erlebte: **Am 20. Juli 1969 betrat Neil Armstrong als erster Mensch den Mond.** Weitere Expeditionen zum Mond folgten. »Apollo 13« ging als Beinahe-Katastrophe in die Geschichte an. Kurz vor dem Mond und 386 000 km

von der Erde entfernt explodierte einer der Sauerstofftanks im Mutterschiff »Odyssey«. Die Mondlandung wurde abgeblasen, die Besatzung konnte sich durch waghalsige Manöver retten.

Im Dezember 1972 startete mit »Apollo 17« die vorerst letzte Expedition zum Erdtrabanten. Inzwischen finanziell gebeutelt, konzentrierte sich die NASA fortan auf die – billigere – Erforschung des Weltraums vom erdnahen Orbit aus. Am 14. Mai 1973 brachte eine »Saturn-V«-Rakete das **Weltraumlaboratorium »Skylab«** in die Umlaufbahn. Bis zum Herbst 1973 verbrachten drei Forscherteams insgesamt 513 Tage an Bord, beschäftigt mit Sonnen- und Erdbeobachtung und den Auswirkungen des Langzeitaufenthaltes in der Schwerelosigkeit. Als »Skylab« im Spätsommer 1979 in der Erdatmosphäre verglühte, hatte die NASA der Öffentlichkeit bereits die wiederverwendbare **Raumfähre »Columbia«** präsentiert. Die sog. Shuttles, auf Trägerraketen huckepack startend, aber wie Flugzeuge landend, sollten billig Nutzlasten (Satelliten, Ersatzteile) transportieren. Am 12. April 1982 absolvierte die Raumfähre »Columbia« mit zwei Astronauten an Bord ihren erfolgreichen Jungfernflug. Während der folgenden beiden Jahrzehnte setzten insgesamt fünf Shuttles 61 Satelliten ab, transportierten rund 700 Piloten, Crewmitglieder und Passagiere und bewältigten über 700 Millionen Flugkilometer. Beim Aufbau der **Internationalen Raumstation »ISS«** leisteten sie von 1998 an Transportdienste. Ihr ursprüngliches Ziel, die Reduzierung der Flugkosten, erreichten die Raumfähren jedoch nicht: Statt veranschlagter 10 – 20 Mio. US-$ kostete jeder Flug rd. 500 Mio. US-$. Zudem überschatteten zwei tragische Unfälle das Shuttle-Programm: Am 28. Januar **1986 explodierte die »Challenger«** kurz nach dem Start. Am 1. Februar **2003 verglühte die »Columbia«** beim Wiedereintritt in die Erdatmosphäre. Danach setzte man die Shuttle-Flüge aus. Erst am 26. Juli 2005 startete die Raumfähre »Discovery« wieder ins All. Im **Frühjahr 2011** findet der letzte Shuttle-Flug statt. Bis zur Fertigstellung einer neuen Generation von US-Raumschiffen wird die Raumstation »ISS« von russischen Weltraumfrachtern versorgt.

*Apollo 11 startete am 16. Juli 1969 zum Mond.*

##  CAPE CANAVERAL ERLEBEN

### AUSKUNFT

*John F. Kennedy Space Center*
Kennedy Space Center, FL 32899
Tel. (321) 449-4444
www.kennedyspacecenter.com

*Florida's Space Coast*
*Office of Tourism*
430 Brevard Ave.
Cocoa Village, FL
Tel. (877) 572-32 24
www.space-coast.com

*Cocoa Beach Area*
*Chamber of Commerce*
400 Fortenberry Road
Cocoa Beach, FL
Tel. (321) 459-2200
Fax (321) 459-2232
www.cocoabeachchamber.com

### ESSEN

► **Fein & teuer**
*Café Margaux*
220 Brevard Avenue
Cocoa Village, FL
Tel. (321) 639-8343
Kreative französische Küche,
hervorragender Service. Besonders
zu empfehlen ist das Lamm in
Dijon-Kruste

► **Erschwinglich**
*Bernard's Surf*
2 S. Atlantic Avenue
Cocoa Beach, FL
Tel. (321) 783-2401
Eine feste Größe und bei NASA-
Angestellten beliebt: Bernard´s serviert
von der eigenen Flotte gefangenen
Fisch. Unter dem gleichen Dach: das
rustikalere »Fischer´s Seafood Bar &
Grill« und die Austernbar »Rusty´s«.

### ÜBERNACHTEN

► **Komfortabel**
*Hampton Inn Cocoa Beach*
3524 N. Atlantic Avenue
Cocoa Beach, FL
Tel. (321) 799-4099
Fax (321) 799-4991
www.hamptoninncocoabeach.com
150 Zimmer und Suiten
Modernes Hotel direkt am Strand,
verlässliche Qualität.

► **Günstig**
*Campbell Motel*
1084 N. Cocoa Boulevard
Cocoa Village, FL
Tel./Fax (321) 636-6111
18 Zimmer
Freundliche und saubere Unterkunft.

## Sehenswertes auf Cape Canaveral

✷ ✷
**John F. Kennedy Space Center, KSC Visitor Complex**

Das vielleicht interessanteste Besucherzentrum der USA ist eine weitläufige Ansammlung flacher weißer Gebäude mit Grünanlagen und
zwei künstlichen Lagunen. Allein hier lässt sich mühelos ein ganzer
Tag verbringen. Die **Geschichte der amerikanischen Raumfahrt** von
den ersten Satelliten über die Mercury-, Gemini- und Apollo-Missionen bis zum Shuttle-Programm wird hier spannend und auch für
den Laien verständlich in verschiedenen Ausstellungsgebäuden präsentiert. Zwei IMAX-Kinos zeigen ein wechselndes Programm spek-
takulärer Weltraum-Dokus.

Besuchern bietet die NASA einige im Voraus zu buchende Programme an, darunter die eintägige **Astronaut Training Experience** (Reservierung: Tel. 321/449-4400), die Teilnehmern einen Eindruck von der harten Ausbildung der Astronauten vermittelt, sowie **Lunch with an Astronaut** (Reservierung: Tel. 321/449-4830), wo man die Gelegenheit erhält, beim Lunch einen Astronauten mit Raumerfahrung persönlich kennenzulernen. Im Simulator **Shuttle Launch Experience** kann man den Start eines Raumtransporters und die Ankunft im Orbit mit grandiosem Blick zurück auf die Erde nachempfinden. Sehenswert sind auch die Redstone-, Atlas- und Titan-Raketen im sog. **Rocket Garden**, der Nachbau der Raumfähre Explorer und das den ums Leben gekommenen Astronauten gewidmete **Astronaut Memorial** (NASA Parkway, 6 mi

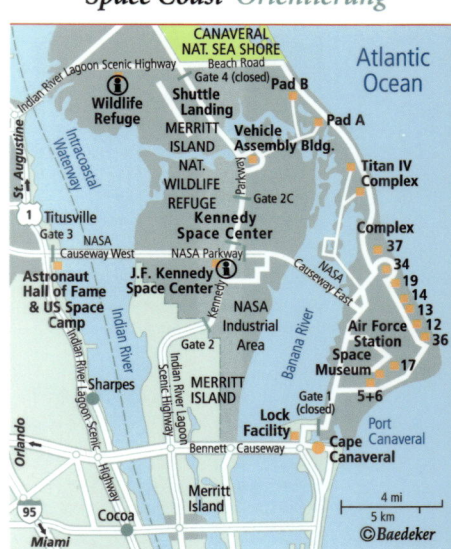

bzw. 10 km östlich von Titusville; Öffnungszeiten: tgl. 10.30 – 16.00 Uhr; www.kennedyspacecenter.com). Umfassende Informationen gibt es im **Visitor Center** (Öffnungszeiten: tgl. 9.00 – 19.00 Uhr).

**★★**
**KSC-Touren**

Per Bus geht es zu Abschussrampen, Montagehallen und Raketen. Achtung: Um lange Warteschlangen zu vermeiden, sollte man schon frühmorgens da sein. Die 90-minütige **NASA Up-Close Tour** führt zum A/B Camera Stop, von wo aus die Shuttle-Abschussrampe zu sehen ist, besucht das International Space Station Center und endet am Apollo/Saturn V Center, wo Original-Raumfahrzeuge und Mondlande-Einheiten besichtigt werden können.
**Cape Canaveral: Then & Now** heißt eine zweistündige Fahrt zu den Abschussstellen der Mercury-, Gemini- und Apollo-Missionen.
Die **Kennedy Space Center Tour** führt zu den beiden Shuttle-Abschussrampen des Launch Complex 39: Von einer 20 Meter hohen Beobachtungsplattform sieht man zudem den **Crawlerway**, auf dem die startbereiten Shuttles mittels rollender Plattformen zur Rampe gefahren werden, sowie das Kontrollzentrum und die Montagehalle.

**Launch Dates,**
**Raketenstarts**

Der Start einer Satelliten-Trägerrakete oder gar eines Shuttles ist ein zutiefst beeindruckendes Erlebnis. Die Starttermine (launch dates) erfährt man beim Visitor Center (Tel. 321/449-44 44; Internet: www.kennedyspacecenter.com/events-launches.aspx).

# CAPE CANAVERAL: SPACESHUTTLE-START

★ ★ Im Februar 2011 geht eine Ära zu Ende: Dann startet die »Endeavour«
zur letzten Mission eines Space Shuttle überhaupt. Seit dem Erstflug
der »Columbia« am 12. April 1981 sind dann 134 Missioen mit fünf Orbitern
absolviert worden. Zwei davon gingen verloren: Die »Challenger« explodierte
am 28. Januar 1986 kurz nach dem Start, die »Columbia« brach am 1. Februar
2003 wenige Minuten vor der Landung auseinander.

🕐 Aktuelle Starttermine und Tickets:
www.kennedyspacecenter.com/events-launches.aspx

### ① Crawler
Ein gigantischer Crawler (dt. = Raupenschlepper) trans-
portiert die startklar gemachte Raumfähre vom riesigen
Vehicle Assembly Building zur Startrampe.

### ② Service Tower
Vom Service Tower (Versorgungsturm) aus werden die
letzten Vorbereitungen für den Start durchgeführt.

### ③ Verschiebbare Service-Einheit
Zum Service Tower gehört eine bewegliche Service-Einheit,
die kurz vor dem Start beiseite geschoben werden kann.

### ④ Service-Arm
Über diesen Ausleger des Service Tower kann
der Spaceshuttle noch bis kurz vor dem Start
mit Notwendigem versorgt werden.

### ⑤ Spaceshuttle
Wie ein größeres Passagierflugzeug sieht der
Raumtransporter selbst aus. Sein Äußeres – be-
sonders seine »Nase« – ist mit Hitze abweisen-
den Kacheln belegt, damit der später von seiner
Mission zurückkehrende Shuttle beim Wiederein-
tritt in die Erdatmosphäre nicht verglüht.
Im Inneren der Raumfähre ist Platz für eine
Crew aus mehreren Astronauten und für eine
größere Menge Versorgungsgüter.

### ⑥ Booster
Beiderseits des Außentanks bzw. des Shuttles
ist jeweils ein Booster (Feststoff-Rakete mit Zu-
satztriebwerk) angebracht, mit deren Hilfe der
Shuttle in Richtung Weltraum abhebt. Bereits
2 Minuten nach dem Start, wenn er 45 km Höhe
erreicht hat, fallen diese Zusatztriebwerke ab und
schweben an Fallschirmen zurück zur Erde.

### ⑦ Außentank
Der Treibstoff im riesigen Außentank ist bereits
8 Minuten nach dem Start verbraucht. Der Tank
fällt dann ab und verglüht in der Erdatmosphäre.

### ⑧ Startrampe
Die sehr massiv konstruierte Startrampe muss den
Feuerstrahl beim Start und die dabei entstehenden
extrem hohen Temperaturen aushalten können.

### ⑨ Flammengraben
In einem massiv ausgekleideten Flammengraben
werden die Feuerstrahlen und Abgaswolken so
gut es technisch geht neutralisiert.

*Vor seinem Start wird der Shuttle im
Vehicle Assembly Building inspiziert.*

»Ron Jon`s Surf Shop« (4151 N. Atlantic Ave.), der sandburgähnlichen Konsum-Kathedrale für alle Jünger dieses Kults. Der Strand an der 270 m langen, mit einfachen Fischlokalen gespickten Cocoa Beach Pier ist ein Surfer-Mekka mit lebenslustigem Publikum und entsprechender Infrastruktur.

Nicht weit vom Weltraumbahnhof entfernt ist seit den 1960er-Jahren der Fracht- und **Kreuzfahrthafen** Port Canaveral entstanden. Von hier laufen Vergnügungsdampfer in Richtung Bahamas und Karibik aus. Auch viele Krabbenkutter und Big-Game-Fishing-Charterboote fahren von hier hinaus aufs Meer. **Port Canaveral**

Die im Hinterland der Space Coast am Indian River gelegene 40 000-Einwohner-Stadt verdankt ihre Entwicklung vom kleinen Fischerhafen zum rasch wachsenden Industriestandort dem Geschehen auf dem nahen US-Weltraumbahnhof. **Titusville**

Am NASA Parkway wird die Entwicklung der Weltraumfahrt umfassend dargestellt. Im Space Camp können Kinder und Jugendliche miterleben, wie Astronauten trainiert werden, was es mit der Schwerelosigkeit auf sich hat und wie man sich in einem Weltraumflug-Simulator fühlt (Öffnungszeiten: tgl. 10.00 – 18.00 Uhr). ◀ Astronaut Hall of Fame

🕓

In dem modernen Museum erfährt man alles Wesentliche über die Arbeit der US-amerikanischen Polizeibehörden, vom Sheriff bis zum FBI. Auch Rundflüge mit dem Polizeihubschrauber gibt es (6350 Horizon Dr.; Öffnungszeiten: tgl. 9.00 – 19.00 Uhr). ◀ American Police Hall of Fame & Museum

🕓

# ★ Cedar Key

**Region:** North Central
**Einwohnerzahl:** 800

**Höhe:** 0 – 5 m ü.d.M.
**Telefonvorwahl:** 352

**Der schönste Abstecher in Florida: Der verträumte Fischerhafen an der sog. Lost Coast des Golfes von Mexiko liegt nicht nur am Ende der Straße, sondern auch noch auf einer Insel. Das garantiert Charakter und Beschaulichkeit. Und nette Begegnungen dort, wo auch die Einheimischen essen.**

Das alte Florida liegt fünf Kilometer vor der Küste. Per Damm mit dem Festland verbunden, endet in Cedar Key – die Insel allerdings heißt Way Key – die von Gainesville kommende FL-24. In den 1840er-Jahren von Weißen besiedelt, blühte der Ort erst mit der Ankunft der von Fernandina (▶Amelia Island) kommenden Eisenbahn auf. Diese brachte Touristen und erschloss der Holzwirtschaft die Märkte im Norden. 1865 errichtete die Eberhard Faber Inc. hier ein Sägewerk und eine Bleistiftmanufaktur. Zeitweilig war Cedar Key die zweitgrößte Stadt Floridas. Das Ende der Wälder bedeutete jedoch **Zederninsel**

◀ weiter auf S. 168

# DIE BLEISTIFT-FÜRSTEN IN FLORIDA

»In eben diesem Sinne griff ich weit lieber zum Bleistift, welcher williger die Züge hergab: Denn es war mir einige Mal begegnet, dass das Schnarren und Spritzen der Feder mich aus meinem nachtwandlerischen Dichten aufweckte, mich zerstreute und ein kleines Produkt in der Geburt erstickte.« So schrieb schon Johann Wolfgang von Goethe in seinem Werk »Dichtung und Wahrheit«.

Doch was hat dies alles mit Cedar City zu tun? Einiges. Denn im Jahre **1855 erwarb Eberhard Faber**, ein geschäftstüchtiger Spross der schon damals weltberühmten Bleistift-Dynastie aus Stein bei Nürnberg, **Zedernwälder in der Gegend um Cedar Key und ließ hier auch gleich ein Sägewerk aufbauen**. Das Holz wurde vor Ort in Brettchen gesägt und zur Weiterverarbeitung in die fränkische Heimat verschifft. Dort wurden aus dem für die Bleistift-Produktion bestens geeigneten Zedernholz unter Verwendung von bestem Graphit sibirischer Herkunft jene begehrten Schreibwerkzeuge hergestellt, die alsbald ihren Siegeszug rund um den Globus antraten. So trug Eberhard Faber mit zur Blüte von Cedar Key bei, die 1885 bis 1888 ihren Höhepunkt erreichte.

## Faber in Amerika

Bereits **1849 hatte A. W. Faber in New York eine Filiale** für den Vertrieb eröffnet. Bis dahin wurde der amerikanische Bedarf zumeist durch englische und französische Fabrikate gedeckt. A. W. Faber fasste als erstes deutsches Unternehmen in den USA Fuß und konnte bald einen guten Absatz vorweisen. Die New Yorker Niederlassung wurde von Eberhard Faber übernommen. Da ausländische Waren in den USA mit Schutzzöllen belegt wurden, war es vorteilhaft, die Holzstifte in den USA herzustellen. Deswegen wurde **Eberhard Faber** in Cedar City aktiv. 1861 **gründete** er mit tatkräftiger Unterstützung der fränkischen Mutterfirma ein **eigenes Unternehmen in Brooklyn**. In den 1890er-Jahren löste sich die amerikanische Firma von A. W. Faber und wurde selbstständig. Seither gab es hier zwei Faber-Firmen, deren Wege sich vorübergehend trennten: A. W. Faber und Eberhard Faber. Nach dem Ersten Weltkrieg wurde A. W. Faber als feindliches Gut beschlagnahmt, die Eberhard Faber Company blieb jedoch als US-Firma bestehen. Letztere wurde inzwischen von den Söhnen Eberhard Fabers geleitet. 1988 übernahm die Faber Castell Corporation die Eberhard Faber Company. Seither

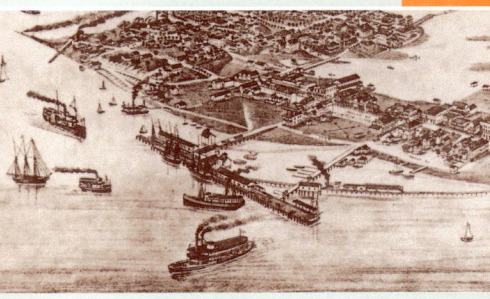

*Cedar Key
im Jahre 1884*

sind die beiden Firmen gleichen Stammes wieder vereint.

In einer Dauerausstellung des 1962 eröffneten Cedar Key State Museum wird an die Faberschen Aktivitäten im Norden Floridas erinnert. Neben alten Aufnahmen von Werksanlagen sind hier auch Stifte, Etuis sowie Preismedaillen für herausragende Faber-Produkte ausgestellt.

## Samen aus Florida in Franken

Der ältere Bruder von Eberhard Faber, Freiherr Lothar von Faber, hat sich nicht nur als Bleistiftfabrikant einen Namen gemacht, sondern auch als Begründer der »Nürnberger Lebensversicherung AG« sowie als Mitbegründer der »Vereinsbank Nürnberg«. Daneben setzte er sich für den Fortschritt in Land-und Forstwirtschaft ein, wobei ihm die Einführung neuer Nutzpflanzen besonders am Herzen lag. So ließ er sich von seinem jüngeren Bruder Zedernsamen aus Florida schicken, den er in Stein erfolgreich ausbrachte. **Das Fabersche Zedernwäldchen bei Nürnberg gedieh prächtig**, wurde aber während des Zweiten Weltkrieges vernichtet.

auch das Ende des Wohlstands. Der Hurrikan von 1896 versetzte Cedar Key den Gnadenstoß. Wer dennoch blieb, besann sich der ursprünglichen Erwerbszweige, der Fischerei und Austernernte. Unternehmungslustigen Städtern ist der auf der größten Barriere-Insel im Golf liegende Ort nicht verborgen geblieben. Während der letzten Jahre wurden zahlreiche verfallende Häuser wieder restauriert und bezogen. Eine Handvoll netter Restaurants, zwei interessante kleine Museen und schöne, nur im Boot erreichbare Wildnisgebiete sind Gründe genug, hier ein paar ruhige Tage zu verbringen.

## ► CEDAR KEY ERLEBEN

### AUSKUNFT

**Cedar Key Area**
**Chamber of Commerce**
Cedar Key, FL 32625
Tel./Fax (352) 543-5600
www.cedarkey.org

**Cedar Key National**
**Wildlife Refuge**
16450 NW 31st Place
Chiefland, FL
Tel. (352) 493-0238
www.fws.gov/cedarkeys

**Manatee Springs State Park**
11650 N.W. 115th St.
Chiefland, FL
Tel. (352) 493-6072
www.floridastateparks.org/
manateesprings

### WILDNISTOUREN

**Kayak Cedar Keys**
Cedar Key
Tel. (352) 543-9447
www.kayakcedarkeys.com
Hier kann man Delfine, Meeresschildkröten und Kraniche aus nächster Nähe erleben.

### ESSEN

#### ► Erschwinglich
**The Island Room at Cedar Cove**
Cedar Cove Beach & Yacht Club
Tel. (352 ) 543-6520
Hier gibt es gute Pasta, Seafood und Steaks mit schönem Blick auf die Bay im Süden.

#### ► Preiswert
**Coconuts of Cedar Key**
590 Dock Street
Tel. (352) 543-6390
Klassische Sportsbar; es gibt Burger & Co, aber auch Fischsuppe und eine Raw Bar mit Muscheln (nur in der Saison).

### ÜBERNACHTEN

#### ► Günstig
**Dockside Motel**
491 Dock Street
Cedar Key
Tel. (352) 543-5432
www.dockside-cedarkey.com
10 Zimmer
Einfache Unterkunft auf der Pier, von den Zimmern mit »Gulf View« kann man Delfine beobachten.

**Cedar Inn**
410 2nd Street
Cedar Key
Tel. (352) 543-5455
www.cedarinnmotel.com
12 Zimmer
Unterkunft mit Südstaaten-Flair, mitten in Cedar Key. Hübsche Terrassen mit Blick auf den Golf und die Main Street, einfache Zimmer.

## Sehenswertes in Cedar Key und Umgebung

Die etwas abseitige Lage am Ende der Straße und das feucht-warme Klima nehmen das Tempo aus dem Schritt. Cedar Key bedeutet geruhsames Flanieren auf den überdachten Bürgersteigen der **Second Street**, der Hauptstraße, und zielloses Mäandern durch die wenigen Seitenstraßen, wo hübsche alte Holzhäuser mit den im Süden typischen Veranden unter raschelnden Palmen posieren.

**★ Historic Cedar Key**

Die Hochs und Tiefs des Ortes werden vom **Cedar Key Museum** (12231 SW 166 Court; Öffnungszeiten: Do. – Mo. 9.00 – 17.00 Uhr) und vom **Historical Society Museum** (D u. 2nd Sts; Öffnungszeiten: So. – Fr. 13.00 – 16.00, Sa. 11.00 – 17.00 Uhr) dokumentiert. Ersteres zeigt alle im Golf vorkommenden Muscheln sowie Erinnerungen an die große Zeit des vom deutschen »pencil king« **Eberhard Faber** gegründeten Bleistift-

### ? WUSSTEN SIE SCHON …?

- Der Firmenname A. W. Faber-Castell besteht erst seit 1898, nachdem sich die schöne Ottilie von Faber mit Alexander zu Castell-Rüdenhausen vermählt hat.

Zentrums. Die Ausstellung der Historical Society präsentiert Artefakte der Timuacan und Seminolen.

Westlich von Cedar Key steht seit 1929 ein Dutzend Inseln unter striktem Naturschutz. Zu den hier lebenden Vogelarten zählen **Ibisse, braune Pelikane**, verschiedene Reiherarten sowie Seeadler und Bussarde. Im März und April sowie im August und September rasten hier Zugvögel. Im dichten Unterholz des Inselinnern leben Klapperschlangen. Das Refuge ist von Cedar Key aus nur per Boot erreichbar, mehrere Unternehmen führen Touren durch und verleihen Kajaks. Die freie Erkundung der Inseln ist während der Brutzeit von März bis Juli eingeschränkt und wird der Klapperschlangen wegen auch nicht empfohlen.

**Cedar Key National Wildlife Refuge**

Von Chiefland am US-19/98 aus führt die FL-320 etwa 5 mi/8km nach Westen in den **Manatee Springs State Park**. Das im Jahre 1955 ausgewiesene Naturschutzgebiet am Unterlauf des Suwannee River ist berühmt für seinen in allen Blau- und Grüntönen leuchtenden, von Zypressen und Hartholzbauminseln umgebenen **Karstquelltopf**, dessen Wasser dem Suwannee River zufließt. Im angenehm temperierten Wasser tummeln sich gerne Badegäste und

*Eine Seekuh schnappt nach Luft.*

Schnorchler. Taucher erkunden das ausgedehnte **Höhlensystem** dieser stark schüttenden Quelle. Im Herbst und Winter kann man mit etwas Glück **Seekühe** im wohltemperierten Wasser beobachten. Der Park betreibt u.a. einen Campingplatz, einen Kanuverleih und einen kleinen Kaufladen.

# ✱ Crystal River

**Region:** Central West
**Einwohnerzahl:** 3500

**Höhe:** 0 – 2 m ü.d.M.
**Telefonvorwahl:** 352

**Wie schützt man Hunderte von Seekühen vor Hunderttausenden von Touristen? Rund um den Ort Crystal River im dünn besiedelten Big Bend bzw. an der sog. Nature Coast lassen sich Fluch und Segen des Seekühe-Tourismus gut studieren.**

**Ferienort mit Geschichte**

Crystal River heißen sowohl der Ort, als auch der hiesige Fluss. Beide liegen knapp zwei Autostunden nördlich von ► Tampa am Highway 19. Das unaufgeregte Städtchen ist ein beliebter Alterssitz für Ruheständler, denen die Tampa Bay Area inzwischen zu laut und zu voll ist. Vor den seit 1840 hier siedelnden Weißen lag hier ein Zentrum präkolumbischer Indianer, vermutlich Timuacan. Rentner wie Ureinwohner hat vor allem eines angezogen: das – ausnahmsweise wortwörtlich – kristallklare Wasser des Crystal River, der von mehreren Karstquellen gespeist wird und nach kurzem Lauf in die Kings Bay mündet.

##  CRYSTAL RIVER ERLEBEN

### AUSKUNFT

**Citrus County Visitor & Convention Bureau**
9225 W. Fishbowl Drive
Homosassa, FL 34448
Tel. (352) 628-9305
www.visitcitrus.com

**Crystal River National Wildlife Refuge**
Refuge Manager
1502 SE Kings Bay Drive
Crystal River, FL
Tel. (352) 563-2088
www.fws.gov/crystalriver/

### AKTIVITÄTEN

Schwimmen, Schnorcheln, Tauchen, Boot fahren und Seekühe schauen: In und um Crystal River bieten zahlreiche Veranstalter Manati-Touren an. Seit vielen Jahren etabliert und bekannt für ihren sanften Manati-Tourismus sind:

► **Touranbieter**
**Bird's Underwater Manatee Tours**
320 NW US 19
Crystal River, FL
Tel. (352) 563-2763
www.birdsunderwater.com

*Crystal Lodge Dive Center*
525 NW 7th Ave.
beim Best Western Crystal
River Resort
614 NW US 19
Crystal River, FL
Tel. (352) 795-6798
www.manatee-central.com

### ESSEN

▶ **Erschwinglich**
*Charlies Fish House Restaurant*
224 NW US 19
Tel. (352) 795-3949
Leckere Fischgerichte, fein zubereitete
Meeresfrüchte, frische Salate; hervor-
ragend schmecken die Stone Crab
Claws.

### ÜBERNACHTEN

▶ **Komfortabel**
*Best Western Crystal River Resort*
614 N.W. US 19
Crystal River
Tel. (352) 795-3171
Fax (352) 795-3179
www.crystalriverresort.com
114 Zimmer und Suiten
Sehr angenehmes Mittelklasse-Hotel
mit hellen Zimmern, Swimming Pool
und nettem Restaurant namens
»Cravings on the Water« direkt am
Wasser. Ferner gehört auch eine
Marina für passionierte Freizeitkapitäne dazu. Auch können im Haus
erlebnisreiche Manati-Touren ge-
bucht werden.

## Sehenswertes Crystal River und Umgebung

Am Crystal River bestand von 200 v. Chr. bis ins 15. Jh. ein bedeutendes **religiöses und kulturelles Zentrum der Indianer**. Erkennbar sind sechs mächtige Hügel, die wohl als Heiligtümer und Grabhügel gedient haben. In einem der Grabhügel sind mehr als 450 Be-
stattungen nachgewiesen. Stelen, die man ansonsten in Nordamerika

✱
**Crystal River
Archaeological
Site**

kaum findet, weisen auf Kontakte
mit den Hochkulturen Mexikos
bzw. Mittelamerikas hin.
**Museum** im Besucherzentrum informiert bestens über diesen ar-
chäologischen Fundplatz und die
Kultur der indianischen Ureinwohner (Öffnungszeiten: Außenanlagen
tgl. ab 8.00, Museum Mo. – Fr.
9.00 – 17.00 Uhr).

**Crystal River National Wildlife Re-
fuge:** Das Schutzgebiet besteht aus
20 Inseln in der **Kings Bay**, in die
auch der von mehr als zwei Dutzend Quellen gespeist Crystal River
mündet. Mit einer Wassertemperatur von 22 °C, die im Jahreslauf
nur selten unterschritten wird, ist
die Bucht für gut ein Viertel der

*Indianische Kultstätte am Crystal River*

**Seekühe** Floridas ein behaglicher Ort zum Überwintern. Doch was kälteempfindliche Seekühe anzieht, ist auch für Angler, Taucher, Schnorchler und Touristen interessant. Tauchershops, Marinas usw. in Crystal River verdanken dem Interesse an den possierlichen Wassertieren ihre Existenz.

Beim stark besuchten Quelltopf der Kings Springs wurde ein spezieller Korridor für Schwimmer und Taucher eingerichtet, um Seekühe besser beobachten zu können. Die von Seekühen besonders stark frequentierten Stellen sind durch Warnbojen und Verbotsschildern gesichert.

### ℹ️ Manatee Sanctuary

■ Wer unerlaubt in eine Schutzzone für Seekühe (Manatee Sanctuary) eindringt, muss mit einer sehr hohen Geld- und/oder Gefängnisstrafe rechnen!

★
**Homosassa Springs Wildlife State Park**

Hier am US-19, ca. 7 mi/11 km südlich von Crystal River, kann man Seekühe beobachten ohne selbst nass zu werden. Die in ihrem Element mitunter erstaunlich behenden Tiere – hier sind es Manatis, die nach Unfällen wieder gesund gepflegt werden – lassen sich durch Panoramascheiben eines Unterwasser-Observatoriums studieren. Der 17 m tiefe Quelltopf ist zudem Lebensraum verschiedener Fischarten. Das Gelände um den Quelltopf wird von Vogelfreunden als »birder's paradise« geschätzt (Öffnungszeiten: tgl. 9.00 – 17.30 Uhr).

*Floridas »Blautopf«: Hier treten die Homosassa Springs aus.*

Ca. 2,5 mi/4 km südwestlich von Homosassa Springs kann die einstige **Zuckerrohrplantage** des Eisenbahnmagnaten Yulee besichtigt werden. Die 1851 errichtete Zuckersiederei hat man liebevoll restauriert. Ein Lehrpfad informiert über die Zuckergewinnung.

◀ Yulee Sugar Mill State Historic Site

Südwestlich von Homosassa Springs erstreckt sich ein 120 000 ha großes Naturschutzgebiet, das nur per Boot erreichbar ist. Das empfindliche Ökosystem ist Refugium für unzählige Wasservögel und viele andere Wildtiere (u.a. Alligatoren, Waschbären, Truthähne, Rehwild , Fischotter, Rotluchse). Auskünfte erteilt die Naturschutzbehörde in Crystal River (Auskunftsadresse s. S. 170).

◀ Chassahowitzka National Wildlife Refuge

44 mi/70 km südlich von Crystal River lockt eine besondere Attraktion: die Weeki Wachee Springs. Aus dem natürlichen, mehr als 80 m tiefen Quelltopf sprudeln täglich bis zu 600 Mio. Liter Wasser. Durch die dicken Glasscheiben eines unter der Wasseroberfläche konstruierten Raumes aus kann man mehrmals täglich die Unterwasser-Turnübungen phantasievoll gekleideter **»Meerjungfrauen«** beobachten (Vorführungen: Ende März – Sept. tgl. 10.00 – 16.00, Okt. – Dez. Do. – So. 10.00 – 15.00 Uhr).
Um die Quelle ist ein Vergnügungspark entstanden mit Streichelzoo, Affenkäfig, Papageienshow und Station für verunglückte Pelikane.

**Weeki Wachee Springs**

🕐

Ganz in der Nähe der Weeki Wachee Springs lockt diese Attraktion vor allem Familien mit Kindern an. Hier gibt es einen Badestrand, und am Fluss kann man sogar ein richtiges Dschungel- und Wildwasser-Abenteuer erleben (Öffnungszeiten: Ende März – Labor Day tgl. 10.00 – 17.00 Uhr).

◀ Buccaneer Bay Water Park

🕐

# ★ Daytona Beach

H/J 3

**Region:** Central East
**Einwohnerzahl:** 65.000

**Höhe:** 0 – 5 m ü.d.M.
**Telefonvorwahl:** 386

**Wo die Boliden heulen und die Chopper tuckern ... Ein stets belebter Strand, auf dem man Auto fahren darf, und eine weltbekannte Automobilrennstrecke sind die Markenzeichen von Daytona Beach. Hier treffen sich Rennsport-Fans aus aller Welt und Abertausende von Motorradfahrern mit ihren chromblitzenden Maschinen, hier feiern Studentinnen und Studenten ausgelassen die Spring Break.**

Und die Liebesaffäre zwischen Daytona Beach und dem Auto ist schon fast 100 Jahre alt! Zu Beginn des 20. Jh.s ließen Ransom Olds, Louis Chevrolet und Henry Ford auf dem 40 km langen, vom Atlantik hart geklopften Strand ihre neuesten Automodelle gegeneinander antreten. Und reiche New Yorker – Überlandstraßen gab es noch nicht – ließen ihre motorisierten Droschken hierher verschiffen, um sie mal so richtig auszufahren. Folgerichtig purzelten die Geschwin-

**Mit den Olds, Chevrolet und Ford fing alles an**

*High Life am Strand von Daytona*

digkeitsrekorde nur so: 1931 schoss ein gewisser **Sir Malcolm Campbell** mit sagenhaften **441 km/h**, der höchsten je auf dem Strand gemessenen Geschwindigkeit, am Wasser entlang. Bald jedoch galt der natürliche Rennbelag nicht mehr als sicher, doch erst 1959 konnte die in der hiesigen National Association for Stock Car Auto Racing (NASCAR) organisierte Rennsportgemeinde in das neu erbaute 150 000-Plätze-Oval des **Daytona International Speedway** umziehen. Dort finden bis heute Autorennen statt, darunter das in den USA kultisch verehrte »Daytona 500«.

Auf dem Strand fahren kann man jedoch noch immer – wenn auch nur gegen eine Gebühr und mit der vorgeschriebenen Höchstgeschwindigkeit von 10 mi/h bzw. 16 km/h. Man rollt bis zu »seinem« Spot und parkt den Wagen im rechten Winkel und nicht zu nahe am Wasser – Ebbe und Flut sind zu beachten! Dann baut man Grill und Sonnenschirm auf und langt nach dem Bier aus der Kühlbox – und ist erst jetzt richtig in Daytona Beach angekommen!

**Eine Stadt verändert ihr Image**

Seit ihrer Gründung im Jahre 1872 hat die Stadt Daytona Beach diverse Häutungen hinter sich. Die letzte war erst vor ein paar Jahren. Damals beschlossen die Stadtväter, den Ruf ihres Ortes, der durch eine halbe Million jährlich während des **»Spring Break«** einfallender, trink- und partywütiger Teenager einschlägig vorbelastet war, mit Werbekampagnen zu retten, die an neue Zielgruppen gerichtet waren. Mit fragwürdigem Ergebnis: Neben Schülern und Studenten schlagen – angelockt von den über das Jahr verteilten Auto- und Motorradrennen – auch tätowierte Motorsportfans über die Stränge.

Die mitgenommene Beachfront aus Hotelsilos und Motels wurde zwar verschönert und kulturell Interessierte können durchaus angenehme Überraschungen erleben, doch bis Daytona Beach, wo 2003 Charlize Theron mit »Monster« ihren Oskar verdiente, sein Image als Billigziel abgelegt hat, werden wohl noch einige Jahre vergehen!

**DAYTONA BEACH ERLEBEN**

### AUSKUNFT

**Daytona Beach Area CVB**
126 E. Orange Ave.
Daytona Beach, FL 32114
Tel. (386) 255-0415
www.daytonabeachcvb.org

**DAYTONA USA**
1801 W. International Speedway
Boulevard
Daytona Beach, FL 32114
Tel. (386) 681-6800
www.daytona500experience.com

### EVENTS

**NASCAR Speed Weeks**
**Daytona 500**
Höhepunkte im jährlichen Veranstaltungskalender sind die Autorennen im Februar. Eine rechtzeitige Ticket-Reservierung ist dringend angeraten.

**Bike Week – Daytona 200**
Alljährlich Anfang März treffen sich weit über 300 000 Biker aller Altersklassen im schwarzen Leder-Outfit mit ihren blitzenden Harleys, Hondas, BMWs und vielen anderen Marken in Daytona Beach zu einem ausgelassenen Stelldichein. Höhepunkt ist jenes weltberühmte Motorradrennen, das erstmals 1942 auf dem Strand von Daytona ausgetragen worden ist.

**Biketoberfest**
Im Oktober treffen sich Biker aus allen Ecken der USA zum fröhlichen Stelldichein in Daytona Beach.

### SHOPPING

Daytona Beach ist nicht für Flaneure angelegt. Einzige Ausnahme: Die Beach Street zwischen Bay Street und Orange Avenue, auch *Riverfront Marketplace* genannt. Hier gibt es hübsche Kleiderboutiquen, Galerien und Antiquitätengeschäfte.
**Daytona Flea & Farmer's Market**, über 1000 Stände (2987 Bellevue Ave., an der Kreuzung I-95/US-92; Öffnungszeiten: Fr., Sa., So. 9.00 bis 17.00 Uhr).

### ANGELN

Angeln von der Main Street Pier aus – eine erholsame und auch soziale Alternative zum Grillen in der Sonne. Angelruten, Köder und Lizenz gibt es in den »Bait Shops«.

### ESSEN

▶ **Erschwinglich**

① **Anna´s Italian Trattoria**
304 Seabreeze Blvd.
Tel. (386) 239-9624
Gute italienische Küche. Bestens: die hausgemachten Ravioli.

② **Angell & Phelps Cafe**
156 South Beach Street
Tel. (386) 257-2677
Lokal mit schmackhafter amerikanischer Küche, dazu gute Weine.

### ÜBERNACHTEN

▶ **Komfortabel**

① **Plaza Resort & Spa**
600 N. Atlantic Ave.
Tel. (386) 255-4471
www.plazaresortandspa.com
323 Zimmer und Suiten
Kürzlich renoviertes Haus in zentraler Lage.

② **Inner Circle Mayan Inn**
103 South Ocean Ave.
Tel. (386) 252-23 78
www.daytonahotels.com/mayan
112 Zimmer und Suiten
Großzügig bemessene und gut ausgestattete Räumlichkeiten.

## *Daytona Beach* Orientierung

Übernachten
1 Plaza Resort & Spa
2 Inner Circle Mayan Inn

Essen
1 Anna's Italian Trattoria Angel
2 & Phelps Cafe

## Sehenswertes in Daytona Beach

**★**
**Strand**
Menschen in allen Formen, jeden Alters und aus allen Ecken des Landes: Der bis zu 150 m breite, in der Ferne verschwimmende Sandstreifen zaubert allen jenes entrückte, Zufriedenheit rundum signalisierende Lächeln ins Gesicht. Einer der Brennpunkte am Strand ist die rund 200 m lange, auf hölzernen Stelzen stehende **Main Street Pier**. Hier können Angler in »bait shops« Köder kaufen, bevor sie am Ende der Pier die Leinen auswerfen. Ein Restaurant, eine Kneipe, ein Aussichtsturm mit dem optimistischen Namen »Space Needle« und der »Sky Lift«, eine altersschwache, sessellift-ähnliche Einrichtung, sind weitere Attraktionen. Vom quirligen Ende der Main Street führt der **Boardwalk**, eine von vielen Strandlokalen und T-Shirtläden gesäumte Strandpromenade, mehrere Blocks nach Süden und Norden.

**Museen**
»Beach Life« wird riesengroß geschrieben, doch Daytona Beach überrascht auch mit ein paar kulturellen Höhepunkten. Dazu gehört das **Museum of the Arts & Sciences**. In weitläufigen Sälen präsentiert es so unterschiedliche Objekte wie afrikanische Masken, vom früheren kubanischen Diktator Batista gespendete Gemälde und Skulpturen früher kubanischer Künstler sowie das riesige Skelett eines prähistorischen Faultiers (1040 Museum Blvd.; Öffnungszeiten: Di. – Sa. 9.00 – 17.00, So. 11.00 – 17.00 Uhr).
Das **Halifax Historical Museum**, in einer früheren Bank mit klassischem Portikus untergebracht, bietet einen spannenden, mit histori-

schen Fotos dokumentierten Querschnitt durch die rasante Geschichte der Stadt (252 S. Beach St.; Öffnungszeiten: Di. – Sa. 10.00 bis 16.00 Uhr).

Das Kapitel der schwarzen Bevölkerung von Daytona Beach vertieft die **Mary McLeod Bethune Foundation** mit Erinnerungen an die hier geborene Bürgerrechtlerin (640 Mary McLeod Bethune Blvd.; Öffnungszeiten: n. V., Tel. 386-255-1401 ext. 372).

**★ ★**
**Daytona USA**

4 mi/6,5 km landeinwärts liegt es, das Heiligtum aller amerikanischen Autonarren. Die ovale 3,5 mi/5,6 km lange **Rennstrecke** ist 13 m breit, die Kurven sind stark überhöht (31% Neigung!), um hohe Geschwindigkeiten realisieren zu können. An 10 Wochenenden im Jahr finden Rennen statt, wobei sich bis 300 km/h schnelle Stock Cars, bis zu 270 km/h schnelle Motorräder und bis zu 200 km/h schnelle GoCarts messen. Außerhalb der Rennveranstaltung finden vielerlei andere Events statt. Tickets sind schnell ausverkauft. Besonders für das »Daytona 500« wird frühes Buchen empfohlen.

Die Geschichte des hiesigen Rennsports ist im **World Center of Racing Visitor Center** multimedial aufbereitet (Daytona 500 Experience im Osten des Speedway, 1801 W. International Speedway Blvd.; Öffnungszeiten: Di. – Sa. 9.00 – 17.00, So. 11.00 – 17.00 Uhr).

*Die Boliden rasen über den heißen Asphalt von Daytona.*

## Umgebung von Daytona

**Ormond Beach** Ca. 6 mi/10 km nördlich von Daytona erreicht man das von modernen Apartmentauten und Resorts geprägte Ormond Beach, das heute über 40 000 Einwohner zählt. Nach dem Bahnanschluss durch Flaglers East Coast Railroad sowie nach der 1887 erfolgten Fertigstellung des Ormond Hotel mit dazugehörigem Golfplatz wurde der Ort zum mondänen **Seebad**, in dem sich der amerikanische Geldadel der damaligen Zeit – Vanderbilt, Rockefeller usw. – in den Wintermonaten ein Stelldichein gab. Übrigens: Das erste Autorennen in dieser Gegend fand 1902 nicht in Daytona, sondern am Strand von Ormond statt.

**! Baedeker TIPP**

**Einmal Harley fahren ...**
Amerikas größter Harley-Davidson-Laden befindet sich in Ormond Beach (1637 N US 1) Hier werden diese Motorrad-Klassiker nicht nur verkauft, sondern auch vermietet (Tel. 1-888-642-3464; www.daytonaharleydavidson.com).

★
**Bulow Plantation Ruins State Historic Site**
Weiter nördlich zweigt eine Straße zu den Ruinen der 1821 von Major Ch. W. Bulow gegründeten Plantage ab. Bis zu ihrer Zerstörung im 2. Seminolenkrieg wurden hier Baumwolle, Zuckerrohr und Indigo kultiviert. Vom Herrenhaus sind nur noch die Fundamente zu sehen. Ein Fußweg führt an den ehemaligen Sklavenquartieren vorbei zur Ruine der Zuckermühle. Im Visitor Center wird die Geschichte der Plantage dargestellt (Öffnungszeiten: tgl. 9.00 – 17.00 Uhr).

★
**Ponce de León Inlet Lighthouse**
Ca. 10 mi/16 km südlich von Daytona Beach ragt der 1887 errichtete Leuchtturm als 50 m hoher Zeigefinger aus roten Klinkern in den Himmel. Von seiner Plattform bietet sich ein toller Rundblick. Im ehemaligen Haus des Leuchtturmwärters kann man sich über die Geschichte der örtlichen Seefahrt informieren (Öffnungszeiten: tgl. 10.00 – 19.00 Uhr).

**Marine Science Center**
Hier erfährt man alles über Pflanzen und Tiere der hiesigen Küste. Ein besonderes Highlight ist das Gehege für **Meeresschildkröten** (Ponce Inlet, 100 Lighthouse Dr.; Öffnungszeiten: Di. – Sa. 10.00 bis 16.00, So. 12.00 – 16.00 Uhr).

★
**New Smyrna Beach**
Knapp 12 mi/20 km südlich von Daytona liegt New Smyrna Beach (23 000 Einw.) geschützt hinter einer Barriere-Insel. In der zweiten Hälfte des 18. Jh.s versuchten **griechische Einwanderer** unter Führung eines schottischen Arztes, hier eine Plantage anzulegen. Der Schotte benannte die neue Kolonie nach dem Geburtsort seiner aus Kleinasien stammenden Gemahlin.

New Smyrna Sugar Mill ▶
Im Westen findet man die Ruine einer Zuckermühle, die von 1830 bis 1835 Mittelpunkt einer großen Zuckerrohrplantage war. Nach den gescheiterten Bestrebungen der Bundesarmee, alle Seminolen in Gebiete westlich des Mississippi umzusiedeln, überfielen 1835 aufge-

brachte Indianer die Kolonie New Smyrna, führten Vieh und Sklaven fort und steckten die Plantage in Brand. **Damit begann der Zweite Seminolenkrieg** (Öffnungszeiten: tgl. 10.00 bis 17.00 Uhr).

◷

**DeLand**

Vom Touristenrummel noch verschont ist dieses ca. 25 mi/40 km westlich von Daytona gelegene Städtchen. Der New Yorker **Fabrikant Henry DeLand** wollte in den 1870er-Jahren ein modernes Athen in Florida errichten. Hier wurde 1886 mit finanzieller Unterstützung des Herstellers der Stetson-Hüte eine Privat-Uni gegründet. Auf dem Universitäts-Campus kann man eine **Kunstgalerie** und eine **Mineraliensammlung** besichtigen. Das **Museum of Florida Art** am Woodland Boulevard zeigt Wechselausstellungen bekannter Künstler. In der indianischen Abteilung gefallen vor allem Korbwaren und Keramik (Öffnungszeiten: Di. – Sa. 10.00 – 16.00, So. 13.00 – 16.00 Uhr).

◷

Ca. 5 mi/8 km nördlich von De Land erstreckt sich die De León Springs State Recreation Area. Auf dem Gelände einer ehemaligen Zuckerplantage kann man in einem Jungbrunnen baden, tauchen, schnorcheln, paddeln oder auf einem Nature Trail wandern.

◄ De León Springs

Einige Meilen nördlich außerhalb von De Land, am US 17, befindet sich **eines der größten Gestüte Floridas**, auf dem mehrere Hundert Pferde aufgezogen werden. Auf der zum Gestüt gehörigen Rennbahn finden im Winterhalbjahr hochkarätige Wettbewerbe statt.

◄ Spring Garden Ranch

# ★ Everglades National Park

**H/J 7**

**Region:** Southeast
**Fläche:** 5661 km²

**Höhe:** 0 – 5 m ü.d.M.
**Telefonvorwahl:** 305

**Wie so oft stammt auch dieses Mal der schönste Name von den Indianern: »Pa-hay-okee« nannten sie dieses riesige Feuchtgebiet, »Fluss aus Gras«.**

**Immer in Bewegung**

Nebenbei stellten sie auch ihre hervorragende Beobachtungsgabe unter Beweis. Denn genau genommen sind die Everglades keine Sumpflandschaft, sondern ein Fluss, der so langsam fließt, dass man seine Strömung mit bloßem Auge kaum wahrnimmt: So braucht ein Liter Wasser über einen Monat, um in dem 80 km breiten, aber nur knietiefen »Fluss« Süd-Florida zu durchqueren.

Früher bedeckten die Everglades gut ein Drittel Floridas. Im Norden und Osten wurden sie durch Trockenlegung jedoch in Ackerland verwandelt. Entlang ihrer Ostgrenze reicht der Gartenbau stellenweise bis an den Nationalpark heran. Auf den ersten Blick wirkt diese platte **Sumpf- und Marschlandschaft** eintönig, verloren, ja langweilig. Ihr in Wirklichkeit unvergleichlicher Charme enthüllt sich erst beim näheren Hinsehen. Faszinierend ist vor allem, dass minimalste Niveauunterschiede hier völlig unterschiedliche Ökosysteme hervorge-

*Mitten in den Everglades: Ein Anhinga (Schlangenhalsvogel) trocknet sein Gefieder.*

bracht haben. Während sich im Küstenbereich **Mangrovendickichte** ausbreiten, folgen landeinwärts **Salzgrassteppen**, auf denen abgehärtete Arten wie Kakteen gedeihen. Wo Süßwasser zufließt, entstanden die klassischen Feuchtgebiete, mit **Hammocks** als einzigen Akzenten am Horizont. Diese Bauminseln bestehen aus Mahagonibäumen, Würgefeigen und Gumbolimbobäumen. Nur wenige Zentimeter tiefer bilden bis zu drei Meter hohe **Riedgräser**, die hier wegen ihrer gezähnten Ränder »Sawgrass« gennant werden, undurchdringliche Dickichte. Im Norden schließlich erstrecken sich endlose, geisterhaft wirkende **Zypressensümpfe**.

## Fahrt durch den Everglades NP (FL 9336)

**In einer anderen Welt**

Der eine Autostunde westlich von Miami beginnende Everglades National Park wurde 1947 von US-Präsident Harry S. Truman gegründet und ist das **einzige subtropische Schutzgebiet in Nordamerika**. Seine Tierwelt ist ebenso vielfältig wie seine Flora: Alligatoren leben hier und in ihrem Bestand bedrohte Amerikanische Krokodile. Wildkatzen stellen Hochwild nach, Delfine tummeln sich in den von Mangrovenwäldern umrahmten meernahen Wasserläufen. Hinzu kommen 345 verschiedene Vogelarten.

Die etwas südwestlich von Homestead beginnende und in Flamingo an der Florida Bay endende FL 9336 bietet einen guten Überblick. Gleich am Parkeingang bereitet das **Ernest F. Coe Visitor Center** (Öffnungszeiten: tgl. 9.00 – 17.00 Uhr) mit Ausstellungen, Broschüren und Moskitospray auf den Ausflug vor. Es ist das erste von fünf Besucherzentren des Nationalparks, die in jeweils verschiedenen Biotopen eingerichtet sind. 2 mi/3 km weiter folgt das **Royal Palm Visitor Center** (Öffnungszeiten: tgl. 8.00 – 16.15 Uhr). Hier beginnen mehrere Spazier- und Wanderwege. Der 800 m lange **Anhinga Trail** führt als Plankenweg durch eine von Riedgras (Sawgrass) bedeckte

Marsch, in der man Alligatoren, Schildkröten, Otter, Anhinga genannte schwarze Schlangenhalsvögel und diverse Kranicharten beobachten kann. Der **Gumbolimbo Trail** schlängelt sich durch ein Dickicht aus Königspalmen und Gumbolimbo-Bäumen. Der **Pineland Trail** (11 km westlich vom Parkeingang) führt durch märchenhaft wirkendes Palmettodickicht, der **Pahayokee Overlook Trail** (21 km westlich) endet an einer Aussichtsplattform über dem »River of Grass«. 32 km nach dem Parkeingang beginnt der **Mahogany Hammock Trail**, ein Steg durch einen Dschungel aus Mahagoni-Bäumen.

Kurz vor Flamingo beginnt gleich ein knappes Dutzend schöner Wege. Der 400 m lange **West Lake Trail**, in der Übergangszone zur Küste liegend, schlängelt sich durch einen Mangrovenwald am Ufer des West Lake, eines Brackwassersees, entlang. Ein anderer, der 2,6 km lange **Snake Bight Trail**, entführt in einen Dschungel aus Dutzenden tropischer Harthölzer, für Vogelfreunde ein Paradies.

Am Ende der Straße und 60 km hinter dem Parkeingang liegt Flamingo mit dem **Flamingo Visitor Center** (Öffnungszeiten: tgl. 9.00 bis 16.30 Uhr). Das Restaurant und das Hotel sind nach Zerstörungen durch Wirbelstürme noch nicht wieder aufgebaut. Fast scheint es, als ob hier vor hundert Jahren mehr los war. Damals war Flamingo ein Fischerhafen mit drei Dutzend auf Stelzen stehenden Häusern, und angeblich gab es so viele Moskitos, dass das Licht der Öllampen in ihren Wolken verlöschte. Heute ist solches Ungemach nicht mehr zu befürchten, und wer hierher kommt, will »versumpfen«. Ausflugboote, Kajaks und Kanus helfen dabei und zwar von der Marina in Flamingo (▶ Everglades erleben) aus. Tatsächlich ist die Paddeltour auf einem der acht Kanu-Trails rund um Flamingo die beste Art, die Everglades und ihre Bewohner aus nächster Nähe zu erleben.

◀ Flamingo
🕐

*Ob dieser Alligator wohl schon satt ist?*

## ▶ EVERGLADES NATIONAL PARK ERLEBEN

### AUSKUNFT

**Everglades National Park**
40001 State Rd. 9336
Homestead, FL 33034-6733
Tel. (305) 242-7700
Fax (305) 242-7711
www.nps.gov/ever/

**Everglades Area
Chamber of Commerce**
P.O. Box 130
Everglades City, FL 34139
Tel. (239) 695-3941
www.evergladeschamber.com

### SAISON

Die beste Zeit für einen Besuch der
Everglades sind die trockenen Win-
termonate (Nov. – April), in denen
sich Landtiere und Zugvögel an den
Gewässern (Brackwasserseen, Kanäle,
etc.) versammeln. Im regenreichen
Sommer (Mai – Okt.) dagegen stehen
die Riedgrasprärien unter Wasser. Die
Zugvögel sind fort, dafür gibt es
Myriaden von Moskitos!

### VORSICHTSMASSNAHMEN

Bei Wanderungen abseits der befes-
tigten Wege, beim Camping oder
Picknick ist die Einhaltung von Vor-
sichtsmaßnahmen unerlässlich. Man
trifft hier die giftige Coral Snake, die
schwarze Wassermokassinschlange sowie die Diamondback Snake und eine
Zwergklapperschlangenart. Vorsicht ist
auf jeden Fall bei den Alligatoren
geboten, aber auch bei den »niedli-
chen« Waschbären, die gerne Essens-
reste untersuchen oder betteln. Das
Füttern von Tieren im Nationalpark
ist untersagt. Im Schutzgebiet kommen auch einige giftige Pflanzen vor,
z. B. die Kletterpflanze Poison Ivy
(Rhus Radicans) oder das Gehölz
Poisonwood (Metopium Toxiferum),

das ein Verwandter des Essigbaumes
ist. Kontakt mit diesen Pflanzen, vor
allem mit deren Säften, kann zu
schlimmen Erkrankungen führen.
Dringend angeraten ist ein
Insektenschutzmittel.

### AKTIVITÄTEN

Im Nationalpark sind Kanus und
Kajaks die idealen Fortbewegungsmittel: Nur so erlebt man die tieri-
schen Bewohner aus nächster Nähe.
Die Kanu-Trails sind unterschiedlich
lang und reichen vom einstündigen

*Gefürchteter Kostgänger
in den Everglades*

Trip bis zur mehrtägigen Expedition. Everglades City und Flamingo sind gute Ausgangspunkte. In Flamingo können Kanus bzw. Kajaks zu vernünftigen Preisen in der Marina gemietet werden. In Everglades City vermietet »Everglades National Park Tours« (Tel. 239/695-2591) Kanus. Das Ivey House B & B (s. unten) organisiert von Biologen und Outdoor-Experten geführte Paddeltouren unterschiedlicher Länge durch die Mangrovenwälder der Ten Thousand Islands an. Experten begleiten ferner die zweistündigen, von Shark Valley ausgehenden »Tram Tours« (tgl. 9.30, 11.00, 13.00, 15.00 Uhr).

## ESSEN

### ▶ Erschwinglich

**Oyster House Restaurant**
901 Copeland Ave.
Everglades City
Tel. (239) 695-2073
Meeresfrüchte aller Art gibt es im altmodischen Fischrestaurant am Golf von Mexiko.

**Ghost Orchid Grill**
107 Camellia Street
(im Ivey House B&B)
Everglades City
Tel. (239) 695-3299
Bestes Restaurant am Ort, Seafood nach modernen italienischen Rezepten. Empfehlung: »Gator Chowder« (Alligatoren-Suppe).

### ▶ Preiswert

**El Toro Taco**
1 S. Krome Avenue
Homestead
Tel. (305) 245-8182
Hausgemachte Tortilla Chips, Fajitas und Burritos, aufmerksamer Service.

**Joanie's Blue Crab Café**
39395 Tamiami Trail, Ochopee

(ca. 500 m hinter der Ochopee Post Office), Tel. (239) 695-2682 Öffnungszeiten: tgl. 9.00 – 17.00 Uhr Klassisches Swamp-Café, mit ausgestopften Eulen und Postkarten aus aller Welt als Deko. Spezialitäten: »Gator Nuggets«, Sandwiches, schwarze Bohnen und Reis.

## ÜBERNACHTEN

Übernachtungsmöglichkeiten in der Nähe des Nationalparks sind ziemlich rar und einfach dazu. Einige empfehlenswerte Herbergen gibt es in Everglades City am Golf von Mexiko und Homestead.

### ▶ Komfortabel

**Ivey House B & B**
107 Camellia Street
Everglades City, FL
Tel. (239) 695-3299
www.iveyhouse.com
29 Zimmer
Hübsche Zimmer in tropischem Dekor, Pool. Ausrüster für Kanutouren im Haus.

**Travelodge Florida City**
409 SE 1st Ave/US 1
Florida City
Tel. (305) 248-9777
www.travelodge.com
88 Zimmer und Suiten
Das kürzlich renovierte Motel ist ein guter Stützpunkt für die Erkundung der Everglades.

### ▶ Günstig

**Captains Table
Lodge & Villas**
102 E. Broadway
Everglades City, FL
Tel. (239) 695-4211
www.captainstablehotel.com
Einfache Unterkunft mit mehreren sauberen Zimmern und Apartments (Kochnischen für Selbstversorger).

## Der Tamiami Trail (US 41)

**Die Everglades für Eilige**

Die Straße quer durch den südlichen Zipfel der Halbinsel Florida ist das Gemeinschaftswerk zweier Städte. 1928 beschlossen die beiden Städte ▶ Miami und ▶ Naples, eine Straßenverbindung quer durch den »River of Grass« zu bauen. Das Resultat war der **Highway US 41**, bekannter als **»Tamiami Trail«**. Wo einst Gefangene, Einwanderer und Tagelöhner im Feuerschutz von Alligatorenjägern die Trasse durch die Sümpfe trieben, fährt man heute in drei, vier Stunden den Nordrand des Nationalparks ab und hat dabei auch noch reichlich Zeit für Sightseeing.

**Shark Valley**

Erster Stop: das **Shark Valley Visitor Center** (Öffnungszeiten: tgl. 9.15 – 17.15 Uhr). Von hier aus führt ein 15 mi/24 km langer und asphaltierter Rundweg ein Stück weit in eine endlos wirkende Süßwassermarsch. Während einer von Parkrangern begleiteten Busfahrt (▶Everglades erleben) sieht man Alligatoren, Otter, Waschbären und zahllose Watvogelarten. Allein schon der weite Blick vom Beobachtungsturm am Scheitelpunkt des Weges lohnt den Abstecher vom Tamiami Trail.

*Viel zu sehen bekommt man bei einem Ausflug mit dem Ranger durch die Everglades.*

Hingegen ist die viel besuchte **Indianersiedlung** ein paar Meilen weiter westlich eine zwiespältig erscheinende Angelegenheit. An einigen Souvenirständen und in den recht fotogen eingerichteten Werkstätten bieten Miccosukee-Indianerinnen und -indianer hübsches Kunsthandwerk an. Ferner werden Besucher zu Ausflügen in die sumpfige Wildnis mit dem Airboat eingeladen. Und dann ringen da noch kräftige junge Indianer vor den Kameras der Touristen mit Alligatoren (Öffnungszeiten: tgl. 9.00 – 17.00 Uhr).

**Miccosukee Indian Village**

◷

◄ Wichtiger Hinweis

Entlang des Tamiami Trail laden Eigner propellerbetriebener »Airboats« zu Ausflügen in die Sumpflandschaft der Everglades ein. Im Nationalpark selbst sowie im nördlich anschließenden Big Cypress National Reserve sind Unternehmungen mit diesen ebenso schnellen wie ohrenbetäubend lauten Propellerbooten allerdings verboten.

Wenige Autominuten weiter westlich gelangt man in die Big Cypress National Preserve, ökologisch gesehen die Fortsetzung des Everglades-Nationalparks ist. In diesem Rückzugsgebiet kann man zahlreiche vom Aussterben bedrohter Tierarten beobachten, darunter Waldstörche, Florida-Panthers und Schmuckreiher. Etwa halbwegs zwischen Miami und Naples informiert das Big Cypress Visitor Center at Oasis (Öffnungszeiten: tgl. 9.30 – 16.30 Uhr) über ökologische Zusammenhänge und den neuesten Stand in Sachen Umweltschutz.

**Big Cypress National Preserve**

◷

Bei Ochopee, einer im Busch verstreuten Ansiedlung, wartet eine Attraktion anderer Art: Das weiße Häuschen am Wegesrand, neben dem eine riesige US-Flagge flattert, beherbergt das **kleinste Postamt der USA**. Touristen geben hier gerne ihre Kartengrüße auf. Das Post-Personal garantiert rund 900 in der Umgebung lebenden Indianern, Jägern und Fischern den Kontakt mit der Außenwelt.

✷

**Ochopee Post Office**

Westlich von Copeland breitet sich dieses herrliche Naturschutzgebiet aus. Hier hat der sich auflösende Kalkstein längliche Mulden (»strands«) hinterlassen, die sich im Laufe der Zeit in ausgesprochen fotogene **Zypressensümpfe** verwandelt haben. Ein paar Autominuten weiter westlich auf dem Tamiami Trail erreicht man den Haupteingang zu diesem schutzgebiet. Dort führt ein kilometerlanger Plankenweg durch fast schon tropischen Dschungel zu einem Beobachtungspunkt, von dem aus man Alligatoren, Schildkröten und allerlei Vögel beobachten kann.

✷

**Fakahatchee Strand Preserve**

Südlich liegt Everglades City (500 Ew.), das selbst ernannte »Gateway to the Ten Thousand Islands«. Tatsächlich ist das von wirklich sehr üppigem Grün umfasste Nest am Nordwestrand des Everglades National Park eine gute Basis für Expeditionen in den Park. Angebote werden Bootstouren durch das **Ten Thousand Islands** genannte Mangroven-Labyrinth im Westen. Noch näher dran ist man in Kanus oder Kayaks, mit oder ohne Führer. Unter den hier am Straßenrand werbenden Veranstaltern sollte man jedoch weise wählen!

**Everglades City**

◄ weiter auf S. 188

*Floridas »Fluss aus Gras« wird gegenwärtig mit hohem finanziellem Aufwand renaturiert.*

# EVERGLADES IN GEFAHR

**Seit den 1920er-Jahren wurde der nördliche Teil der damals noch bis in den Raum des heutigen Lake Okeechobee reichenden Everglades großflächig trockengelegt, um Flächen für die Landwirtschaft zu gewinnen, insbesondere für den Anbau von Rohrzucker. Diese Wasserbaumaßnahmen haben sich als verhängnisvoll erwiesen. Die Strömungsverhältnisse und das ökologische Gleichgewicht in dem »Fluss aus Gras« wurden nachhaltig gestört.**

Sehr lange wurde die Urbarmachung dieser Sumpfwildnis als technische Meisterleistung des U.S. Army Corps of Engineers bejubelt. Den Rest glaubte man eingrenzen und damit für immer unter Schutz stellen zu können. Doch in den 1990er-Jahren änderte sich der Blickwinkel. Man hatte in der bis dahin herrschenden Technikgläubigkeit übersehen, dass dieses Feuchtgebiet vom **fließenden Wasser** lebt. Eindeichung, Kanalisierung und vor allem die übermäßige Wasserentnahme gefährden bis heute den Bestand des Nationalparks ebenso wie die von den umliegenden Agrarflächen einsickernden Dünge- und Pflanzenschutzmittel. Überdies hat die teilweise Trockenlegung der Sumpflandschaft zu einer Störung des regionalen Klimas geführt: In Florida kam es zu einem spürbaren Temperaturrückgang, denn flache, von Landwirtschaft und Gartenbau genutzte Flächen halten Wärme weniger gut als Feuchtgebiete.

## Wiederherstellung der Strömungsverhältnisse

Nunmehr ist man seit einigen Jahren bestrebt, die Strömungsverhältnisse sowie das ökologische Gleichgewicht

in den Everglades wiederherzustellen. Es wurden **Rückhaltebecken für Abwässer** in angrenzenden Rinderweiden und landwirtschaftlichen Betrieben angelegt. Anno 2008 wollte der Bundesstaat Florida für knapp 2 Mrd. Dollar Zehntausende Hektar Farmland zwischen dem Lake Okeechobee und dem Everglades National Park aufkaufen, die wieder vernässt werden sollen. In jüngerer Zeit wurden immer wieder neue Gesetze zum Schutz der Everglades ersonnen. 89 Millionen Dollar aus dem Wetlands Reserve Programm stellte die Bundesregierung im Juli 2010 bereit zur Stilllegung landwirtschaftlich genutzter Flächen. Diese liegen in einem für die **Renaturierung** vorgesehenen Korridor, der künftig Zentralflorida mit dem Everglades National Park verbinden soll. Von dieser Maßnahme verspricht man sich auch eine Verbesserung der Wasserqualität im Lake Okeechobee und in den Everglades.

## Zukunft ungewiss

Die Resultate der bislang getroffenen Maßnahmen entsprechen allerdings nicht den Erwartungen: Die Politiker in Tallahassee und Washington sitzen zwischen allen Stühlen, mit Umweltschützern auf der einen sowie Landwirtschaft bzw. Landbaronen auf der anderen Seite. **Halbherzige Maßnahmen** und zugunsten politischer Lobbies modifizierte Gesetze sind die Folge. Zudem hat die **Immobilien- und Finanzkrise** der Jahre 2007 bis 2010 für weitere Rückschläge im Bemühen um die Rettung der Everglades gesorgt. Von den ursprünglich angedachten knapp 2 Mrd. Dollar für den Ankauf von Farmland stand 2010 nur noch ein Bruchteil zur Verfügung. Und einflussreiche Kreise, darunter auch namhafte Landbarone, sprechen von einer Verschwendung von Steuergeldern. Inzwischen scheint das ganze Projekt auf die lange Bank geschoben zu sein.

# ✱ Florida Keys

**H/J 7/8**

**Region:** Southeast
**Bewohnerzahl:** 80 000

**Höhe:** 0 – 3 m ü.d.M.
**Telefonvorwahl:** 305

**Vor der Südspitze Floridas kleckern die USA förmlich aus in Gestalt der Florida Keys. Es sind über 400 Inseln, 30 davon durch den spektakulären Overseas Highway miteinander verbunden. Die Keys sind eine Welt für sich. Auf der grandiosen Straße über das Meer atmet man den berühmten »Key Spirit«. Wer ihn in vollen Zügen inhalieren möchte, der muss sich aber ins »Backcountry« aufmachen zu den nur per Boot erreichbaren Inseln mit ihrer wunderschönen tropisch-bunten Unterwasserwelt.**

**Riffe und Klippen in smaragd-grünem Wasser**

Juan Ponce de León, 1513 erster verbürgter Europäer in diesen flachen Gewässern, wird die buntschillernden Riff-Bewohner kaum wahrgenommen haben. Als tiefgläubiger Katholik nannte er die aus dem smaragdgrünen Wasser steigenden Koralleninseln »Los Martíres«: Sie erinnerten ihn – aus der Ferne vermutlich – an leidende Menschen. Während der nächsten 300 Jahren boten die Keys – das Wort ist eine Verballhornung des spanischen Begriffs für ein Riff bzw. eine Klippe = »cayo« – Piraten Unterschlupf. Erst um 1800 begann die Besiedlung der größeren. Fischfang und »wrecking«, das Bergen und Verhökern von Gütern der an den Riffs zerschellten Schiffe, brachten Geld in die Kassen – so viel, dass Key West um 1850 kurzzeitig die reichste Stadt der USA war.

Bis zum 20. Jh. waren die Keys nur per Schiff erreichbar, dann kam Henry Flagler. »Alles, was wir müssen«, soll der Eisenbahn-Mogul gesagt haben, »ist, einen Betonpfeiler hinter den anderen zu setzen,

---

## *Highlights* Florida Keys

### John Pennekamp Coral Reef State Park
Mit Taucherbrille, Schnorchel und Schwimmflossen durch eine herrlich farbenfrohe Unterwasserwelt.
▶ **Seite 190**

### Tarpons füttern
Die bis zu 2,50 m langen Fische kann man auf Robbie's Pier auf Islamorada füttern: ein feucht-fröhliches Spektakel!
▶ **Seite 192**

### Hidden Harbor Turtle Hospital
In dem Schildkröten-Krankenhaus in Marathon kümmern sich Freiwillige rührend um verletzte Schildkröten, die der Freizeitindustrie in die Quere kamen.
▶ **Seite 193**

### Bahia Honda State Park
Karibische Insel-Idylle, mit Palmen, Stränden und Surfbrettverleih.
▶ **Seite 194**

*Ist das nicht herrlich? Ein hübsches Plätzchen auf Islamorada*

dann sind wir schnell in Key West«. So einfach war es nicht, doch am 22. Januar 1912 setzte die **East Coast Railroad** ihren 83-jährigen Boss in Key West ab. Die nächsten 20 Jahre verband »Flagler´s Folly« die Keys mit dem Rest der Welt. 1935 zerstörte ein Hurrikan die Trasse, doch die neuerliche Isolation der Insulaner währte nicht lange. Zweieinhalb Jahre später wurde auf den Trümmern der Flagler-Bahn der US-1 eröffnet, der 113 mi/182 km lange **Overseas Highway** mit seinen 42 Brücken. Und fortan kamen die Touristen.

Vom Tourismus leben die »Conchs« genannten Inselbewohner bis heute. Millionen Touristen kommen jährlich über den Highway auf die Keys – mit Folgen für die Tierwelt. Meeresschildkröten, Seekühe und Korallenriffe werden von Freizeitkapitänen bedroht, die zierlichen, nur hier lebenden Key-Hirsche von Autofahrern.

Die größte Gefahr, die Klimaerwärmung, bleibt vorerst unsichtbar. Doch bis der steigende Meeresspiegel sichtbar an den Inselrändern kratzt, werden wohl noch ein paar Jahre vergehen. Bis dahin bleiben die Keys ein Paradies für Wassersportler, Angler und Faulenzer, und Key West, die südlichste Stadt der festländischen USA, bleibt Amerikas liberalster **Treffpunkt für Künstler und Lebenskünstler**.

Für einen Ausflug auf die Keys sollte man von Miami aus mindestens drei Tage veranschlagen. Die Orientierung ist ein Kinderspiel: Der Overseas Highway ist die einzige Straße. Er beginnt in Florida City und endet in Key West. Und kleine grüne Markierungen am rechten Straßenrand, sog. Mile Marker, halten einen über die bis Key West noch zurückzulegende Entfernung auf dem Laufenden.

## Upper Keys

Als Upper Keys werden die am weitesten im Norden gelegenen Inselchen der gesamten Kette bezeichnet. Die größten – es sind dies Key Largo, Tavernier und Islamorada – sind als Tauch- und Angelsportzentren die bevorzugten Wochenendziele vieler Städter aus dem Ballungsraum Miami und deshalb auch sehr stark touristisch überprägt. Trotzdem: Auch auf den Keys lohnen etliche Sehenswürdigkeiten einen Besuch.

**Key Largo**

Diese 31 km² große und 12 000 Bewohner zählende Insel Key Largo mit dem gleichnamigen etwas gesichtslosen Hauptort wartet mit etlichen Hotels und Motels auf.

**John Pennekamp Coral Reef State Park** ★★

Professionell wird auch – inzwischen muss man sagen: Gott sei Dank! – der John Pennekamp Coral Reef State Park (MM 102.6; Öffnungszeiten: tgl. 8.00 – 17.00 Uhr) betrieben. 1963 eingerichtet und nach einem gegen die Zerstörung der Keys anschreibenden Redakteur des »Miami Herald« benannt, schützt dieses **erste Unterwasser-Naturschutzgebiet der USA** das bis nach Key West reichende Korallenriff. Die kalkigen, viele Jahrtausende alten Korallenablagerungen beherbergen eine kunterbunte Welt tropischer Unterwasserfauna und -flora. Diese können vom Glasbodenboot aus oder im Rahmen von Schnorchel- bzw. Tauchausflügen erkundet werden. Die Mangrovenwälder im Schutzgebiet lassen sich am besten per Kajak oder Kanu erforschen.

! **Baedeker TIPP**

**Wo sich Fisch und Krebs Gute Nacht sagen**

Room Service, Pizza-Dienst und morgens die Tageszeitung: Nichts Besonderes, Hotelalltag. In der Emerald Lagoon vor Key Largo werden diese Dienste jedoch ein paar Meter unter dem Meeresspiegel angeboten. Jules´ Undersea Lodge, eine Unterwasser-Forschungsstation aus den 1970er-Jahren, besteht aus zwei gemütlichen Zimmern und einem Gemeinschaftsraum und ist besonders bei tauchenden Flitterwöchnern beliebt. Natürlich kann man hier auch tauchen lernen. Adresse: 51 Shoreland Drive, Key Largo, Tel. (305) 451-2353, www.jul.com

Am Ortseingang der im Palmetto- und Hibiskusgebüsch dösenden 2000-Einwohner-Siedlung Tavernier auf dem gleichnamigen Insel-

**Tavernier**

chen liegt etwas versteckt das **Florida Keys Wild Bird Rehabilitation Center** (MM 93.6, Öffnungszeiten: tgl. 8.30 – 17.30 Uhr). Verletztes Federvieh wird hier nach Kollisionen mit Kraftfahrzeugen oder Motorbooten von Freiwilligen wieder aufgepäppelt. Danach lohnt sich das Flanieren durch Taverniers restaurierte 100 Jahre alte **»Altstadt«**, die noch aus der Zeit der Ananasplantagen stammt, mit dem pinkfarbenen ehemaligen **Tavernier Hotel**, das als Kino begann und 1935 als Lazarett für Hurrikan-Opfer diente. Unweit davon liegt der **Harry Harris Park** (MM 92.5), eine schöne Anlage mit Sandstrand, Picknickplätzen und Live-Musik am Wochenende.

# ► UPPER KEYS ERLEBEN

## AUSKUNFT

*Key Largo Chamber of Commerce*
*Florida Keys Visitor Center*
Milemarker 106
Key Largo
Tel. (305) 451-4747
www.keylargo.org

*Islamorada Chamber of Commerce*
*Visitor Center*
Milemarker 83,2
Islamorada
Tel. (305) 664-4503
www.islamoradachamber.com

## AKTIVITÄTEN

Neben den von der Parkverwaltung angebotenen Boots-, Tauch- und Schnorcheltouren bieten in Key Largo auch zahlreiche Veranstalter (u.a. »Florida Bay Outfitters«, MM 104, Tel. 305/451-3018) Touren durch den John Pennekamp Coral Reef State Park an.

Schwimmen mit Delfinen kann man außer im »Theater of the Sea« auch bei »Dolphins Plus« (31 Corrine Place, Key Largo, Tel. 305/ 451-1993) in Key Largo.

»Boating« ist die Freizeitbeschäftigung überhaupt. An Robbie´s Pier in Islamorada sowie von Dutzenden anderen Unternehmen am Overseas Highway werden Boote jede Art und Größe vermietet. Ähnliches gilt für »Fishing«, das zweitliebstes Hobby der Key-Touristen.

## ESSEN

### ► Erschwinglich

*Whale Harbor Seafood Buffet*
MM 83,5 Islamorada
Tel. (305) 664-4955 Ext. 205
Austern, Krebse, Hummer, Shrimps, Muscheln und Fischsuppe mit kalten und warmen Vorspeisen.

### ► Preiswert

*Harriette's Restaurant*
MM 95.7, Key Largo
Tel. (305) 852-8689
Harriette pflegt ihre Gäste persönlich in ihrer Kantine zu begrüßen. Handfestes Frühstück, herzhaftes Mittagessen. Besonders zu empfehlen: »Crab Cakes Benedict«!

## ÜBERNACHTEN

### ► Luxus/Komfortabel

*Holiday Inn Key Largo*
99701 Overseas Hwy., MM 100
Key Largo
Tel. (305) 451-2121
www.holidayinnkeylargo.com
130 Zimmer und Suiten
Schönes Ferienhotel mit eigener Marina und umfangreichem Wassersportangebot.

### ► Günstig

*Banana Bay Resort & Marina*
Overseas Highway, MM 49,5
Tel. (305) 743-2670
www.bananabay.com
Nette Unterkunft, auch für Familien mit Kindern; viele Banyanbäume und Palmen, Palmen und Pool; herrlich kitschiges Restaurant.

*Prächtige Fänge werden in der »Welthauptstadt der Sportangler« an Land gebracht.*

**Islamorada**  Die hinter Tavernier beginnenden **Keys Plantation, Windley, Upper und Lower Matecumbe** werden in der Regel als Islamorada zusammengefasst und zählen etwa 7000 Einwohner. Ist die Sportfischerei überall sonst in den Keys schon beliebt, auf diesem 32 Kilometer langen Abschnitt ist sie allgegenwärtig. Islamorada, selbsternannte »Sports-fishing Capital of the World«, scheint aus Marinas, Bootsrampen und Köderläden (»tackle shops«) zu bestehen. Motorboote (jene mit den Sitzen mit Sicherheitsgurt am Heck) sowie Angelausrüstung mit und ohne Skipper kann man überall mieten. Objekt der Begierde: der Schwertfisch bzw. Marlin, der Werbetafeln, Tassen und T-Shirts ziert.

**Theater of the Sea**  Zwangsläufig sind auch die Sehenswürdigkeiten zu Lande dem Meer verbunden. Das Theater of the Sea bietet seit über fünf Jahrzehnten **Delfin- und Seelöwen-Shows** und »Schwimm' mit dem Delfin«-Programme (MM 84.5, Öffnungszeiten: tgl. 9.00 – 17.00 Uhr).

**Robbie´s Pier**  Die wohl preiswerteste – und bei weitem nicht schlechteste – Attraktion auf den Keys ist **»Tarpon Feeding«** an Robbie´s Pier (MM 77.5, tgl.). Seitdem vor fast 20 Jahren ein mitleidiger Ladenbesitzer namens Robbie Reckwerth hier einen verletzten Tarpon gesundpflegte und durchfütterte, warten täglich 80 bis 100 dieser bis zu 100 kg schweren und bis zu 2 m langen Fische wie Miniatur-U-Boote dicht unter der Oberfläche darauf, nach den Heringen der Touristen zu springen.

Robbie's Pier ist im übrigen auch Ausgangspunkt für Bootstouren nach **Indian Key** und **Lignumvitae Key**, zwei naturbelassenen und als State Parks geschützten Inseln. Hier kann man Florida noch so wie vor der Ankunft der Europäer erleben.

Zum Faulenzen und Schwimmen lädt **Anne's Beach** (MM 73) ein, ein langer, sanft ins Meer abfallender Sandstrand mit wunderschönen Picknickplätzen.

## Middle Keys

Pelikane gleiten auf Augenhöhe an einem vorbei und herrliche »Shangri-La«-ähnliche Feriensiedlungen sind auf den Mini-Inseln angelegt. Und vor der Motorhaube verschwimmt der Overseas Highway mit dem blauen Dunst: Zwischen Duck Key und Bahia Honda wird die Fahrt über das Meer fast schon surreal. Ein Krankenhaus für Schildkröten und andere interessante Sehenswürdigkeiten sorgen jedoch für Bodenhaftung.

**Fahrt übers Meer**

Indianer, Piraten, weiße Siedler von den Bahamas, Flaglers Eisenbahner, Freizeitkapitäne und Touristen: Was in dem 10 000-Einwohner-Städtchen auf **Vaca Key** während der letzten 200 Jahre passierte, dokumentiert das **Museum of Natural History** (MM 50.5; Öffnungszeiten: Mo. – Sa. 9.00 – 17.00, So. 12.00 – 17.00 Uhr) in erfreulich kritischen Ausstellungen. Zum Museum gehört auch das **Tropical Crane Point Hammock** genannte subtropische Waldgelände, das sich auf Plankenwegen erkunden lässt. Auch in einer früheren Striptease-Bar werden Key-Bewohner geschützt: Tierliebe Motelbesitzer verwandelten »Fanny´s Bar« 1986 in das **Hidden Harbor Turtle Hospital** (2396 Overseas Highway; Führungen tgl. 10.00, 13.00 u. 16.00 Uhr) und kümmern sich hier um kranke oder verunglückte Schildkröten. Auch im **Dolphin Research Center** (MM 59, Grassy Key; Öffnungszeiten: tgl. 9.00 – 17.00 Uhr) legt man Wert auf artgerechte Behandlung: In einer weitläufigen Salzwasser-Lagune leben 15 Delfine, die man unter Aufsicht streicheln darf. Bester Picknick-Spot im Ort ist **Sombrero Beach,** ein schöner, palmenbestandener Sandstrand mit Bänken und Toiletten.

★
**Marathon**

Die 7 mi/11,2 km lange Brücke von Vaca Key nach Bahia Honda Key (Bild s. S. 132/133) wurde im Jahre 1982 für 45 Mio. Dollar fertiggestellt. Das Fahrgefühl hoch über dem Meer ist wirklich berauschend. Der Blick auf die alte, vom Eisenbahn-Magnaten Flagler errichtete Brücke, deren Mittelstück abgerissen wurde – Kinogänger kennen sie übrigens aus dem Schwarzenegger-Action-Film »True Lies – Wahre Lügen« – inspiriert zu einem Abstecher nach **Pigeon Key**. Das nur per Bus (ab Pigeon Key Visitor Center, MM 47) über die alte Brücke erreichbare Eiland diente bis 1935 als Eisenbahnercamp und bietet heute ein »Flagler's Folly« gewidmetes Museum (Öffnungszeiten: tgl. 10.00 – 17.00 Uhr).

**Seven Mile Bridge**

## ▶ MIDDLE KEYS ERLEBEN

### AUSKUNFT

**Greater Marathon Chamber of Commerce & Visitor Center**
Overseas Hwy., MM 53,5
Marathon
Tel. (305) 743-5417
www.floridakeysmarathon.com

### ESSEN

#### ▶ Erschwinglich

**Herbie's**
MM 50.5, Tel. (305) 743-6373
Schön altmodischer Nachbarschafts-
streff seit über 30 Jahren: Austernbar,
frischer Hummer, frischer Fisch.

**Barracuda Grill**
MM 49.5, Tel. (305) 743–3314
Hübsches Restaurant im Bistro-Stil.
»Neue« amerikanische Küche, mit
guten Fischgerichten und Steaks.

### ÜBERNACHTEN

#### ▶ Luxus

**Hawk's Cay Resort**
MM 61, Duck Key
Tel. (305) 743-7000
Fax (305) 743-5215
www. hawkscay.com
177 Zimmer, 230 Suiten, Spa,
3 Restaurants
Ferienparadies auf eigener Insel,
alle Wassersportarten, »Swim with
Dolphins«-Programm.

#### ▶ Komfortabel

**Lime Tree Bay Resort Motel**
US 1, MM 68.5, Tel. (305) 664-4740
www.limetreebayresort.com
Schöne Zimmer, Suiten und Cottages
gibt es zwischen Marathon und
Islamorada bzw. an der Grenze
zur Long Key Recreation Area.

## Lower Keys

Für Wochenend-Trips vom Festland aus schon zu weit weg und von
Key West nur noch eine halbe Autostunde entfernt, wurden die Inseln zwischen Bahia Honda Key und Coppitt Key vom Tourismus
praktisch nur gestreift. Deshalb lassen sich Fauna und Flora hier am
besten beobachten.

**★★**
**Bahia Honda State Park**

Pfade durch tropische Hammocks mit Palmen, seltenen Pflanzen
und exotischen Vögeln, Mangrovenwälder und **der schönste Strand
der Keys**: Unmittelbar hinter der Seven Mile Bridge grüßt ein Stück
Bilderbuch-Karibik. Boote, Windsurfbretter, Tauch- und Schnorchel-
ausrüstung können in der **Bahia Honda Marina** gemietet werden
(Öffnungszeiten: 8.00 Uhr – Sonnenuntergang).

**★★**
**National Key Deer Refuge**

Hier leben die so genannten Key Deer. Diese ziemlich scheuen **Minia-
tur-Rehe** sind mit einer Schulterhöhe von gerade mal sechzig Zenti-
metern nicht viel größer als ein deutscher Schäferhund und im Dickicht des Schutzgebiets nur sehr schwer auszumachen. Eher begegnet man einem überfahrenen Tier auf der Straße. Mit zirka 800
Exemplaren hat sich deren Bestand – bei der Gründung des Refuge
im Jahre 1957 auf Big Pine Key gab es nur noch ganze 27 – zwar vor-

erst ganz gut erholt, doch bedroht sind diese den Weißwedelhirschen verwandten Tiere noch immer. Wo die besten Beobachtungspunkte sind, erfährt man im Büro des Refuge (Winn Dixie, Big Pine Key Plaza, Key Deer Boulevard).

Über Cudjoe Key, wo man mittels **»Fat Albert«**, eines hoch über der Insel verankerten Luftschiffs, US-amerikanische TV-Programme in

Richtung Karibik respektive Kuba sendet, sowie über **Sugarloaf Key** und die Marinefliegerbasis **Boca Chica** gelangt man schließlich nach ►**Key West**.

# ✳ Fort Lauderdale

J 6

**Region:** Southeast
**Einwohnerzahl:** 184 000

**Höhe:** 0 – 3 m ü.d.M.
**Telefonvorwahl:** 954

**Mit mehr als 260 Kilometern zumeist von Palmen gesäumter Kanäle rühmt sich Fort Lauderdale nicht ohne Grund und voller Stolz, das »amerikanische Venedig« zu sein. Zahllose künstliche Wasserwege durchziehen das Stadtgebiet und verbinden die Finger Islands miteinander, jene exklusiven Wohnquartiere mit tropischen Gärten und privaten Bootsanlegern, die inzwischen auch an vielen anderen Orten Floridas kopiert worden sind.**

Die Zeiten, in denen Horden entfesselter College-Studenten auf Spring Break die Stadt auf den Kopf stellten, sind vorbei. Heute präsentiert sich die Stadt im Zentrum der Gold Coast als Paradebeispiel für die gelungene Integration von Stadt und Strand. Doch damit ist das Ende der Fahnenstange längst nicht erreicht. Der Bau mehrerer neuer Ferienanlagen ist für die nächsten Jahre geplant. Und der Hafen von Fort Lauderdale, Port Everglades, wo die neue »Queen Mary 2« überwintert, ist inzwischen zu einer der meistbesuchten Kreuzfahrt-Destinationen der Welt aufgestiegen.

**Zentrum der Gold Coast**

Greater Fort Lauderdale umfasst derzeit 30 Städte und Gemeinden mit zusammen rund 1,7 Mio. Einwohnern. Der Ballungsraum reicht von Pompano im Norden bis nach Hallandale Beach im Süden.

Während des Zweiten Seminolenkriegs entstand 1838 hier ein Fort, das nach dem kommandierenden Offizier benannt wurde. Als eigentlicher Gründer gilt jedoch **Frank Stranahan**. In den 1890er-Jahren gründete der Kaufmann hier einen Handelsposten und eine Bank

**Stadtgeschichte**

*Kanäle, Marinas, Apartmentbauten – das ist Fort Lauderdale.*

und baute die erste Straße nach Miami. 1896 kam **Flaglers Eisenbahn,** in den 1920er-Jahren der Landboom. Während dieser Zeit verwandelte der Architekt und Venedig-Fan **Charles G. Rodes** die Sümpfe in parallel durchs Stadtgebiet verlaufende Kanäle. Sie bilden das Grundmuster für die heutigen Wasserwege durch die Stadt.

Party Town ▶ Colleges aus den gesamten USA entdeckten Fort Lauderdale als Austragungsort für ihre Schwimmwettbewerbe. 1960 kulminierte diese »Jugendbewegung« in dem Teenager-Film »Where the boys are«, der den Ort schlagartig als »Party Town« auf die Landkarte setzte.

Familien und
Best Ager ▶ Neuerdings ist Fort Lauderdale ein beliebtes Ziel für Familien und zahlungskräftige Best Ager - vor allem auch aus Deutschland.

**Stadtbild und
Orientierung** Viele Kilometer palmengesäumter Wasserwege durchziehen die Stadt. Sie verbinden nicht nur exklusive Wohngegenden miteinander, sondern auch die Bürogebäude der Downtown, die Galerien und Boutiquen auf dem **Las Olas Boulevard** sowie die Museen, Theater und Nachtklubs am Riverwalk. Alle Straßen sind nummeriert. Namen haben nur die Hauptdurchgangsstraßen, wie die großen Ost-West-Achsen zwischen Strand und Downtown. Das Stadtzentrum liegt fünf Kilometer landeinwärts am New River und bietet hervorragende Museen und eine durchaus sehenswerte »Altstadt«. Der Las Olas Boulevard huldigt mit zahllosen kleinen Ateliers und Boutiquen dem Zeitgeist. Jenseits des Intracoastal Waterway begleitet der **Ocean Boulevard** elf Kilometer weißen palmenbestandenen Strand.

# FORT LAUDERDALE ERLEBEN

### AUSKUNFT

**Greater Fort Lauderdale CVB**
100 E. Broward Boulevard, Suite 200
Fort Lauderdale, FL 33301
Tel. (954) 765 - 44 66
Fax (954) 765 - 44 67
www.sunny.org

### FLUGHAFEN

Der Fort Lauderdale/Hollywood International Airport ist gut in das nordamerikanische Luftliniennetz eingebunden und von Mitteleuropa aus problemlos täglich zu erreichen. Der Flughafen wird von Stadtbussen (Broward County Transit/BCT) und Nahverkehrszügen (Tri-Rail) bedient.

Zahlreiche Hotels und Autovermieter unterhalten eigene Flughafenbusse.

### STADTBESICHTIGUNG PER BOOT

**Water Taxi**
Diese Wassertaxis verkehren tgl. ab 10.00 Uhr. Sie bedienen 20 Haltestellen und erreichen alle wichtigen Sehenswürdigkeiten (Fahrpläne: Tel. 954/467-6677, www.watertaxi.com).

**Carrie B. Harbor Tours**
Zu Filmkulissen und zu Villen der Reichen und Schönen kommt man mit diesen Booten (Abfahrten: Riverwalk, Las Olas Blvd., SE 5th Ave.;

---

## Fort Lauderdale *Orientierung*

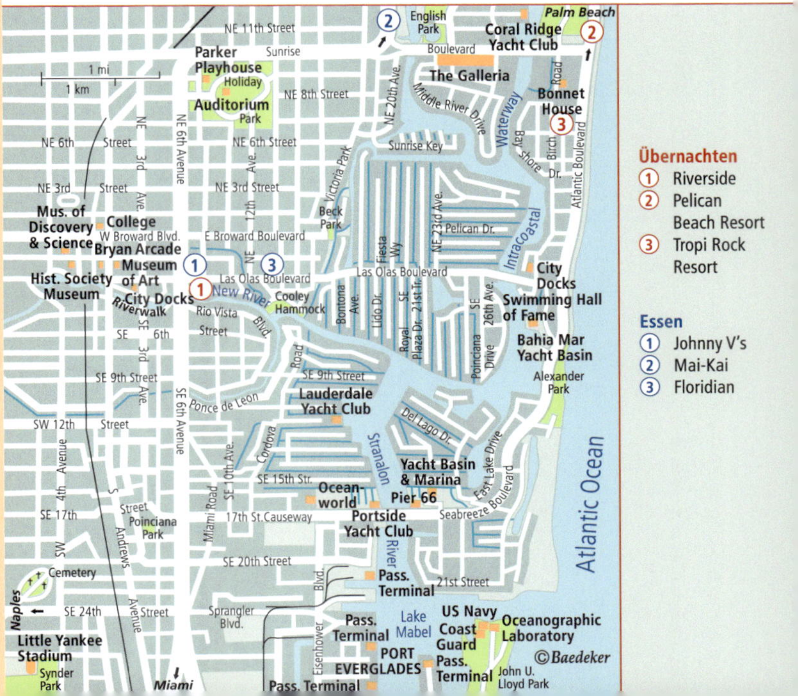

*(Karte / map)*

NE 11th Street
English Park
Palm Beach
Coral Ridge Yacht Club
Parker Playhouse
Holiday
Sunrise
NE 8th Street
Auditorium Park
The Galleria
Bonnet House
Middle River Drive
Waterway
Sunrise Key
Sunrise
NE 6th    Street
NE 4th Street
NE 3rd Street
NE 3rd    Street
Beck Park
Pelican Dr.
Mus. of Discovery & Science
College
Bryan Arcade Museum
W Broward Blvd.
E Broward Boulevard
Hist. Society of Art Museum
Las Olas Boulevard
Las Olas Boulevard
New River
Cooley Hammock
City Docks
City Docks
Riverwalk
Rio Vista Street
Bahia Mar Yacht Basin
Swimming Hall of Fame
SE 6th Street
Alexander Park
SE 9th Street
SE 9th Street
Lauderdale Yacht Club
Del Lago Dr.
SW 12th Street
Ponce de Leon
SW 4th Avenue
SE 15th Str.
Ocean world
Yacht Basin & Marina
SE 17th Street
Pier 66
Portside Yacht Club
Poinciana Park
17th St. Causeway
Seabreeze Boulevard
Atlantic Ocean
SE 20th Street
Pass. Terminal
21st Street
Cemetery
SE 24th    Street
Sprangler Blvd.
Pass. Terminal
Lake Mabel
US Navy Coast Guard
Oceanographic Laboratory
Little Yankee Stadium
Snyder Park
PORT EVERGLADES
Pass. Terminal
John U. Lloyd Park
©Baedeker
Miami
1 mi
1 km

**Übernachten**
① Riverside
② Pelican Beach Resort
③ Tropi Rock Resort

**Essen**
① Johnny V's
② Mai-Kai
③ Floridian

Fahrpläne: Tel. 212/909-3370, www.carriebcruises.com).

### Jungle Queen Riverboat

Der Schaufelraddampfer startet täglich um 9.00 und 13.30 Uhr vom Bahia Mar Yacht Center zu Rundfahrten mit Kommentaren durch die Gewässer von Fort Lauderdale (Tel. 954/462-5596, www.junglequeen.com).

## FLANIEREN

Die Beach Promenade zwischen Sunrise Blvd. und SE 17th Street ist ideal für Flaneure, die Coffee Bar des Sheraton Yankee Trader Hotel (321 N. Beach Blvd.) ein guter Ort zum Leutegucken. Der mit dem New River mäandernde River Walk ist ein weiteres Mekka für Flaneure, ebenso der Las Olas Boulevard.

## SHOPPING

### Sawgrass Mills

Zu den Top-Adressen in Sachen Shopping gehört die am nordwestlichen Rand von Fort Lauderdale gelegene riesige »Outlet Shopping Mall« mit rund 300 Fabrikverkäufen und Boutiquen namhafter Hersteller (u.a. »Calvin Klein«, »Jockey«, »MCM«, »Nike«, »Sergio's«). Ferner gibt es hier diverse Attraktionen für Jung und Alt, »Food Courts«, in denen man Genüsse aus aller Welt einkaufen kann, sowie mehrere Restaurants (12801 W. Sunrise Blvd.; Öffnungszeiten: Mo. – Sa. 10.00 – 21.30, So. 11.00 – 20.00 Uhr).

### Beach Place

Im Einkaufszentrum am Beach Boulevard gibt´s hauptsächlich Mode von der Stange (Gap, Banana Republic etc.).

### Las Olas Boulevard

Hier finden Hard-Core-Shopper über 100 noble Boutiquen.

### Swap Shop

Größter Hallenflohmarkt im südlichen Florida mit riesigem Warenangebot von gut 2000 Anbietern (3291 W. Sunrise Blvd.; Öffnungszeiten: Mo. bis Fr. 9.00 – 17.00, Sa., So. 7.30 – 18.00 Uhr).

## EVENTS

### Las Olas Art Festival

Alljährlich im Januar findet auf dem Las Olas Boulevard ein Festival statt, an dem auch Künstler aus den gesamten USA teilnehmen.

### Olde Florida Folk Festival

Höhepunkt im Festkalender der Flamingo Gardens ist dieses Festival im September. Geboten werden anglo-amerikanische und spanisch-mexikanische Folklore. Daneben kann man alte Handwerke und auch indianische Traditionen bewundern.

## NACHTLEBEN

### The Strip

Vom östlichen Ende des Las Olas Boulevard zieht sich diese abendliche bzw. nächtliche Vergnügungsmeile bis zum Sunrise Boulevard am Strand entlang. Hier gibt es vielerlei Restaurants, Cafés, Nachtklubs, Diskotheken.

### Seminole Hard Rock Cafe & Casino

Mächtig was geboten wird allabendlich im Indianerreservat bei Hollywood: Hier gibt es außer einem Spielkasino mit Hotel noch 17 Restaurants sowie zehn Nacht- und Tanzklubs und Pianobars, wo alles – von Live-Jazz bis Rock 'n Roll – zu hören ist (www.seminole hardrockhollywood.com).

## ESSEN

▶ **Fein & teuer**

① *Johnny V's*
625 E. Las Olas Blvd.

Tel. (954) 761-7920
Rustikal-feine Küche, z.B. Fasanen-Nachos oder gegrillter Goldbrasse mit Hummer und Mango-Moosbeeren Chutney. Selbst Barbra Streisand hat dieses Lokal schon besungen!

### ► Erschwinglich

② *Mai-Kai*
3599 N. Federal Highway
Tel. (954) 563-3272
Kitsch aus der Prä-Micky-Maus-Ära: Als polynesisches Dorf eingerichtetes Restaurant, mit Hula-Mädchen und Feuerschluckern.

### ► Preiswert

③ *Floridian*
1410 E. Las Olas Boulevard
Tel. (954) 463-4041
24-Stunden-Diner, genannt »the Flo«, seit über 60 Jahren nicht versiegte Quelle kalorienhaltiger amerikanischer Frühstücksklassiker.

## ÜBERNACHTEN

### ► Luxus

① *Riverside*
620 Las Olas Boulevard
Tel. (954) 467-0671

Fax (954) 462-2148
www.riversidehotel.com
217 Zimmer und Suiten
Das älteste Hotel der Stadt (Baujahr: 1936) wurde vor wenigen Jahren gründlich renoviert und besticht durch seinen Old-Florida-Charme.

### ► Komfortabel

② *Pelican Beach Resort*
2000 N. Atlantic Boulevard
Tel. (954) 568-9431
Fax (954) 565-2662
www.pelicanbeach.com
180 Zimmer und Suiten
Swimming Pool.
Das vor wenigen Jahren eröffnete Strandhotel bietet geräumige Zimmer.

③ *Tropi Rock Resort*
2900 Belmar Street
Tel. (954) 564-0523
Fax (954) 564-1313
www.tropirock.com
30 Zimmer
Nettes, besonders von jungem Publikum geschätztes Motel; von hier sind es nur zwei Gehminuten zum Strand.

## *Highlights* Fort Lauderdale

### Las Olas Boulevard
Entlang der unangefochtenen Prachtmeile von Fort Lauderdale findet man etliche schicke Modeboutiquen und einige gute Restaurants.
► Seite 200

### Fort Lauderdale Museum of Art
Wirklich ein »Schrein moderner Kunst« mit Arbeiten von Henry Moore, Pablo Picasso und Andy Warhol sowie mit Werken der CoBrA-Bewegung
► Seite 200

### Flamingo Gardens
Florida wie aus dem Bilderbuch: Mit langbeinigen rosa Stelzvögeln, schönen Orchideen, duftenden Orangenbäumen
► Seite 202

### Butterfly World
Traumhafte »Welt der Schmetterlinge«
► Seite 203

### Sawgrass Mills
Weltklasse-Einkaufszentrum mit rund 300 Factory Outlets namhafter Hersteller
► Seite 197

## Sehenswertes in Fort Lauderdale

**Downtown**

✱ Auch wenn der Strand unwiderstehlich lockt: Zwischen den nüchternen Bürogebäuden der Downtown findet man auch einige Sehenswürdigkeiten. Eine Fußgängerpromenade am New River, der **River Walk,** verbindet das **Museum of Discovery and Science** mit IMAX-3D-Kino (401 SW. Second St.; Öffnungszeiten: Mo. – Sa. 10.00 bis 17.00, So. 12.00 – 18.00 Uhr) mit dem **Broward Center for the Performing Arts**, dem modernen Kulturzentrum und Theater der Stadt. Das Museum, auf kleine Gäste spezialisiert, präsentiert Ökologie und High-Tech zum Anfassen: Wo sonst kann man selbst einen Roboter programmieren? Kaum älter als die ältesten Bürger Floridas ist das älteste Haus der Stadt. Frank Stranahan baute das später nach ihm benannte Haus im Jahre 1901 und benutzte es zunächst für den Handel mit den Seminolen-Trappern. Eine hübsche kleine Ausstellung erinnert an diese Zeit (335 SE. 6th Ave.; Führungen: Mi. – So. 13.00, 14.00, 15.00 Uhr).

**Las Olas Boulevard**

✱ ✱ Hübsch hergerichtet ist die Haupteinkaufsmeile, die sich zwischen dem Kunstmuseum und dem Atlantik erstreckt. Nostalgische Gaslaternen, schicke Boutiquen, Galerien, Antiquitätengeschäfte sowie zahllose Restaurants, Bars und Nachtklubs prägen das Bild. Den Beginn dieses von Touristen und Einheimischen gleichermaßen frequentierten Boulevards markiert das hervorragende **Museum of Art.** Als Schrein moderner Kunst beherbergt es unter anderem Werke von **Henry Moore, Pablo Picasso und Andy Warhol**, eine tolle Sammlung des amerikanischen Impressionisten William Glackens und viele Schlüsselwerke der europäischen **CoBrA-Bewegung** (1 E. Las Olas Blvd.; Öffnungszeiten: Di. – So. 11.00 – 17.00, Do. bis 18.00 Uhr).

> **!** **Baedeker TIPP**
>
> **Jazz um Mitternacht**
> Ob sündhaft teure Armani-Anzüge oder abgewetzte Jeans – der Jazz im O'Hara's Jazz Café (722 E. Las Olas Blvd., Tel. 954/524 - 2801) dem wohl besten Jazz Joint der Stadt, vereint sie alle. www.oharasjazzcafe.com

**Bonnet House Museum**

✱ Wie Ft. Lauderdale vor 80 Jahren ausgesehen hat, ahnt man in dem von Hotelkästen umstellten Gebäude. Das 1921 von dem exzentrischen Künstler **Frank Clay Bartlett** im Plantagen-Stil in einem üppig blühenden Garten am Meer erbaute Haus beherbergt gelungene Tierskulpturen (900 N. Birch Rd.; Öffnungszeiten: Di. – So. 11.00 bis 16.00 Uhr).

**Int.l Swimming Hall of Fame & Aquatic Complex**

Was im Schwimmsport Rang und Namen hat, ist hier vertreten: der Tarzan-Darsteller **Johnny Weismuller** ebenso wie Schwimmstar **Mark Spitz**, der 1972 in München 7 Goldmedaillen eingeheimst hat. Eine Arena für Schwimmer, Kunstspringer und Taucher ist angeschlossen (1 Hall of Fame Dr.; Öffnungszeiten: tgl. 9.00 – 17.00 Uhr).

Wo früher Schülerinnen und Schüler, Studentinnen und Studenten während der Frühlingsferien (Spring Break) wüste Saufgelage und Bikini-Wettbewerbe veranstalteten, hat man vor kurzem kostspielige Verschönerungsmaßnahmen durchgeführt, die sich sehen lassen können. Jetzt vergnügen sich hier Skater, Radler, Jogger, Nordic Walker, Volleyballspieler und vor allem Familien mit Kindern. Darüber hinaus laden Straßencafés, Restaurants und Boutiquen zum Promenieren ein.

★
**Beachfront Promenade**

## Südlich von Fort Lauderdale

**Port Everglades**, der Hafen von Fort Lauderdale, im Süden der Stadt gelegen, ist der tiefste **Seehafen** zwischen Norfolk und New Orleans. Erst 1989 fertiggestellt hat er sich binnen kurzem zum zweitwichtigsten Kreuzfahrthafen Floridas entwickeln können mit jährlich weit über zwei Millionen Passagieren. Im nördlichen Hafengebiet ist 1991 das hypermoderne **Convention Center** (1950 Eisenhower Blvd./S.E. 17th St.) mit Hotels und großem Einkaufszentrum eröffnet worden.

*Auch in Ft. Lauderdale beliebt: der Sport mit den Stöcken*

Südlich von Fort Lauderdale und dem Flughafen liegt der von der A1A zerschnittene Ort (30 000 Einw.), der 1896 von dänischen Kolonisten gegründet worden ist. Heute ist Dania ein gern besuchtes **Seebad** mit schönem Sandstrand. Bekannt ist Danias **Main Street**, an der sich viele Antiquitätenhändler niedergelassen haben. Und auf Danias **Fishing Pier** drängen sich das ganze Jahr über Freizeit- und Sportangler. Alles über den Hochsee-Angelsport erfährt man in der **IGFA Fishing Hall of Fame** (300 Gulfstream Way; Öffnungszeiten: Mo. – Sa. 10.00 – 18.00, So. 12.00 – 18.00 Uhr).

**Dania**

☉

Der erst in den 1930er-Jahren entstandene Erholungsort ist nach dem Zweiten Weltkrieg aus allen Nähten geplatzt und zählt heute weit über 125 000 Einwohner. Er hat sein Gesicht in den letzten Jahren mit diversen Neubauten stark verändert. In der wiederbelebten **Downtown** kann man heute nach Herzenslust an Galerien, Boutiquen und Straßencafés vorbeiflanieren. Und auf dem nagelneuen **Broadwalk** am Strand skaten und radeln die Sportlichen, Jungen und Schönen.

**Hollywood**

**Seminole Okalee Indian Village & Museum** ✱

⊙

Im Nordwesten von Hollywood, am Seminole Way, gibt es ein kleines Indianerdorf. Hier kann man von den Indianern selbst hergestellte Souvenirs und Textilien erwerben sowie indianische Speisen probieren. Einige ältere Frauen stellen **traditionelle Handwerkstechniken** vor, und junge Männer zeigen den geschickten **Umgang mit Alligatoren** und Giftschlangen (Öffnungszeiten: Mi. – So. 10.00 bis 17.00 Uhr).

**Seminole Hard Rock Hotel & Casino ▶**

Um Geld in ihre Kassen zu bekommen, haben die Indianer einen hochmodernen Vergnügungskomplex mit Spielkasino, Hotel, mehreren Restaurants und etlichen Clubs hochgezogen, der von Nachtschwärmern aus der ganzen Umgebung besucht wird.

**Flamingo Gardens** ✱✱

Südwestlich von Fort Lauderdale, im Vorort Davie, sind alle Florida-Klischees vereinigt: **Flamingos**, Alligatoren, eine üppige exotische Pflanzenwelt mit herrlichen **Orchideen**, Sumpfland der Everglades und Orangenbäume. Die Hartholz-Bauminsel **Pine Island Ridge Hammock** ist mit uralten, mit Spanisch-Moos behangenen Lebenseichen bestanden, und im **Everglades Museum** sind Artefakte der Seminolen ausgestellt. Angeschlossen ist ein Verkehrsmuseum mit den für Florida so typischen Airboat (Propellerboot) und Swamp Buggy (Sumpfkarren) sowie mit einigen Oldtimer-Fahrzeugen (Davie, 3750 S. Flamingo Rd.; Öffnungszeiten: tgl. 9.30 – 17.00 Uhr, Juni bis Nov. Mo. geschlossen).

*Floridas bekanntestes Federvieh*

## Nördlich von Fort Lauderdale

Weiter nördlich liegt das beliebte Seebad **Pompano Beach** (101 000 Einwohner). Charakteristisch sind die vielen Kanäle. Am langen Strand reihen sich Hotels, Motels und sonstige Ferienkomplexe wie Perlen aneinander. Sehr gern besucht wird die 330 m lange **Fisherman's Wharf** an der Strandpromenade.

**Hillsboro Inlet & Beach**

Weiter nördlich überquert der Ocean Boulevard (A1A) das von vielen Booten belebte Hillsboro Inlet. Von der **Fish City Marina** startet man zu Hochsee-Angelausflügen. Auf der gegenüberliegenden Seite markiert ein **Leuchtturm** aus dem Jahre 1906 die Hafeneinfahrt. Zahlreiche **Luxusvillen** säumen den Strand.

Westlich von Pompano Beach lohnt die »Welt der Schmetterlinge« einen Besuch. In der Gartenanlage mit Rosen und Orchideen versucht man, verschiedene vom Aussterben bedrohte Arten zu erhalten. Mit etwas Geduld kann man Tausende bunt schillernder **Schmetterlinge** und andere Insekten beobachten. Auch **Kolibris** schwirren umher (Tradewinds Park, Coconut Creek, 3600 W. Sample Rd.; Öffnungszeiten: Mo. – Sa. 9.00 – 17.00, So. 11.00 – 17.00 Uhr).

★ ★
**Butterfly World**

⏱

# ★ Fort Myers

**H 6**

**Region:** Southwest
**Einwohnerzahl:** 65 000

**Höhe:** 0 – 5 m ü.d.M.
**Telefonvorwahl:** 239

**An der breiten Mündung des Caloosahatchee River in den Golf von Mexiko liegt Fort Myers, das stürmisch wachsende Zentrum Südwestfloridas. Wem die Gold Coast zu voll geworden ist, der lebt, arbeitet, investiert hier. Berühmt geworden ist Fort Myers durch den Erfinder Thomas Alva Edison, der hier einstmals sein Winterdomizil aufschlug. Noch hat aber Fort Myers nicht die Noblesse seiner feinen Nachbarn Naples, Sanibel und Captiva. Noch nicht.**

Es ist gerade ein Vierteljahrhundert her, da musste, wer in Fort Myers landete, sein Gepäck über sonnenverbranntes Gras zu einem schuppenähnlichen »Abfertigungsgebäude« schleppen. Anno 1983 hat man hier gerade mal 100 000 Fluggäste registriert. Inzwischen kommen auf dem Southwest Florida International Airport pro Jahr mehr als 5 Mio. Menschen an. Sie verteilen sich dann in Fort Myers und einigen anderen Siedlungen, die erst während der vergangenen beiden Jahrzehnte aus dem Boden geschossen sind.

**Das Werden der »City of Leasure«**

Nicht schlecht für eine Stadt, die während des Zweiten Seminolenkrieg als Fort begann, Siedler erst nach dem Bürgerkrieg sah und bis 1885 gerade mal 350 Seelen zählte, die Tomaten anbauten und ihr Vieh nach Kuba verkauften. 1885 jedoch änderte sich alles. **Thomas Alva Edison** (1847 – 1931) ging während einer Kreuzfahrt hier an Land – und ließ sich verzaubern. Fortan verbrachte der berühmte Erfinder, dessen Arzt ihm dringend Luftveränderung verschrieben hatte, hier jeden Winter. Ihm folgten weitere Prominente, darunter der Autofabrikant **Henry Ford**.

In den 1920er-Jahren demokratisierten die Eisenbahn und der neu eröffnete Tamiami Trail den Tourismus im Südwesten. Selbst während der Depression wurde hier gebaut. Nur vorübergehend vom »Florida Land Bust« gebremst, setzte sich der Aufstieg der Stadt nach dem Zweiten Weltkrieg fort und nahm während der 1980er-Jahre ungeahnte Ausmaße an. Höher als die einst im Auftrag von Edison gepflanzten Palmen sind jedoch nur wenige Häuser.

# ⏵ FORT MYERS ERLEBEN

## AUSKUNFT

*Lee County VCB*
12800 University Drive
Suite 550
Fort Myers, FL 33907
Tel. (239) 338-3500
Fax (239) 334-1106
www.fortmyers-
sanibel.com

## EVENT

*Edison Festival of Lights*
Ende Januar bis Mitte Februar feiert
man ein Lichterfest zu Ehren des
großen Erfinders.

## ESSEN

► **Fein & teuer**
① *Veranda*
2122 2nd Street
Fort Myers
Tel. (239) 332-2065
Mitten in der Stadt gibt es eine gute
mediterran angehauchte Küche.

## ÜBERNACHTEN
► **Komfortabel**

### *Baedeker-Empfehlung*

① *The Outrigger Beach Resort*
6200 Estero Blvd.
Fort Myers Beach
Tel. (239) 463-3131
www.outriggerfmb.com
155 Zimmer und Suiten
Freundliches Strandhotel aus den »Sixties«
mit gemütlicher »Tiki Bar« am Pool.

② *Holiday Inn Downtown Historic District*
2431 Cleveland Ave.
Fort Myers, FL 33901
Tel. (239) 332-32 32
www.ichotelsgroup.com
122 Zimmer und Suiten
Angenehme Unterkunft im Zentrum

## Sehenswertes in Fort Myers

**Downtown**

Hier bemüht man sich, historisch wertvolle Bausubstanz zu erhalten. Ein Beispiel für den Geschmack der Jahrhundertwende ist **Burroughs Home** (2505 First St.; Führungen: Fr. 11.00 Uhr). In der restaurierten Peck Street Station hat das **Historical Museum** Platz gefunden. Beachtung verdienen die der indianischen Calusa-Kultur gewidmete Abteilung sowie ein historisches Stadtmodell (2300 Peck St.; Öffnungszeiten: Di. – Sa. 10.00 – 17.00, So. 12.00 – 17.00; Stadtführungen: Mi. u. Sa. 10.00 Uhr). Eine besondere Attraktion ist der **Manatee Park** im Osten der Stadt, wo man diese possierlichen Tiere sehen kann (10901 Palm Beach Blvd.; Öffnungszeiten: Nov. bis März tgl. 8.00 bis Sonnenuntergang).

**★ ★**
**Edison & Ford Winter Estates**

Hauptsehenswürdigkeit von Fort Myers ist die »Seminole Lodge« von **Thomas Alva Edison** (1847 – 1931) an der McGregor Road (Nr. 2350). Edison kam in den 1880er-Jahren nach Florida, da ihm seine Ärzte geraten hatten, in einer wärmeren Region zu überwintern. Zu jener Zeit experimentierte er auch mit Bambusfasern, die als Glühfäden in seinen neuen Elektroleuchten dienen sollten. Bambus bzw. Schilf gab es hier in Hülle und Fülle. Also ließ Edison 1886 am Caloosahatchee River ein Ferienhaus errichten, in dem er schließlich 46 Winter verbringen sollte. Vor dem Hauseingang beeindruckt ein indischer Feigenbaum (Banyan Tree) mit verzweigten Luftwurzeln. Diesen hat Edison 1925 von seinem Freund, dem Gummi- und Reifenfabrikanten **Harvey Firestone** (1868–1938), geschenkt bekommen. Denn Edison interessierten nicht nur Faserlieferanten, sondern auch latexhaltige Pflanzen, deren Säfte sich zur Gummiproduktion eigneten.

Das Haus ist noch wie zu Lebzeiten des Erfinders eingerichtet. Es leuchten **elektrische Glühbirnen**, wie sie Edison 1912 hergestellt hat. In der Werkstatt und im Laboratorium erdachte und entwickelte Edison zahlreiche epochale technische Neuerungen. Seine Erfindungen brachten ihm über 1000 Patente ein. Im Museum kann man die Höhepunkte seines Schaffens studieren.

◄ Führungen tgl. 9.00–17.30 Uhr

Übrigens: Die nach Entwürfen von Edison in Neuengland aus Tannenholz gefertigten Bauteile kamen per Schiff an die Golfküste. Somit gilt Edisons Domizil als erstes Fertighaus Amerikas. Auch ein zweites Novum wird Edison zugeschrieben: Sein im Garten angelegter Swimming Pool war der erste im Süden der USA.

Das benachbarte Winterdomizil »Mangoes« des Autobauers **Henry Ford** (1863–1947) kann auch besichtigt werden. Ford, der als erster

*So sieht es in der Werkstatt des genialen Erfinders Thomas A. Edison aus.*

## *Fort Myers / Cape Coral* Orientierung

Charlotte Harbor · Matlacha Pass · Burnt Store Road · Gator Slough Canal · St. Petersburg, Tampa · Bayshore · Civic Center Fairgrounds · Tice · 41 · Bayshore Road · Diplomat Parkway · Convention Center · Palm Beach Boulevard · 75 · Pine Island Road · Th.A.Edison Winter Home · Anderson Ave · Hist. Museum · Del Prado Boulevard · Henry Ford Winter Home · Ecology Park · Fort Myers · Calusa Nature Centre & Planetarium · Trafalgar Pkwy · Santa Barbara Boulevard · Club Blvd · Chiquita Blvd · Boulevard · Caloosahatchee · Cleveland Avenue · Colonial Blvd · Cape Coral · Surfside · Matlacha · Pine · Little Pine Island · Pine Island Blvd · Flamingo Bay · Page Field · Ortiz Loop Road · Pine Island · St. James City · Punta Rassa · Cape Coral Parkway · Cape Coral Bridge · McGregor Boulevard · Lakes Park · Gladiolus Dr. · Daniels · Road · Southwest Florida Regional Airport · 867 · 865 · 41 · Alico · Road · York Island · Intracoastal Waterway · San Carlo Bay · Sanibel Causeway (Maut) · Periwinkle Way · J.N. »Ding« Darling Nat. Wildlife Refuge · Captiva · W. Gulf Drive · Sanibel Lighthouse · Sanibel Island · Ft. Myers Beach · Estero Island · Estero Boulevard · Mound Key · San Carlo Park · Estero · Koreshan State Historic Site · 75 · Gulf of Mexico · ©Baedeker · Carl E. Johnson Recreation Area · Bonita Springs, Naples · 3 mi · 5 km

**Übernachten** — ① The Outrigger Beach Resort ② Holiday Inn Downtown Historic District  **Essen** — ① Veranda

Autos in Serien fertigen ließ, erwarb das Anwesen 1916 und verbrachte hier den Winter in der Nähe seines Freundes Edison bis zu dessen Tod. 1945 verkaufte Ford seinen Besitz. 1988 erwarb die Stadt Fort Myers die Villa und ließ sie als Museum herrichten.

★

**Palm Alley**

Wahrzeichen von Fort Myers ist die Palm Alley. Aus Kuba importierte Königspalmen säumen den zur Golfküste führenden **McGregor Boulevard**. Die Bäume wurden um 1900 auf Anregung von Edison gepflanzt, der die an seinem Anwesen vorbeiführende Straße verschönern wollte.

## Umgebung von Fort Myers

Etwa 12 mi/20 km südlich liegt das **Seebad** von Fort Myers auf Estero Island. Hier herrscht vor allem im Bereich des **Times Square**
(Kreuzungsbereich von Estero und San Carlos Blvd.) Trubel ohne
Unterlass, denn hier ballen sich Motels, Fastfood- und T-Shirt-Lä-
den. Unterwegs nach Süden beruhigt sich das Bild jedoch, und die 7
mi/11 km lange, aber nur wenige Hundert Meter breite Barriere-Insel verfügt über einige der schönsten Strände Floridas. Am Südende
führt ein Damm hinüber zu der noch recht ursprünglich wirkenden
Insel **Lovers Key**. Der 2,5 mi/4 km lange Sandstrand ist vom Parkplatz aus nur zu Fuß oder per Fahrrad erreichbar.

**Fort Myers Beach**

Ca. 16 mi / 25 km südlich von Fort Myers erreicht man den Ort am
Estero River, wo eine religiöse Sekte vor über 100 Jahren ihre **Vision
von der perfekten Stadt** verwirklichen wollte. Die Anhänger des
»Koreshanity« lebten zölibatär in Kommunen. Es gab keinen individuellen Besitz. Ihr Anführer Teed plante eine Stadt für 10 Mio. Einwohner, die sich mit ihren breiten Alleen über 160 km erstrecken
sollte. Als Teed 1908 starb, versank auch die von ihm initiierte Glau-
bensgemeinschaft in der Bedeutungslosigkeit (Estero, South US 41/
Corkscrew Rd.; Öffnungszeiten: tgl. 8.00 Uhr bis Sonnenuntergang).

**Koreshan State
Historic Site**

⊙

An der Nordseite des Caloosahatchee-Mündungstrichters breitet sich
die Siedlung Cape Coral wie ein schnell wachsendes Geschwür aus.
Erst 1958 gegründet und erst 1970 inkorporiert hat sie heute bereits
mehr als 155 000 Einwohner. Mit
knapp 300 km² verfügt Cape Coral
nach ►Jacksonville über die größte
zur Bebauung freigegebene Fläche
in Florida.
Von Anfang an wurden an den
zahllosen Kanälen, die das Stadtgebiet durchziehen, in erster Linie
**Einfamilienhäuser mit Jachtliege-
plätzen** errichtet. So erklärt sich
auch der freundliche Beiname
»Water Wonderland«.

**Cape Coral**

**!** *Baedeker* TIPP

### Tropische Früchte satt...
Auf der westlich vorgelagerten Pine Island
gedeihen tropische Früchte, darunter Mangos,
Papayas, Guaven, Lychees und auch die Black
Sapote, deren Fruchtfleisch wie Schokoladen-
pudding schmeckt. Die Sunburst Tropical Fruit
Company verkauft sie in ihrem Ladengeschäft.

Die Inseln Cayo Costa und North Captiva sowie einige benachbarte
Eilande an der Einfahrt in den Charlotte Harbor sind zu einem State
Park zusammengefasst. Diese nur per Boot erreichbaren Inseln sehen
heute noch so aus, wie zu Zeiten der ersten Ankömmlinge aus Europa. Sog. **Mounds** aus Muschel- und Austernschalen zeugen von einer
jahrtausendealten indianischen Besiedlung. An der Golfseite von
Cayo Costa und North Captiva Island gibt es tolle **Muschelsandstrände und Dünen**. Im Sommer legen hier Meeresschildkröten ihre
Eier ab. Die landseitigen Mangrovenbereiche sind eines der größten

**★★
Cayo Costa
State Park**

*Braune Pelikane im Cayo Costa State Park*

Brutgebiete der **Braunen Pelikane** in Florida. Außerdem nisten hier Ospreys, Weißkopfseeadler und Fregattvögel. Touristen können auf Cayo Costa einfache Hütten mieten, und auf North (Upper) Captiva Island gibt es eine nicht zum State Park gehörende kleine Feriensiedlung mit Marina.

**Gasparilla Island** ★

Vom Festland aus erreicht man das von Wohlhabenden Amerikanern und Europäern in Beschlag genommene Eiland am nördlichen Eingang des Charlotte Harbor mit dem Auto via FL 771 über eine mautpflichtige Brücke. Ob die Insel nach einem spanischen Geistlichen oder aber dem berüchtigten Piraten benannt ist, weiß man nicht genau. Am Ende der FL 771 liegt **Boca Grande**, der Hauptort der Insel, der noch viel urprüngliches Flair vorzuweisen hat. Nette Restaurants sind in die historische Architektur gut eingefügt. Hauptattraktionen von Boca Grande sind die **Muschelsandstrände** sowie das 1888 erbaute **Leuchtturm** am Ende der Insel.

**Punta Gorda**

Das 17 000-Einwohner-Städtchen an der Mündung des Peace River in den Charlotte Harbor ist Hauptort einer noch stark von der Viehzucht und der Fischerei geprägten Gegend. 1513 erschien Ponce de León im Charlotte Harbor und ging wahrscheinlich hier an Land. Spanische Missionare wirkten hier im 16. und 17. Jh., danach versteckten sich hier Seeräuber. Die heutige Siedlung wurde 1885 inkorporiert. Bis 1904 war Punta Gorda Endstation der »Florida Southern Railway«. Vom Long Dock aus bestanden seinerzeit Schiffsverbindungen nach ►Key West, Havanna (Kuba) und New Orleans.

Am Ufer des Peace River ist anstelle der alten Piers **»Fishermen's Village«** entstanden, ein Komplex mit Souvenirläden, Lokalen, Ferienwohnungen und Freizeiteinrichtungen sowie einem Jachthafen. Im **Museum des Charlotte County** sind Fossilien und Überreste diverser Säugetiere aus dem Eiszeitalter beachtenswert. Am Westende der Marion Avenue erinnert der **Ponce de León Park** an die Landung des berühmten Spaniers im Jahre 1513.

◄ Downtown

Bis in die 1960er-Jahre war das Gebiet nordwestlich von Punta Gorda noch Viehweide. Heute leben in Port Charlotte fast 50 000 Menschen. Die **Retortenstadt** ist für etwa doppelt soviele Einwohner konzipiert, wurde aber 2007/2008 von Immobilien- und Finanzkrise stark getroffen. Rund 60 km natürliche Uferzone sowie 264 km künstliche Wasserwege, die meist direkt in die Bucht münden, machen Port Charlotte zu einem beliebten Wohn- und Ferienort für Wassersportler. Der **Port Charlotte Beach** mit **Angelpier** erstreckt sich am südwestlichen Ende des Harbor Boulevard.

**Port Charlotte**

Von Port Charlotte aus lohnen Bootsausflüge zu den Inseln Useppa Island, Cabbage Key und Cayo Costa. Auch auf den Wasserläufen der näheren Umgebung kann man interessante Bootstouren unternehmen (u.a. Babcock Wilderness Adventures oder Charlotte Harbor Florida Water Safaris).

◄ Bootsausflüge

# Fort Pierce · Port St. Lucie

J 5

**Region:** Central East
**Einwohnerzahl:** 41 000

**Höhe:** 0 – 8 m ü.d.M.
**Telefonvorwahl:** 772

**Der Boom in den Zentren der Gold Coast scheint an Fort Pierce vorbei gegangen zu sein. Die Stadt im Zentrum der gleichermaßen unprätentiösen Treasure Coast lebt von den Zitrusfrüchten und dann erst von den Touristen – trotz Jachthafen mitten in der Stadt.**

Fort Pierce begann als Militärposten während des Zweiten Seminolenkriegs und erlebte erst mit der Ankunft von Flaglers Eisenbahn einen Aufschwung. Während des Zweiten Weltkrieg bestand hier ein Marinehafen. In den 1950er-Jahren setzte ein bescheidener Tourismus ein – die schön altmodischen Motels und die weit ins Meer reichenden Piers lassen die Erinnerung an Straßenkreuzer und Drive-in-Diner aufleben. Seitdem hat Fort Pierce die Ecken und Kanten einer hart arbeitenden Stadt konserviert. Das hübsch restaurierte Zentrum wird leider von den Türmen einer Zementfabrik überragt, und am Ortseingang »grüßt« ein großes Klärwerk. Doch das macht nichts, denn Sehenswertes findet sich erst auf dem Weg über den Indian River in Richtung North Hutchison Island, einer vorgelagerten und größtenteils noch natürlichen Barriere-Insel.

**Ein neues Touristenziel**

# ► FORT PIERCE · PORT ST. LUCIE ERLEBEN

## AUSKUNFT

***St. Lucie County***
***Chamber of Commerce***
1450 Fountainview Blvd.
Port St. Lucie, FL 34986
Tel. (772) 340-1333
www.stluciechamber.org

## ESSEN

### ► Erschwinglich

***Mangrove Mattie´s***
S. Hutchison Island
1640 Seaway Dr., Fort Pierce
Tel. (772) 466-1044

Frischer Fisch und Meeresfrüchte mit Blick von der Terrasse auf den Fort Pierce Inlet.

## ÜBERNACHTEN

### ► Günstig

***Dockside Harborlight Inn***
1160 Seaway Drive
Fort Pierce, South Hutchison Island
Tel. (772) 468-3555
www.docksideinn.com
Schöne Bleibe mit eigenen Piers, Pool und umfangreichem Wassersportangebot in der Nähe.

## Sehenswertes in Fort Pierce und Umgebung

**Fort Pierce** Er sagte immer, was er dachte und war einem Streit nie abgeneigt. A. E. »Beanie« Backus (1906 – 1990) war so kantig wie seine Stadt – und Floridas berühmtester Landschaftsmaler zugleich. Das unweit der A1A über den Indian River gelegene **A. E. »Bean« Backus Museum** würdigt Leben und Werk des Malers, der Florida mit seinen tropischen Themen in aller Welt bekannt machte (500 N. Indian River Dr., Öffnungszeiten: Winter Mi. – So. 10.00 – 16.00 Uhr, Sommer n. V.). Ein paar Blocks weiter südlich lassen sich frei lebende Manatees beobachten im Moore Creek des **Manatee Observation & Education Center** (480 N. Indian River Dr.; Öffnungszeiten: Jan. bis Juni u. Okt. – Dez. Di. – Sa. 10.00 – 16.00, So. 12.00 – 16.00 Uhr) beobachten. Eine geführte Tour durch das Tiefsee-forschungsinstitut **Harbor Branch Oceanographic Institution** (5600 N. US-1; Öffnungszeiten: Mo. – Fr. 10.00 – 17.00, Sa. 10.00 – 14.00 Uhr) informiert als Teil der Florida Atlantic University über moderne Aquakulturen und ermöglicht gelegentlich die Besichtigung eines Forschungsschiffes. Die **Fort Pierce Inlet State Recreation Area** (Öffnungszeiten: tgl. 8.00 bis Sonnenuntergang) am Südzipfel von North Hutchison Island bietet schöne Strände.

Das für den europäischen Besucher wohl ungewöhnlichste Museum Floridas ist ein weißer Rundbau unter Palmen: Das **UDT-SEAL Museum** informiert über die Elitekämpfer der US-Marine sowie deren verdeckte Operationen in aller Welt (Hutchison Island, 3300 N. A1A; Öffnungszeiten: Di. – Sa. 10.00 – 16.00, So. 12.00 – 16.00 Uhr). Vom Zweiten Weltkrieg bis zum Vietnamkrieg wurden hier die Elite-Einheiten der US-Marine ausgebildet.

Über die North Hutchison Island der Länge nach durchmessende A1A erreicht man nach 14 mi/23 km die 19 000 Einwohner zählende Siedlung Vero Beach. Zwar haben hier überwinternde und gut betuchte Amerikaner für ein gewisses nobles Flair gesorgt, trotzdem ist Vero Beach eine nette Kleinstadt mit freundlich grüßenden Menschen geblieben. Kilometerlange, vom **Ocean Drive** aus erreichbare Sandstrände, vor allem der **South Beach Park**, locken Sonnenanbeter und Badegäste an. Der am Nordende der Insel gelegene **Sebastian Inlet State Park** bietet darüber hinaus einen Surf Shop sowie einen Kajak-und Kanuverleih. Weithin ist das Donnern der gleichmäßig brechenden Wellen zu hören. Im hiesigen **McLarty Treasure Museum** (13180 N. A1A, Sebastian Inlet State Recreation Area; Öffnungszeiten: tgl. 10.00 – 16.30 Uhr) sind Exponate zu sehen, die aus einigen vor der Küste gesunkenen spanischen Galeonen stammen. Sie erklären in sehr eindrucksvoller Weise die Herkunft des Namens »Treasure Coast«.

**✱ Vero Beach**

Still, dunkel und brackig, meist gerade mal einen Meter tief, erstreckt sich der sog. Indian River über eine Länge von zirka 125 mi/200 km parallel zur Atlantikküste von New Smyrna Beach im Süden bis nach Stewart im Norden – immer im Schutz der vorgelagerten Barriere-Inseln. Der Fluss, der keiner ist, sondern eher eine Lagune, ist vor allem zwischen Vero Beach und Sebastian sehr flach und bildet ein Labyrinth aus Marschen und Inseln, die vielerlei Vogelarten Schutz bieten. Eine Rinne für Wasserfahrzeuge ist ausgebaggert, denn Indian River ist **Teil des Intracoastal Waterway**. Teile der Lagune sind für veschiedene Wassersportarten reserviert.
Das **Environmental Learning Center** (ELC), auf **Wabasso Island** bei Vero Beach mitten im Indian River gelegen, erinnert seine Besucher daran, wie empfindlich dieser Naturraum ist. In offenen Bassins kann man typische Vertreter der hiesigen Meeresflora und -fauna studieren, ein **Plankenweg** führt durchs Dickicht (Öffnungszeiten: Di. – Fr. 10.00 – 16.00, Sa. 9.00 bis 12.00, So. 13.00 – 15.00 Uhr).

**Indian River**

*Bootsverkehr auf dem Intracoastal Waterway*

Zu den am schnellsten wachsenden Städten der USA gehört **Port St.**

**Port St. Lucie** Lucie an der nördlichen Gabel des gleichnamigen Flusses. Wo bis 1958 Vieh weidete und Orangenpflücker arbeiteten, wurde binnen kurzem eine neue Siedlung aus dem Boden gestampft, die heute über 145 000 Einwohner zählt. Grundstücke und Häuser hat man in der Anfangszeit u.a. in der Grand Central Station in New York vermarktet. Allein dort wurden an guten Tagen bis zu 300 Kaufverträge unterzeichnet! Ein Baugrundstück gab es damals für ein paar Dollar und ein schickes Häuschen war schon für 9000 US-$ zu haben. 2007/2008 wurde der neue, mit **Marina, Yacht Club und Golfplatz** ausgestattete Siedlungsplatz empfindlich von den Auswirkungen der Immobilien- und Finanzkrise getroffen.

**Stuart** Wer in den 18 mi/29 km südlich von Fort Pierce gelegenen Fischerhafen Stuart (12 000 Einw.) kommt, merkt sofort, dass er sich in der **Welthauptstadt der Sailfish-Angler** befindet: So weit das Auge reicht – nur Jachten und Sportfischerboote. Denn Abertausende fahren hinaus aufs Meer, um dem Sailfish (Istophorus americanus) mit seiner auffallenden Rückenflosse nachzustellen. Stuart ist zudem ein beliebtes Ausflugsziel, denn sein historisches Zentrum wurde liebevoll saniert und mit Restaurants, Bars, Geschäften usw. erfolgreich wiederbelebt. Fotogen sind die **Uferpromenade** sowie die Häuserzeilen an der **Flagler Avenue** und an der **Osceola Street**.

# ★ Fort Walton Beach · Destin

**C 2**

**Region:** Northwest
**Einwohnerzahl:** 25 000
(Metropolitan Area: 170 000)

**Höhe:** 0 – 8 m ü.d.M.
**Telefonvorwahl:** 850

**Bis zur BP-Ölpest 2010 galt: Was für ein Sand, was für ein Strand! Puderzuckerähnliches Weiß auf 25 Meilen bzw. 40 Kilometern, flache, sanft abfallende Strände, smaragdgrünes Wasser: Jahr um Jahr wählten die Leser einiger Lifestyle-Magazine den langen Sandstreifen bei Fort Walton Beach zum schönsten Strand Floridas.**

**Tourismus und Militär** Das Beste: 60% davon sind gesetzlich vor jeglicher Bebauung geschützt, ein Umstand, der diesen mit Recht **»Emerald Coast«** genannten Abschnitt der Golfküste zum gefragtesten Urlaubsziel im Panhandle gemacht hat. Entsprechend stürmisch war die Entwicklung während der letzten Jahrzehnte. Doch seit Juni 2010, wurden immer wieder Teerklumpen und Ölschlieren des »Deepwater Horizon Oil Spill« an den Strand gespült, die in in mühsamer Arbeit entfernt werden mussten. Doch lebt die im 19. Jh. von Bürgerkriegsveteranen am Westufer der Choctawhatchee Bay gegründete Stadt am unbescheiden **»Miracle Strip«** genannten Highway US-98 nicht nur vom Tourismus, sondern auch von **der Eglin Air Force Base**, einem

*Von Teer und Öl gesäuberter »Traumstrand« an der Emerald Coast bei Fort Walton*

der größten Luftwaffenstützpunkte der Welt gleich hinter der Stadtgrenze. Hier wurden Generationen amerikanischer Piloten ausgebildet, darunter auch für Missionen im Nahen Osten. Doch außer ein paar Oben-Ohne-Bars, einschlägigen Kneipen und Kondensstreifen am Himmel macht sich ihre Präsenz im Stadtbild kaum bemerkbar.

Der Küstensaum von Fort Walton ist seit etwa 10 000 Jahren besiedelt. Im 5. Jh. v. Chr. schütteten Indianer der Mississippi-Kultur sog. Mounds für kultische Zwecke auf. Während des Bürgerkrieges stellten die wenigen weißen Siedler dieser Gegend die »Walton Guards«, die hier die östliche Einfahrt nach Pensacola und den Santa Rosa Sound bewachten. Einige kehrten nach Kriegsende an die Küste zurück und begründeten die Siedlung Fort Walton Beach.

**Geschichte**

## Sehenswertes in und um Fort Walton Beach

Wer auf dem Miracle Strip (US 98) in die Stadt kommt, passiert einen von den Indianern wohl im 13./14. Jh. aufgeschütteten Hügel, auf dem der **Nachbau eines indianischen Kulthauses** steht. Im dazugehörigen Museum kann man sich über die Inbesitznahme der Golfküste durch indianische Stämme informieren und **indianische Töpferware** aus mehreren Epochen bestaunen (Öffnungszeiten: Mo. bis Sa. 10.00 – 16.00 Uhr).

★
**Indian Temple Mound Museum**

⏱

## ▶ FORT WALTON BEACH · DESTIN ERLEBEN

### Auskunft

**Emerald Coast**
**Convention & Visitors Bureau**
1540 Miracle Strip Parkway
Fort Walton Beach, FL 32548
Tel. (850) 651-7131
Fax (850) 651-7149
www.destin-fwb.com

### VERANSTALTUNGEN

**Destin Deep Sea Fishing**
**Rodeo & Seafood Festival**
Alljährlich im Oktober wird im Hafen
Destin ein großer Hochsee-Angel-
wettbewerb durchgeführt, bei dem es
viel zu gewinnen gibt. Dabei kann
man vielerlei bestens zubereitete
Fischgerichte probieren.

### ESSEN

▶ **Erschwinglich**
**Old Bay Steamer**
102 Santa Rosa Boulevard
Fort Walton Beach
Tel. (850) 664-2795
Kein Blick aufs Meer in diesem bei
Einheimischen beliebten Lokal, dafür
leckeren Fisch und Meeresfrüchte.

### ÜBERNACHTEN

▶ **Günstig**
**Venus by the Sea**
885 Santa Rosa Blvd.
Tel. (850) 301-9205
www.venuscondos.com
Ordentliche Herberge in guter Lage
direkt hinter den Dünen.

**Air Force Arma-
ment Museum**

Wer sich für die Luftwaffe interessiert, dem steht dieses Museum offen, das 6 mi/10 km nordöstlich außerhalb der Stadt am Eingang zur
Eglin Air Force Base liegt (Zufahrt via FL 85). Hier sind alle Waffen-
systeme der US Air Force ausgestellt, die vom Zweiten Weltkrieg bis
zum Golfkrieg eine Rolle gespielt haben. Eine **»Flying Fortress«** (Fliegende Festung) aus dem Zweiten Weltkrieg kann man ebenso inspizieren wie einen **B-52-Langstreckenbomber**, das legendäre **Spionage-
flugzeug SR-71 »Blackbird«** oder einen F-16-Kampfjet. Selbstverständlich gibt es hier auch Bomben, Raketen und Cruise Missiles zu
sehen (Öffnungszeiten: Mo.–Sa. 9.00–16.30 Uhr).

**Santa Rosa Island**

Ein modernes Brückenbauwerk des US 98 führt vom Stadtzentrum
hinüber auf die für ihre **traumhaft schönen Strände** bekannte Barrier-Insel, deren vor dem Eingang zur Choctawhatchee Bay gelegener
Ostzipfel Okaloosa Island genannt wird. Auch hier sind zahlreiche
Neubauten förmlich aus dem Sand gestampft worden.

**Gulfarium**

Jenseits der großen Brücke lockt das Gulfarium vor allem in den
Schulferien viele Besucher an, in dem man aus sicherer Distanz gefährliche Haie und Muränen ebenso beobachten kann wie friedliche
Meeresschildkröten und Delfine. Auch einige Pinguine, Seelöwen
und Fischotter tummeln sich in den Becken (Öffnungszeiten: Mai
bis Sept. tgl. 9.00–18.00, Okt.–April tgl. 9.00–16.00 Uhr, Delfinvorführungen tgl. 10.00, 12.00, 14.00, 16.00 Uhr).

Östlich von Fort Walton Beach überspannt ein weiteres mächtiges Brückenbauwerk des US 98 den Auslass der **Choctawhatchee Bay** und erreicht nach ca. 7 mi/11 km das heute aus allen Nähten platz- **Destin** ★

ende einstige **Fischerdorf** Destin, in dessen Hafen bzw. Marinas zahllo- se mit allerlei Angelgerätschaften ausgestattete Jachten dümpeln. Die gesamte Nehrung, an deren West- spitze der alte Hafen liegt, ist heute mit Hotels und Ferienapartments bebaut. Hauptsehenswürdigkeit ist das **History & Fishing Museum** ab- seits des Emerald Coast Parkway (108 Stahlman Ave., US 98). Hier wird die Geschichte des Fischfangs dargestellt (Öffnungszeiten: Di. bis Sa. 10.00 – 16.00 Uhr).

> ! **Baedeker** TIPP
>
> **Schnäppchen, Schnäppchen...**
> 8 mi/13 km östlich von Destin liegen die Silver Sands Factory Stores. In diesem Riesen-Outlet mit über 100 Läden gibt es Preiswertes u.a. von Tommy Hilfiger, Nike, Reebok (10562 Emerald Parkway/US 98; Öffnungszeiten: März – Dez. Mo. bis Sa. 10.00 – 21.00, So. 10.00 – 18.00, Jan., Feb. Mo. – Sa. 10.00 – 19.00, So. 12.00 – 18.00 Uhr; www.silversandsoutlet.com).

Folgt man dem US-98 in östlicher Richtung weiter, so stellt man fest, dass die ursprüngliche Dünenlandschaft der Emerald Coast nach und nach verschwindet. Stattdessen fährt man jetzt durch eine **Frei- zeitlandschaft mit großstädtischem Gepräge**. Wuchtige Hochhaus- komplexe, ausufernde Shopping Malls, breite Highways, riesige Park- plätze und dazwischen Golf- und sonstige Sportplätze. Das Konglo- merat am **zuckrig-weißen Sandstrand** nennt sich Sandestin bzw. Santa Rosa Beach und nimmt heute den größten Teil der schmalen Nehrung zwischen Golf und Choctawhatchee Bay ein.

**Santa Rosa Beach, Sandestin** ★

Östlich von Sandestin beginnen 80 km weniger geschminkten Stran- des mit weniger aufdringlicher Freizeitindustrie. Dieser South Wal- ton Beaches genannte Abschnitt bietet mit Grayton Beach, Seaside und den neuen, ganz für Urlauber geplanten Städten WaterColor und Rosemary Beach faule Ferien für jeden Geschmack.

**South Walton Beaches**

Ca. 5 mi/8 km südöstlich von Santa Rosa Beach (via US 98) erreicht man den Grayton Beach, der als **einer der schönsten Strände der USA** gerühmt wird. Hier hat sich bereits 1880 der erste wohlhabende Pensionär aus Neuengland niedergelassen. Um die Jahrhundertwen- de gab es hier schon ein Ferienhotel. In den 1920er-Jahren entstan- den die ersten Holzhäuschen, die heute so typisch für den Küstenab- schnitt zwischen ►Pensacola und ►Apalachicola sind.

**Grayton Beach** ★ ★

Am westlichen Ortsrand erstreckt sich ein Erholungsgebiet mit weit- gehend noch naturbelassenem Strand und Dünengelände. Hier sieht man noch die ursprüngliche Vegetation, aber niedrigen, aber langnadeligen Kiefern, Palmetto-Gestrüpp und Magnolien. Im Frühsommer kommen noch Meeresschildkröten zur Eiablage an den Strand. Ein Campingplatz, ein Badestrand mit Wassersportmöglich- keiten und ein naturkundlicher Lehrpfad sind hergerichtet.

◄ Grayton Beach State Recreational Area

*Erst vor wenigen Jahren ist der herrliche Sandstrand von Seaside für den Tourismus erschlossen worden.*

**★ ★**
**Seaside**

Nur durch einen kurzen Grünbereich getrennt schließt wenige Meilen weiter östlich die **Retorten-Urlaubersiedlung** Seaside an, die ebenfalls an einem zauberhaften Badestrand liegt. Sie wurde in den 1980er-Jahren mit dem Anspruch aus dem Boden gestampft, eine in besonderem Maße mustergültige Feriendestination zu werden.

Um einen fast schon barock anmutenden Hauptplatz mit Pavillons, Geschäften, Lokalen und Dienstleistungseinrichtungen gruppieren sich luxuriöse bis einfach-rustikale Feriendomizile auf unterschiedlich großen Parzellen. Namhafte Architekten aus dem ganzen Land haben haben hier den Beweis erbracht, dass eine moderne Strandsiedlung auch ohne Hochhausbebauung und alles zerschneidende Highways möglich ist. Es überwiegen **pastellfarbene, viktorianisch anmutende Holzhäuser** mit Türmchen, Erkerchen und sonstigem Zierrat.

**Seagrove**

Etwas weiter östlich schließt die noch im Aufbau befindliche Feriensiedlung Seagrove an, die zwar in ähnlicher Manier, aber doch um einiges moderner als Seaside gestaltet sein wird. Das Interesse an den Grundstücksparzellen und den darauf gebauten schnuckeligen Ferienhäusern ist so groß, dass bereits weiteres Land urbar gemacht wird.

Ca. 3 mi/5 km nördlich von Seagrove Beach kann man noch ein wenig Südstaaten-Atmosphäre schnuppern, denn am östlichsten Zipfel der Choctawhatchee Bay hat sich der Holzindustrielle Wesley 1898 einen **feudalen Wohnsitz im Plantagenstil** errichten lassen inmitten einer Parkanlage, in der im Frühling die Azaleen und Magnolien blühen. Das Herrenhaus ist mit wertvollem Mobiliar ausgestattet (Führungen: Do. – Mo. 10.00 – 15.00, Park tgl. 8.00 – 18.00 Uhr).

**Eden State Gardens** ★

Ca. 26 mi/42 km nördlich von Grayton Beach liegt das 6000-Einwohner-Städtchen mit seinen denkmalgeschützten **viktorianischen Bauten** an einem romantischen Quellsee in der hier sehr reizvollen Hügellandschaft des Florida Panhandle. Es entstand 1881, als Landvermesser eine Trasse für die Louisville & Nashville Railroad finden sollten. Sie benannten ihre Niederlassung nach einem ihrer Vorgesetzten. Besonders hübsch restaurierte Bauten sind die Public Library von 1887 sowie das Hotel DeFuniak von 1920.

**DeFuniak Springs** ★

Wenige Meilen östlich erstreckt sich die Ponce de León Springs State Recreation Area. Mittelpunkt dieses Erholungsparks ist eine **Karstquelle,** die aus horizontal gelagerten Kalkschichten hervorbricht und einen schönen Quellteich bildet. Auch hier soll sich der Konquistador auf seiner Suche nach der Quelle der ewigen Jugend aufgehalten haben. Man kann hier baden, angeln und erlebnisreiche Wanderungen durch die wildreiche Landschaft unternehmen.

**Ponce de León Springs**

# ★ Gainesville

**Region:** North Central
**Einwohnerzahl:** 114 000 (Stadt)
220 000 (Metropolitan Area)

**Höhe:** 52 m ü.d.M.
**Telefonvorwahl:** 352

**Gut 40 000 Studenten verpassen ihr jene Vitaminspritze, die sie für Besucher erst interessant macht. Außer einem jungen Gesicht und annehmbarem Nachtleben zeigt die Universitätsstadt im Norden Zentralfloridas zudem Bürgersinn: Mit ihren Fitness-Programmen am Arbeitsplatz steht sie im Kampf gegen Übergewicht landesweit an erster Stelle.**

Über die Hälfte aller Unternehmen im Raum Gainesville nehmen an der 2003 begonnenen Wellness-Kampagne teil – Grund genug für die Stadtväter von der »**most liveable City in Florida**« zu sprechen. Auch die Seminolen mochten dieses Fleckchen Erde: Als Gainesville 1854 gegründet wurde, widersetzten sie sich hartnäckigst ihrer Umsiedlung. Unbeeindruckt vom 3. Seminolenkrieg machte Gainesville die ersten Gehversuche. Der Umzug der Kingsbury Academy von Ocala nach Gainesville in den 1860er-Jahren und ihr Zusammen-

**Orangen und Studenten**

## ⏵ GAINESVILLE ERLEBEN

### AUSKUNFT

**Gainesville/Alachua County CVB**
30 E. University Avenue
Gainesville, FL 32601
Tel. (352) 374-5260
www.visitgainesville.net

### SHOPPING

**Butler Plaza**
Miracle Mile/Archer Road
Größte Shopping Mall der Gegend.

**Angel Gardens**
10100 NW 13th Street
In einem alten Farmerhaus kann
man genüsslich nach Antiquitäten
und allerlei Kitsch stöbern.

### ESSEN

► **Fein & teuer**
**Paramount Grill**
12 SW 1st Avenue
Tel. (352) 378-3398
Hübsches Lokal, polyglotte Küche.

► **Erschwinglich**
**The Top Restaurant**
30 N Main Street

Tel. (352) 337-11 88
Beliebter Treffpunkt, bekannt für
leckere Fischgerichte und Steaks.

### ÜBERNACHTEN

► **Komfortabel**

### Baedeker-Empfehlung

**Magnolia Plantation
Inn & Cottages**
309 SE 7th Street
Tel. (352) 375-6653
www.magnoliabnb.com
5 Zimmer, 7 Cottages
Liebevoll restauriertes historisches Haus im
Second-Empire-Stil.

► **Günstig**
**Sweetwater Branch Inn**
625 E. University Avenue
Tel. (352) 373-6760
www.sweetwaterinn.com
15 Zimmer
Im Stil der viktorianischen Ära
schwelgende Herberge

schluss mit dem Florida Agricultural College etwas später kurbelten
das Wachstum der Stadt an. 1905 wurde das College zur **University
of Florida** erhoben. Wissenschaft und der Anbau von Zitrusfrüchten
gingen fortan Hand in Hand und sind bis heute wichtige Säulen.

### Sehenswertes in Gainesville

★
**Northeast
Historic
District**

Im denkmalgeschützten Northeast Historic District findet man
interessante **Architekturbeispiele aus der Zeit von 1880 bis 1930.**
Vom 1886 errichteten Courthouse an der Ecke E. University Ave./
N.E. 1st Street ist allerdings nur noch der Glockenturm erhalten. Im
klassizistischen Thomas Center (306 N.E. 6th Ave.) finden heute
Ausstellungen und sonstige Veranstaltungen statt. Das ehemalige
Postamt beherbergt heute ein Theater.

Eine außerordentlich lehrreiche naturkundliche Ausstellung findet man auf dem Universitäts-Campus im Westen der Stadt. Für Florida typische Naturräume (u.a. Savanne, Mangroven, Hammock) sind in Dioramen nachgebaut und erklärt. Besondere Beachtung verdient auch die **anthropologisch-ethnographische Abteilung** des Museums mit umfangreichen Sammlungen zu karibischen und mittelamerikanischen Indianerkulturen (SW 34th St./Hull Rd.; Öffnungszeiten: Mo. bis Sa. 10.00 – 17.00, So. 13.00 – 17.00 Uhr).

**Florida Museum of Natural History** ⏱

Ebenfalls auf dem Uni-Campus kann man eine der umfangreichsten Kunstsammlungen des »Sunshine State« besichtigen. Ausstellungsschwerpunkte sind: Artefakte aus dem präkolumbischen Mesoamerika, Kunst Westafrikas und Ozeaniens, ostasiatische Keramik und auch zeitgenössische amerikanische Kunst (SW 34th St./Hull Rd.; Öffnungszeiten: Di. – Sa. 11.00 – 17.00, So. 13.00 – 17.00 Uhr).

✱ **Samuel P. Harn Museum of Art** ⏱

## Umgebung von Gainesville

Das Ausflugsziel liegt ca. 4 mi/6,5 km nordwestlich von Gainesville. Diese 37 m tiefe und 152 m breite **Doline** ist vor ca. 10 000 Jahren entstanden, als die Decke einer Flusshöhle einstürzte. Eine Treppe führt hinunter zum Grund der üppig bewachsenen Doline. Je weiter man hinuntersteigt, desto kühler wird es. Dies hat zur Folge, dass man in der Doline Pflanzengesellschaften antrifft, die man sonst nur im viel weiter nördlich gelegenen Appalachen-Gebirge findet. Ausführliche Informationen gibt es im Visitor Center (Öffnungszeiten: Mi. – So. 9.00 – 17.00 Uhr).

✱ **Devil's Millhopper State Geological Site** ⏱

Ein Abstecher führt von Gainesville nach Süden (US-441). An der Stadtgrenze beginnt die **Paynes Prairie State Preserve**, ein sumpfiges

*Unheimlich ist's bei der Doline Devil's Millhopper.*

Grasland mit einigen Hartholz-Bauminseln. So hat Zentralflorida noch vor 150 Jahren ausgesehen: Grasland, von Hammocks und Sümpfen durchsetzt und von einer artenreichen Tierwelt bewohnt. Bisons, Wildpferde, Wildkatzen, Alligatoren und über 270 Vogelarten kann man hier beobachten. Wanderpfade durchziehen den Park und es gibt auch mehrere Beobachtungstürme (Anfahrt: via I-75, Exit 374; Öffnungszeiten: tgl. 8.00 – Sonnenuntergang).

**Micanopy**

Die 11 mi/18 km südlich von Gainesville gelegene Ortschaft ist mit ihren viktorianischen Bauten das **Musterbeispiel einer ländlichen Südstaatensiedlung.** Der nach einem Seminolen-Führer benannte Ort begann 1821 mit einem Postamt. Seitdem hat sich nicht allzu viel verändert: Micanopy, unter alten Eichen dösend, schmeichelt dem Auge mit klassischem Südstaatencharme – und der Geldbörse mit vielen interessanten Antiquitätenläden.

**Marjorie Kinnan Rawlings State Historic Site**

Etwa 15 mi/24 km südöstlich von Gainesville erreicht man das Anwesen, wo die amerikanische Schriftstellerin und Pulitzer-Preisträgerin Marjorie Kinnan Rawlings (1896 – 1953) von 1928 bis 1941 gelebt hat. Im typischen Cracker-Holzhaus bzw. unter Orangen- und Pekannussbäumen verfasste sie Werke wie »The Yearling« oder »Cross Creek«, in denen sie das Leben im Florida der 1930er-Jahre darstellt. Seit der Verfilmung von »Cross Creek« (1983) ist Rawlings Estate eine Wallfahrtsstätte (Führungen: Juli – Okt. Do. – So. 11.00 – 16.00 zu jeder vollen Stunde; Park-Öffnungszeiten: tgl. 9.00 – 17.00 Uhr).

# ★ Jacksonville

**H 2**

| | |
|---|---|
| **Region:** Northeast | **Höhe:** 0 – 7 m ü.d.M. |
| **Einwohnerzahl:** 807 000 | **Telefonvorwahl:** 904 |
| (Metropolitan Area 1,3 Mio.) | |

**Schwerindustrie, Papierfabriken, Großbanken, Hafen; Militär: Die Stadt im äußersten Nordosten Floridas war noch nie ein Touristenziel. Wer jedoch näher hinschaut, stellt fest, dass sich etwas tut. Galerien und Hotels öffnen, Millionen werden in Museen investiert. Der Sport honoriert das auf seine Weise: Anfang 2005 kam auch der Super Bowl der National Football League nach Jacksonville.**

**An der Biegung des Flusses ...**

Die Einheimischen nennen ihre Stadt schlicht »Jax«, doch selbst dieser Kosename klingt alles andere als gastfreundlich. Wer in der Vergangenheit die Stadt an der Biegung des St. John´s River besuchte, pflegte schnell zu den Stränden weiter östlich durchzubrausen und den unpersönlich erscheinenden Wald aus Bürotürmen links liegen zu lassen. Der Super Bowl, das größte Sportereignis des Jahres 2005, half ein wenig mit, dieses lästige Image abzustreifen.

*Wahrzeichen von Jacksonville: Modis Building und Main Street Bridge*

## North Bank

Die Innenstadt hat eine milliardenschwere Sanierungsphase durch- **Downtown**
laufen. Mit neuen im Sonnenlicht gleißenden Wolkenkratzern, darunter dem **Modis Building** (s. Bild) und dem postmodern wirkenden, von Helmut Jahn konzipierten 40-stöckigen **Bank of America
Tower** hat die Stadt eine neue Skyline an der North Bank. Mehrere
Brücken verbinden die nördlich und südlich des St. John's River gelegenen Stadtteile. Das »Blaue Wunder von Jacksonville« bzw. das
Wahrzeichen der Stadt ist die **Main Street Bridge** (s. Bild), deren
Fahrbahn bei der Durchfahrt größerer Schiffe hochgehoben wird.

Coffee Shops, Restaurants, Staßenmusiker, Jongleure, Body-Painter: **✱**
Dieser Komplex aus Glas, Stahl und Sonnenschirmen am Flussufer **Jacksonville**
umfasst einige Dutzend Geschäfte und diverse Lokale mit Blick aufs **Landing**
Wasser. Der vor Jacksonville Landing am Ufer entlang ziehende
**Northbank Riverwalk** führt als schöne Promenade von der Berkman
Plaza bis zum Times Union Center for the Performing Arts.

Östlich von Jacksonville Landing erstrahlt das Florida Theater Perfor- **✱**
ming Arts Center in neuem Glanz. Es ist in den Jahren 1926/1927 als **Florida Theater**
Filmpalast erbaut und vor wenigen Jahren aufwendig renoviert wor- **Performing Arts**
den. Bemalte Terrakotta-Figuren und Ornamentbänder schmücken **Center**
die Fassade. Der üppig ausgestattete Zuschauerraum mit gewaltigem
Balkon fasst jetzt wieder fast 2000 Besucher für kulturelle Veranstaltungen aller Art.

# ▶ JACKSONVILLE ERLEBEN

## AUSKUNFT

**Jacksonville & The Beaches Convention & Visitors Bureau**
208 N. Laura St., Suite 102
Jacksonville, FL 32202
Tel. (904) 798-9111
Fax (904) 798-9103
www.visitjacksonville.com

## SHOPPING

Riverside ist bekannt für seine Urban-Wear-Läden. Coole Schuhe gibt es v.a. an der Riverside Street zwischen Lomax und Post Street. Nobler geht es in Avondale zu. Prada, Lily Pulitzer und Fantini findet man in den Boutiquen an der St. Johns Street zwischen Talbot und Pinegrove Street. Der San Marco Square wiederum ist eine gute Adresse für Antiquitäten-, Bücher- und CD-Käufer.

## NACHTLEBEN

Besucher pflegen sich auf die Biegung des Flusses in der Downtown zu konzentrieren: Jacksonville Landing und Southbank Riverwalk, einander gegenüber liegende Vergnügungsviertel, sind abends und am Wochenende die beliebtesten Treffpunkte der Stadt.

## ESSEN

### ▶ Erschwinglich

① **Mossfire Grill**
Riverside
1537 Margaret Street
Tel. (904) 355-4434
Ziemlich temperamentvoll gewürzte Gerichte des amerikanischen Südens werden in bernsteinfarbenem Designer-Ambiente serviert.

② **Biscotti's Espresso Cafe**
Avondale
3556 St. John´s Avenue
Tel. (904) 387-2060
Munteres Lokal mit leichten Bistro-Gerichten.

### ▶ Preiswert

③ **Sticky Fingers**
Atlantic Beach
8129 Point Meadows Boulevard
Tel. (904) 493-74 27
Saftige Steaks und Ribs – mit Blues aus den Boxen und Jazzmusikern an den Wänden.

## ÜBERNACHTEN

### ▶ Komfortabel

① **Inn at Oak Street**
Riverside
2114 Oak Street
Tel. (904) 379-5525
www.innatoakstreet.com
6 Zimmer
Gemütliches Gasthaus im historischen Riverside. Einige Zimmer mit Whirlpool. Auch die Dienste eines Masseurs werden angeboten.

② **Riverdale Inn**
1521 Riverside Avenue
Tel. (904) 354-5080
www.riverdaleinn.com
8 Zimmer
Schöne Residenz im Queen-Anne-Style. Restaurant »The Row« im ersten Stock.

### ▶ Günstig

③ **Omni**
Downtown
245 Water Street
Tel. (904) 355-6664
www.omnihotels.com
354 Zimmer
Modernes Cityhotel, gerade mal einen Steinwurf vom beliebten Riverwalk entfernt, mit beheiztem Pool auf dem Dach.

## *Jacksonville* Orientierung

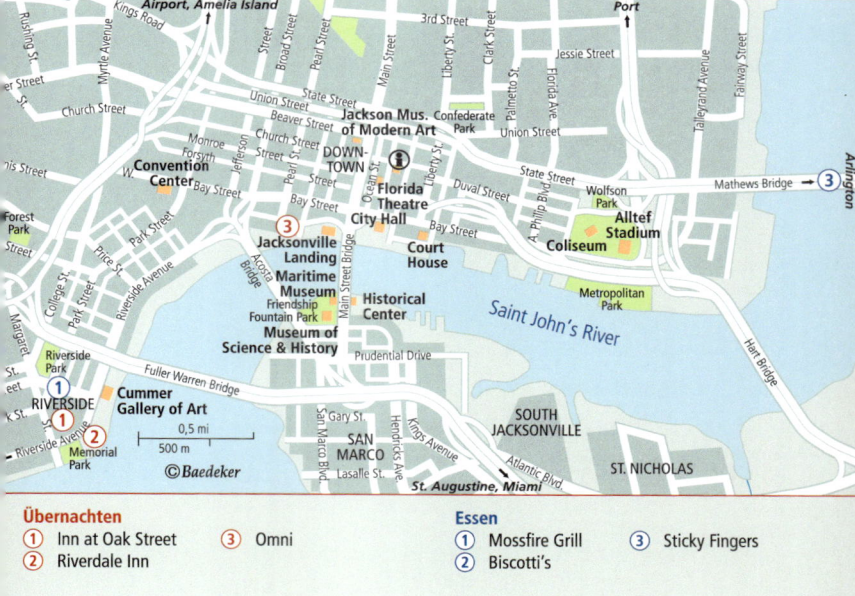

**Übernachten**
1. Inn at Oak Street
2. Riverdale Inn
3. Omni

**Essen**
1. Mossfire Grill
2. Biscotti's
3. Sticky Fingers

Westlich von Jacksonville Landing fällt das 1986 errichtete Kongress-zentrum ins Auge. In die moderne Struktur ist die im Jahre 1919 nach Plänen des New Yorker Architekten K. M. Murchison erbaute Union Station integriert. Die gewaltige, von einer 23 m hohen Kuppel überwölbte frühere Bahnhofshalle dient heute als noble Lobby des Kongresszentrums.

**Prime Osborn Convention Center**

Zeitgenössische Kunst wird hier ausgesprochen innovativ inszeniert. Ausgestellt sind Arbeiten internationaler und amerikanischer Künstler. Besonders hervorzuheben sind Werke von **Helen Frankenthaler** und **Robert Rauschenberg** (333 N. Laura St.; Öffnungszeiten: Di. bis Sa. 10.00 – 16.00, Do. bis 20.00, So. 12.00 – 16.00 Uhr).

**Museum of Contemporary Art**

In der Zeit, als Bürger mit heller und dunkler Hautfarbe in unterschiedlichen Quartieren lebten, war LaVilla das Schwarzenviertel von Jacksonville. Dessen kultureller Brennpunkt war das **Ritz Theatre**, wo viele berühmte Musiker aufspielten. Den Abrisseifer der 1960er-Jahre hat indes nur das Ritz restauriert und geliftet überstanden. Das **LaVilla Museum** erzählt ein Stück interessanter afro-amerikanischer Geschichte (829 N. Davis St.; Öffnungszeiten: Di. – Fr 10.00 – 18.00, Sa. 10.00 – 14.00, So. 14.00 – 17.00 Uhr).

**LaVilla**

## *Highlights* Jacksonville

**South Bank River Walk**
Wo sich vor einigen Jahren noch Werften und Industrieanlagen ausbreiteten, kann man heute schön flanieren.
▶ Seite 224

**Museum of Science in History**
Jung und Alt bekommen im MOSH auf spektakuläre Weise Einblicke in Wissenschaft und Technik geboten.
▶ Seite 224

**Cummer Museum of Art & Gardens**
Eindrucksvolle Sammlung mit Werken von Albrecht Dürer, Lucas Cranach d. Ä. und Peter Paul Rubens in Florida.
▶ Seite 225

**Jacksonville Beaches**
Altbekannte Seebäder mit weiten Stränden – mal vornehm exklusiv, mal populär.
▶ Seite 227

## South Bank

**South Bank Riverwalk**

Am Südufer des St. John's River verläuft der 1985 eröffnete South Bank Riverwalk. Diese attraktive Anlage mit Nobelhotel, Restaurants und drei Museen ist auf ehemaligem Werft- und Industriegelände errichtet. Von der Uferpromenade bietet sich ein toller Blick auf die Hochhaus-Silhouette der North Bank. Mittelpunkt des **Friendship Park** ist der nachts angestrahlte **Springbrunnen**, dessen Fontäne bis zu 36 m hoch steigt.

**Jacksonville Historical Center**

Das Museum am südlichen Kopf der Main Street Bridge informiert über wichtige Perioden der Stadtgeschichte. Ausstellungsschwerpunkte sind die indianische Besiedlung des Stadtgebietes sowie die Zeit, als Jacksonville Zentrum der Filmindustrie war (Öffnungszeiten: Mo. – Sa. 10.30 – 15.30, So. 13.00 – 17.00 Uhr).

**Jacksonville Maritime Museum**

Auf der anderen Seite des Brückenkopfes lädt ein weiteres kleines Museum zum Besuch ein, das sich mit der Geschichte der Seefahrt im Nordosten Floridas befasst. Interessant sind die hier ausgestellten Schiffsmodelle (1015 Museum Circle, Unit 2; Öffnungszeiten: Mo. bis Fr. 10.30 – 15.00, Sa., So. 13.00 – 17.00 Uhr).

**Museum of Science & History (MOSH)**

Dieses populärwissenschaftlich ausgerichtete Museum bietet Einblicke in die Welt von Natur, Geschichte, Wissenschaft und Technik. Hauptattraktionen sind neben dem Science Theater und dem Planetarium vor allem die Ausstellungen **»The Living World«** und **»Atlantic Tails«**, die sich mit der Naturgeschichte und einigen in ihrem Bestand gefährdeten Lebewesen (u.a. Delfine, Manatis) beschäftigen.
Die interessante Präsentation **»Currents of Time«** hat die über 12 000 Jahre während Besiedlungsgeschichte Nordostfloridas zum Thema (1015 Museum Circle; Öffnungszeiten: Di. – Sa. 10.00 – 15.00, So. 12.00 – 16.00 Uhr).

Das südlich vom Southbank Riverwalk beginnende Stadtviertel besitzt noch seinen eigenen Charme. Viele der zu Beginn des 20. Jh.s
teils im Art-Deco-Stil erbauten Villen, oftmals direkt am Wasser gelegen, sind hübsch renoviert. Brennpunkt ist der **San Marco Square**,
wo Lifestyle- und Fashion-Fanatiker ebenso auf ihre Kosten kommen
wie Liebhaber von Musikkneipen, Bars und feinen Restaurants.

✷
**San Marco**

## Riverside und Avondale

In den 1850er-Jahren gegründet und nach dem Feuer von 1901 wie-
deraufgebaut ist das am **Memorial Park** gelegene Viertel Riverside
das architektonisch wohl vielfältigste Viertel Floridas. Vor allem rund
um die **Margaret Street** liegen herrliche Beispiele des Mediterranean
Revival sowie Kolonial- und neoklassizistischen Stils. Besonders eindrucksvoll ist die **Riverside Baptist Church**, die byzantinische und ro-
manische Stilelemente aufweist. Sie wurde 1925 nach Plänen des renommierten Architekten Addison Mizner aus Palm Beach an der
Park Street errichtet.

✷
**Riverside**

Kulturelles Zentrum des Viertels ist dieses in einer herrlichen Parkanlage am westlichen Kopf der Fuller Warren Bridge (I-95) gelegene
Kunstmuseum. Untergebracht ist es in der Ende des 19. Jh.s entstandenen herrschaftlichen **Villa eines Holzbarons**. Grundstock der Ausstellung ist die Kunstsammlung der
Familie Cummer. Die Palette reicht
von altindianischer Kunst über die
ägyptische, griechische und römi-
sche Antike bis zur europäischen
Kunst des 15. bis 19. Jahrhunderts.
Glanzstücke sind Arbeiten von **Albrecht Dürer, Lucas Cranach dem
Älteren** und **Peter Paul Rubens**
(»Grablegung Christi«). Beachtung
verdienen ferner eine Kollektion

✷ ✷
**Cummer Museum
of Art
& Gardens**

> ! **Baedeker** TIPP
>
> ### Entspannung nach dem Museum
> Nicht weit westlich vom Museum und ebenfalls
> an der Riverside Avenue liegt das hübsche
> Bohème-Viertel namens »Five Points« mit
> einigen netten Cafés und Bistros

**Meißner Porzellans** sowie Kunstgegenstände ostasiatischer Herkunft
(829 Riverside Ave.; Öffnungszeiten: Di. 10.00 – 21.00, Mi. – Sa.
10.00 – 16.00, So. 12.00 – 17.00 Uhr).

🕐

Auf der Riverside Avenue, der südlichen Verlängerung der St. Johns
Avenue gelangt man nach 2,5 mi/4 km nach Avondale. Im Jahre
1920 von Telfair Stockton als **Heimstatt für gutsituierte Bürger** konzipiert und noch immer von einer kleinen, aber feinen Elite domi-
niert, verströmt das Nobelviertel auf Vernissagen usw. noch immer
das Flair der guten alten Zeit.

✷
**Avondale**

Die hiesige Kunstszene konzentriert sich um die exquisite **R. Roberts
Gallery** (3606 St. Johns Ave.; Öffnungszeiten: Di. – Sa. 11.00 – 18.00
Uhr). Hier sind u.a. Arbeiten von Designern und Künstlern wie Lily
Pulitzer, Michel Delacroix, Prada und Fantini zu sehen.

🕐

## Weitere Sehenswürdigkeiten in Jacksonville

**Jacksonville University**

Der Campus der 1934 gegründeten Universität breitet sich am Ostufer des St. John's River aus. Wichtige Einrichtungen sind ein Meeresforschungszentrum, die Historic Society Library und das **Alexander Brest Museum**, in dem u.a. Kunst aus präkolumbischer Zeit, Töpferwaren, Porzellan und Glas aus Europa, Elfenbeinschnitzereien aus Fernost ausgestellt sind. Das Haus des deutschstämmigen Komponisten **Fritz Delius** (1862–1934) ist ebenfalls zugänglich.

**Jacksonville Zoo**

Der Zoo von Jacksonville erstreckt sich im Norden der Stadt am Trout River. Im **»African Loop«** streifen Zebras, Gazellen und Löwen umher, im Bereich **»Great Apes of the World«** zeigen Gorillas, Schimpansen und andere Primaten ihre Kunststückchen. Die Tierwelt Mittel- und Südamerikas kann man im **»Land of the Maya«** studieren, in den **»Florida Wetlands«** sind u.a. Alligatoren und Manatis zu Hause (370 Zoo Parkway.; Öffnungszeiten: tgl. 9.00 – 17.00 Uhr).

**Anheuser-Busch Brewery**

Ebenfalls im Norden der Stadt sind moderne Produktionsanlagen der größten amerikanischen Bierbrauerei angesiedelt. Der Jahresausstoß liegt bei 8 Mio. Hektolitern. Von hier aus wird ein Großteil des Südens der USA bedient (111 Busch Dr.; Besichtigungstouren mit Kostproben: Mo. – Sa. 10.00 – 16.00 Uhr).

**Fort Caroline**

Etwa 10 mi/16 km östlich der Innenstadt erinnert ein nachgebautes hölzernes Fort im Timucuan Ecological & Historic Preserve am Ufer des St. John's River an die französischen Hugenotten, die hier 1564 mit Billigung der ansässigen Timucuan-Indianer einen Stützpunkt anlegen konnten (Öffnungszeiten: tgl. 9.00 – 17.00 Uhr).

**Mayport**

Nordöstlich von Downtown Jacksonville erreicht man Mayport, früher ein kleines Fischerdorf. Vom idyllischen Hafen brechen Erlebnishungrige zu abenteuerlichen Hochsee-Angeltouren auf. Die Mayport Naval Station ist heute einer der größten Flottenstützpunkte an der Ostküste der Vereinigten Staaten. Hier sind Flugzeugträger und Verbände der 6. Flotte stationiert.

**Fort George Island, Kingsley Plantation**

Von Mayport setzt man mit einer Fähre nach Fort George Island über, einer sumpfigen Insel im Mündungsbereich des St. John´s River. Im 16. Jh. haben Spanier hier eine Missionsstation eingerichtet. 1730, als britische Truppen nach Florida vordrangen, erhielt die Insel ihren heutigen Namen. Der Gouverneur von Georgia ließ ein Fort errichten. Gegen Ende der spanischen Kolonialherrschaft legten hier drei Amerikaner Baumwoll-, Zuckerrohr- und Orangenplantagen an, darunter auch die Kingsley Plantation. Sie ist eines der wenigen noch erhaltenen Zeugnisse dieser Wirtschaftsform im Südosten der USA. Die nach dem Pflanzer Zephaniah Kingsley benannte **Plantage** besteht aus dem Haupthaus, dem Küchenhaus und den Ruinen von 25 der **Sklavenbehausungen**. Kingsley, der die Plantage von 1819 bis 1839 betrieb, war mit einer freigelassenen Sklavin und Geschäftsfrau verheiratet. Er ging mit ihr nach Haïti, als nach der Übernahme Floridas durch die USA die Sklavengesetze zu restriktiv geworden waren (Öffnungszeiten: tgl. 9.00 – 17.00 Uhr).

## Strände im Raum Jacksonville

Südlich der Mündung des St. John's River reihen sich an einem 30 km langen weißen Sandstrand altbekannte Seebäder wie Jacksonville Beach, **Atlantic Beach** und **Neptune Beach** wie Perlen aneinander. So bietet **Jacksonville Beach**, das nur 20 Autominuten östlich von Downtown Jacksonville liegt, alle Vorzüge einer Touristensiedlung. Einem Sanierungsprogramm sind u.a. **The Seawalk** und die Seawalk Plaza mit ihren hübschen Geschäften und Lokalen zu verdanken. Der 360 Meter lange und abends illuminierte **Jacksonville Pier** ist beliebter Treffpunkt von Anglern und Spaziergängern.

★ ★
**Jacksonville Beaches**

Nahtlos ist der Übergang zum südlich anschließenden **Ponte Vedra Beach**, wo sich heute exklusive Villen und Strandhäuser aneinander reihen. Außerdem kommen die Anhänger des Golfsports hier voll auf ihre Kosten: Der **Sawgrass Country Club Course** gehört zu den Besten in Florida.

> **? WUSSTEN SIE SCHON …?**
>
> ■ Am South Ponte Vedra Beach, der kurz vor St. Augustine endet, landete seinerzeit der spanische Konquistador Ponce de León und nannte das neu entdeckte Land »La Florida«. Zeit seines Lebens glaubte er, eine weitere größere Insel entdeckt zu haben.

*Beliebt bei Einheimischen und Fremden: die langen Strände bei Jacksonville*

# ★ ★ Key West

**Region:** Southeast      **Höhe:** 0 – 7 m ü.d.M.
**Einwohnerzahl:** 25 000      **Telefonvorwahl:** 305

**In Key West versickert der Overseas Highway zwischen wuchernden Bougainvilleen und pastellfarbener Bahamas-Architektur. Auch »Mainstream America« kleckert hier aus. Übrig bleibt ein sinnliches Stilleben aus schattigen Veranden, frei laufenden Hühnern, streunenden Katzen, unter Autos dösenden Hunden und Straßen, die Caroline oder Angela heißen. Selbst die Party-Zone der Duval Street wirkt eher karibisch als US-amerikanisch.**

**Cayo Huesco**

Die ersten Spanier, die zu Beginn der Neuzeit an dieser knochenharten und knochentrockenen Korallenkalkinsel vorbeischipperten, nannten sie Cayo Huesco (Knocheninsel). Als ein paar Jahrhunderte später die Amerikaner die Herrschaft übernahmen, verballhornten sie Cayo Huesco zu Key West. Die südlichste Insel der Florida Keys, die nur 90 mi/145 km nördlich von Kuba liegt, ist der südlichste Punkt der kontinentalen USA und bis zur Stunde einer ihrer strategisch sensibelsten Plätze.

**Ein Piratennest wird Touristenhochburg**

Cayo Huesco war früher ein berüchtigtes Piratennest. 1845 war Key West ein wichtiger Hafen, und die **»Conchs«**, von den Bahamas zugewanderte Inselbewohner, lebten gut vom Ausschlachten der Schiffe, die in der Nähe strandeten. Um 1870 war Key West die größte und reichste Stadt Floridas. Vom Wohlstand der »Shipwrecker« und Handelskapitäne zeugen heute noch die stattlichen »Conch«-Häuser. Um die Jahrhundertwende setzte eine neue Entwicklung ein. Der Tourismus wurde allmählich zum bedeutendsten Wirtschaftszweig. Ein starker Impuls ging von **Henry Flaglers Eisenbahn** aus, die 1912 Key West erreichte. Damals gab es auch eine Fährverbindung nach Havanna auf Kuba. Durch die multinationale Herkunft seiner Bewohner und die eher karibisch-frohe Lebensart zog Key West schon früh **Künstler und Schriftsteller** an. In den 1930er- und 1940er-Jahren lebten hier Ernest Hemingway, Tennessee Williams und zeitweise auch John Dos Passos.

Heute ist Key West eines der meistbesuchten Touristenziele der USA und trotz Touristenrummel immer noch ein beliebter Aufenthaltsort von Künstlern, Schriftstellern und Leuten, die der etablierten Gesellschaft den Rücken kehren.

## ? WUSSTEN SIE SCHON …?

■ Key West gilt als toleranteste Stadt östlich von San Francisco. Wenn z.B. der County Commissioner nach Dienstschluss als »Drag Queen« in einer Bar an der Duval Street Karaoke singt und andere Prominente sich munter als schwul oder lesbisch outen, kräht hier kein Hahn danach. »Leben und leben lassen« lautet das ungeschriebene Gesetz.

# ▶ KEY WEST ERLEBEN

## AUSKUNFT

**Florida Keys & Visitors Bureau**
Key West, FL 33041
Tel. (305) 296-1552
Tel. 1-800-FLA-KEYS
www.fla-keys.com

## ORIENTIERUNG

Man findet sich schnell zurecht. Die preiswerteren Unterkünfte und Fastfood-Restaurants liegen im Bereich der US-1 (hier: Roosevelt Blvd.) am Ortseingang. Die Hauptverkehrsader Duval Street durchschneidet die eng bebaute Old Town. Hier findet man die besseren, meist in historischen Holzhäusern untergebrachten Hotels und Restaurants sowie die meisten Geschäfte. Auf dem Mallory Square am Ende der Duval Street treffen sich jeden Abend die Betrachter herrlicher Sonnenuntergänge. Bahama Village, einst das Hippieviertel im Süden der Stadt, hat in jüngerer Zeit zwar eine Aufwertung durch Trend-Restaurants erfahren, wirkt aber immer noch sehr karibisch-relaxt. Das Auto lässt man am besten auf dem Parkplatz stehen, denn der Verkehr in Key West ist ausgesprochen zähflüssig.

## STADTBESICHTIGUNG

### Pelican Path

Dieser markierte Rundweg (Plan und Broschüre erhätlich bei der Chamber of Commerce, 510 Greene Street) führt an 49 historisch interessanten Gebäuden vorbei.

### Old Town Trolley

Mit diesem ziemlich nostalgischen Bus, kommt man an allen interessanten Punkten vorbei (Abfahrten: tgl. 9.30–16.30 Uhr ab Mallory Square).

### Conch Tour Train

Der gummibereifte »Zug« befährt einen Rundkurs, der die wichtigsten historischen Stätten passiert (Abfahrten: tgl. ab 9.30 Uhr ab Mallory Square Depot und 3850 N. Roosevelt Street; Fahrtdauer: knapp 2 Std.).

## AKTIVITÄTEN

Tauchen, Schnorcheln, Sportangeln und »Boating« sind beliebte Freizeitbeschäftigungen in Key West. Riff- und Wrack-Tauchen bietet das Subtropic Dive Center (1605 N. Roosevelt Blvd.; Tel. 305/296-9914, www.subtropic.com) an. Petrijünger können entweder selbst ein Boot mieten oder sich einer Gruppe anschließen. Die Veranstalter von Angeltouren haben rund um den Mallory Square ihre Info-Stände. Einige Veranstalter kombinieren Schnorcheltrips mit »Sunset Cruises«: Tagsüber tauchen, abends den Sonnenuntergang an Bord genießen. Nachfragen kann man bei: Sebago Watersports (201 William Street, Tel. 305/292-4768, www.keywestsebago.com).

## BADEN

Bei aller Liberalität in Key West: Nacktbaden und Oben-ohne sind auch hier verboten. Es gibt ein paar hübsche kleine Sand- und Kieselstreifen zum Sonnen und Planschen. Der größte, Smathers Beach (S. Roosevelt Blvd.) wird von Jugendlichen bevorzugt. Der Fort Zachary Beach (via Truman Annex) bietet auch Schatten unter Palmen. Higgs Beach ist Schwulen-Treff.

## SHOPPING

In der Duval Street findet man das Gros der Läden und Geschäfte. Wirklich nette Lädchen und schicke Boutiquen findet man in der Simonton Street und in der Caroline Street.

### Fast Buck Freddie´s
500 Duval Street
Ausgefallene Bademode, viele Artikel (sogar Vasen und Möbel) mit Flamingo-Dekor.

### Key Lime Pie Co.
431 Front Street
Hier gibt's mit dem Saft von Key-Limonen gebackene Sahnetörtchen, Seife und Kerzen mit Limonenduft.

### Conch Republic Cigar Factory
512 Greene Street
Passionierte Raucher erwerben hier edle von Hand gerollte Zigarren.

## ESSEN
### ▶ Fein & teuer
① **Louie´s Backyard**
700 Waddell Avenue
Tel. (305) 294-1061
Raffiniert zubereitete »Shellfish Paella«, auch Gerichte von Wildschwein und Lamm, zwischen Hibiskus und Bougainvillea – ein Fest für die Sinne!

### ▶ Erschwinglich
② **Mangoes**
700 Duval Street
Tel. (305) 292-46 06
Sehen und gesehen Werden auf der Terasse. Dazu gibt es frischen Fisch und Meeresfrüchte und Shrimp-Cocktails mit Limonen-Glasur.

③ **Blue Heaven**
729 Thomas Street
Tel. (305) 296-86 66
Angesagter Treff: Jamaika-Hühnchen, Curry-Gerichte, viel Fisch und hausgemachtes Granola.

### ▶ Preiswert
④ **Banana Café**
1211 Duval Street

Tel. (305) 294-7227
Bistro mit tropischem Feeling und französischer Küche. Hervorragend sind die »Crêpes Gorgonzola«.

## ÜBERNACHTEN
### ▶ Komfortabel
① **Ambrosia House**
622 Fleming Street
Tel. (305) 296-9838
Fax (305) 296-2425
www.ambrosiakeywest.com
22 Zimmer, 6 Suiten, 1 Cottage
Hübsch versteckt in der Nähe der Duval Street. Die Räume sind mit Werken lokaler Künstler und Designer ausgestattet.

② **Southernmost Point Guesthouse**
1327 Duval Street
Tel. (305) 294-07 15
Fax (305) 296-06 41
www.southernmostpoint.com
6 Zimmer
Hübsch hergerichtete, über 100 Jahre alte Villa; opulentes Frühstück im Preis inbegriffen

③ **The Mermaid and the Alligator Bed & Breakfast**
729 Truman Avenue
Tel. (305) 294-1894
www.kwmermaid.com
Mehrere sehr geschmackvoll eingerichtete Zimmer und Suiten in einem historischen Gebäude mit geradezu paradiesischem Garten nahe der geschäftigen Duval Street.

### ▶ Günstig
④ **Key West International Hostel**
718 South Street
Tel. (305) 296-5719
Fax (305) 296-0672
www.keywesthostel.com
96 Betten, 14 Privatzimmer
Pinkfarbene Jugendherberge im historischen Zentrum. Schnorcheltouren, Fahrradverleih.

## Key West *Orientierung*

Wisteria
Island

Turning
Base

Harbor
House
Mallory        Sloppy Joe's Bar/    Lands End
Square        Old City Hall        Village
Aquarium                                                    Park Avenue
                        Oldest                                          Charter Boats
The Little      House    Bahama House                            Garrison        Yacht
White House            Caroline Str.        Maine                    Bight          Club
        San Carlos    Marquesa    Monument
        Opera House    Hotel                    Bayview
                        The Piggy    Mills    Park
        Hemingway    House &    Garden
        Home &
Fort        Museum
Taylor
        Lighthouse &                        Flagler Avenue
        Mil. Museum        United
U.S. Naval                                    Arbo
Reservation        Southernmost            City Park                Atlantic Boulevard
                Point                West Martello
                                    Tower
        0,5 mi                        Pier    White Street
        500 m        Atlantic Ocean            Pier        © Baedeker

**Übernachten**
1 Ambrosia
2 Southernmost Point Guesthouse
3 The Mermaid and the
   Alligator Bed & Breakfast
4 Key West International Hostel

**Essen**
1 Louie's Backyard
2 Mangoes
3 Blue Heaven
4 Banama Café

1 Mel Fisher Maritime      3 Audubon House
   Society Museum          4 St. Paul's
2 Old Post Office/          5 Old Stone
   Coast Guard Building        Methodist Church

## Sehenswertes in Key West

Hauptattraktion ist die Old Town am Südwestende der Insel mit ihren hell gestrichenen Holzhäusern aus dem 19. Jahrhundert. In der **Duval Street** und ihren Seitenstraßen reihen sich Boutiquen, Kunstgalerien, Straßencafés, Restaurants und Bars aneinander. Am **Mallory Square** wird allabendlich in bunter jahrmarktartiger Atmosphäre der Sonnenuntergang zelebriert.

**★★**
**Old Town**

Gern besucht wird dieses Aquarium mit Becken für Riesenschildkröten, Barracudas Mantas und Haie (1 Whitehead St.; Öffnungszeiten: tgl. 10.00 – 18.00; Fütterungen: 11.00, 13.00, 15.00, 16.30 Uhr).

**Key West Aquarium**
🕐

Wer schon immer alles über Piraten wissen wollte, wird hier kenntnisreich bedient: Das neue Museum erzählt mit vielerlei Exponaten die wilden Geschichten von Käpt'n Blackbeard (Schwarzbart) und Konsorten (524 Front St.; Öffnungszeiten: Mo. – Fr. 9.00 – 17.00, Sa., So. 10.00 – 17.00 Uhr).

**Pirate Soul Museum**
🕐

**★ ★**
**Mel Fisher Maritime Heritage Museum**
🕐

Hier sind spanischer **Goldschmuck, Silbermünzen** und andere Schätze ausgestellt, die der 1998 verstorbene Schatztaucher Mel Fisher aus den spanischen Silberschiffen »Atocha« und »Santa Margarita« geborgen hat. Die beiden Schiffe sind 1622 während eines Hurrikans vor den Marquesas gesunken. Ferner erfährt man in dem Museum viel Interessantes zum Thema Unterwasser-Archäologie (200 Greene St./Whitebread St.; Öffnungszeiten: tgl. 9.30 – 17.00 Uhr).

**★**
**Audubon House & Tropical Gardens**
🕐

In diesem typischen Conch-Haus wohnte 1832 der Pflanzen- und Tiermaler **J.J. Audubon** (1785 – 1851). Hier sind nicht nur schöne **Originalstiche** des Künstlers zu sehen, sondern auch kostbares Mobiliar aus dem 18. und 19. Jahrhundert. Im prächtigen Garten blühen subtropische und tropische Pflanzen um die Wette (205 Whitehead/Greene Street; Öffnungszeiten: tgl. 9.30 – 17.00 Uhr).

**★**
**Sloppy Joe's Bar, Captain Tony's Saloon**
🕐

Captain Tony's Saloon an der Greene Street war von 1933 bis 1937 Sloppy Joe's Bar, in der Ernest Hemingway gerne auf dem für ihn reservierten Hocker den Tag beschloss. Decke und Wände der Bar sind heute gepflastert mit Visitenkarten der Besucher. Übrigens: Die heutige Sloppy Joe's Bar befindet sich gleich um die Ecke in der geschäftigen Duval Street. An den Wänden hängen Fotos und **Erinnerungen an Hemingway** (201 Duval St.; Öffnungszeiten: 9.00 – 4.00 Uhr früh; tgl. Live-Musik).

*Hier verkehrte schon Ernest Hemingway*

## *Highlights* Key West

**Old Town**
Pastellfarbene Holzhäuser aus dem 19. Jh. und jeden Abend Party
▶ **Seite 231**

**Sonnenuntergang am Mallory Square**
Besonders schöne Sonnenuntergänge werden noch immer beklatscht. Akrobaten und Musikanten verkürzen die Wartezeit mit lustigen Darbietungen.
▶ **Seite 231**

**Mel Fisher Maritime Heritage Museum**
Blutrünstige Piraten-Geschichten, vom Meeresgrund herauf geholt.
▶ **Seite 232**

**Ernest Hemingway Home & Museum**
Hier lebte, schrieb, boxte und trank einer der bekanntesten Literaten des 20. Jahrhunderts.
▶ **Seite 233**

Die am Südwestende der Insel gelegene Feste wurde 1845 bis 1866 als Bestandteil des US-amerikanischen Seeverteidigungssystems errichtet. Sie spielte bereits während des Bürgerkrieges eine wichtige Rolle. Die Unionisten hatten hier einen wichtigen Stützpunkt und gingen von hier aus gegen Blockadebrecher vor. Im Spanisch-Amerikanischen Krieg wurde das Fort noch einmal modernisiert. Seit 1947 ist es **Marinestützpunkt**. Im alten Fort sind heute Kanonen und Waffen aus der Bürgerkriegszeit zu sehen (Öffnungszeiten: tgl. 8.00 bis Sonnenuntergang; Führungen: tgl. 12.00 u. 14.00 Uhr).

**Fort Zachary Taylor State Historic Site**

Eine der meistbesuchten Attraktionen von Key West ist das Haus von Ernest Hemingway. Im Jahre 1931 erwarb der Literat dieses gut ausgestattete, 1851 im spanischen Kolonialstil errichtete Gebäude mit umlaufendem Balkon.
In diesem schönen Haus verfasste der Literaturnobelpreisträger bis 1961 Teile seines Werkes. Im üppig blühenden Garten tummeln sich etliche Nachkommen von Hemingways Katzen (907 Whitehead St.; Führungen: tgl. 9.00 – 17.00 Uhr).

**✷ ✷ Ernest Hemingway Home & Museum**

Mit der »Isaac Allerton« machten die Wrecker von Key West ihr bestes Geschäft: 50 000 Dollar spülte der vor der Insel gesunkene Dreimaster damals in ihre Kassen. Das originelle Museum dokumentiert die spannende, oft morbide **Geschichte der Abwracker** (1 Whitehead; Öffnungszeiten: tgl. 9.40 – 17.00 Uhr).

**Key West′s Shipwreck Historeum**

Am Ende der Whitehead Street markiert die überdimensionale **bunte Betonboje** (Bild s. S. 147) den südlichsten Punkt der kontinentalen USA. Von hier sind es nur noch 144 km bis Kuba, weniger als nach Miami! Der in der Nähe aufragende **Leuchtturm** wurde 1847 erbaut und ist heute als Museum zugänglich.

**✷ Southernmost Point**

◀ weiter auf S. 236

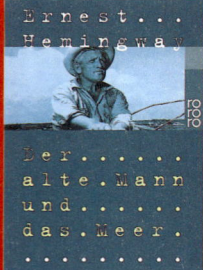

*Bekannter Buchtitel*

# DER BESTE FLECK AUF ERDEN

**»Das ist der beste Fleck Erde, der mir je irgendwo untergekommen ist. Blumen, Tamarinbäume, Gujavenbäume, Kokospalmen...« schreibt 1928 der Schriftsteller und Weltenbummler Ernest Hemingway (1899–1961) aus Key West fasziniert an einen Freund. Hier geht der Rast- und Ruhelose für sechs Jahre vor Anker.**

Key West und besonders seine Villa an der Whitehead Street werden für ihn nicht nur zum Basislager für seine Reisen. Im milden Winter von Key West entstehen einige seiner bekanntesten **Romane und Kurzgeschichten**, z. B. »In einem anderen Land«, »Schnee auf dem Kilimandscharo«, »Die grünen Hügel Afrikas« und »Wem die Stunde schlägt«.

## Journalismus und Frauen

Hemingway wächst mit seinen Geschwistern in Oak Park, einem noblen Vorort von Chicago, auf. Nach Abschluss der High School wird er **Reporter** beim »Kansas City Star«. 1918 geht er als **Freiwilliger an die italienische Front,** wo er schwer verwundet wird. Nach Kriegsende kehrt Hemingway als Zeitungsredakteur in die USA zurück. 1921 heiratet er zum ersten Mal, **Elizabeth Hadley Richardson,** und zieht mit ihr nach Paris. Dort entstehen die ersten wichtigen Kurzgeschichten. Abgefasst sind sie bereits in Hemingways berühmtem, vom Journalismus geprägten Stil –

kurze prägnante Sätze. Die Ehe mit Hadley zerbricht, als Hemingway ein Verhältnis mit **Pauline Pfeiffer,** einer Bekannten seiner Frau beginnt. Nach der Scheidung heiraten Pauline und Ernest Hemingway im Mai 1927 in Paris.

## Neue Heimat Key West

Als ihm der Schriftsteller John Dos Passos von der Schönheit Floridas vorschwärmt, schifft sich Hemingway mit Pauline im März 1928 nach Havanna ein und setzt von dort nach Key West über. Die meisten Bewohner von Key West haben auf irgendeine Art mit dem Meer zu tun, und auch Hemingway wird zum begeisterten Fischer. Bereits im April berichtet er seinem Lektor Max Perkins, er habe »den größten Tarpon (gefangen), den sie bis jetzt hier in der Saison erblickt haben: 63 Pfund.«

## 907, Whitehead Street

Die ersten drei Jahre leben Hemingway und Pauline zur Miete, bevor sie im Frühjahr 1931 mit Hilfe von

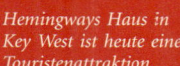

*Hemingways Haus in Key West ist heute eine Touristenattraktion.*

Paulines Onkel Gus die im spanischen Kolonialstil erbaute Villa 907, Whitehead Street erwerben. Pauline lässt den verwildertem Garten neu anlegen und unter den Banyanbäumen einen Swimming Pool – den ersten in Key West – bauen. Das hübsche Haus mit seinen umlaufenden Eisenbalkonen wird für sechs Jahre **Hemingways Dichterklause und fester Wohnsitz** für die Zeit mit Pauline. Noch heute lebt eine umfangreiche Kolonie von Katzen, deren Urahnen der Schriftsteller einstmals ansiedelte, auf dem Grundstück.

## Weitere Reisen und weitere Ehen

Hemingway geht es gut, er genießt jetzt Wohlstand und Ruhm. Im Winter 1934 ist er mit Pauline von seiner **ersten Safari** aus Afrika zurückgekehrt. Am Kilimandscharo hat er Löwen, Büffel und anderes Großwild gejagt. So manche seiner dortigen Erlebnisse wird er später literarisch verarbeiten.

Doch Anfang des Jahres 1937 geht Ernest Hemingway als Korrespondent nach Spanien, wo der Bürgerkrieg tobt. Er trifft dort die Journalistin **Martha Gellhorn** wieder, die er in Key West bei einem Interview kennengelernt hatte. Sie wird 1940 seine dritte Ehefrau. Mit den Einkünften aus seinem Erfolgsroman »Wem die Stunde schlägt« kauft er eine **Finca auf Kuba**, um dort ein paar Sommer zu verbringen. Die beiden berichten zu Beginn der 1940er-Jahre von Schauplätzen des Zweiten Weltkrieges in Ostasien. Er schreibt über die Befreiung von Paris und ist bei den Kämpfen um den Westwall dabei. Ende 1945 ist auch seine dritte Ehe gescheitert.eil

Im März 1946 heiratet er **Mary Welsh** in der kubanischen Hauptstadt Havanna. Die Finca »La Vigía« wird fast zwanzig Jahre lang sein Zuhause. Dort entsteht auch eines seiner besten Werke: **»Der alte Mann und das Meer«, für das er 1954 den Literatur-Nobelpreis verliehen bekommt.** Hemingway, der eine Kriegsverletzung, Jagdunfälle und zwei Flugzeugabstürze überlebt hat, mangelt es immer häufiger an Kraft zum Verfassen neuer Werke. Er leidet an schlimmen **Depressionen** und spricht immer häufiger von Selbstmord. Am 2. Juli 1961 setzt Hemingway seinem Leben ein Ende.

**Key West Light-house Museum**

Der **herrliche Rundblick** lohnt die Besteigung dieses Leuchtturms. 1848 eingeweiht, signalisierte er den Anfang vom Ende des einträglichen Wrecking. Ein **Museum** im Leuchtturmwärterhaus rekonstruiert dieses weniger ruhmreiche Kapitel der Stadtgeschichte (938 Whitehead St.; Öffnungszeiten: tgl. 9.30 – 16.30 Uhr).

**Bahama Village**

Vom Tourismus belagert, hält das Viertel zwischen Thomas Street, Angela Street und Amelia Street am **alten Geist von Key West** fest. Hier leben die meisten Hühner, stehen die einfachen, früher oft von Zigarrendrehern bewohnten Holzhäuser. Die Menschen, zumeist Nachfahren von den Bahamas stammender Siedler und Afro-Kubaner, gehen sonntags noch wie aus dem Ei gepellt zur Kirche und erinnern sich gern an die inzwischen verbotenen Hahnenkämpfe.

**Key West Cemetery**

Der im Norden von Old Town (Margaret u. Angela Sts.) gelegene Friedhof ist für **humorige Grabinschriften** bekannt: »Devoted Fan of Singer Julio Iglesias« steht auf einem, »I told you I was sick« auf einem anderen. Denkmäler für kubanische Patrioten und die bei der Explosion der »USS Maine« 1898 in Havanna gestorbenen Matrosen bemühen sich vergeblich um den hier angebrachten Ernst. Im übrigen wurden die Toten des harten Korallenbodens und der häufigen Überschwemmungen wegen über der Erde bestattet: Die meist **übereinander gestapelten Sarkophage** erinnern an eine Totenstadt.

## Ausflüge ab Key West

**Marquesas Keys**

Von Key West lohnen Ausflüge per Boot oder Wasserflugzeug zu den westlich vorgelagerten Marquesas Keys, die das Kernstück des **Key**

*Lohnt sich wirklich: ein Ausflug zu den Koralleninselchen vor Key West.*

**West National Wildlife Refuge** bilden. In dem Naturschutzgebiet kann man vielerlei Vogelarten, darunter auch Seeschwalben, Reiher, Kormorane und Pelikane beobachten. Schnorchler und Taucher bekommen eine zauberhafte Unterwasserwelt mit diversen Korallenformationen und vielen bunten Fischen zu Gesicht.

Etwa 110 km westlich vor Key West erstreckt sich der **Dry Tortugas National Park**, ein marines Naturschutzgebiet, das eine Gruppe winziger Koralleninseln und ausgedehnter Unterwasser-Korallenriffe

> ! **Baedeker** TIPP
>
> **Sunset Cruise**
> Eine besondere Art, die untergehende Sonne zu genießen, bietet sich an Bord eines Segelbootes – mit einem wohl gefüllten Cooler und netter Besatzung. Anbieter solcher Segeltörns findet man an der Duval Street in Key West.

umfasst. Ponce de León entdeckte diese Inselchen anno 1513 und benannte sie nach den hier brütenden Seeschildkröten. Historisch interessierte besuchen das 1846 zum Schutz amerikanischer Schiffe auf **Garden Key** angelegte **Fort Jefferson**. In der Ziegelsteinfestung wurden zwischen 1863 und 1874 prominente politische Gefangene aus dem Sezessionskrieg festgehalten.

# ★ Kissimmee · St. Cloud

**H 4**

**Region:** Central
**Einwohnerzahl:** 60 000

**Höhe:** 19 m ü.d.M.
**Telefonvorwahl:** 407

**Sozusagen das Tor zum Vergnügen bilden die beiden im Herzen Floridas gelegenen Orte Kissimmee und St. Cloud. Denn von hier ist es nicht weit zu den Mega-Vergnügungsparks von ► Orlando und der ► Walt Disney World.**

Das beschaulich-ländliche Florida mit seinen Seen und Zypressensümpfen, schmalen Landstraßen, gesäumt von weit ausragenden Lebenseichen, an deren Ästen Girlanden von Spanisch-Moos im Winde schwingen, sieht man heute nur noch abseits der Hauptstraßen.

**Vom Farmerdorf zum Brennpunkt des Vergnügens**

1878 ließen sich die ersten weißen Siedler in dieser Gegend nieder. 1891 wurde die junge Siedlung Kissimmee Verwaltungssitz einer Region, in der damals gerade einmal 815 Menschen lebten. Gute Voraussetzungen für den Obst- und Gemüseanbau sowie zwei Zigarrenfabriken zogen weitere Neusiedler an. Die Initialzündung zur modernen Entwicklung erfolgte 1963, als **Walt Disney** hier ideale Bedingungen zur Verwirklichung einer perfekten, sauberen Freizeit- und Vergnügungslandschaft vorzufinden glaubte. Der zügige Ausbau der Disney-Freizeitwelt ermunterte auch andere Unternehmer, im Windschatten der Maus eigene Projekte zu realisieren. Dazu gehörte der Bau von Motels, Geschäften und neuen Attraktionen. Heute bietet

# ▶ KISSIMMEE · ST. CLOUD ERLEBEN

## AUSKUNFT

**Kissimmee CVB**
1925 E. Irlo Bronson Memorial
Highway
Kissimmee, FL 34744
Tel. (407) 742-8200
www.visitkissimmee.com

## EVENT

**Silver Spurs Rodeo**
Alljährlich Mitte Februar wird in
Kissimmee das größte Rodeo östlich
des Mississippi abgehalten.

## ÜBERNACHTEN

### ▶ Luxus

**Gaylord Palms Resort**
6000 W. Osceola Parkway
Tel. (407) 586-2000
www.gaylordhotels.com
1406 Zimmer, 115 Suiten
Mehrere Restaurants und Lounges,
Spa, Convention Center, Shopping-
Arkade. In dieser Ferienanlage wird
für jeden Geschmack etwas geboten.
Und alles steht unter dem Thema
»Florida«.

### ▶ Komfortabel/Günstig

**Days Inn Kissimmee-Orlando**
Maingate East of Walt Disney World
5840 W Irlo Bronson Hwy.
Kissimmee, FL 34746
Tel. (407) 396-7969, Fax 396-8103
www.daysinn.com
Nette Herberge mit Pool, ganz in der
Nähe von berühmten Attraktionen,
Restaurants und Geschäften

**Gator Motel**
4576 W. Irlo Bronson Memorial
Highway
Tel. (407) 396-0127
www.gatormotel.net
38 Zimmer
Das Gator Motel bietet saubere
Unterkünfte inmitten von liebevoll
gepflegten Gartenanlagen

sich der Raum Kissimmee/St.Cloud als verstädterte Zone dar, in der
sich fast alles ums Geschäft mit dem Vergnügen dreht.

## Sehenswertes in Kissimmee und Umgebung

**Downtown**
Die alte **Main Street** und der **Broadway Boulevard** sind hübsch herausgeputzt. Viele kleine Geschäfte beleben die Szenerie. Beachtenswert sind das **Osceola Courthouse** von 1889 sowie Makinson's Hardware Store von 1895.

**Pioneer Museum**
Ein **Museumsdorf** der Osceola Historical Society mit Siedlerhäusern
aus dem 19. Jh. vermittelt einen Eindruck vom Leben der ersten wei
ßen Pioniere (750 N. Bass Road; Öffnungszeiten: Do.–So. 10.00 bis
16.00 Uhr).

**Monument of States**
Am Lake Front Park sind über 1000 Steine aus allen US-Bundesstaaten sowie aus gut zwei Dutzend Ländern der Erde zu einem 20 m
hohen Monument verbaut.

Die **»Hauptstraße des Vergnügens«**, der Irlo Bronson Memorial Highway (US-192) durchzieht die Gemarkung von Kissimmee in west-östlicher Richtung. Entlang dieser großzügig bemessenen Achse reihen sich Attraktionen, Hotels, Motels, Restaurants, Malls, Factory Outlets usw. aneinander. Rund um die Uhr herrscht hier Jahrmarkt-Atmosphäre.

**Irlo Bronson Memorial Highway**

Das vor einiger Zeit im Stil der Jahrhundertwende (19./20. Jh.) erbaute **Einkaufszentrum** hat neben Boutiquen und Lokalen auch einige nette Fahrgeschäfte zu bieten, so etwa ein Riesenrad aus dem Jahre 1928 und ein 1909 konstruiertes Pferdchen-Karussell (US 192, ca. 1 mi/1,6 km vor der Ausfahrt 25A des I-4; Öffnungszeiten: tgl. 10.00 – 23.00 Uhr).

**Old Town**

Den Eingang zum Gatorland Zoo zwischen Kissimmee und ►Orlando markiert das aufgerissene Maul eines riesigen Alligators. Hier leben neben einigen Zootieren aus aller Welt **ca. 5000 Alligatoren und Krokodile.** Diese Tiere werden kommerziell gezüchtet. In einem offenen Gehege kann man auch verschiedene Schlangenarten beobachten. Täglich werden eine »Gator Wrestlin' Show« und eine »Gator Jumparoo Show« geboten (14501 S. Orange Blossom Trail, an der Kreuzung Central Florida Greenway/FL 417/US 17/92/441; Öffnungszeiten: tgl. 9.00 – 18.00 Uhr).

**✱ Gatorland**

In den Terrarien des Reptile World Serpentarium von St. Cloud werden über vier Dutzend **verschiedene Schlangenarten** aus allen Teilen der Erde gehalten. Ferner sind hier auch eine ganze Reihe von Eidechsen, Schildkröten sowie Alligatoren aus nächster Nähe zu sehen. Täglich um 12.00 und 15.00 Uhr führen Mitarbeiter Giftschlangen vor und zeigen, wie diesen Gift entnommen wird (5705 E. Irlo Bronson Memorial Hwy.; Öffnungszeiten Okt. – Aug. Di. – So. 9.00 – 17.30 Uhr).

**Reptile World Serpentarium**

Die Forever Florida & Crecent J Ranch erstreckt sich nicht weit von St. Cloud über eine Fläche von knapp 2000 Hektar. Während einer Rundfahrt mit einem Safari-Bus bekommt man vielerlei Weidetiere aus verschiedenen Ökosystemen zu sehen. Für Kinder gibt es einen ansprechenden Streichelzoo und Ponyreiten. Auch Erwachsene können ausreiten (7,5 mi/12 km südlich der Kreuzung von US 192/US 441, dann ostwärts; 4755 N. Kenansville Rd.; Öffnungszeiten: tgl. 9.00 bis 17.00 Uhr).

**Forever Florida & Crecent J Ranch**

> ! **Baedeker** TIPP
>
> ### Saftige Steaks und mehr
>
> In diesem Restaurant am Irlo Bronson Memorial Highway gibt es nach Meinung vieler Gäste die wohl besten Steaks des »Sunshine State« in allen Variationen und mit den verschiedensten Beilagen. Das gut abgehangene Fleisch wird gekonnt »auf den Punkt« zubereitet. Die Adresse lautet: LongHorn Steakhouse, 5351 W. Irlo Bronson Memorial Hwy., Tel. (407) 396-9556, www.longhornsteakhouse.com

# ★ Lake City

**G 2**

**Region:** North Central
**Einwohnerzahl:** 11 000

**Höhe:** 60 m ü.d.M.
**Telefonvorwahl:** 386

**Für viele Florida-Besucher aus anderen US-Bundesstaaten ist Lake City das Einfallstor in den »Sunshine State« , liegt es doch an der Kreuzung der beiden Interstates I-10 und I-75. Doch Lake City ist auch das Tor für Naturfreunde, Wanderer und Kanuten, die im nahen Osceola National Forest auf ihre Kosten kommen.**

**Alte Indianer-siedlung**
Die Stadt ist aus einem größeren Indianersiedlung hervorgegangen. Ein Häuptling dieses Dorfes war maßgeblich am sog. Dade Massacre (1835) beteiligt, das den Zweiten Seminolenkrieg auslöste. Nach Beendigung der Feindseligkeiten ließen sich hier die ersten Weißen nieder. Ökonomische Grundlagen waren zunächst die Forstwirtschaft und die Viehzucht. Die Entdeckung von Phosphatvorkommen am Suwannee River gab dann weitere wirtschaftliche Impulse.

 ## LAKE CITY ERLEBEN

### AUSKUNFT

***Lake City – Columbia County Tourist Development Council***
263 NW Lake City Avenue
Lake City, FL 32055
Tel. (386) 758-13 97
www.springsrus.com

### EVENTS

***Olustee Battle Festival & Reenactment***
Alljährlich im Februar wird die berühmte Bürgerkriegsschlacht zwischen Unionierten und Konföderierten nachgestellt.

***Florida Folk Festival***
Am Wochenende um den Memorial Day wird dieses volkstümliche Fest gefeiert.

### ESSEN

► **Erschwinglich**
***Bob Evans Restaurant***
4730 US-90 West
Tel. (386) 752-8749
Ausgesprochen kinderfreund-liches Restaurant mit schmack-hafter amerikanischer Küche.

### ÜBERNACHTEN

► **Komfortabel**
***Best Western Lake City Inn***
3598 US 90 W.
Tel. (386) 752-8301
www.bestwestern.com
83 Zimmer
Angenehme Unterkunft mit recht geräumigen und gut ausgestatteten Zimmern.

► **Günstig**
***Motel 6***
3835 US 90 W.
Tel. (386) 755-4664
www.motel6.com
110 Zimmer
Hier übernachtet man recht preis-wert in freundlich eingerichteten Zimmern.

*Hübsche Architektur des 19. Jahrhunderts in Lake City*

## Sehenswertes in Lake City und Umgebung

Die Stadt kann noch mit etlichen gut erhaltenen Bauten aus dem 19. und frühen 20. Jh. aufwarten. Gut **restaurierte Häuser** stehen entlang der Main Street sowie im Commercial District. Recht ansehnliche Villen kann man am Lake Isabella bewundern. In diesem Quartier findet man auch das Columbia County Historical Museum.

**Historic Districts**

In der Nähe der Kreuzung von I-75 und US-90 widmet sich eine gern besuchte Ausstellung den im Sunshine State besonders populären Sportarten sowie den berühmtesten Sportlern und Mannschaften, wobei die Palette vom Bowling bis zum Automobilsport reicht.

**Florida Sports Hall of Fame**

Bei White Springs, etwa 12 mi/20 km nordwestlich von Lake City, erinnert ein Kulturzentrum am Suwannee River an Stephen Foster (1826–1864), den Komponisten und Dichter amerikanischer Volkslieder. Weltbekannt sind seine Songs »Old Folks at Home« und »Oh, Susanna«.

**Stephen Foster State Folk Culture Center**

Nordöstlich von Lake City erstreckt sich der bereits 1931 eingerichtete Osceola National Forest, der mit einer Ausdehnung von 890 km² kleinste unter den Staatsforsten in Florida. Weite Kiefernbestände, zahllose Seen, Teiche und Tümpel sowie Zypressensümpfe, Gummibaum- und Magnolienbestände kennzeichnen das Landschaftsbild. Im Norden geht das Waldgebiet allmählich in das Okefenokee-Sumpfgebiet über.

★
**Osceola National Forest**

Wanderungen ► Durch das Waldgebiet führt ein ca. 37 mi/60 km langes Teilstück des **Florida Trail** von White Springs am Suwannee River bis zum Olustee Battlefield. Einer der schönsten Plätze ist der Ocean Pond, von dessen Nordufer furchtlose Naturfreunde dem **Osceola Trail** weiter ins feuchte Hinterland folgen.

Olustee Battlefield State Historic Site ► 1864 standen sich in der Nähe der Ortschaft Olustee tausende Soldaten der Union und der Konföderierte gegenüber. Damals siegten die Konföderierten und sicherten so den Nachschub für die Südstaaten. Ein Museum sowie ein Lehrpfad informieren über diese Schlacht.

✳ **Okefenokee Swamp National Wildlife Refuge** Ein Ausflugsziel für Naturliebhaber ist der Okefenokee Swamp, ein mehr als 2 000 km² großes Feuchtgebiet, das sich vom nördlichen Osceola Forest 40 mi/64 km nordwärts in den Bundesstaat Georgia ausdehnt. Das »**Land der schwankenden Erde**«, wie diese urtümliche

Landschaft von den Choctaw-Indianern genannt wurde, ist ein bedeutender Grundwasserspeicher. Ein Gewirr von Seen und Wasserläufen, Zypressensümpfen und »schwimmenden« Inseln, die beim Betreten zwar schwanken, aber dennoch ganze Wälder und indianische Dörfer trugen, speist den nach über 400 km in den Golf von Mexiko mündenden Suwannee River und den 80 km weiter östlich in den Atlantik fließenden St. Mary's River sowie unzählige Karstquellen.

*In den Okefenokee-Sümpfen leben noch viele Alligatoren.*

Das Okefenokee National Wildlife Refuge umfasst 90 % der Sumpfregion und bietet bedrohten Wildtierarten wie Schwarzbären und Wildkatzen sowie unzähligen Vögeln Schutz. In den Okefenokee-Sümpfen vermutet man derzeit rund 10 000 **Alligatoren**.

Wildlife Refuge Office ► ⏲ Weitere Informationen über das interessante Schutzgebiet gibt es im Okefenokee National Wildlife Refuge Office (Öffnungszeiten: Mo. bis Fr. 7.00 – 15.30 Uhr) in Folkston Georgia.

✳ **Ichetucknee Springs State Park** 12 mi/20 km südwestlich von Lake City kommt man via FL 47 und FL 238 bzw. US 27 in den landschaftlich reizvollen Ichetucknee Springs State Park (Öffnungszeiten: tgl. 8.00 bis Sonnenuntergang). Kräftig schüttende **Karstquellen** speisen den Ichetucknee River. Damit auch noch künftige Generationen etwas von diesem landschaftlichen Kleinod haben können, werden pro Tag maximal 3000 Besucher eingelassen. Bei den Quellen wurden vor einiger Zeit **indianische Siedlungsspuren** entdeckt. Die in die Neue Welt vordringenden Spanier haben hier vorübergehend eine Missionsstation unterhalten.

Der aus den Okefenokee-Sümpfen kommende und gemächlich durch den Norden Floridas fließende Suwannee River ist bei Kanuten und Anglern beliebt, die zahlreichen Quellen in der Umgebung von **Live Oak** verlocken zum Schnorcheln und Tauchen.

**Suwannee River**

Etwa 14 mi/22 km nordwestlich von Live Oak, am Zusammenfluss von Suwannee River und Withlacoochee River, blieb ein Stück der für das ursprüngliche Florida typischen Flusslandschaft erhalten.

◀ Suwannee River State Park

# ★ Lakeland

**H 4**

**Region:** Central
**Einwohnerzahl:** 90 000

**Höhe:** 67 m ü.d.M.
**Telefonvorwahl:** 863

**Die Stadt auf halbem Weg zwischen ▶Tampa und ▶Orlando ist die ideale Basis für Tagestouren durch das ländliche Florida, das bereits Erholungssuchende anzog, als Walt Disney noch gar nicht an den Sunshine State dachte. Lakeland selbst hat – außer Wassersport auf einem Dutzend Seen – ebenfalls eine Reihe angenehm unaufgeregter Sehenswürdigkeiten parat.**

In den vergangenen beiden Jahrzehnten hat Lakeland stur nach vorn geblickt. Nichts in dieser modernen, zugleich schön kleinstädtisch wirkenden Kommune erinnert daran, dass sie in den 1980er-Jahren unter hoher Arbeitslosigkeit litt. Zitrusfrüchteanbau und Phosphatabbau, die beiden wichtigsten Standbeine Lakelands, durchliefen eine beispiellose Krise. Die Downtown verwahrloste. Doch dann setzte in Lakeland ein Umdenken ein. Energische Stadtväter lockten neue Industrien an und warben noch stärker um Touristen. In Tampa und Orlando arbeitende Pendler entdeckten Lakeland als Wohnsitz und das Baseballteam der »Detroit Tigers« kam hierher zum »Spring Training«. Heute präsentiert sich die Stadt von Grund auf erneuert.

**Strukturkrise und Fortschritt**

## Sehenswertes in Lakeland und Umgebung

Das Museum im Hauptquartier der Experimental Aircraft Association (EAA) auf dem Lakeland Regional Airport zeigt alles, was bisher das Abheben schaffte. Über 60 Fluggeräte sorgen für Unterhaltung, darunter bizarre Eigenbauten, ferngelenkte Drohnen und Memorabilia aus dem persönlichen Besitz des »Aviators« und Lebemannes Howard Hughes (4175 Medulla Rd.; Öffnungszeiten: Mo.–Fr. 9.00 bis 17.00, Sa. 10.00–16.00, So. 12.00–16.00 Uhr).

**Florida Air Museum at Sun 'n Fun**

🕐

Auf dem Gelände der Hochschule südwestlich des Stadtzentrums hat der weltberühmte Architekt **Frank Lloyd Wright** seine Handschrift hinterlassen. Die durch Esplanaden miteinander verbundenen 18 Gebäude verkörpern, was Wright »organic architecture« nannte: die

**Florida Southern College**

Einbettung in die natürliche Umgebung und die Verwendung der hier vorhandenen natürlichen Baumaterialien. Besondere Beachtung verdienen die Annie Pfeiffer Chapel und das einzige je von Wright entworfene Planetarium (111 Lake Hollingsworth Drive).

**Polk Museum of Art**

✳ Klein aber fein: Dieses Museum besitzt wertvolle Kollektionen präkolumbischer Kunst aus den Anden, europäische und orientalische Keramik sowie amerikanische Kunst des 18. und 19. Jh.s. Ferner gewährt es Einblicke in die Kunstszene Floridas (800 East Palmetto St.; 🕐 Öffnungszeiten: Di. – Sa. 10.00 – 17.00, So. 13.00 – 17.00, Juni bis Aug. nur bis 16.00 Uhr und So. geschlossen).

**Fantasy of Flight**

15 mi/24 km nordöstlich von Lakeland, bei Polk City, können über drei Dutzend Flug-Oldtimer besichtigt werden. Attraktionen des Museums sind ein viermotoriges Flugboot des Typs Short »Sunderland«, ein Grumman »Wildcat« Fighter und eine Supermarine »Spitfire«. **Rundflüge in alten Doppeldeckern** und Ballonfahrten werden auch 🕐 geboten (an der FL 559; Öffnungszeiten: tgl. 10.00 – 17.00 Uhr).

 ## LAKELAND ERLEBEN

### AUSKUNFT

*Lakeland Chamber of Commerce*
35 Lake Morton Drive
Tel. (863) 688-8551
www.lakelandchamber.com

### EVENT

*Sun`n Fun Fly-in*
Fliegertreffen der Experimental Aircraft Association (EAA), Mitte April.

### ESSEN

▶ **Fein & teuer**
*The Terrace Grill*
329 E. Main Street
(im Terrace Hotel)
Tel. (863) 688-0800
Bestes Restaurant der Gegend. Hier werden »Wood Grilled Filet Mignon« und andere amerikanische Klassiker gekonnt zubereitet.

▶ **Erschwinglich**
*Harry´s Seafood Bar & Grille*
101 N. Kentucky Avenue
Tel. (863) 686-2228

Hier werden kulinarische Grüße aus Louisiana geboten, so etwa eine recht derbe »Cajun Cuisine« und eine ziemlich scharf gewürzte kreolische Küche. Besonders zu empfehlen: »Crawfish Étouffé«

### ÜBERNACHTEN

▶ **Komfortabel**
*Lakeland Terrace Hotel*
329 E. Main Street
Tel. (863) 688-0800
Fax (863) 688-0664
www.terracehotel.com
88 Zimmer und Suiten
Elegantes und geschmackvoll eingerichtetes Haus der 1920er-Jahre.

▶ **Günstig/Komfortabel**
*Jameson Inn*
4375 Lakeland Park Drive
Tel. (863) 858-9070
www.jamesoninns.com
67 Zimmer
Freundliche, im Kolonialstil gehaltene Herberge mit Pool.

*Spielvergnügen im neuen Legoland Florida*

Etwa zwanzig Autominuten östlich von Lakeland, auf dem Gelände der einstmals weltberühmten Cypress Gardens bei Winter Haven, soll im Herbst 2011 der **neue Themenpark** Legoland Florida eröffnet werden, mit Nachbauten bekannter und markanter Gebäude – z. B. dem Weißen Haus – und Attraktionen, Bergen und Städten, alles mit den bunten Steinchen aus Dänemark. Dazu kommen vier Dutzend Fahrgeschäfte sowie diverse Shows und Attraktionen, darunter auch interaktive Bereiche für die ganze Familie. Ein weiterer Höhepunkt soll der erste **Legoland Waterpark** mit diversen Rutschen und Planschbecken werden.

**Legoland Florida**

In den 1930er-Jahren erkannte ein Immobilienmakler den besonderen Reiz der hiesigen Seenlandschaft. Er ließ eine Kombination aus botanischem Garten und Freizeitpark anlegen. Die weltberühmte Wasserski-Show, bis 2009 Hauptattraktion der Cypress Gardens, entstand während des Zweiten Weltkrieges eher durch Zufall. Auf Grund eines missverständlichen Zeitungsberichts wollten 1943 in der Nähe stationierte Soldaten die in dem Blatt erwähnte Wasserskischau sehen. Am Ort des Geschehens war man jedoch nicht vorbereitet. Schnell rief der Makler seine Kinder und deren Freunde zusammen und eine improvisierte Show wurde geboten. Diese fand so viel Anklang, dass am nächsten Wochenende bereits Hunderte die Vorführungen sehen wollten. Aus der improvisierten Schau entwickelte sich ziemlich rasch »The Greatest American Water Ski Show«. Nach dem Zweiten Weltkrieg haben dann Filmgewaltige aus Hollywood die Cypress Gardens, die »Mutter aller amerikanischen Vergnügungsparks«, als Kulisse für diverse Streifen entdeckt.

◄ Mutter aller Vergnügungsparks

Doch in den letzten Jahren erlahmte das Publikumsinteresse an den Cypress Gardens allmählich. Verschiedene Versuche, die Anlage zu modernisieren und den veränderten Vorlieben der Florida-Urlauber anzupassen, waren nicht von Erfolg gekrönt. Auch ein letzter verzweifelter Versuch, die Anlage in einen Abenteuerpark umzugestalten, schlug fehl. Nach mehr als 70 erfolgreichen Jahren mussten die Cypress Gardens 2009 aus wirtschaftlichen Erwägungen geschlossen werden.

**Lake Wales** Eine halbe Autostunde südöstlich, ziemlich genau in der geografischen Mitte Floridas und eingebettet in eine schöne Hügellandschaft, liegt Lake Wales (11 000 Einw.) mit seinem liebevoll restaurierten Stadtzentrum. Hier erinnert das pinkfarbene **Depot Museum** (325 S. Scenic Hwy.; Öffnungszeiten: Mo. – Fr. 9.00 – 17.00, Sa. 10.00 bis 16.00 Uhr) an die Anfänge von Eisenbahn, Terpentingewinnung sowie der industriellen Verarbeitung von Zitrusfrüchten.

**Historic Bok Sanctuary** Wenige Meilen nördlich von Lake Wales breiten sich die wohl riechenden Orangenplantagen aus, die das Historic Bok Sanctuary umgeben. Der von dem aus Holland stammenden Publizisten Edward Bok (1863 – 1930) in den 1920er-Jahren angelegte **botanische Garten** gilt vielen als der schönste Floridas. Von dem damals berühmten Landschaftsarchitekten Frederik Law Olmsted auf der Kuppe des **Iron Mountain** (mit 90 m eine der höchsten Erhebungen Floridas) angelegt, blühen hier Azaleen, Kakteen und Magnolien in tropischer Üppigkeit. Überragt wird die Idylle vom 60 m hohen Singing Tower, einer gewagten Mischung aus Art Déco und Neo-Gotik. Während sich der schöne Kalk-Marmor-Turm poetisch in einem stillen Ententeich spiegelt, erklingen Glockenspiele (Hwy. 17 A; Öffnungszeiten: tgl. 8.00 – 17.00 Uhr).

# Lake Okeechobee

**H/J 5/6**

| | |
|---|---|
| **Regionen:** Southeast, Southwest | **Höhe:** 3 m ü.d.M. |
| **Fläche:** ca. 1810 km² | **Telefonvorwahl:** 863 |

**Der viertgrößte See der kontinentalen USA liegt im Herzen des ländlichen Florida. Endlose Zuckerrohrfelder prägen das Bild, dazu Vieh auf grünen Weiden und schläfrige Siedlungen, in denen der General Store noch Postamt und Tankstelle zugleich ist. Der See selbst ist seiner Barsche wegen ein Angler-Dorado.**

**Anglerparadies** Das »Große Wasser« der Seminolen mitten in Südflorida bietet eine willkommene Atempause vom Betrieb an den Küsten. Vor allem Angler zieht es hierher, denn in dem maximal 15 ft/4,6 m tiefen See tummeln sich so viele **Barsche**, wie sonst nirgends in Florida. Dies belegen auch die vielen Bootsvermietungen und Angelausrüster sowie Campingplätze und Trailerparks in den am Seeufer gelegenen Ortschaften Clewiston und South Bay.

Der See, der die längste Zeit des Jahres still und unaufgeregt daliegt, ist Teil eines breiten, träge zwischen ►Orlando und ►Everglades National Park dahin fließenden Grundwasserstroms. An einem hitzeflimmernden Sommertag scheint nichts unwahrscheinlicher als das, was 1928 hier passierte. In jenem Jahr starben 2400 Menschen, als ein Hurrikan über Südflorida hinwegfegte und hier schwere Überschwemmungen verursachte. Danach wurden ein Ringdeich und ein System von Schleusen und Kanälen angelegt, um den Wasserstand regulieren zu können. Seit seiner Fertigstellung dient der See als Regulativ während der Hurrikan-Saison und Süßwasserreservoir. Seiner natürlichen Entwässerung in die südlich liegenden Ever-

◄ Tödlicher Hurrikan

> **!** *Baedeker* TIPP
>
> **Von Fall zu Fall ...**
>
> Der verkehrsarme Luftraum der Region und das flache Land um den Lake Okeechobee lockt passionierte Fallschirmspringer an. Fallschirm-Novizen können hier im Tandem mit einem Profi in die Tiefe stürzen. Nähere Informationen gibt es bei: Air Adventures of Clewiston, Airglades Airport, Tel. (863) 983-6151, www.skydivefl.com

glades wurde dadurch allerdings ein Riegel vorgeschoben, was bis heute zu heftigen Kontroversen zwischen Regierungsbeamten und Umweltschützern führt. Ökologen und Wasserbautechniker sind inzwischen darum bemüht, den Wasserhaushalt im Bereich des Lake Okeechobee so naturnah wie irgend möglich zu organisieren.

 **LAKE OKEECHOBEE ERLEBEN**

### AUSKUNFT

**Clewiston Chamber of Commerce**
1 Central Avenue
Clewiston, FL 33440
Tel. (863) 983-7979
www.clewiston.org

### AKTIVITÄTEN

Angeln wird hier groß geschrieben. Gerät und Boote mietet man u.a. bei »Big O Airboat Tours« (Roland Martin's Marina, Clewiston, Tel. 863/ 228-0785, www.bigofishing.com).

### ESSEN

► **Erschwinglich**
**Clewiston Inn Dining Room**
108 Royal Palm Avenue
Clewiston, FL
Tel. (863) 983-8151
Beste Küche am Ort. Hier gibt es Spezialitäten der gut gewürzten Southern Cuisine, besonders Wels und Brathähnchen.

### ÜBERNACHTEN

► **Günstig/Komfortabel**
**Best Western of Clewiston**
1020 W. Sugarland Highway
Clewiston, FL 33440-2707
Tel. (863) 983-3400
Fax (863) 983-3441
www.bestwestern.com
50 Zimmer
Angenehme, motelähnliche Mittelklasse-Unterkunft.

**Lake Okeechobee Scenic Trail**

Heute trägt der 36 ft/11 m hohe **Herbert Hoover Dike** den Lake Okeechobee Scenic Trail, eine 176 km lange unbefestigte Piste, die von Hikern, Bikern und Reitern gleichermaßen benutzt wird. Der Trail führt durch Städtchen wie **Belle Glade, Okeechobee** und **Pahokee** und bietet schöne Ausblicke auf See und Felder und immer wieder gute Gelegenheiten zum Beobachten von Wasservögeln. Bester Ausgangspunkt für Touren ist das am Südufer gelegene Städtchen **Clewiston** (6500 Einw.), das sich der umliegenden **Zuckerrohrfelder** wegen »America's sweetest town« nennt.

# ★ Marianna

**D 2**

| | |
|---|---|
| **Region:** Northwest | **Höhe:** 36 m ü.d.M. |
| **Einwohnerzahl:** 6200 | **Telefonvorwahl:** 850 |

**Man spürt den Hauch des Alten Südens: Georgia und Alabama sind nur einen Katzensprung entfernt. Schöne alte Residenzen träumen unter Magnolienbäumen, und was auf der Main Street vor sich geht, wird wachsam von schattigen Veranden aus verfolgt.**

**City of Southern Charme**

Das Städtchen, das sich stolz »City of Southern Charme« nennt, wurde im Jahre 1829, kurz nachdem Florida den USA zugeschlagen worden war, von Ranchern und Viehzüchtern aus Georgia gegründet. Heute ist Marianna Verwaltungssitz des ländlichen Jackson County, wo alles sich um Erdnüsse, Sojabohnen und Mais dreht und regelmäßig Pferdeauktionen stattfinden. Die herrschaftlichen Häuser aus dem 19. Jh. lohnen einen zweiten Blick, doch die eigentlichen Attraktionen der Stadt liegen außerhalb.

 ## MARIANNA ERLEBEN

### AUSKUNFT

*Mainstreet Marianna*
2898 Green Street
Marianna, FL 32446
Tel. (850) 482-4353
Fax (850) 482-2199
www.cityofmarianna.com

### ESSEN

#### ► Erschwinglich
*Madison's Warehouse*
2881 Madison Street
Marianna, FL 32446
Tel. (850) 526-4000

Gute Steaks und Salate zu moderaten Preisen, nicht weit vom Marianna Square Shopping Center.

### ÜBERNACHTEN

#### ► Günstig/Komfortabel
*Americas Best Value Inn Marianna*
2086 Highway 71
Marianna, FL 32448
Tel. (850) 526-5666
www.americasbestvalueinn.com
74 Zimmer
Gut geführte Herberge mit geräumigen Zimmern.

## Umgebung von Marianna

Die Hauptsehenswürdigkeit findet man etwa 3 mi/5 km nördlich außerhalb von Marianna an der FL 167: die Florida Caverns. Diese
Tropfsteinhöhlen sind bereits 1693 von den Spaniern entdeckt worden. Man vermutet, dass dieses **Karsthöhlensystem** ein Zufluchtsort
der Indianer war, in dem sie sich 1818 vor dem heranrückenden US-
General Andrew Jackson verbor-
gen hielten.

**Florida
Caverns
State Park**

Nur ein Teil des Kartshöhlensys-
tems, das großenteils vom Chipola River geschaffen worden ist,
kann begangen werden. Im Rahmen einer Führung (Do. – Mo.
9.00 – 16.00 Uhr) bekommt man
wunderschöne **Tropfsteinbildun-
gen** zu sehen.

> **!** *Baedeker* TIPP
>
> **»Trip of a Lifetime« für Kanuten**
> Kanuten können auf dem Chipola River aus-
> gesprochen erlebnisreiche Paddeltouren unter-
> nehmen. Der Fluss gilt als eines der besten
> Gewässer für Kanuten in Florida!

Etwa 20 mi/32 km westlich von Marianna erreicht man ein für die
verkarstete Hügellandschaft typisches Naturphänomen: die Falling
Waters. Dies ist der einzige größere Wasserfall in Florida. Ein kleiner
Bach stürzt hier etwa 30 Meter tief in einen durch Verkarstung
entstandenen **Felsschlund** und verschwindet dann in einem tiefer gelegenen Höhlensystem. Rund um diese Stelle gibt es weitere Ein-
sturzdolinen bzw. sog. Sinkholes, zu denen ein beschwerlicher Fußweg führt. Oberhalb des Wasserfalls kann man sich in einem kleinen
See erfrischen. Allerdings sollte man sich vor Alligatoren in Acht
nehmen.

**Falling Waters
State Recreation
Area**

# ✳ Melbourne

J 4

**Region:** Central East
**Einwohnerzahl:** 77 000

**Höhe:** 0 – 7 m ü.d.M.
**Telefonvorwahl:** 321

**Die Nähe der Raketen von ►Cape Canaveral und die damit verbun-
dene Ansiedlung von High-Tech-Unternehmen haben bewirkt, dass
sich die an der sog. Space Coast gelegene Stadt in den 1980er-Jah-
ren besonders stürmisch entwickelt hat. Und dank schöner Strände
hat auch der Tourismus hier Fuß gefasst.**

Die ersten Siedler im Raum Melbourne waren befreite Sklaven, die
sich hier in den 1860er-Jahren niederließen. Seinen Namen erhielt
der Ort im Jahre 1879 von einem aus Australien stammenden Post-
beamten. 1894 erreichte die East Coast Railway des Eisenbahn-Magnaten Flagler Melbourne, was einen enormen wirtschaftlichen Aufschwung zur Folge hatte.

**Aufschwung
durch die
Eisenbahn**

## ▶ MELBOURNE ERLEBEN

### AUSKUNFT

*The Melbourne – Palm Bay Area
Chamber of Commerce*
1005 E. Strawbridge Ave.
Melbourne, FL 32901
Tel. (321) 724-5400
www.melpb-chamber.org

### ÜBERNACHTEN

#### ▶ Luxus/Komfortabel
*Hampton Inn*
194 Dike Road
Melbourne, FL 32904
Tel. (321) 956-6200

www.hamptoninn.com
60 Zimmer und Suiten
Gut geführte Herberge mit netten
Zimmern und freundlichem Service.

#### ▶ Komfortabel
*La Quinta Inn & Suites*
7200 George T. Edwards Dr.
Melbourne, FL 32940
Tel. (321) 242-9400
www.lq.com
100 Zimmer und Suiten
Moderne Unterkunft für Autotouristen mit geräumigen Zimmern.

## Sehenswertes in Melbourne und Umgebung

**Melbourne**  Das **Brevard Art Museum** bietet Wechselausstellungen von Werken bekannter Künstler und Workshops zu vielerlei Themen (1463 Highland Ave.; Öffnungszeiten: Di. – Sa. 10.00 – 17.00, Do. bis 19.00, So. 13.00 – 17.00 Uhr).

**Brevard Zoo ▶**  Im kleinen Brevard Zoo kann man exotische Tiere beobachten, darunter australische Kängurus, Wallabies und Emus (3880 W. New Haven Ave., US 192; Öffnungszeiten: tgl. 9.30 – 17.00 Uhr).

**Pier ▶**  Der Eau Gallie Fishing Pier am Ende des gleichnamigen Causeway sowie der Melbourne Beach Fishing Pier am Ende der Ocean Avenue sind beliebte Treffpunkte von Anglern.

**Merritt Island**  Vor dem Festland und jenseits des Indian River erstreckt sich die einstmals von friedfertigen Indianern bewohnte schmale Merritt Island. Sie ist heute Teil jenes großen Wildschutzgebietes, das sich um das ▶ Kennedy Space Center legt und in dem über 1500 verschiedene Pflanzen- und Tierarten gezählt werden.

**Strände**  Auf der vorgelagerten langen und schmalen Barriere-Insel reihen sich Feriensiedlungen mit klangvollen Namen aneinander. Besonders stürmisch wächst die Strandsiedlung **Satellite Beach** heran, die schon weit über 10 000 Einwohner zählt. Tolle Ferienhäuser, zum Teil mit eigenen Jachtliegeplätzen, gibt es vor allem in **Indian Harbour Beach**. Besonders schöne Badeplätze sind der **Paradise Beach** und auch der **Melbourne Beach**.
Weiter im Süden schließen sich die von Einheimischen und Touristen gleichermaßen gern besuchten Strandabschnitte **Melbourne Shores** und **Floridiana Beach** an.

Weiter südlich überbrückt der Highway A1A das Sebastian Inlet. Hochseeangler haben hier die Möglichkeit, vom Indian River auf den Atlantik hinauszufahren, denn die Barriere-Inseln sind hier ein weitere Mal durchbrochen. Ein größeres Stück des schönen Bade- und Surfstrandes ist als State Recreation Area (Erholungsgebiet) ausgewiesen.

Das hiesige McLarty Treasure Museum zeigt Schätze, die man aus den 1715 gesunkenen spanischen Galeonen geborgen hat (Öffnungszeiten: tgl. 10.00 – 16.30 Uhr).

**Sebastian Inlet**

◄ McLarty Treasure
Museum
🕐

In Sebastian (zwischen Melbourne und Vero Beach) sind Funde von Mel Fisher (1922 – 1998) ausgestellt. Im Jahre 1985 konnte der berühmteste und erfolgreichste Schatzsucher der Welt mit seiner Mannschaft einen besonderen Erfolg feiern. Nach jahrelanger Suche entdeckte er das **Wrack der 1622 untergegangenen »Atocha«**, also jenes sagenumwobene Schiff, das sich seinerzeit reich mit Gold, Silber, Münzen und Schmuck beladen auf dem Weg ins heimatliche Spanien befand. (1322 US 1; Öffnungszeiten: Mo. – Sa. 10.00 – 17.00, So. 12.00 – 17.00 Uhr).

★
**Mel Fisher's
Treasure
Museum**

🕐
◄ weiter auf S. 255

*Der weltberühmte Schatzsucher Mel Fisher mit seiner jungen Crew an Bord seines Forschungsschiffes.*

*Vor Floridas Küsten gibt es noch
etliche Schiffswracks zu erforschen.*

# GOLDRAUSCH IM OZEAN

**Havanna, den 5. September 1622: Eine spanische Flotte aus 9 Schiffen verlässt den Hafen, darunter auch die »Nuestra Señora de Atocha« und deren Schwesterschiff »Margarita«, beladen mit Gold, Silber und Edelsteinen. Eigentlich sollten die Schiffe noch warten, denn im September ziehen oft schlimme Wirbelstürme über die Karibik. Doch die Angst vor Raubüberfällen treibt die Kapitäne zur Eile – sie wagen die gefährliche Reise.**

Aber schon tagsdarauf sind nur noch wenige Seeleute am Leben. An Planken geklammert versuchen sie, Floridas Küste zu erreichen. Die Schätze sinken auf den Meeresgrund. Das Schicksal der beiden Silberschiffe, die vom Sturm gebeutelt vor Florida verunglückten, ist kein Einzelfall. Die Schiffe mussten auf ihrem Heimweg aus der Neuen Welt zwangsläufig die **gefährliche Passage zwischen Kuba und Florida** mit ihren Korallenriffen und Strömungen durchfahren.

## Blackbeard und Konsorten

**Auch Piraten lauerten vor Florida**, denn hier waren die schwer beladenen Schiffe eine leichte Beute. Sie konnten mit wendigeren Schiffen gekapert oder mit Irrlichtern auf Riffe gelockt werden. Berühmt-berüchtigt war seinerzeit das Seeräuber-Duo **Black Caesar und Edward Teach alias Blackbeard**, das im frühen 18. Jh. die Gewässer zwischen Kuba, Florida und den Bahamas unsicher machte.

Und der Pirat **Gasparilla** kaperte bzw. versenkte mit seiner Mannschaft von 1784 bis 1795 drei Dutzend Galeonen.

## Schätze auf dem Meeresgrund

Man schätzt, dass seit dem 16. Jh. **mehr als 1000 Schiffe vor Floridas Küsten gesunken** sind. Kein Wunder, dass immer wieder Taucher aus aller Welt in diesen Gewässern ihr Glück suchen. Dabei stützen sie sich heute auf modernste Technik: Computer berechnen vermutliche Fundstellen, mit satellitengestützter Navigation wird dann der Meeresboden abgesucht. Neue Messgeräte registrieren auch kleine Mengen von Metall in unerforschten Tiefen. So gelingen von Zeit zu Zeit höchst spektakuläre Funde, die den hohen Aufwand für die Ausrüstung wettmachen.

## Riskante Unternehmen

Dennoch ist die Schatzsuche mit großen Risiken behaftet und ihr Ausgang ungewiss. 16 Jahre lang suchte

z.B. der **Profi-Schatztaucher Mel Fisher** nach den beiden **Galeonen »Atocha« und »Margarita«**, die an jenem Septembertag 1622 untergingen. Die Suche kostete ihn gut 8 Mio. US-Dollar und seinen Sohn sowie seine Schwiegertochter das Leben. Niemand glaubte mehr an einen Erfolg, als ein Taucher aus Fishers Crew plötzlich gegen eine **Wand aus reinem Silber** schwamm. Fast 1000 Barren aus dem Laderaum der »Atocha« waren nach Jahrhunderten auf dem Meeresgrund immer noch sauber gestapelt. Fisher fand 1980 auch das Wrack der »Margarita« und barg einen **Schatz im Wert von gut 350 Mio. US-Dollar**, aber erst nach vielen Gerichtsterminen konnte er ihn für sich beanspruchen.

Die Rechtslage bei einem Schatzfund ist unklar. Laut Gesetz gehören innerhalb der 3-Meilen-Zone geborgene Schätze dem Staat. Nur Wracks, die außerhalb einer 24-Meilen-Zone entdeckt werden, gehören dem Finder. Dazwischen erstreckt sich eine Grauzone, in der die Eigentumsrechte in Prozessen geregelt werden müssen.

Die spektakulären Funde von Florida waren mit der Entdeckung der »Atocha« und der »Margarita« noch nicht beendet. 1987 wurde die »Nuestra Señora de Maravilla« geborgen, die 1659 voll beladen mit einem anderen Schiff zusammengestoßen und gesunken war. Und 1990 fanden Taucher in der Nähe der Dry Tortugas ein weiteres Silberschiff, das im 17. Jh. gesunken war.

## Erfolgreiche Strandläufer

Laien haben allerdings gegen Profi-Schatztaucher so gut wie keine Chance, über Nacht zu Millionären zu werden, denn alle leicht erreichbaren Orte sind inzwischen abgesucht. So finden Strandläufer eher tolle Schätze als Hobbytaucher. Denn an Südfloridas Stränden werden fast **nach jedem Hurrikan Gold-Dublonen** aus der Kolonialzeit gefunden. Eines der wertvollsten alten Schmuckstücke, das Schatzsucher je entdeckten, wurde auch nicht vom Meeresgrund geborgen, sondern am Strand entdeckt: eine **goldene Halskette** im Wert von gut 50 000 US-Dollar.

Wer selbst keine Schätze aufspürt, der kann sie ja im Museum besichtigen – beispielsweise in Mel Fisher's Museum in Sebastian.

# ✶ ✶ Miami

**Region:** Southeast
**Einwohnerzahl:** 433 000 (Greater Metropolitan Area: ca. 5 Mio.)

**Höhe:** 0 – 7 m ü.d.M.
**Telefonvorwahl:** 305

**»Welcome to Miami – Bienvenido a Miami!« – mit diesem Hit feierte Pop-Star Will Smith zusammen mit Eva Mendes vor etlichen Jahren Floridas Metropole, wo es nach Orangenblüten und »arroz con pollo« duftet und mehr Statuen von José Martí und Simón Bolívar stehen als von Abraham Lincoln und George Washington. Doch seine großenteils spanisch sprechenden Einwohner denken durchaus amerikanisch. Beweis: die dynamische Skyline über den Palmen.**

»Es ist mein Lebenstraum mitzuerleben, wie diese Wildnis in ein wohlhabendes Land verwandelt wird.« Julia Tuttle (1840 – 1898) hatte viel vor mit dem Nest an der Biscayne Bay, doch das hätte sie sicher nicht erwartet: Kaum mehr als hundert Jahre nach der Stadtwerdung (1896) ist Miami (»maya-mi« = »großes Wasser« in der Sprache der indianischen Seminolen) eine vor Lebenslust strotzende Boomtown, die jährlich um die 11 Millionen Partygänger respektive Touristen aus aller Welt anzieht.

**Mit Julia Tuttle fing alles an**

---

## *Highlights* Miami

**Bayside Marketplace**
Quirliger Treffpunkt
► **Seite 260**

**Miami Art Museum**
Hier sind Werke der wichtigsten zeitgenössischen Künstler Nord- und Südamerikas ausgestellt.
► **Seite 262**

**Villa Vizcaya**
Die Winterresidenz des Industriellen John Deering ist schlicht überwältigend.
► **Seite 265**

**Little Havanna/Calle Ocho**
Das Herz des spanisch sprechenden Miami schlägt in Little Havanna und besonders vernehmbar an der Calle Ocho.
► **Seite 264**

**Coconut Grove**
»Leute-gucken« in einem der Straßencafés in »The Grove« ist der schönste Zeitvertreib – und kostet nur soviel wie ein Caffè Latte.
► **Seite 265**

**Coral Gables**
Ein Spaziergang durch Coral Gables, die »City Beautiful«, führt zu bemerkenswerten Bauten wie dem Venetian Pool und dem Biltmore Hotel.
► **Seite 269**

**Miami Seaquarium**
Schwertwale, Delfine und ein erfolgreiches Manati-Aufzuchtprogramm lohnen einen Besuch.
► **Seite 270**

← *Imposant: die moderne Wolkenkratzer-Skyline von Miami*

Orangenblüten,
Eisenbahner
und Kubaner ▶

Mit einem Orangenblüten-Bukett fing alles an. Das hatte Mrs. Tuttle, die am Miami River Land besaß und einen Eisenbahnanschluss herbeisehnte, 1895 an den Eisenbahnmagnaten **Henry Flagler** geschickt. Dieser hatte seine Ostküstenbahn bereits bis nach ▶ Palm Beach vorangetrieben und sah sein Werk damit als vollendet an. Doch dann vernichtete ein Kaltlufteinbruch im Norden Floridas die Zitrusernte und Julia Tuttle nutzte die Gelegenheit, mit blühenden Orangenzweigen für ihre Wildnis im Süden zu werben. Flagler reagierte unverzüglich. Schon im April 1896 erreichte seine Florida East Coast Railroad Miami.

| | |
|---|---|
| **1896** | Die Siedlung am großen Wasser (indianisch »maya-mi«) wird zur Stadt erhoben; Flaglers East Cost Railroad erreicht Miami. |
| **1930er-Jahre** | Miami, inzwischen populäres Reiseziel, erlebt einen ungeheuren Bauboom. |
| **Zweiter Weltkrieg** | Miami ist zugleich Lazarett urd Ausbildungslager des US-Militärs. |
| **1959** | Nach Castros erfolgreicher Revolution lassen sich Abertausende kubanischer Exilanten in Miami nieder. |
| **1980er-Jahre** | Miamis neue Downtown wächst heran. |
| **2007 – 2010** | Die Stadt wird von der schlimmsten Immobilien- und Finanzkrise seit 1929 gebeutelt. |

Alles weitere ist, wie es so schön heißt, Geschichte. Angeschoben von der Entwicklung auf der vorgelagerten Sanddüne (heute: ▶ Miami Beach) war Miami schon um 1910 ein populäres Reiseziel. Den Florida Land Bust der 1920er-Jahre überstand es ebenso wie zwei verheerende Hurrikane. Das Ende der Depression feierte die Stadt mit seinerzeit modernster Hotelarchitektur. Bald gehörten die Art-Déco-Bauten zu Miami bzw. Miami Beach wie Sonne, Sand und Strand.

Zweiter Weltkrieg
und danach ▶

Während des Zweiten Weltkriegs vertauschte man Shorts mit Uniformen. In Floridas Südosten wurden Militärs ausgebildet und verletzte Soldaten gesundgepflegt. Nach Kriegsende kehrten die GIs mit ihren Familien nach Miami zurück, um sich dort niederzulassen.

Nationale Fluggesellschaften entdeckten Miami. Miami Beach wurde **Amerikas Riviera**: Zwischen 1945 und 1954 wurden hier mehr Hotels gebaut als in allen anderen Bundesstaaten zusammen. Miami zog jedoch nicht nur Touristen an. In den 1950er-Jahren war auch das organisierte Verbrechen in der Stadt präsent. Nahezu alle Mafia-Familien der Ostküste nutzten Miami als Basis für ihre Aktivitäten in der Karibik und Kuba. Glücksspiel, Prostitution, Drogenhandel – Miami wurde als gefährliches Pflaster aktenkundig.

Castros Revolution
und die Folgen ▶

Am 1. Januar 1959 wurden endgültig die Weichen für Miamis Zukunft gestellt. Der Erfolg von Castros Revolution auf Kuba bescherte

*Kubanisches Lebensgefühl an der Bayside von Miami*

Floridas Metropole eine **Flut von Exilanten**, allen voran Mitglieder der gestürzten Junta und nahezu die gesamte, bürgerlich-konservative Oberschicht. 1973 lebten bereits 300 000 Kubaner im Großraum Miami. Sie sollten das Gesicht der Stadt nachhaltig verändern. In den 1980er-Jahren leerte Fidel Castro seine Gefängnisse und bescherte Miami 140 000 weitere, oft kriminelle Landsleute. In den überfüllten kubanischen Vierteln der Stadt kam es daraufhin zu Ausschreitungen. Viele Alteingesessene kehrten Miami den Rücken.

Ungeachtet dessen wuchs die Stadt weiter. Während der 1980er-Jahre entstand Miamis **neue Downtown**. Weitere Einwanderer aus Lateinamerika kamen an, Straßenschilder, Werbetafeln etc. wurden zweisprachig. Miami wurde erstmals »North South America« genannt. Zahlreiche namhafte Unternehmen ließen sich in der Stadt nieder, die Fühler nach den Märkten Lateinamerikas ausstreckend. Film und Fernsehen entdeckten Miami. Die TV-Serie »Miami Vice« (1984 bis 1989) etablierte Miamis Image als Tummelplatz schwerer Jungs und leichter Mädchen und reflektierte die Rolle der Stadt im internationalen Drogenhandel. Doch vom Treiben kolumbianischer Drogenkartelle erholte sich Miami, dank drastischer Polizeimaßnahmen, ebenso wie von Hurrikan Andrew, der 1992 durch die Stadt fegte.

Miami präsentiert sich heute als bedeutendes **internationales Finanzzentrum** und weit geöffnetes **Tor nach Lateinamerika**. Doch die Stadt wird seit 2007 von der schwersten Immobilien-, Finanz- und Wirtschaftskrise seit 1929 gebeutelt. In kaum einer anderen Großstadt der USA sind die drastischen Gegensätze zwischen Arm und Reich so augenfällig wie in Miami. Geblieben ist allerdings bis heute das Image von Floridas Metropole: chic, cool, heiß – und immer auch ein wenig verrucht.

◀ Bauboom in den 1980er-Jahren

◀ Immobilien-, Finanz- und Wirtschaftskrise

# ▶ MIAMI ERLEBEN

## AUSKUNFT

**Greater Miami CVB**
701 Brickell Aenue
Suite 2700
Miami, FL 33131
Tel. (305) 539-3000
Fax (305) 530-3113
www.gmcvb.com

## FLUGHAFEN

Der internationale Flughafen, der auch von Deutschland aus mehrmals in der Woche angeflogen wird, liegt nur wenige Meilen westlich von Downtown. Er ist sehr gut an das städtische Nahverkehrsnetz angebunden. Zudem lassen Hotels, Mietwagenunternehmen usw. Shuttlebusse fahren, damit ihre Gäste bequem ans Ziel kommen. Auch Taxi-Unternehmen zuhauf bieten am Flughafen ihre Dienste an.

## ÖFFENTLICHER PERSONENNAHVERKEHR

**Tri-Rail**
Dieser Regionalexpresszug verkehrt von Montag bis Samstag mehrmals täglich auf der Strecke Miami – Fort Lauderdale – Palm Beach.

**Miami-Dade Transit**
Miamis Nahverkehrsgesellschaft unterhält ein dichtes »MetroBus«-Buslimiennetz mit 70 Routen, die auch die Vororte von Floridas Metropole erschließen.
Ferner durchquert eine Hochbahn namens »MetroRail« die Großstadt auf einer 22 mi/35 km langen Strecke von North Miami bis Dadeland im Süden. Die Züge fahren von 5.30 bis 24.00 Uhr.
Auf zwei Rundkursen in Downtown Miami, die alle größeren Hotels, Amtsgebäude und Shopping-Zentren miteinander verbinden, verkehrt der fahrerlose »MetroMover«, und zwar täglich von 5.00 bis 24.00 Uhr.

## STADTBESICHTIGUNG

Miami ist keine Stadt, die man ohne weiteres zu Fuß erkunden kann. Die öffentlichen Verkehrsmittel führen leider nicht immer zum gewünschten Ziel. Lediglich mit dem MetroMover (s. oben), mit der MetroRail, mit dem MetroBus und dem Electrowave Bus (klimatisierter Elektrobus, der an 22 Stationen hält) kann man interessante Plätze in der Stadt erreichen.
Empfehlenswert sind organisierte Stadtrundfahrten, die meist am Bayside Marketplace beginnen.

## SHOPPING/NACHTLEBEN

**Bayside Marketplace**
Miamis beliebtester Treffpunkt an der Biscayne Bay umfasst über 150 Geschäfte, Food Court und Unterhaltungs-möglichkeiten. Bis nachts um 23.00 Uhr herrscht hier Hochbetrieb. Man genießt einen »Cafe Cubano«, einen »Mojito« oder gar einen »Caipirinha«.

**CocoWalk**
Das Herz des Stadtteils Coconut Grove schlägt am CocoWalk. Hier kann man auf drei Stockwerken in vier Dutzend Geschäften und Boutiquen Modisches erwerben oder sich einfach zum Leute-Gucken in eines der zahlreichen Lokale begeben. Auch hier herrscht Betrieb bis spät in die Nacht.

**Streets of Mayfair**
Und wenn man schon mal in Coconut Grove ist, sollte man auch einen Blick in die Streets of Mayfair an der Grand Avenue werfen. Auch hier gibt

es viel zu kaufen und auch hier geht es bis spät in die Nacht südländisch ausgelassen zu.

## EVENTS

**Coconut Grove Arts Festival**
An einem Wochenende im Februar findet das erste größere Kunstfestival der USA unter freiem Himmel statt.

**Carnival Miami, Calle Ocho Festival**
Im Stadtteil »Little Havanna« geht es in der Karnevalszeit (Feb./März) hoch her. Dann gibt es hier farbenfrohe Umzüge, karibische Rythmen und Salsa-Musik auf den Straßen.

## ESSEN

### ► Fein & teuer
① **Atrio**
1395 Brickell Avenue
Tel. (305) 503-6529
Progressive »American Cuisine« im 25. Stock des »Conrad Miami Hotel« mit atemberaubendem Blick auf die Skyline von Downtown Miami.

④ **Pacific Time**
35 NE 40th St., Design District
Tel (305) 722-7369
Beste Kreationen der südostasiatischen Küche werden hier ebenso zubereitet wie Genüsse der indischen und der mediterranen Küche.

### ► Erschwinglich
② **Chef Allen's**
19088 NE 29th Ave., Aventura
Tel. (305) 935-2900
Meisterkoch Allen Susser bereitet seine vorzüglichen Gerichte im Ambiente des Art Deco.

### ► Erschwinglich/Preiswert
① **Garcia's Seafood**
398 NW North River Drive
Tel. (305) 375-0765
Mitten in »Little Havanna« gibt es beste Red Snapper und Stone Crabs.

## ÜBERNACHTEN

### ► Luxus
① **Inter-Continental Miami**
100 Chopin Plaza
Tel. (305) 577-1000
Fax (305) 577-0384
www.icmiamihotel.com
640 Zimmer und 36 Suiten
Postmoderner Hotel-Wolkenkratzer mit viel Marmor. Die Lobby ziert das Kunstwerk »The Spindle« von Henry Moore.

② **Hyatt Regency Miami**
400 SE 2nd Avenue
Tel. (305) 358-1234
Fax (305) 358-0529
www.miamiregency.hyatt.com
610 Zimmer und 50 Suiten
Von den frisch renovierten Zimmern hat man einen wunderschönen Blick auf die Biscayne Bay und den Hafen.

### ► Komfortabel
③ **Hampton Inn Miami – Coconut Grove/Coral Gables**
2800 SW 28th Terrace
Coconut Grove
Tel. (305) 448-2800
Fax (305) 442-8655
http://hamptoninn.hilton.com
136 Zimmer und Suiten
Von dem modernen Mittelklassehotel mit seinen freundlich eingerichteten Zimmern sind es nur ein paar Schritte ins quirlige Zentrum dieses Stadtteils und wenige Autominuten zu den Sehenswürdigkeiten in Coral Gables.

④ **Holiday Inn Port of Miami**
340 Biscayne Bolvd.
Tel. (305) 371-4400
Fax (305) 371-2862
www.holidayinn.com
200 Zimmer und Suiten
Kürzlich renoviertes Hotel am Hafen, das von Touristen und Geschäftsreisenden geschätzt wird.

## Downtown

**Bayside Marketplace**

Touristischer Brennpunkt ist der Bayside Marketplace an der **Miamarina**, in der sich superteure Jachten drängen und von der aus die Ausflugsboote in die Biscayne Bay aufbrechen. Übrigens: Die Miamarina umfasst die einstige **Pier 5** des Seehafens und ist bekannt geworden als Liegeplatz von Sonny Krockett's Hausboot in der Fernseh-Krimiserie »Miami Vice«. Hier gibt es eine Promenade, auf der man »gesehen wird, auf der Open-Air-Bühne trällern gelegentlich bekannte Schlagerstars ihre Liedchen, im Latino-Café treten die besten Salsa-Bands auf und auch im benachbarten **Hard Rock Café** ist immer was los. In den Galerien gibt es Souvenirs aller Geschmacksrichtungen und starken »Café Cubano«.

**Bayfront Park**

Vor der Wolkenkratzer-Kulisse des Biscayne Boulevard erstreckt sich der Bayfront Park mit drei wichtigen Denkmälern: Die **Torch of Friendship** symbolisiert die vielfältigen Beziehungen der Stadt Miami zu mittel- und südamerikanischen Ländern, das **World War II Memorial** erinnert an die amerikanischen Gefallenen des Zweiten Weltkrieges, das **Challenger Memorial** ist zu Ehren der 1986 verunglückten Raumschiff-Besatzung errichtet worden.

**Biscayne Boulevard**

Hauptschlagader von Miami ist der südliche Abschnitt des palmenbestandenen Biscayne Boulevard, wo in den 1920er-Jahren der erste Hochhaus-Bauboom einsetzte. Daran erinnert heute der isoliert stehende **Freedom Tower** (600 Biscayne Blvd.), der 1925 erbaut worden ist. Das reich verzierte Turmhaus war seinerzeit Zentrale der Tageszeitung »Miami News«. Hier fanden in den 1960er-Jahren Kuba-Flüchtlinge Unterkunft. Eine kleine Ausstellung im Erdgeschoss dokumentiert die Bedrängnis von Kubanern unter dem Castro-Regime und ihre Erfolge in den USA nach ihrer Flucht. Schräg gegenüber wurde im Jahr 2000 die hypermoderne **American Airlines Arena** als neue Heimstatt der Basketball-Mannschaft »Miami Heat« fertig gestellt. Am Südrand des Bayfront Park ragen markante Wolkenkratzer in den Himmel: 1972 wurde der 139 m hohe **One Biscayne Tower** bezogen. Daneben erhebt sich das 55-stöckige **Wachovia Financial Center** (200 S. Biscayne Blvd.) als höchstes Gebäude Floridas.

**Flagler Street**

Ziemlich laut, belebt und polyglott, vermittelt die vom Bayfront Park stadteinwärts führende Flagler Street den besten Eindruck von Downtown Miami. Wohlhabende Touristen aus Lateinamerika decken sich hier mit Konsumgütern ein, europäische Besucher glauben, sie seien in Caracas. Die Straße führt zunächst zum **Guzman Center for the Performing Arts**, das 1926 als »Olympia Theater« eröffnet worden ist. Es fungiert heute als Kulturzentrum. Gegenüber beeindruckt das **Alfred I. DuPont Building** (169 E. Flagler St.), das 1938 als Zentrale der von der Familie DuPont kontrollierten Florida National Bank erbaut wurde.

## *Miami Downtown* Orientierung

**Miami Dade Cultural Center**

Das über eine Rampe erreichbare, um eine postmoderne Piazza erbaute Metro Dade Cultural Center (Nr. 101 W. Flagler St.) bietet mit dem **Historical Museum of Southern Florida** einen spannend inszenierten Querschnitt durch 10 000 Jahre Florida. Die Ausstellung beginnt mit den Indianern, die in den Mangrovensümpfen ihre Muschel-»Mounds« angelegt haben. Dann gibt es Schätze von spanischen Galeonen zu sehen, die vor der Küste Floridas gesunken sind. Ein weiteres Thema ist die rasante Entwicklung der Stadt Miami. Stark beeindruckt auch die Präsentation mit dem Titel »Tropical Dreams: A People's History of South Florida« (Öffnungszeiten: Di. bis Fr. 10.00 – 17.00, Sa., So. 12.00 – 17.00 Uhr).

**Miami Art Museum**

Das Miami Art Museum (MAM) ist vor einiger Zeit vom Cultural Center an die Biscayne Bay umgezogen. Es zeigt Werke namhafter amerikanischer Künstler seit 1940. Besonders hervorzuheben sind Arbeiten von **Max Ernst, Jasper Johns, Alexander Calder** und Robert Rauschenberg. Den Museumseingang ziert die schwarze Marmorskulptur »Cheval Majeur« von Raymond Duchamp-Villon (2013 Biscayne Bay; Öffnungszeiten: Di. – Fr. 10.00 – 17.00, Sa., So. 12.00 bis 17.00 Uhr).

**Miami Tower**

Südlich der Flagler Street steht eines der Wahrzeichen von Miami: der nachts hell erleuchtete Miami Tower. Dieser 52-stöckige Wolkenkratzer ist in den Jahren 1983 bis 1987 nach Entwürfen des Stararchitekten **I. M. Pei** (in Zusammenarbeit mit Spillis Candela & Partnern erbaut worden. Das originale farbige Beleuchtungssystem hat sich **Douglas Leigh** ausgedacht. Leuchtkörper tauchen das Gebäude beispielsweise am St. Patrick's Day in irisches Grün und am Valentinstag in das Rot der Liebe.

**N. E. 1st Avenue**

An der mitten durch Downtown Miami verlaufenden N.E.1 Avenue sind zwei Bauten bemerkenswert. Zum einen ist es die 1925 erbaute katholische **Gesù Church** mit ihren in einer Münchner Werkstatt angefertigten Buntglasfenstern. Zum anderen sollte man einen Blick in das unweit nördlich gelegene **U.S. Federal Courthouse** mit seinem maurischen Innenhof werfen, das 1931 erbaut worden ist. Ein großartiges Wandgemälde stellt die Entwicklung Floridas vom wilden Sumpfland zum fortschrittlichen Kulturland dar.

**Brickell Avenue**

Die Biscayne Avenue endet am Miami River. In den 1980er-Jahren ist am Flussufer eine imposante Hochhaus-Architektur entstanden. Die Brücke über den **Miami River** verbindet das geschäftige Stadtzentrum mit dem wohlhabenden Wohnbezirken zwischen Biscayne Bay und Brickell Avenue. Die ursprünglich als Wohnstraße für begüterte Familien angelegte Brickell Avenue ist heute gesäumt von Marmor- und Glaspalästen von über 100 Geldinstituten. Nicht ohne Grund wird der Straßenzug auch **»Wallstreet des Südens«** genannt. Bemerkenswert sind die futuristischen Bauten der Architektenge-

*Miami Downtown am Abend. Links leuchtet der NationsBank Tower.*

meinschaft »Arquitectonica«. Bekannteste Schöpfung ist das **Atlantis** (2025 Brickell Ave.; Bild s. S. 57), das mit seinem quadratischen Loch in der Fassade – mit Palme und roter Wendeltreppe – Furore gemacht hat. Beachtung verdient auch das **Brickell House** (Nr. 501), das 1871 am Brickell Park erbaut worden ist.

Vom Südende der Brickell Avenue führt der mautpflichtige Rickenbacker Causeway über die flache **Biscayne Bay** hinüber zum **Virginia Key** und weiter auf die Insel **Key Biscayne**.

**Rickenbacker Causeway**

## Little Havanna

Südwestlich von Downtown Miami breitet sich ein Stadtviertel aus, in dem viele Exilkubaner leben, die in mehreren Schüben seit 1959 von der Antilleninsel nach Florida eingewandert sind. Zwischen der SW 12th Avenue und der S.W. 27th Avenue herrscht eine von bunten Geschäften, kleinen Märkten und freundlichen Lokalen bestimmte lockere Atmosphäre, überall gibt es einen »Café Cubano« oder auch einen »Mojito« und abends erklingen die heißen Rythmen der »Salsa« und des »Dancon«. Inzwischen hat sich für dieses Stadtviertel der Name »Little Havanna« eingebürgert. Spanisch ist Umgangssprache.

**Stadtviertel der Exilkubaner**

*Zug um Zug. Dies gilt auch für die Schach spielenden Exilkubaner an der Calle Ocho in Little Havanna.*

**Calle Ocho** ⋆⋆

Belebte Hauptstraße von Little Havanna ist die sog. Calle Ocho (SW 8th St.), die alljährlich Schauplatz des ausgelassenen **Carnaval Miami Festival** ist mit stundenlangen und von Salsa-Bands begleiteten Umzügen. Die Calle Ocho, die bei den Bankpalästen an der Brickell Avenue als SW 8th Street beginnt, führt westwärts quer durch Little Havanna und geht schließlich in den **Tamiami Trail** (US 41) über, der wichtigsten westlichen Ausfallstraße.

Entlang der Calle Ocho gibt es interessante Bauten bzw. Denkmäler. Im Osten von Little Havanna, kurz vor der stark befahrenen Autobahn I-95, steht das **Teatro Martí,** Heimstatt der 1963 ins Leben gerufenen ältesten Bühne der Exilkubaner. Auf dem kleinen Platz an der Einmündung der SW 13th Street in die Calle Ocho wurde 1971 ein Marmordenkmal mit ewiger Flamme feierlich eingeweiht, das an Mitglieder der **Brigade 2506** erinnert, die im April 1961 bei der missglückten Invasion auf Kuba ihr Leben lassen mussten. Westlich, an der Einmündung der SW 15th Avenue, liegt der nach Máximo Gómez, dem Anführer der kubanischen Befreiungsarmee, benannte Park, der jedoch als **Domino Park** bekannt ist. Hier treffen sich vor allem ältere Exilkubaner zum traditionellen Spiel mit den gepunkteten Steinen.

**? WUSSTEN SIE SCHON …?**

■ Eine Kuriosität am Rande:
Das Teatro Martí befindet sich im Riverside Commercial Building, das im Jahre 1926 als Hauptquartier des Ku Klux Klan errichtet worden ist.

Nördlich vom Latin Quarter war die Orange Bowl (»Orangenschüssel«; 1501 NW 3rd St.) eine Attraktion besonderer Art. Hier wurde viele Jahre lang Football gespielt und hier sind schon viele Pop-Stars (u.a. Gloria Estefan und Ricky Martin) aufgetreten.

**Orange Bowl**

## Coconut Grove

Miamis heutige südliche Vorstadt ist um das Jahr 1840 von »Conchs« genannten dunkelhäutigen Bahamesen gegründet worden. Einige Zeit später kamen Wohlhabende aus Neuengland, die hier Winterdomizile errichteten. Dazu gesellten sich auch Künstler und Hippies. Einfache Fachwerkhäuschen und Bauten aus Coquina-Kalkstein sowie mediterrane Villen inmitten üppig blühender Gartenanlagen verleihen der Siedlung viel Atmosphäre. Das Herz des Viertels schlägt im Kreuzungsbereich von Grand Avenue, Main Highway und McFarlane Road.

**Wo die Reichen wohnen**

Unweit südlich des Rickenbacker Causeway liegt die wunderschöne Villa Vizcaya inmitten klassisch anmutender Gartenanlagen. Das Gebäude ist 1912 bis 1916 als Winterdomizil für den Erntemaschinen-Fabrikanten James Deering im Stil der italienischen Renaissance erbaut worden. In den opulent ausgestatteten Räumen des Palastes kann man eine Kollektion französischer, spanischer und italienischer

**★ ★**
**Villa Vizcaya**

*Villa Vizcaya: Italienisches Flair in Coconut Grove*

Kunst ebenso bestaunen wie kostbare Möbel, Teppiche und Skulpturen sowie eine **Sammlung alter Baedeker** (3251 S. Miami Ave.; Öffnungszeiten: tgl. 9.30 – 16.30 Uhr).

**Miami Science Museum**

Nördlich der Villa Vizcaya trifft man auf ein weiteres repräsentatives Gebäude, das im ersten Viertel des 20. Jh.s im mediterranen Stil errichtet worden ist. Es beherbergt heute eine naturwissenschaftliche Ausstellung sowie eine Raumfahrtschau und ein Planetarium (3280 S. Miami Ave.; Öffnungszeiten: tgl. 10.00 – 18.00 Uhr).
Hinweis: Ein Umzug dieses Museums in den Gebäudekomplex des Miami Art Museum an der Biscayne Bay ist vorgesehen.

**Miami City Hall**

Ca. 2 mi/3 km weiter südwestlich gelangt man zur Miami City Hall, einem bemerkenswerten Beispiel der Baukunst des **Art Deco** am Dinner Key. Sie wurde 1933 als **Terminal für die Wasserflugzeuge** errichtet. Das letzte Wasserflugzeug startete hier im Jahre 1945. Neun Jahre später wurde das Terminal zur City Hall.

**Coconut Grove Village**

Westlich stadteinwärts (Grand Avenue/Main Highway) befindet sich der **alte Ortskern** von Coconut Grove. In den 1960er-Jahren gab es hier eine bunte Vielzahl von einfachen Geschäften, Cafés und Gale-

*Eine beliebte Shopping-Adresse ist der CocoWalk.*

rien, in den 1970er- und 1980er-Jahren mutierte er zur noblen Shopping Zone. In den Neunzigern wurde das Quartier von jüngeren Leuten und Touristen entdeckt. Dementsprechend änderte sich das Warenangebot. Heute gibt es hier hübsche Straßencafés, Kinos und Geschäfte, in denen man modische Strand- und Badekleidung, CDs, DVDs usw. kaufen kann. Nach wie vor beliebte Treffpunkte sind der im Jahre 1990 eröffnete **CocoWalk,** die **Streets of Mayfair** und die **Commodore Plaza.**

**Coconut Grove Playhouse**

Am Südwestrand der Siedlung Coconut Grove Village fällt das örtliche Theater ins Auge, das im Jahre 1926 in maurischem Baustil fertiggestellt worden ist. Es erlangte Berühmtheit als jene Spielstätte, in der das Beckett-Stück »Warten auf Godot« erstmals in der Neuen welt aufgeführt wurde (3500 Main Highway; z. Zt. geschlossen; Infos: Tel. 442 - 26 62).

**The Barnacle State Historic Site**

Nahebei am Dinner Key Channel gibt es noch ein Stück ursprüngliches Florida. Hier steht ein **Holzhaus** auf Stelzen, das Ralph Munroe, berühmtester Segelbootkonstrukteur seiner Zeit, 1891 errichtet hat. Er orientierte sich dabei an der Architektur der »Conchs«, die interessante Lösungen für das Belüftungsproblem im tropischen Klima gefunden hatten. Räume und überdachte Veranden gruppieren sich um den »The Barnacle« genannten achteckigen zentralen Wohnraum. Die originale Einrichtung ist noch erhalten, ebenso das **Bootshaus mit Werkstatt** (3485 Main Highway; Führungen: Fr., Sa., So. 10.00, 11.30, 13.00, 14.30 Uhr).

## Coral Gables

★★
**Mediterranes Ambiente**

Westlich von Coconut Grove dehnt sich die Vorstadt Coral Gables aus. Sie wurde ab 1926 von **George Merrick** nach Plänen seines Vaters als vornehmes Wohnviertel mit großzügigen Park- und Sportflächen angelegt, wobei auch hier dem seinerzeit modischen mediterranen Baustil gehuldigt wurde. Ursprünglich sollten acht Stadttore errichtet werden, realisiert wurden aber nur vier, die allesamt im Norden des Stadtbezirks stehen. Drei davon, das **Douglas Entrance,** das Granada Entrance und das **Prado Entrance,** passiert, wer auf dem Tamiami Trail nach Westen fährt. Als Vorbilder dienten Triumphbögen, die man aus Madrid, Toledo und Sevilla kennt. Haupterschließungsachse ist der **Coral Way,** der Coral Gables von Ost nach West durchzieht. Ein architektonischer Blickfang ist die im Stil der spanischen Renaissance gehaltene **Coral Gables City Hall** an der Kreuzung Coral Way/LeJeune Road.
Vornehm und schönheitsbewusst ist Coral Gables noch immer – so sehr, dass selbst die Einwohner der Siedlung keinen Pickup-Truck in ihren Einfahrten parken dürfen. Eine Ironie der Geschichte: In den Straßen mit den durchweg spanischen Namen wohnen heute zunehmend wohlhabende YUCA (»Young Urban Cuban Americans«).

*Mediterran inspirierte Baukunst in Coral Gables*

**Miracle Mile** ✳ Von der City Hall zieht die Miracle Mile als östlicher Ast des Coral Way (SW 22nd Avenue) in Richtung Miami. An der breiten und nach einiger Zeit der Stagnation erfolgreich wiederbelebten Prachtstraße steht das imposante, von Merrick konzipierte und genutzte **Colonnade Building** mit Rotunda, wundervollem Marmor-Interieur, schönen Ornamenten und spanischem Ziegeldach. Nebenan ragt der 1985 errichtete Wolkenkratzer des **Colonnade Hotel** in die Höhe.

**Merrick House** Westlich der City Hall verdient das Haus Beachtung, in dem Stararchitekt **George Merrick** seine Jugendzeit verbrachte. Es ist im Stil der 1920er-Jahre restauriert und heute als Museum zugänglich (907 🕐 Coral Way; Führungen: Mi. u. So. 13.00, 14.00, 15.00 Uhr).
Zwei interessante Bauten in der Nähe von Merrick House sind das 1916 errichtete **Poinciana Place** (937 Coral Way) und die 1924 errichtete **Casa Azul** (1254 Coral Way) mit ihrem spektakulären Dach aus blau glasierten Ziegeln.

**Venetian Pool** ✳ ✳ Beim Merrick House zweigt der DeSoto Boulevard vom Coral Way südwestwärts zur DeSoto Plaza ab. Dabei passiert man den malerischen Venetian Pool, ein in einen alten Korallenkalkbruch eingefügtes **Schwimmbad,** in dem schon der Tarzan-Darsteller Johnny Weissmuller und die Schauspielerin Esther Williams planschten. Bauten aus Korallenkalk, ein Kasino, venezianisch anmutende Brückenbögen, kleine **Wasserfälle** und **künstliche Höhlen** locken nicht nur Touristen, sondern auch viele Einheimische an (2701 DeSoto 🕐 Blvd.; Öffnungszeiten: Mitte Mai – Aug. Mo. – Fr. 11.00 – 19.30, Sa., So., Fei. 10.00 – 16.30, übrige Zeit Di. – So. 10.00 – 16.30 Uhr).

**DeSoto Plaza** ▶ Sehr hübsch ist der vom Künstler Denman Fink in den 1920er-Jahren gestaltete Brunnen auf der DeSoto Plaza vor dem Venetian Pool.

Der DeSoto Boulevard endet vor dem 1926 eröffneten Biltmore Hotel. Kern der 275-Zimmer-Anlage ist ein fast 100 m hoher Turmbau, für den wohl die Giralda im spanischen Sevilla Pate gestanden hat. Eine Augenweide ist die Hotellobby, deren italienischer Marmor und spanische Kacheln schon **Judy Garland** und **Ginger Rogers** beeindruckt haben. Die Luxusherberge diente während des Zweiten Weltkrieges als Lazarett und wurde danach von einer Veteranenorganisation belegt. Von 1968 bis 1986 war es dem Verfall preisgegeben. Kürzlich wurde es renoviert und dient heute wieder als Luxushotel sowie als Kulisse für Modefotografen, Filmemacher und Hochzeitspaare. Um Hotel breiten sich zwei **Golfplätze**, ein **Polofeld** und über ein Dutzend Tennisplätze aus. Während der Glanzzeit des Hauses brachten italienische Gondoliere badelustige Hotelgäste auf einem **»Canale«** hinunter an den Strand an der Biscayne Bay.

★ ★
**Biltmore Hotel**

Am Südrand der Grünanlagen des Biltmore Hotel weitet sich der Campus der 1926 gegründeten University of Miami (14 000 Studierende). Das hier angesiedelte Kunstmuseum beherbergt herausragendes **Kunsthandwerk** der Pueblo- und Navajo-Indianer. Ein weiteres Highlight ist die **Kress Collection** mit Kunstwerken der Renaissance und des Barock, unter denen sich auch Arbeiten von **Tintoretto** und **Jordaens** befinden. In der Beaux-Arts Gallery sind Werke namhafter Künstler des 19. und 20. Jh.s zu sehen. Stolz ist man auf Gemälde von **Frank Stella** und **Roy Lichtenstein** sowie auf Töpferware von **Pablo Picasso** (1301 Stanford Dr.; Öffnungszeiten: Di. – Sa. 10.00 – 16.00, So. 12.00 – 16.00 Uhr).

★
**Lowe Art Museum**

🕐

Wenige Autominuten südlich von Coral Gables breitet sich der Matheson Hammock Park aus. Hier gibt es noch urwüchsige Hartholzbestände sowie einen schönen Badestrand.
Den Südwestteil des Parks nehmen die nach dem Botaniker **David Fairchild** benannten tropischen Gärten ein. Hier werden Tausende Pflanzenarten kultiviert, darunter über 100 Palmenarten. Im Gate House Museum of Plant Exploration informiert man sich über die facettenreiche Geschichte der Pflanzenkunde (10901 Old Cutler Rd.; Öffnungszeiten: tgl. 9.30 – 16.30 Uhr).

**Matheson Hammock Park**

★
◄ Fairchild Tropical Gardens

🕐

## South Miami

Südwestlich von Coral Gables beginnt ein bis zum ▶ Everglades National Park reichender Siedlungsbrei aus Wohngebieten mit Malls, Golf- und Parkplätzen, Tankstellen, Gebrauchtwagenhändlern und Wasserbetten-Dealern. Wer schon einmal hier ist, sollte zwei Attraktionen einen Besuch abstatten

Der Tierpark ist im August 1992 vom Hurrikan Andrew verwüstet, danach aber nach modernsten wissenschaftlichen Gesichtspunkten neu gestaltet worden. Über 100 Tierarten leben in natürlichen Bioto-

★
**Miami Metrozoo**

pen nachempfundenen Gehegen. Hauptattraktionen sind Bengalische Tiger, Koalabären, Gorillas, Reptilien, eine riesige begehbare Volière (über 300 verschiedene Vögel) und ein Streichelzoo (12400 SW 152nd St.; Öffnungszeiten: tgl. 9.30 – 17.30 Uhr).

**Gold Coast Railroad Museum**

In der Nachbarschaft werden Eisenbahn-Fans von blank polierten alten Lokomotiven und Waggons angelockt. Star des Museums ist ein Pullman-Waggon, der u.a. von den US-Präsidenten Roosevelt, Truman und Eisenhower benutzt worden ist. Ferner können hier rollendes Material des »California Zephyr« sowie eine extrastarke Diesellok der NASA inspiziert werden. An Wochenenden darf man auf Dampf- und Dieselloks mitfahren (12450 SW 152nd St.; Öffnungszeiten: Mo. – Fr. 10.00 – 16.00, Sa., So. 11.00 – 16.00 Uhr).

## Key Biscayne

**Exklusives Erholungs- und Wohngebiet**

Sting in verwaschenen Shorts, Paris Hilton mit oder ohne Hündchen: Wenn Miamis Klatschspalten über »Celebrity Sightings« berichten, dann fällt auch immer wieder der Name Key Biscayne. Wenige Meilen südöstlich von Miami erstreckt sich die etwa 7 mi/11 km lange Barrier-Insel Key Biscayne mit ihren wunderschönen Badestränden, großzügigen Sportanlagen, höchst luxuriösen Wohnanlagen und etlichen noblen Restaurants. Sie ist vor allem Golf- und Tennisspielern als Austragungsort wichtiger Turniere ein Begriff. Man erreicht die Insel von der Brickell Avenue bzw. vom Bayshore Drive über den mautpflichtigen Rickenbacker Causeway.

**Miami Seaquarium**

An der Südspitze von Virginia Key lädt Südfloridas größtes tropisches Meerwasseraquarium zum Besuch ein. Hier wurden in den späten 1950er-Jahren zahlreiche Folgen der auf der ganzen Welt beliebten Fernseh-Serie mit dem gelehrigen **Delfin »Flipper«** aufgenommen. Gegenwärtig ist die **Killerwal-Dame »Lolita«** der absolute Star des Meerwasser-Zirkus. Im großen Aquarium kann man Tausende verschiedene Meereslebewesen studieren. Interesse verdienen auch das künstliche Korallenriff und eine Unterwasserstation, von der aus man die Fütterung von Haien miterleben kann. Im Bereich **Lost Islands Wildlife Habitat** lernt man in ihrem Bestand gefährdete Tierarten kennen, darunter auch Manatis (4400 Rickenbacker Causeway; Öffnungszeiten: tgl. 9.30 bis 18.00 Uhr).

*Muntere Delfine im Seaquarium*

Der großen alten Dame des Umweltschutzes gewidmet (▶Berühmte Persönlichkeiten), bietet das neue Naturzentrum interessante Aquarien, schöne Spaziergänge durch kaum berührte Hammocks und von Experten geführte Strandtouren. Interessant sind auch die Aufzeichnungen von Marjorie Stoneman Douglas (6767 Crandon Blvd.; Öffnungszeiten: tgl. 10.00 – 16.00 Uhr).

**Marjory Stone-man Douglas Biscayne Nature Center**

Einer der schönsten Strände des Sunshine State erstreckt sich quasi gleich vor der Haustür Miamis: Der 2 mi/3,5 km lange Sandstrand fällt so langsam in den Atlantik ab, dass man Spaziergänge zu den Sandbänken weit draußen unternehmen kann. Mit etwas Glück sieht man Delfine (4000 Crandon Blvd., Parkplätze).

**Crandon Park Beach**

Am Südende von Key Biscayne endet der Crandon Boulevard am Eingang zu diesem wuderschönen, die **Dünenlandschaft** bewahrenden Schutzgebiet. Nicht minder schön wie Crandon Beach, bietet der 2 km lange **Sandstrand** überdies die Möglichkeit einer Besichtigung des ältesten Leuchtturms Floridas. 1825 erbaut, wurde das **Cape Florida Lighthouse** (Führungen: tgl. 10.00 u. 13.00 Uhr) während des Zweiten Seminolenkriegs von Indianern belagert und niedergebrannt. Bis heute dient der kurz darauf neu errichtete, 31 m hohe Leuchtturm Schiffen als Orientierungspunkt.

**Bill Baggs Cape Florida Recreation Area**

## Biscayne National Park

Der 1980 ausgewiesene Biscayne National Park, der sich eine knappe Autostunde südlich von Miami ausbreitet, ist das größte marine Naturschutzgebiet der festländischen USA. Es schützt ein 275 Quadratmeilen großes, aus 44 Barriere-Inseln, Korallenriffen, Mangrovenwäldern und Küstenfeuchtgebieten bestehendes Areal. Die Riffe selbst liegen einige Meilen vor der Küste und bieten etwa 50 verschiedenen Korallenarten sowie einer Vielfalt tropischer Fische und Schalentiere Schutz.

**Größtes marines Schutzgebiet der festländischen USA**

Das **Dante Fascell Visitor Center**, erreichbar via North Canal Street (SW 328 Street) ist 9 mi/15 km östlich von Homestead am Convey Point angesiedelt. Die lehrreichen Ausstellungen befassen sich mit der komplizierten Naturgeschichte der Biscayne Bay (Öffnungszeiten: tgl. 9.00 – 17.00 Uhr).

**Dante Fascell Visitor Center**

Besondere Anziehungspunkte sind die vor den Keys im offenen Atlantik gewachsenen, seit einiger Zeit jedoch durch Umweltgifte bedrohten Korallenriffe. Der hier vorbeifließende warme Golfstrom lässt verschiedenste Korallenarten gedeihen. Die Korallenstöcke bieten einer unglaublichen Vielfalt bunter tropischer Fische Schutz. Außerdem sieht man Schwämme, Langusten, Hummer und Krabben. Zudem halten sich in diesem amphibischen Lebensraum gerne Meeresschildkröten auf. Taucher erkunden hier **Wracks von Schiffen,** die

**Korallenriffe**

◀ weiter auf S. 274

# PARADIES IN GEFAHR

**Mächtige und in vielen Farben schimmernde Korallenstöcke, Myriaden bunter Fische, See-Anemonen, Schwämme, Langusten, Seeigel – eine geheimnisvolle Unterwasserwelt offenbart sich Schnorchlern und Tauchern vor der Südspitze Floridas. Denn im warmen Wasser des Golfstroms wuchsen Korallenriffe heran, die bis heute voller Leben sind.**

Die weit über 300 Kilometer lange von Korallenriffen geschützte Atlantikküste Floridas von den Dry Tortugas im Süden bis hinauf an die Biscayne Bay vor Miami im Norden gilt nicht nur als **drittgrößtes Korallenriff der Welt**, sondern bietet darüber hinaus einer Vielzahl von Lebewesen Schutz und Nahrung.

## Blumenähnliche Lebewesen

Ein **Korallenriff besteht aus Millionen von Kalkskeletten abgestorbener Korallenpolypen**. Diese winzig kleinen Lebewesen sehen aus wie wenige Millimeter große Beutel mit Tentakeln (Fangarmen) am Kopfende. Sie haften fest am Boden und können sich nicht fortbewegen. Deshalb wurden sie auch jahrhundertelang für Pflanzen gehalten. Erst 1744 entdeckte der französische Biologe Peysomel, dass es sich bei den blumenähnlichen Lebewesen nicht um Pflanzen handelt. Die Polypen nehmen Kalzium aus dem Meerwasser auf und bilden daraus ein Skelett, das ihre geleeartigen Körper stabilisiert. Durch Knospung entstehen neue Polypen, die mit dem Mutterlebewesen verbunden bleiben.

## Polypen mit verschiedenen Aufgaben

Ganz allmählich wachsen die Polypenstöcke aus Tausenden von Einzellebewesen heran. Innerhalb dieser Stöcke erfolgt eine Aufgabenverteilung: Es gibt **Fresspolypen**, aber auch mundlose **Wehrpolypen**, an deren **Tentakeln** sich giftige **Nesselkapseln** befinden, mit denen sie ihre Beute oder Angreifer lähmen können. Da die Polypen miteinander verbunden sind, werden die mundlosen Individuen von den anderen quasi automatisch miternährt.

Ihre bunten Farben erhalten Korallen durch vielerlei **eingelagerte Algen**, die ihnen außerdem Sauerstoff, Zucker und andere wichtige Stoffwechselprodukte liefern. Die Algen ihrerseit profitieren von den Korallen. Von diesen werden die Algen mit Kohlendioxid und mineralischen Nährstoffen versorgt.

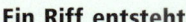
*In allen erdenklichen Farben schillert die Unterwasserwelt im Korallenriff von Key Biscayne.*

## Ein Riff entsteht

Die untersten Schichten der **Polypenstöcke sterben** mit schöner Regelmäßigkeit **ab und bilden** dann zusammen **mit den verkrusteten Algen und Schalentieren** im Laufe der Zeit mehr oder weniger steile **Riffe** und manchmal sogar richtige Felsstöcke. Mit ihren Höhlen und Spalten bieten diese vielerlei Meeresbewohnern geradezu ideale Lebensbedingungen. Und nicht zu vergessen: Sie dienen insbesondere einer Vielzahl tropischer und auch anderer Fischarten als geradezu idealer Brutraum.

## Gefährdetes Ökosystem

Keine anderen Riffe auf der Welt werden so häufig von Schnorchlern und Tauchern besucht wie die Korallenstöcke vor Floridas Küsten. In Schutzgebieten wie dem John Pennekamp Coral Reef State Park kann man die Unterwasserwelt gar vom Glasbodenboot aus inspizieren. Aber wie lange noch? Wissenschaftler beobachten seit Jahren das langsame Sterben der Riffe. **Krankheiten und Schädlinge breiten sich aus.** An den Riffen sind bleiche Abschnitte zu erkennen, an denen die Korallenpolypen zugrunde gegangen und keine neuen ausgebildet worden sind. **Damit Korallenpolypen entstehen können, müssen Wassertemperatur, Salzgehalt des Wassers und der Lichteinfall stimmen, ferner** **dürfen Wellenbewegungen nicht zu heftig sein.** Jede Veränderung dieser Komponenten kann Gefahren für das Riff heraufbeschwören. Schon eine scheinbar minimale Erwärmung des Meerwassers um 1 °C über einen längeren Zeitraum hinweg führt dazu, dass sich überlebenswichtige Algen aus den Korallenpolypen lösen und diese zugrunde gehen.

Die **größte Gefahr für die Korallenriffe ist die durch den globalen Klimawandel hervorgerufene Erwärmung des Meerwassers**. Außerdem verunreinigen mit **Chemikalien, Düngemitteln, Insektiziden und Pestiziden belastete Abwässer** sowie **Freisetzungen der Ölpest im Golf von Mexiko (2010)** die Gewässer rund um die Halbinsel Florida. Sollten die Korallen in noch größerem Umfang als bislang wahrgenommen absterben, so würde dies natürlich auch das Todesurteil für alle anderen Pflanzen, Tiere und sonstigen Lebewesen bedeuten, deren Existenzbasis das Riff ist. Das wäre schließlich das Ende eines wahrlich einmaligen Ökosystems.

# ▶ BISCAYNE NATIONAL PARK ERLEBEN

## ANREISE

Mit dem Auto: US-1 bis Homestead, dann auf der SW 328th Street (North Canal Drive) ostwärts. – Per Boot: Bis Biscayne National Park Marina.

## AUSKUNFT

**Biscayne National Park**
Dante Fascell Visitor Center
9700 SW 328 Street
Homestead, FL 33033-5634
Tel. (305) 203-1144
www.nps.gov/bisc

## AKTIVITÄTEN

**Ab Dante Fascell Visitor Center**
Von Parkrangern geführte Boots-ausflüge (tgl. 10.00 – 13.00 Uhr).
Naturerkundungen nach verschiede-nen thematischen Schwerpunkten
(Di., Do., Sa., So. 13.30 – 16.30 Uhr).

**Ab Biscayne National Park Marina:**
Schnorcheltouren (tgl. 13.30 – 17.30)
Tauchgänge (Sa., So. 8.30 – 13.00).
Exkursionen mit dem Glasbodenboot
(tgl. 10.00 – 13.00 Uhr).

in der Vergangenheit auf die Korallenriffe aufgelaufen sind. Allein 1733 sanken in dieser Gegend während eines Hurrikans 19 mit Schätzen beladene spanische Galeonen auf ihrem Weg nach Europa.

▶ Mangrovenküste
Am Festland ist die Mangrovenküste noch weitgehend intakt. Mit ih-rem Wurzelgewirr halten sie feinste Sedimente fest und filtern so das Wasser. Sie sind die Kinderstube für die in der Bucht lebenden Fisch-harten und sie bieten beste Bedingungen für Wat- und Seevögel.

▶ Keys
Auf den im Schutzgebiet gelegenen Keys findet sich eine in den USA einmalige Vegetation. Die Inseln sind mit vielerlei tropischen Hart-hölzern und Sträuchern bestanden, die eigentlich sonst nur für die Karibische Inselwelt typisch sind.

Auf der einige Meilen östlich vorgelagerten Insel **Elliott Key** gibt es einen Bootsanleger, einen Campingplatz und einen hübschen Sand-strand. Die Ranger Station, in der man sich über die Probleme des Naturschutzgebietes informieren kann, ist jedoch nur zeitweise in den Wintermonaten geöffnet.

## Florida City · Homestead

▶ »Salatschüssel« der Ostküste
Die fruchtbare Küstenebene am Südrand des Ballungsraumes Miami ist ein wichtiges Gemüseanbaugebiet. Im ganzjährig frostfreien Klima können mehrmals jährlich Blattsalate, Tomaten, Avocados, Zwiebeln usw. geerntet werden. In letzter Zeit sind noch Zierpflanzen-, Blu-men- und Gewürzkulturen dazugekommen.

▶ Andrew was here
Im August 1992 wurde der Raum Homestead – Florida City vom Hurrikan Andrew schwer heimgesucht. Über 170 000 Menschen ver-loren ihr Obdach, fast alle Kulturen wurden vom Sturm niedergelegt. Inzwischen ist wieder neues Leben erwacht, die Spuren der Verwüs-tung sind beseitigt.

# North Miami · Port of Miami · Causeways

Ein Musterbeispiel des Siedlungsbaus der 1920er-Jahre ist Opa Locka **Opa Locka**
im Norden von Miami. Der damalige Stararchitekt **Glen Curtiss** hat
sie in maurischem Stil konzipiert. Die Straßen sind sichelförmig angelegt und nach Gestalten aus »1001 Nacht« benannt. Sehenswert in
dem ansonsten eher problematischen Stadtteil sind die **City Hall** und
auch das **Heart Building** (ehemals Opa Locka Hotel) mit Kuppeln
und Minaretten.

In der östlich angrenzenden Vorstadt North Miami lockt das in den ★
hypermodernen North Miami Civic Complex integrierte Museum **Museum of**
Freunde zeitgenössischer Kunst an. Originelle, gewohnte Sichtweisen **Contemporary**
aufbrechende Ausstellungen sind die Spezialität dieses Hauses. Hinzu **Art**
kommen Besucher, die sich oft aus den Avantgarden amerikanischer
Großstadt-Szenen rekrutieren. In den Ausstellungen bekommt man
Arbeiten von **Keith Haring, Jasper Johns, Roy Lichtenstein**, Claes Ol-
denburg und Robert Rauschenberg und anderen namhaften Künstlern zu sehen (770 NE 125th St.; Öffnungszeiten: Di. u. Do. – Sa. ⏱
11.00 bis 17.00, Mi. 13.00 – 21.00, So. 12.00 – 17.00 Uhr).

Der auf den künstlichen Inseln Dodge Island und Lummus Island **Größter Kreuz-**
angelegte Hafen von Miami ist das bedeutendste Seepassage-Terminal **fahrthafen der**
der Welt. Hier können mehr als ein Dutzend Kreuzfahrtschiffe **Welt**
gleichzeitig festmachen. Jährlich werden rund **4 Mio. Passagiere** abgefertigt, die meist in Richtung Bahamas bzw. Karibik in See stechen.
Der Hafen ist in den 1990er-Jahren ausgebaut worden. Mittlerweile
können hier auch riesige Frachtschiffe anlegen.

Nördlich vom Hafen verbinden **»Straßen auf Stelzen«** das Festland **Causeways**
mit den vorgelagerten Sandinseln bzw. mit der Urlauberstadt Miami
Beach. Der MacArthur Causeway führt vom Festland zunächst nach
Watson Island, wo die **Japanese Gardens** mit Pagode, Teehaus und
Wasserfall sowie der **Garden of the Americas** angelegt sind.
Jüngste Attraktion von Watson Island ist Jungle Island. In dem ★
hübsch hergerichteten Park fühlen sich nicht nur Papageien, sondern ◄ Jungle Island
auch Marabus, Kakadus, Flamingos und viele andere Tiere wohl, darunter auch ein Albino-Alligator. Täglich werden Shows mit dressierten Tieren geboten (1111 Parrot Jungle Trail; Öffnungszeiten: ⏱
tgl. 10.00 – 18.00 Uhr).
Etwa 300 m weiter nördlich überbrückt der nach Miami Beach hinü-
berführende Venetian Causeway die Biscayne Bay und verbindet die
künstlich geschaffenen Venetian Islands.
Weiter nördlich ist der nach der »Mutter von Miami« benannte Julia
Tuttle Causeway (I-195) Bindeglied zwischen Miami und Miami
Beach. Am westlichen Brückenkopf des Julia Tuttle Causeway sind in
jüngerer Zeit neue Apartmentbauten für gut Betuchte hochgezogen
worden.

# ★ ★ Miami Beach

**Region:** Southeast
**Einwohnerzahl:** 88 000

**Höhe:** 0 – 3 m ü.d.M.
**Telefonvorwahl:** 305

**Bevor sie untergeht, beleuchtet die Sonne noch die pastellfarbe-nen Hauswände des Art-Deco-District. Dahinter wummert Salsa-Musik, klirren Gläser, lachen Menschen. Miami Beach ist Floridas »Party Town«, wo Jennifer Lopez, Paris Hilton & Co. die Nacht zum Tage machen und Paparazzis verkaterten Promis auflauern.**

**Stürmischer Aufbau**

1868 sah der Farmer Henry B. Plum, als er an Floridas Atlantikküste entlang segelte, auf einer sandigen Insel Palmen stehen. Er versuchte sein Glück mit Kokosnüssen und baute das erste Haus. Doch die un-durchdringlichen Mangrovensümpfe und Myriaden von Stechmü-cken vereitelten große Geschäfte. 1894 gab Plum auf und verkaufte sein Land an John Collins, einen erfolgreichen Farmer aus New Jer-sey. Der besah sich seinen Besitz erst zwei Jahre später, als er mit ei-nem der ersten Züge Miami besuchte. Doch sein Plan, eine Brücke vom Festland hinüber zur sandigen Nehrung zu bauen, überforderte ihn finanziell. Nun trat **Carl Fisher**, der Besitzer des Indiana Speed-way, auf den Plan. Die Brücke wurde realisiert und Collins Anwesen in ein Winterdomizil mit Golf- und Tennisplätzen umgewandelt. Miami Beach war geboren! Unterdessen ließ Eisenbahn-Magnat **Hen-ry Flagler** im kühlen Norden der USA für das neue Winterreiseziel werben und das luxuriöse Royal Palm Hotel erbauen.

1915 erhielt Miami Beach die Stadtrechte. Auch Fishers Werbekam-pagnen – im winterlichen New York lockten seine Werbetafeln mit »It's June in Miami« Investoren und Besucher – waren erfolgreich.

## Highlights *Miami Beach*

### Art Deco Historic District
Die weltweit größte Ansammlung von Art-Deco-Bauten ist eine der Top-Attraktionen in Südflorida.
▶ **Seite 282**

### South Beach
Bronzefarbene Mädels und Jungs, elektri-sierende Atmosphäre: Die Wege zu die-sem Palmenstrand sind Laufstege für die Schönen und Reichen.
▶ **Seite 282**

← *Art Deco in Miami Beach*

### Shopping in der Collins Avenue
Selten saß die Kreditkarte lockerer: Im Art-Deco-Ambiente der südlichen Collins Ave-nue ist der Klamottenkauf noch ange-nehmer.
▶ **Seite 283**

### Ocean Drive
Knapp bekleidete Latinas, Goldringe tra-gende junge Latinos, muskulöse Afro-Amerikaner und rotgesichtige Yankees in Bermuda-Shorts: Die Cafés am Ocean Drive sind die Hochsitze der Leute-Gucker.
▶ **Seite 282**

Amerikas Millionäre wollten ihren Platz an der Sonne: In den 1920er-Jahren ließen Superreiche wie Zeitungszar William Randolph Hearst und der Großindustrielle Alfred DuPont ihre Winterresidenzen an der **»Millionaire's Row«** bauen. Die Immobilienpreise stiegen ins Astronomische. Hatte Miami Beach 1921 erst 5 Hotels und 9 Apartmenthäuser, waren es 4 Jahre später bereits 56 Hotels, 178 Apartment- und 858 Privathäuser. Der Hurrikan von 1926 machte dem Bauboom ein Ende, doch Miami Beach blieb weiter im Geschäft. 1928, auf dem Höhepunkt der Prohibition, übernahmen Mafia-Gangs unter Al Capone das Alkoholgeschäft in Miami.

| | |
|---|---|
| **1886** | Auf der Sandinsel entsteht das erste Haus. |
| **Ende 19. Jh.** | Die Finanziers John Collins und Carl Fisher sowie Eisenbahn-Magnat Henry Flagler machen Miami Beach zum Wintererholungsort. |
| **1915** | Miami Beach erhält die Stadtrechte. |
| **1920er-Jahre** | Reiche Amerikaner bauen ihre Residenzen. |
| **1928** | Auf dem Höhepunkt der Prohibition macht Al Capone schmutzige Geschäfte. |
| **1930er-Jahre** | Der Baustil des Art Deco blüht auf. |
| **1941** | Nach dem japanischen Überfall auf Pearl Harbor wird Miami Beach Lazarettstadt. |
| **1950er- und 1960er-Jahre** | Bauboom. Das »subtropischen Manhattan« entsteht. |
| **1990er-Jahre** | Welle der Gewalt |
| **2007 – 2010** | Die Stadt leidet sehr unter der Immobilien- und Finanzkrise. |

In den 1930er- und 1940er-Jahren ging das Wachstum weiter, der Baustil des Art Deco erreichte seine Blüte. Die Architekten hinterließen Bauten, die Formen des Eklektizismus, der mediterranen Baukunst und die Stromlinien der neuen Verkehrsmittel übernahmen. Nach dem japanischen Überfall auf Pearl Harbor (1941) wurden die Hotels in Miami Beach vorübergehend in Ausbildungsstätten, Lazarette und Wohnheime umfunktioniert. Nach dem Krieg öffnete man sich breiteren Bevölkerungsschichten. In den 1950er- und 1960er-Jahren mutierte die Stadt mit bis dahin kaum über die Palmen ragenden Häusern zum subtropischen Manhattan mit Hochbauten aller Spielarten. Die »Millionaire's Row« verschwand, es entstand die **»Hotel Row«**. Doch in den 1980er-Jahren stürzte das Tourismusgewerbe in eine Krise. Die Erschließung neuer Märkte in Europa, Asien und Südamerika sowie die Entdeckung Südfloridas durch Zeitgeist-Medien bescherten Miami Beach einmal mehr eine Renaissance, der selbst die Ermordung des Modeschöpfers Versace (1997) auf den Stufen seines Hauses am Ocean Drive nichts anhaben konnte.

# Miami Beach *Orientierung*

No. 1
North View Drive
Sunset Road
W. 29th St.
Fort Lauderdale, Palm Beach
Bayshore
W. 30th St.
Pine Tree Drive
Flamingo Dr.
Indian Creek Drive
Sunset
W. 27th St.
Municipal
W. 29th St.
29th St.
No. 2
SUNSET
W. 25th St.
Sunset Lake
W. 28th St.
Par 3 Mun. Golf Course
27th St.
No. 3
ISLANDS
W. 24th St.
W. 23rd St.
Golf Course
North Bay Road
North Meridian Ave.
Prairie Ave.
A1A
No. 4
W. 21st St.
Sunset Drive
Boulevard
23rd St.
Bass Museum of Art
Miami
Biscayne
20th St.
Dade
Ave.
Ave.
Ave.
21st St.
20th
Art Center
Conservatory
Convention Center
Island View Park
18th St.
18th St.
Holo-caust Mem.
Mun. Park
18th
Collins
Venetian Causeway
17th St.
City Hall
Theater of Performing Arts
Colony Theater
Lincoln Theater
Lincoln Rd.
BELLE ISLAND
Colony Theater
Lincoln Road Mall
Lincoln
RIVO-ALTO ISLAND
Bay Road
West Avenue
Alton Road
Lenox Ave.
16th St.
Jefferson
Meridian
Euclid
St.
Drexel Ave.
Washington
Atlantic
Bay
15th St.
St.
Española
Way
Cameo Theater
Flagler Memorial Monument
14th St.
Michigan
Flamingo Park
14th St.
Pennsylvania Ave.
Fischer Education Center
13th St.
13th St.
Lummus
12th St.
12th
Buoy Park
11th St.
The Wolfsonian
Art Deco Welcome Center
STAR ISLAND
W. Star Island Drive
E. Star Island Drive
10th St.
Collins Avenue
Ocean Front Auditorium
9th St.
Alton Road
Lenox Avenue
Jefferson Avenue
Meridian Avenue
Euclid Avenue
8th St.
Park
7th St.
West Avenue
Ocean
6th St.
Miami
MacArthur Causeway
41
A1A
Miami Beach Drive
4th St.
Washington Avenue
Sanford L. Ziff Jewish Museum
TERMINAL ISLAND
3rd St.
Ocean Beach Park
CAUSEWAY ISLAND
Miami Beach Marina
2nd St.
Ocean Drive
0,3 mi
500 m
Port Blvd.
1st St.
Joe's Stone Crab
©Baedeker
LUMMUS ISLAND
Biscayne St.
South Beach
Art Deco District
South Pointe Park

# ▶ MIAMI BEACH ERLEBEN

## AUSKUNFT

**Greater Miami CVB**
701 Brickell Aenue, Suite 2700
Miami, FL 33131
Tel. (305) 539-3000
Fax (305) 530-3113
www.gmcvb.com

## FLUGHAFEN

Der internationale Flughafen von
Miami liegt etwa 7 mi/11 km westlich
von Miami Beach und ist gut an das
öffentliche Nahverkehrsnetz angebunden. Zudem lassen viele Hotels
in Miami Beach Shuttlebusse fahren,
damit ihre Gäste bequem ans Ziel
kommen. Auch zahlreiche Taxi-
Unternehmen bieten am Flughafen
ihre Dienste an.

## ÖFFENTLICHER
## PERSONENNAHVERKEHR

**Miami-Dade Transit**
Miamis Nahverkehrsgesellschaft
unterhält ein dichtes »Metrobus«-
Buslininennetz mit 70 Routen,
die auch Miami Beach miteins-
schließen.

**The South Beach Local**
Dieser täglich im Einsatz befindliche
spezielle Verkehrsdienst bedient die
gesamte South Beach Area und
befährt eine kreisförmige Route.
Betriebszeiten: Mo. – So. 7.45 – 1.00
Uhr früh. Ein Ticket kostet 2 US-$
pro Fahrt.

## STADTBESICHTIGUNG

**Art Deco District Tour**
Sehr zu empfehlen ist ein knapp
zweistündiger geführte Stadtrundgang
durch den Art Deco District.
Auskünfte erteilt: Art Deco Gift Shop,
1208 Ocean Drive, South Beach,
Tel. (305) 672-2014.

## SHOPPING

**Collins Avenue**
Gepflegt shoppen kann man auf der
Collins Avenue zwischen der 6th
Avenue und der 8th Avenue. Hier sind
etliche Edelmarken vertreten, u. a.
Armani, Nike und Polo Sports.

**Lincoln Road Mall**
Nur ein paar Schritte weiter erreicht
man die geschäftige Lincoln Road
Mall, in der es praktisch alles zu
kaufen gibt. Deshalb trifft man hier
auch viele Einheimische.

**Bal Harbour Shops**
Edles von Chanel, Gucci, usw. gibt es
in diesem noblen Einkaufszentrum
mit seinen etwa 100 Geschäften an
der Collins Avenue ca. 20 Autominuten nördlich von South Beach).

**Aventura Mall**
Eine der größten Malls im Großraum
Miami breitet sich in North Miami
Beach aus. Mehr als 250 Geschäfte
bieten hier Schönes für den »normalen« Geldbeutel. So verwundert es
nicht, dass hier auch die Kaufhaus-
ketten Bloomingdale´s, JCPenney und
Sears Roebuck vertreten sind.

## EVENTS

**Art Deco Weekend**
Alljährlich an einem Wochenende im
Januar wird im Art Deco District von
Miami Beach ein gern besuchtes
Festival abgehalten, an dem sich auch
viele Künstler Musiker etc. beteiligen.

**Miami Boat Show**
Über 2300 Aussteller beteiligen sich
an der weltweit größten Messe ihrer
Art. Viel zu sehen gibt es im Miami
Beach Convention Center, in der
Sealine Marina und der Miamarina.

## NACHTLEBEN

Das Nachtleben von Miami Beach sucht seinesgleichen, wie ja jeder TV-Gucker weiß. Höllisch ab geht es an der Collins Avenue, beispielsweise an der »Rose Bar« im Delano-Hotel (1685 Collins Ave.), im »Marlin« (1200 Collins Ave.), und an der »Sky Bar« (1901 Collins Ave.). »Hip« sind derzeit auch das »Tides« (1220 Ocean Drive) und besonders das »Lola«.

## ESSEN

### ▶ Fein & teuer

① *Blue Door*
1685 Collins Avenue
Tel. (305) 674-6400
Edelrestaurant im Art-Deco-Vorzeigehotel »Delano«.

② *The Forge*
432 Arthur Godfrey Road
Tel. (305) 538-8533
Abendrestaurant mit elegantem Ambiente (Eichenpaneelen, Tiffany Glas); fein zubereitete Speisen, ausgesuchte Weine.

### ▶ Erschwinglich

③ *Raleigh´s*
1775 Collins Avenue
Tel. (305) 534-6300
Delikates aus der New American Cuisine wird hier serviert.

④ *Icebox Cafe*
1657 Michigan Avenue
Tel. (305) 538-8448
Die meisten Besucher kommen wegen der köstlichen Desserts vorbei.

⑤ *Yuca*
501 Lincoln Road
Tel. (305) 532-9822
»New World Cuisine« mit leichtem Hang zum Lateinamerikanischen lernt man hier kennen, so auch eine peruanische »Tamal Verde«.

## ÜBERNACHTEN

### ▶ Luxus

① *Delano*
1685 Collins Avenue
Tel. (305) 672-2000
www.delano-hotel.com
238 Zimmer und Suiten
Ein Art-Deco-Schmuckkästchen, das spätestens nach seiner Renovierung durch Star-Designer Philippe Starck auch zum Society-Treff geworden ist.

## Baedeker-Empfehlung

② *Fontainebleau Miami Beach*
4441 Collins Avenue
Tel. (305) 538-2000
www.fontainebleau.com
846 Zimmer und 658 Suiten
Frisch renoviertes, hervorragend geführtes und als Filmkulisse wohl-bekanntes Nobelhotel mit allem erdenklichem Komfort (u. a. Spa, Marina, Golf, 11 Restaurants).

③ *Casa Grande*
834 Ocean Drive
Tel. (305) 672-7003
Fax (305) 673-3669
www.casagrandesuitehotel.com
32 Suiten
Art-Deco-Luxus-Domizil am South Beach. Eine rechtzeitige Reservierung ist unbedingt erforderlich!

### ▶ Komfortabel

④ *Shelley*
844 Collins Avenue
Tel. (305) 531-33 41
Fax (305) 674-0811 65
www.hotelshelley.com
49 Wohneinheiten
Renoviertes Hotel von 1931 mit entspannter Atmosphäre. Happy Hour mit freien Drinks an der Bar, einen Block vom Ocean Drive.

## ✳ ✳ South Beach · Art Deco Historic District

Sportliche Boys, bronzefarbene Models, eine Quadratmeile bunter Häuser zwischen Kunst und Kitsch – und das alles in karibisch-sinnlichem Ambiente: Zunächst weiß der Besucher nicht recht, wem er mehr Aufmerksamkeit schenken soll. South Beach, auch »SoBe« genannt, ist Miami Beach. Das Viertel zwischen Dade Boulevard im Norden und 1st Street im Süden ist schuld am Image von Miami Beach als hipper Party Zone. Doch während man sich an den leicht bekleideten Menschen schnell satt gesehen hat, vermag die einzigartige Architektur länger zu fesseln: Mit mehreren hundert Gebäuden verfügt South Beach über die weltweit größte Konzentration an Art-Deco-Gebäuden. 1979 unter Denkmalschutz gestellt, stand der von 6th Street, Alton Road, Collins Avenue und Dade Boulevard begrenzte Art Deco Historic District (▶ Baedeker Special S. 286) noch Anfang der 1970er-Jahre kurz vor dem Aus: Investoren wollten das gesamte Viertel einebnen und Apartmenttürme hinstellen. Dass daraus nichts wurde, ist vor allem den Anstrengungen der Miami Beach Art Deco Preservation League zu verdanken. Unter ihrer Ägide wurden die betagten Gebäude aus den 1930er- und 1940er-Jahren restauriert und einmal mehr als (zitronengelbe) Hotels, (karibischblaue) Apartmenthäuser und (mit farbigem Neonlicht beleuchtete) Cafés genutzt.

✳ ✳
**Ocean Drive**

Der Ocean Drive ist **Laufsteg der Jungen, Schönen und Reichen.** 63er-Mustangs und auf Hochglanz gewienerte Harleys kreuzen auf der Straße auf und ab, am Himmel lassen Sportflugzeuge Transparente mit den nächsten Party-Terminen flattern. Viele Gebäude sind Hotels, mit sehenswerten Lobbies, hübschen Straßenrestaurants und schicken Bars. Manche haben Filmerfahrung, waren von »Miami Vice« bis »CSI Miami« in vielen Film- und Fernsehproduktionen zu sehen. Sehenswerte **Art-Deco-Bauten** sind: das himmelblaue **»Wave Hotel«** (Nr. 350), das in Geometrie schwelgende **»Park Central«** (Nr. 640), das von babyblau bis flamingorosa changierende **»Colony Hotel«** (Nr. 736), das türmchengekrönte, mit Leuchtturmdekor versehene **»Waldorf Towers«** (Nr. 860) und das weiße, von Efeu bewachsene **»Cardozo«** (Nr. 1300) – letzteres übrigens ein Familienbetrieb von Gloria und Emilio Estefan. Naturgrün und -blau gibt es auf der anderen Straßenseite im **Lummus Park**: Dieser palmenbestandene und von Spazier- und Radwegen durchzogene Grünstreifen zwischen 5th Street und 23rd Street trennt den Ocean Drive vom beliebten weißen Badestrand.

✳ ✳
**South Beach**

Seit Jahren »in« – bei Publicity-Süchtigen ebenso wie bei Lesben und Schwulen sowie bei ganz Normalen – ist der South Beach. Auf dem **breiten Badestrand** geht es das ganze Jahr über hoch her. Hier steht auch die Villa des 1997 auf dem Höhepunkt einer Welle der Gewalt ermordeten Modezaren Versace. Heute befindet sich hier ein Privatklub.

Hauptachse von Miami Beach ist die Collins Avenue, oft auch »The Strip« genannt. Sie wird ebenfalls von ansprechenden Art-Deco-Bauten flankiert. Architekt L. Murray Dixon hat das **»Tiffany«** (801 Collins Ave.) und das **»Fairmont«** (1000 Collins Ave.) entworfen. Das **»Essex House«** (1001 Collins Ave.) ist 1938 nach Plänen von Henry Hohauser im Stil der sog. Nautical Moderne erbaut worden. Roy F. France schuf 1939 das Hochhaus **»St. Moritz«** (1565 Collins Ave.). Erst nach dem Zweiten Weltkrieg entstand das Apartmenthaus **»Surfcomber«** (1717 Collins Ave.) nach Vorlagen aus dem Architekturbüro MacKay & Gibbs. Drei der größten Art-Deco-Hotels sind vor allem das **»National«** (1677 Collins Ave.), ein zitronengelber Traum mit großzügig bemessenem Pool, das **»Delano«** (1685 Collins Ave.), wo zuletzt auch Sandra Bullock, Dennis Rodman, Will Smith und Barbra Streisand abgestiegen sind, und das **»Ritz Plaza«** (1701 Collins Ave.; wird gerade renoviert), ein türmchengekröntes, totaler Symmetrie huldigendes Bauwerk. Stromlinien und bauliche Details erinnern an neue Fortbewegungsmittel des 20. Jh.s, also an Flugzeuge, Raketen und U-Boote.

**★ ★**
**Collins Avenue**

Hauptgeschäftsstraße von Miami Beach ist die Washington Avenue, an der weitere Art-Deco-Bauten stehen. Das 1924 erbaute frühere **»George Washington Hotel«** (534 Washington Ave.) war eines der ersten Strandhotels in Miami Beach. Ferner sind beachtenswert das

**★**
**Washington Avenue**

*Art Deco am weltberühmten Ocean Drive von Miami Beach*

1936 von Henry Hohauser erbaute **»Hotel Taft«** (1044 Washington Ave.) die **Main Post Office** (1300 Washington Ave.), 1939 im sog. Deco Federal Style mit ausgeschmückter Rotunda errichtet, sowie die bereits 1927 entstandene **Old City Hall** (1130 Washington Avenue). Das **Sanford L. Ziff Jewish Museum**, das die bis ins 18. Jh. zurückreichende jüdische Geschichte Floridas aufbereitet, ist in der 1936 vom Architekten Henry Hohauser konzipierten Beth-Jacob-Synagoge untergebracht (301 Washington Ave.; Öffnungszeiten: Di. – So. 10.00 – 17.00 Uhr). In einem 1927 errichteten Lagerhaus mit maurischer Fassade ist ein Teil der Sammlung des Exzentrikers und Kunstfreundes **Mitchell Wolfson** zu sehen. Ausgestellt ist dekorative Kunst, darunter auch Plakate und Werbematerial aus der Zeit von 1880 bis 1945 (The Wolfsonian, 1001 Washington Ave.; Infos zu Öffnungszeiten: Tel. 305-531-1001, www.wolfsonian.org/visitus).

> ! **Baedeker** TIPP
>
> **Winterliche Delikatessen**
>
> Von Oktober bis März herrscht im Restaurant »Joe's Stone Crab« (11 Washington Ave.) Hochbetrieb. Dann gibt es jene Delikatessen, durch die das Lokal berühmt geworden ist: Steinkrebse. Reservierungen: Tel. (305) 673-0365

**Española Way**

Einen Besuch verdient auch der Española Way zwischen 14th und 15th Street. Die spanisch anmutende Straße ist 1925 angelegt worden und hat vor allem Künstler angezogen. Heute sorgen hier kleine Galerien und ein Markt am Wochenende für reges Leben. Ein hervorstechender Bau am Eingang zum Española Way ist das **Cameo Theater** (1938; Architekt: Robert Collins).

**Euclid Avenue**

An der Euclid Avenue gefallen die Art-Deco-Bauten »The Denis« (Nr. 841; 1938; Architekt: Arnold Southwell), »The Enjoie« (Nr. 928; 1935/1936; Architekten: Albert Anis und Henry J. Maloney) sowie »The Siesta« (Nr. 1110; 1936; Architekt: Edward A. Nolan).

**21st Street**

Auch entlang dieser Straße gibt es einige interessante, aber renovierungsbedürftige Art-Deco-Bauten. Darunter befindet sich auch das einstige Luxushotel »Plymouth« (Nr. 226; 1940; Architekt: Anton Skislewicz) und das benachbarte »Adam's Hotel« (1938; Architekt: L. Murray Dixon). Als Meisterwerk von Henry Hohauser ist das 1939 fertiggestellte »Governor« (Nr. 435) bekannt. Nahebei fällt das »Tyler Apartment Hotel« (Nr. 430; 1937; Architekt: L. Murray Dixon) ins Auge. Interessant ist auch das »Abbey« (Nr. 300; 1940; Architekt: Albert Anis). An der Ecke Washington/21st St. steht das Clubhaus des Municipal Golf Course von August Geiger (1916).

**Bass Museum of Art**

Das Kunstmuseum im Collins Park ist 1930 nach Plänen des Architekten Russell T. Pancoast erbaut worden, der hier Elemente der Maya-Architektur zitiert. Die eindrucksvollen Reliefs hat Gustav Bohland geschaffen. Im Haus sind Werke alter und neuer Meister ausgestellt, darunter auch bekannte Werke von **Albrecht Dürer und Peter Paul Rubens** (»Die Heilige Familie«) sowie Arbeiten einiger **Impressionisten** (2121 Park Ave.; Öffnungszeiten: Mi.–So. 12.00 bis 17.00 Uhr).

**Collins Park Hotel**

Abgesetzte Flügel, angedeutete Säulen und Zick-Zack-Motive sind die Merkmale des benachbarten ehemaligen Collins Park Hotel, das 1939 nach Plänen von Henry Hohauser fertig gestellt worden ist.

**★**
**Lincoln Road**

Zwei Blocks nördlich vom Española Way verläuft die Galerienmeile von Miami Beach. Künstler haben in den 1980er-Jahren mit Unterstützung des Staates die verfallenden Bürogebäude der Lincoln Road in Werkstätten und Läden verwandelt. Heute betreibt die inzwischen »ArtCenter« genannte Initiative 52 in drei Gebäuden (Nr. 800, 810, 924) Studios und Galerien, die beste Einblicke in die Kunstszene von Miami Beach ermöglichen.

◄ Colony Theater

Das von R. A. Benjamin im Jahre 1934 konzipierte Theater (1040 Lincoln Rd.) ist ein Musterbeispiel des Art Deco in Miami Beach. Es wurde 1976 nach ziemlich umfangreichen Renovierungsarbeiten wiedereröffnet und ist heute ein Brennpunkt des kulturellen Lebens der Stadt.

◄ Lincoln Theater

Das Lincoln Theater, ein 1935/1936 nach Vorlagen von Robert E. Collins errichteter Art-Deco-Zweckbau, ist Sitz der **New World Symphony**.

**Miami Beach Convention Center (MBCC)**

Das kommerzielle Herz von Miami Beach schlägt im riesigen Convention Center mit seiner **weißen Art-Deco-Fassade**. Hier finden nicht nur Kongresse und Parteitage, sondern auch große Sportveranstaltungen statt. Übrigens: Im Jahre 1964 gewann der Boxer Cassius Clay alias Muhammad Ali hier seinen ersten Weltmeistertitel im Schwergewicht.

◄ Holocaust Memorial

Westlich an das MBCC schließt das Holocaust Memorial. Das Mahnmal an der Meridian Avenue erinnert an die Judenvernichtung im Dritten Reich. Aus einem Seerosenteich ragt ein 14 Meter hoher **Arm aus Bronze**. Lebensgroße Figuren mit angstverzerrten Gesichtern versuchen, an ihm nach oben zu klettern.

◄ Jackie F. Gleason Theater of the Performing Arts

An der Südseite des Kongresszentrums fällt ein pfirsichfarbener Theaterbau auf, der 1951 nach Plänen der Architekten Dixon, Hohauser und Pancoast realisiert worden ist. In dem nach einem bekannten Komödianten benannten Theater, das 3000 Zuschauern Platz bietet, kommen Broadway-Produktionen und auch klassische Stücke zur Aufführung.

◄ Mermaid

Auf dem Theatervorplatz beeindruckt eine von **Roy Lichtenstein** geschaffene »Meerjungfrau«, die von den Formen und Farben des hiesigen Art Deco inspiriert ist.

◄ Walk of the Stars

Seit Mitte der 1980er-Jahre haben einige namhafte Bühnenstars ihre Fußabdrücke bzw. Unterschriften auf dem benachbarten »Walk of the Stars« hinterlassen.

# ARCHITEKTUR, TROPISCH

**Pastellfarbene Häuser, die wie ein Schwarm tropischer Fische durch die flimmernde Hitze Floridas schwimmen: Kaum ein Baustil passt so gut wie der Art-Deco-Stil zu dem wahrlich entspannten Ambiente von Miami Beach. Die hell leuchtende Stadt am Meer verfügt über die größte Ansammlung dieser verspielten Gebäude auf der Erde. Und der Art Deco District von Miami Beach gehört heute zu den Top-Attraktionen im Sunshine State.**

Alles war neu: die **Stilmittel,** die **Formen**, die **Farben,** auch die Kühnheit, mit der all' dies gegen alle bisherigen Regeln Verstoßende zusammengewürfelt wurde.

## In Europa entsteht ein neuer Stil

Art Deco, benannt nach einer Ausstellung, die **1925 in Paris** unter dem Titel **»Exposition internationale des Arts Décoratifs et Industriels Modernes«** stattfand, ging äußerst eklektisch mit vergangenen und zeitgenössischen Formen um. Die **Dekorationskunst des Wiener Jugendstils** wurde ebenso zitiert wie die Formensprache der Maya- und Azteken-Baumeister oder die 4000 Jahre alte **Ornamentik des Zweistromlandes und Ägyptens**. Auch **Kubismus** und Futurismus wirkten auf die Gestaltung der Häuser ein. **Ornamentarme Stromlinien** wurden ein Markenzeichen des neuen Stils. Man betonte den Eingangsbereich und die Dachaufbauten bzw. den

Gebäudeabschluss: Häuser erhielten nun stufenförmige, von den Ziggurats im Zweistromland inspirierte Giebel. Man huldigte der **geometrischen Symmetrie** mit einer bislang noch nicht da gewesener Kompromisslosigkeit.

## Sein erfolgreicher Sprung in die Neue Welt

Von Europa aus, wo er in Paris bereits um 1900 die ersten Gebäude geprägt hatte, **kam Art Deco in den 1930er-Jahren nach Amerika**. Das Riesenland – dem amerikanischen Traum folgend – war auf dem Sprung zur wirtschaftlichen Supermacht und fasziniert von allem, was Fortschritt symbolisierte. Das **Chrysler Building in New York** trug Art Deco in luftige Höhen, viele der während dieser Zeit in Manhattan errichteten Wolkenkratzer trugen Art-Deco-Elemente. Neu und spannend war der neue Stil, der sich vom **aerodynamischen Design** der zehntausendfach die Fließbänder verlas-

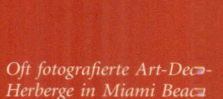

*Oft fotografierte Art-Deco-Herberge in Miami Beach*

senden Autos, Züge und Flugzeuge inspirieren ließ und nach den düsteren Jahren der Depression auch nach außen einen neuen Anfang verhieß.

## Miami Beach wird Hauptstadt des Art Deco

Chrom, Aluminium und lebhafte Farben benutzend, war er nicht nur fortschrittlich, sondern auch durchaus humorvoll – vor allem in Miami Beach seit **Mitte der 1930er-Jahre**. Eine kleine Gruppe hiesiger Architekten um **Henry Hohauser** (1895 – 1963) kreierte hier den **»Miami Beach Art Deco«**, indem sie die Formensprache des Art Deco mit tropischen, zunächst als kitschig belächelten Elementen wie stilisierten Flamingos, Blumen, Pelikanen, Kranichen und Sonnen anreicherten. Je nach Ornamentik gab es auch »Streamline Moderne«, **»Tropical Deco«** und »Depression Moderne«. Woran erkennt man »Nautical Deco«? Richtig: An den runden **Bullaugen**-Fenstern, langgezogenen, Sonnendecks auf Schiffen ähnelnden Balkonen und den Schatten spendenden **»Augenbrauen«** über den Fenstern.

## Renaissance in den 1980ern

Ende der 1960er-Jahre schienen die Tage der **rund 400 Art-Deco-Häuser in Miami Beach** gezählt. Das Viertel war heruntergekommen, seine Bewohner waren überaltert und lebten an der Armutsgrenze. Profitorientierte Investoren nahmen die Häuser ins Visier. Die Rettung kam 1976, als besorgte Einwohner unter der Führung der streitbaren Barbara Baer Capitman die **Miami Design Preservation League (MDPL)** gründeten. Fortan war die schwierigste Aufgabe, lauernde Investoren und chronisch klamme Hausbesitzer vom Potenzial des Viertels als Touristenattraktion zu überzeugen. **1979** erreichte die MDPL die **Aufnahme in das National Register of Historic Places**. Erstmals wurden Objekte aus dem 20. Jh. unter Denkmalschutz gestellt. 1980 kam **Andy Warhol** und damit der Wendepunkt: Der weltberühmte Performance-Künstler und Sammler von Art-Deco-Kunst ließ sich – begleitet von einem internationalen Pressetross – von Barbara Baer Capitman das Viertel zeigen und verschaffte damit der Arbeit der MDPL auch weltweite Aufmerksamkeit. Seitdem wacht die Gesellschaft mit Argusaugen über den Art Deco Historic District.

# ART DECO DISTRICT

✳ ✳ **Nirgendwo sonst sind so viele Art-Deco-Bauten an einem Ort versammelt wie in Miami Beach, auch wenn die Zeugnisse dieses Stils in der Weltstadt New York weitaus bekannter sind als die Touristenherbergen am hitzig-schwülen South Beach mit ihren nachts von kitschig-farbigen Neonröhren beleuchteten »Bullaugen« und »Augenbrauen«.**

**① Vertikale Linien**
streben oftmals in einen Ziggurat (Stufenturm) oder in eine antennenförmige Gebäudespitze.

**② Horizontale Linien**
folgen Fensterreihen und abgerundeten Ecken oder verlaufen als schmückende Geländer.

**③ Fensterreihen**

**④ »Augenbrauen«**
über den Fenstern sollen vor allem Schatten spenden.

**⑤ Kannelierung**
Ein Zierturm (oft Stufenturm bzw. Ziggurat) ist oftmals kanneliert, d.h. ausgekehlt oder geriffelt.

**⑥ »Bullaugen«**
sind kennzeichnend für den besonderen Stil des »Nautical Deco«, der sich an den Formen luxuriöser Passagierschiffe orientiert.

**⑦ Fries**
nicht selten mit stilisierten Darstellungen tropischer Pflanzen und Tiere

**⑧ Strenge geometrische Formen**
sind ein Muss im Art Deco von Miami Beach.

**⑨ Abgerundete Ecken**
betonen das Stromlinienförmige des neuen Baustils.

**⑩ Zierturm**
Oft sieht man Stufentürme, die nach dem Vorbild des Ziggurat aus dem antiken Zweistromland gestaltet sind. Manche Ziertürme haben eine antennenförmige Spitze oder ein »Finial« als Bekrönung.

**⑪ Geländer**

**⑫ Neonleuchten**
Bei Nacht betonen bunte Neonleuchten die Linien von Fenstersimse, Bullaugen und Augenbrauen.

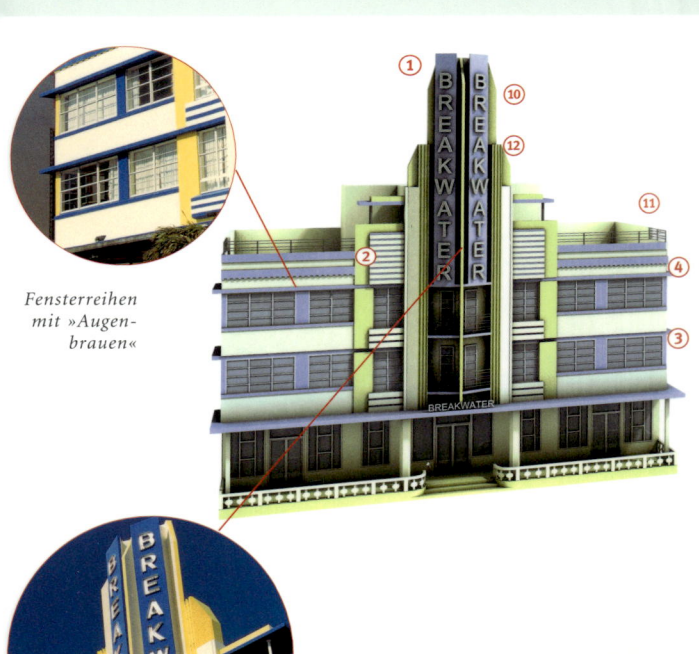

Fensterreihen mit »Augen-brauen«

Ziertum mit vertikalen Stromlinien

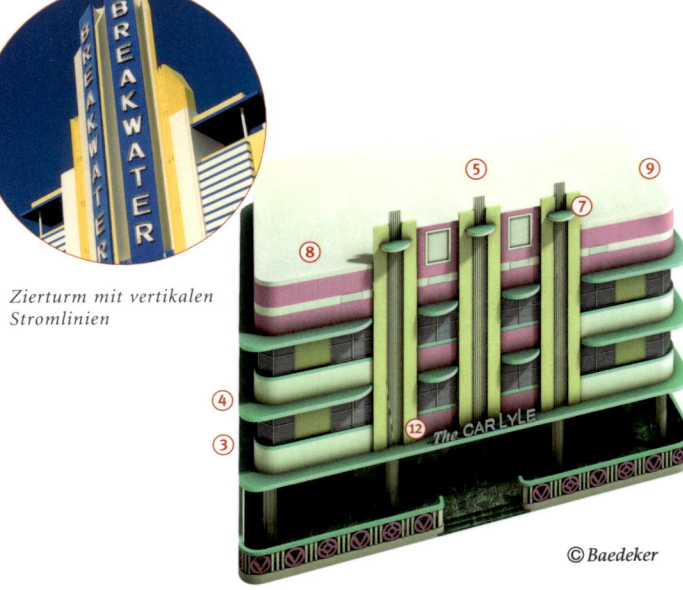

© Baedeker

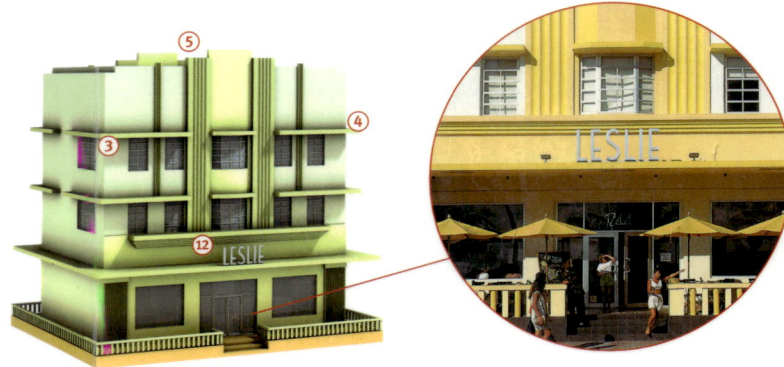

Strenge Gliederung und Pastellfarben

Nächtliche Neon-beleuchtung an »Bullaugen« und »Augenbrauen«

## Weitere Sehenswürdigkeiten in Miami Beach

★★
**Fontainebleau Miami Beach**

Ein Reiseziel für sich ist das 1954 an der nördlichen Collins Avenue (Nr. 4441) eröffnete und kürzlich mit Milliardenaufwand renovierte Fontainebleau Miami Beach. Dieses **Strandhotel der Superlative** verfügt nicht nur über mehr als 1500 Zimmer und Suiten, den größten Ballsaal weit und breit, sondern auch über Wasserfälle in tropischen Gärten und einen herrlichen Wasser-Vergnügungspark. Die Luxusherberge erfreut sich darüber hinaus eines enormen Wiedererkennungswertes, denn hier haben schon diverse US-Präsidenten seit Dwight D. Eisenhower geschlafen, John F. Kennedy hat 1960 hier seine Wahl ins Weiße Haus gefeiert. Ferner wurden im »Fontainebleau« schon mehrfach Filmszenen für spätere Hollywood-Kassenfüller aufgenommen.

> **? WUSSTEN SIE SCHON …?**
>
> ■ Am Pool des Fontainebleau Hilton in Miami Beach mimte der deutsche Schauspieler Gert Fröbe 1964 den millionenschweren Betrüger »Goldfinger« im gleichnamigen James-Bond-Thriller.

★
**Beachfront Promenade**

Zwischen der 21st Street und der 46th Street verläuft eine kilometerlange und schöne Ausblicke bietende Holzplankenpromenade auf dem schmalen Dünensaum zwischen der langen Reihe von Nobelhotels und dem Strand. Vom frühen Morgen bis spät am Abend sind hier schaulustige Spaziergänger sowie sportliche Walker und Jogger unterwegs.

**Indian Creek**

Der Indian Creek, in der Vergangenheit öfters Kulisse für dramatische »Miami Vice«-Verfolgungsjagden zu Wasser, zu Lande und in der Luft gewesen, trennt die von Hotel- und Apartmenthochbauten bestandene schmale Nehrung des nördlichen Miami Beach vom exklusiven Villenquartier an der Alton Road.

★
**Gold Coast, Bal Harbour**

Folgt man dem Highway A1A vom Fontainebleau Hilton nordwärts, so fährt man etliche Kilometer lang an moderneren Hotel- und Apartment-Bauten der sog. Gold Coast entlang. Böse Zungen sagen, dass viele dieser Bauten mit Geldern aus dunklen Kanälen finanziert wurden. Schließlich erreicht man die Strandsiedlung Bal Harbour mit einem riesigen und exklusiven Einkaufszentrum.

★
**Ancient Spanish Monastery**

Vorbei am Haulover Beach Park und via FL-826 bzw. US-1 erreicht man das Ancient Spanish Monastery, ein mittelalterliches Kloster, das der Zeitungszar **William Randolph Hearst** in den 1950er-Jahren Stein für Stein von Spanien in die Neue Welt versetzen ließ. Das Kloster, in dem einstmals Zisterziensermönche lebten, wurde ursprünglich im Jahre 1141 im spanischen Segovia erbaut (16711 W. Dixie Highway; Öffnungszeiten: Mo.–Sa. 10.00–16.00, So. 11.00 bis 16.00 Uhr).

*Bekannt aus Kino und Fernsehen: Miami Beach mit seinen großzügig proportionierten Ferienanlagen aus der Vogelperspektive*

An der Südspitze der sandigen Landzunge von Miami Beach ist ein Park mit Badestrand, Angelpier und Picknickplätzen angelegt, der vom postmodernen South Pointe Tower beherrscht wird. Am östlichen Brückenkopf des MacArthur Causeway ist die hochmoderne Miami Beach Marina entstanden. Von hier aus kann man auch Bootsausflüge mit Möglichkeiten zum Hochseeangeln und Tauchen unternehmen. **South Pointe, Miami Beach Marina**

Vor South Pointe und jenseits der Hafeneinfahrt liegt die noch zur Stadt Miami Beach gehörende Insel, die seit langem ein höchst exklusives **Refugium Wohlhabender** ist. Wer sich kein eigenes Apartment leisten kann, hat die Möglichkeit, im Fisher Island Resort zu nächtigen (www.fisherislandclub.com/hotel). Die Insel ist nur Bewohnern und deren Gästen per Boot zugänglich. **Fisher Island**

Ähnliches gilt für die zwischen MacArthur Causeway und Venetian Causeway liegenden künstlichen Inseln Star Island, Palm Island und Hibiscus Island, auf denen schon so manche illustre Persönlichkeit wohnte. Al Capone fühlte sich hier genauso wohl wie später Liz Taylor, Don Johnson und Madonna. **Star Island, Palm Island, Hibiscus Island**

Nördlich von Star Island erinnert ein auf einer kleinen Insel aufgestellter **Obelisk** an Henry Morrison Flagler, der auf Grund einer Anregung von Julia Tuttle mit seiner East Coast Railway Miami zu einem touristischen Brennpunkt machte. **Flagler Memorial**

# ★ Mount Dora

**H 4**

| | |
|---|---|
| **Region:** Central | **Höhe:** 56 m ü.d.M. |
| **Einwohnerzahl:** 13 000 | **Telefonvorwahl:** 352 |

**Eine knappe Autostunde nordwestlich von ►Orlando zeigt sich Florida von einer ganz unerwarteten Seite. Bewaldete Hügel, man kann schon fast von Bergen sprechen, im Sonnenlicht funkelnde Seen und grüne Wiesen, auf denen Kühe und Pferde weiden, und alte Lebenseichen lassen bei Besuchern aus Mitteleuropa fast heimatliche Gefühle aufkommen. Man ist in der »Schweiz Floridas«.**

**Vom Orangenanbau zum Tourismus**
1880 wurde der Ort gegründet und nach einer gewissen Dora Ann Drawdy benannt, die hier mit ihrem Mann wohnte. In den 1920er-Jahren war Mount Dora Zentrum eines Orangenanbaugebietes. 1930 verbrachte US-Präsident Calvin Coolidge den Winter im hiesigen Lakeside Inn. Danach versank der Ort in einem Dornröschenschlaf. In jüngerer Zeit entdeckten gestresste Großstädter das hübsch an einem See gelegene Städtchen als Wochenend-Refugium.

 ## MOUNT DORA ERLEBEN

### AUSKUNFT

*Mount Dora Chamber of Commerce*
341 Alexander Street
Tel. (352) 383-2165
Fax (352) 383-1668
www.mountdora.com

### SHOPPING

*Village Antique Mall*
405 N. Highland Ave.
Geöffnet: tgl. tgl. 9.00 – 18.00 Uhr
Über 80 Antiquitätenhändler unter einem Dach.

*Renninger's Antique Center*
20651 US-41
Geöffnet: Sa. u. So. 9.00 – 17.00 Uhr
180 Händler am östlichen Ortsrand.

*Farmer's Market*
an der US-441 am Ostrand der Stadt
Geöffnet: Sa. u. So. 8.00 – 16.00 Uhr
Hier gibt es ein breit gefächertes Angebot regionaler Produkte.

### ESSEN

► **Erschwinglich**
*The Goblin Market Restaurant*
331 N. Donelly Street
Tel. (352) 735-0059
Kreatives gibt es in einem hübsch restaurierten alten Lagerhaus.

### Übernachten

► **Komfortabel**

### *Baedeker-Empfehlung*

*Heron Cay Lake View B & B*
495 Old Highway 41
Tel. (352) 383-4050
Fax (352) 383-7653
www.heroncay.com
7 Zimmer
Das viktorianische Schmuckkästchen bietet herrliche Sonnenuntergänge über dem Lake Dora und morgens ein herzhaft-opulentes Frühstück.

## Mount Dora und Umgebung

Viele hübsche Bauten aus viktorianischer Zeit sind in den letzten Jahren liebevoll renoviert worden. Einige beherbergen Cafés, Snack Bars und Antiquitätengeschäfte. Besonders schöne Gebäude sieht man in der **Donelly Street** und in der **Fifth Avenue**.

★ **Viktorianische Architektur**

Tief durchatmen kann man auf dem fast 600 m langen Palm Island Boardwalk, der durch eine subtropische Sumpflandschaft verlegt wurde und schöne Blicke auf den See bietet.

◄ Palm Island Boardwalk

Ca. 12 mi/19 km südöstlich, bei der Ortschaft Apopka, ist der kristallklare **Quellteich** der stark schüttenden Wekiwa Springs ein gern besuchtes Ausflugsziel. Hier kann man baden, mit dem Kanu den Rock Spring Run und den Wekiwa River erkunden oder einfach nur die schöne Natur genießen. Übrigens: Archäologen haben herausgefunden, dass an den Ufern des Wekiwa River schon vor rund 5000 Jahren Timucuan-Indianer siedelten.

★ **Wekiwa Springs State Park**

Das 19 000-Einwohner-Städtchen Leesburg, Standort eines der weltgrößten Kühlhäuser für Zitrusfruchtkonzentrate, liegt wenige Autominuten westlich von Mount Dora im seenreichen Herzen Floridas. Es ist ein hervorragender Ausgangspunkt für Touristen, die Zentralflorida per Hausboot erkunden wollen. In der näheren Umgebung gibt es Hunderte von Seen. Östlich außerhalb der Stadt laden die über 30 ha großen **Venetian Gardens** zu einem Besuch ein. Hier kann man baden, Boot fahren oder einfach »relaxen«.

**Leesburg**

# ★ Naples

H 6

**Region:** Southwest
**Einwohnerzahl:** 21 000

**Höhe:** 0 – 3 m ü.d.M.
**Telefonvorwahl:** 239

**Die meisten Millionäre pro Kopf der Bevölkerung, die meisten Golfplätze, ein biblisches Durchschnittsalter: Solche Etiketten bekommt die zwei Stunden westlich von ►Miami am Golf von Mexiko liegende Stadt häufig. Wie alles im Leben hat auch sie zwei Seiten. Für die einen ist sie eine in Wohlstand erstarrte und langweilige Millionärsenklave, für andere ist sie eine Insel der Zivilisation, Lichtjahre von der nächsten Großstadt entfernt. Dass sich die Geister an Naples scheiden, hat Tradition.**

1886 von reichen Bodenspekulanten gegründet, wurde das erste Hotel eröffnet, noch vor einem Bahn- oder gar Straßenanschluss. Mit dem Bahnschluss (1926) und dem Bau des Tamiami Trail (1928) wurde Naples zum Seebad. Während die Investoren im Norden mit

**Attraktives Seebad**

Slogans wie »Diese Bucht ist noch schöner als die von Neapel in Italien« für ihr Stück Land warben und nebenbei der Stadt ihren Namen gaben, stiegen die Grundstückspreise im gleichen Tempo wie Häuser und Hotels gebaut wurden. Die »Millionaire's Row« entstand, eine Reihe repräsentativer Strandhäuser, die heute zur »Olde Naples« genannten Altstadt gehören. Hollywood entdeckte den neuen Ort als Winterdomizil, allen voran Greta Garbo, Hedy Lamarr und auch Gary Cooper, die im Club 41 wilde Parties feierten.

Während des Zweiten Weltkrieges wurden in der Nähe Bomberpiloten ausgebildet. 1960 zerstörte Hurrikan »Donna« große Teile der Stadt, doch danach erlebte Naples – auch dank der ausgezahlten Versicherungssummen – einen bis heute anhaltenden Bauboom, der außer zahlreichen Hotel- und Apartmentblocks am Vanderbilt Beach nördlich von Naples auch viele neue Villen sowie Industrieparks für High-Tech- und Dienstleistungsunternehmen entstehen ließ.

##  NAPLES ERLEBEN

### AUSKUNFT

**Naples Visitor Information Center**
2390 Tamiami Trail N.
Tel. (239) 262-6141
www.napleschamber.org

### ESSEN

▶ **Fein & teuer**
① *Chop's City Grill*
837 5th Ave. S.
Tel. (239) 262-4677
Beste Steaks weit und breit, reichhaltige Weinkarte.

▶ **Erschwinglich**
① *Yabba Island Grill*
711 5th Avenue S.
Tel. (239) 262-5787
Hier ist es immer voll, was wohl hauptsächlich an den lecker-karibischen Kreationen der Küche und den herrlichen Rum-Cocktails liegt.

### ÜBERNACHTEN

▶ **Luxus**
① *Ritz-Carlton Naples*
280 Vanderbilt Beach Rd.
Tel. (239) 598-3300
www.ritzcarlton.com
460 Zimmer und Suiten
Altehrwürdiges Luxushotel mit eigenem Strand, Golfplatz, Tennisplätzen, Wellnessbereich usw. und einer exzellenten Küche.

② *Hotel Escalante*
290 Fifth Ave. S.
Tel. (239) 659-3466
Fax (239) 262-8748
www.hotelescalante.com
71 Zimmer und Suiten
Gepflegte Herberge in mediterranem Stil inmitten subtropischer Gartenanlagen, Strand und Shopping gleich um die Ecke.

▶ **Komfortabel**
③ *Cove Inn*
900 Broad Ave. S.
Tel. (239) 262-7161
Fax (239) 261-6905
www.coveinnnaples.com
50 Zimmer
Freundliche Unterkunft mit pastellfarbenen Zimmern direkt an der Naples Bay und mit schönem Blick auf das Treiben im Yachthafen.

*Eine Attraktion ist die über 300 Meter lange Naples Pier.*

## Sehenswertes in Naples

Die »Altstadt« von Naples ist schachbrettartig zwischen Bay und Golf angelegt. Bei den alten Docks südlich der South 5th Avenue schlägt das Herz der Stadt. Wo früher eine Fischfabrik stand, lädt heute der **Old Marine Marketplace at Tin City** (1200 5th Ave. S) als fotogenes Ensemble aus bunten Lagerhäusern mit Restaurants und Souvenirläden zum Stöbern und Speisen ein. Eine besondere Attraktion ist der über 300 m weit in den Golf von Mexiko hinausragende hölzerne **Naples Pier**, den sich Angler, braune Pelikane und Sonnenanbeter teilen. Er wurde bereits in den Jahren 1888/1889 errichtet und seither mehrfach erneuert. Elegant und teuer »shoppen« kann man in der **3rd Street** und der **5th Avenue**. In schattigen Seitenstraßen lustwandelt man unter Palmen an emsig bewässerten Rasenflächen und tollen Villen vorbei und sammelt Appetit für ein gutes Abendessen.

★
**Olde Naples**

Einen Besuch lohnt der nordwestlich der »Altstadt« gelegene **Naples Zoo at Caribbean Gardens** (1590 Goodlette-Frank Rd.; Öffnungszeiten: tgl. 9.00 – 17.00 Uhr), ein mit viel Liebe geführter Zoo, dessen besondere Publikumsmagneten Tiger aus Indochina, von Affen bewohnte Inseln und Alligatoren-Fütterungen sind. Nachbar dieses Tiergartens ist **Conservancy of Southwestern Florida** (1415 Merihue Dr.; Öffnungszeiten: Mo. – Sa. 9.00 – 16.30, So. 12.00 – 16.00 Uhr). Hinter dem sperrigen Namen verbirgt sich eine veritable Wildnis. Während einer Bootsfahrt sieht man Alligatoren und Watvögel aus nächster Nähe, Ausstellungen erklären das komplizierte Ökosystem. Unterwegs zum Vanderbilt Beach sollte man auch das dem **Naples Philharmonic Center** angeschlossene **Naples Museum of the Arts** ansehen (5833 Pelican Bay Blvd.; Öffnungszeiten: Di. – Sa. 10.00 bis

**Weitere Sehenswürdigkeiten im Stadtgebiet**

🕐

🕐

## *Naples* Orientierung

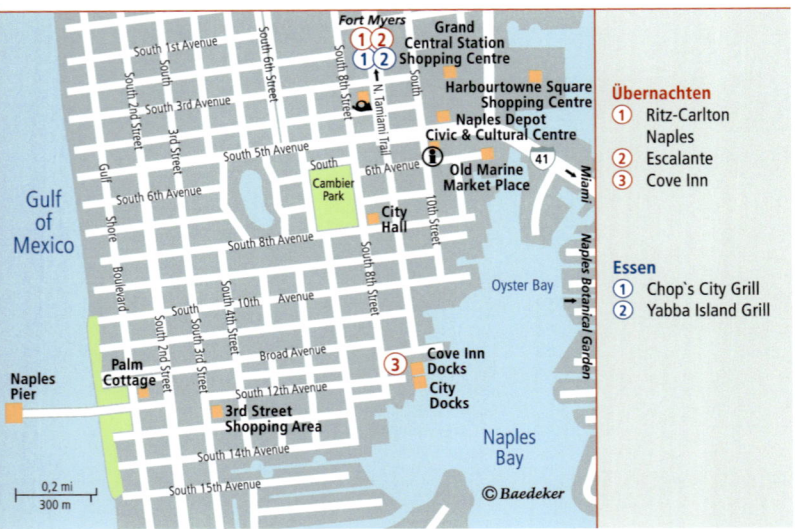

16.00, So 12.00 – 16.00 Uhr, Juli – Sept. geschlossen). Hinter der von einer gläsernen Kuppel überwölbten Lobby sind Gemälde und Skulpturen zeitgenössischer Künstler ausgestellt.

**Collier County Museum**

Das südöstlich des Stadtzentrums auf der anderen Seite der Naples Bay gelegene Museum beleuchtet die Geschichte der Region seit der Besiedlung durch die indianischen Ureinwohner bis zur Gegenwart. Im Freigelände sind typische **»Chickees« der Seminolen** aufgebaut (3301 Tamiami Trail East/Airport Rd.; Öffnungszeiten: Mo. – Fr. 9.00 – 17.00, Sa. 9.00 – 16.00 Uhr).

**Naples Botanical Garden**

Ebenfalls südöstlich des Stadtzentrums ist 2009 dieser herrliche botanische Garten wiedereröffnet worden mit seinen Teilbereichen Florida Garden, River of Grass, Caribbean Garden, Brazilian Garden, Asian Garden und Children's Garden (Thomasson Dr.; Öffnungszeiten: tgl. 9.00 – 17.00 Uhr).

**Strände**

Im Raum Naples gibt es über 60 Kilometer besten Sandstrand. In »Olde Naples« enden alle Straßen in Sichtweite des zwischen alten Villen schimmernden **Naples Municipal Beach**. Nördlich davon lockt der Strand im **Lowdermilk Park** (Banyan Blvd. u. Gulf Shore Blvd.). Der **Clam Pass County Park** besteht aus dichtem Mangrovendschungel, durch den ein längerer Plankenweg über Priele und Marschen hinweg zu Dünen und einem wunderschönen, naturbelassenen Strand führt. Dort können Kajaks und Kanus ausgeliehen werden.

Nördlich schließt der von Luxusherbergen besetzte und mehrere Kilometer lange **Vanderbilt Beach County Park** an.
Die auf einer Barriere-Insel gelegene **Delnor Wiggins Pass State Recreation Area** nördlich davon hat ebenfalls einen herrlichen Strand zu bieten.

## Umgebung von Naples

14 mi/22 km nördlich von Naples und am Nordwestrand des Big Cypress Swamp liegt die 14.000-Einwohner-Stadt Bonita Springs am Imperial River, der bei Freunden des Angelsports einen besonders guten Ruf hat. Direkt an der Golfküste ziehen die beiden Urlaubersiedlungen Bonita Shores und Bonita Springs Familien mit Kindern an. Der lange Badestrand bietet Kurzweil für Jung und Alt.

**Bonita Springs**

10 mi/16 km östlich von Bonita Springs erstreckt sich ein Naturschutzgebiet mit **bis zu 500 Jahre alten Sumpfzypressen**. Die Baumriesen sind dicht bewachsen mit Farnen, Orchideen und anderen Epiphyten. Im Winter brüten in den Bäumen vom Aussterben bedrohte **Waldstörche**. Die National Audubon Society, Betreiberin des Parks, hat einen 4 km langen Plankenweg verlegen lassen, auf dem man dieses Stück Florida im Urzustand trockenen Fußes erforschen kann (Anfahrt via CR 846, 375 Sanctuary Rd.; Öffnungszeiten: Okt. – Anf. April tgl. 7.00 – 17.30, sonst tgl. 7.00 – 19.30 Uhr). ☉

✷ ✷
**Corkscrew Swamp Sanctuary**

Die ca. 20 mi/30 km südlich von Naples gelegene Ferieninsel ist durch Brücken mit dem Festland verbunden (US 41 bzw. FL 92 oder 951). Das etwa 10 km lange und 6 km breite Eiland, auf dem rund

✷
**Marco Island**

*Der Vanderbilt Beach bei Naples gehört zu Floridas besten Stränden.*

10 000 Menschen leben, ist die nördlichste der Ten Thousand Islands und gehört damit zu einem **Labyrinth von Mangroveninseln**, die den Everglades vorgelagert sind. Archäologische Forschungen weisen auf eine 5000-jährige indianische Besiedlung hin. 1922 erwarb der Investor Collier den größten Teil von Marco Island, um hier einen neuen Tiefwasser- bzw. Ölhafen anzulegen. Man rechnete mit größeren Erdölfunden in dieser Gegend. Seit den 1960er-Jahren ist Marco Island auch ein beliebtes Touristenziel. Herrliche **Badestrände** und beste **Fischgründe** locken Besucher an. Das Inselinnere ist heute von Kanälen durchzogen, an denen **noble Ferienvillen** mit eigenen Jachtliegeplätzen errichtet sind.

Old Marco Village ▶
Ganz nett ist das Old Marco Village am Nordende der Insel. Alte Bauten mit freundlichen Geschäften und Restaurants beleben das Bild. Der Hafen präsentiert sich als nostalgisches Einkaufszentrum.

Strände ▶
Neben dem breiten und feinsandigen Hauptstrand, an dem sich mondäne Hotel- und Apartmentbauten aneinanderreihen, ist der **Tigertail Beach** im Nordwesten der Insel zu empfehlen, den man am besten über den Hernando Drive erreicht.

✳
**Collier-Seminole State Park**
Das Naturschutzgebiet umfasst sowohl Zypressensümpfe und Hartholz-Hammocks mit einigen Königspalmen als auch nahezu undurchdringliche Mangroven-Dickichte an der Küste. Einige Naturpfade und ein 21 km langer Kanutrail ermöglichen die Erkundung. Im Besucherzentrum kann man sich über den Zustand des Ökosystems und die heimische Pflanzen- und Tierwelt informieren. Auch die indianische Besiedlungsgeschichte dieses Raumes wird erläutert.

# ✳ Ocala

**G 3**

**Region:** Central
**Einwohnerzahl:** 55 000

**Höhe:** 15 m ü.d.M.
**Telefonvorwahl:** 352

**Fast alle fahren vorbei und verpassen ein Land aus sanften Hügeln, moosbärtigen Eichen und grünen Weiden, auf denen Vollblutpferde grasen. Die Nähe des Entertainment-Riesen ▶ Orlando ist Ocalas Fluch und Segen: Rings um das Zentrum des ländlichen Marion County sieht es noch so aus wie vor der Ankunft von Micky Maus.**

**Stadt der Cracker und der Pferde**
Ein Hauptplatz, drumherum ein übersichtlicher »Ocala Historic District« genannte Altstadt und die penibel restaurierte Fort King Street als Vorzeigestraße: Ocala will nicht nur Touristen gefallen, sondern auch seinen Bewohnern. Die meisten stammen von den »Florida Crackers« ab, jenen hart arbeitenden, kleinen Farmern, die das Land im 19. Jh. urbar gemacht und in den Seminolen-Kriegen gekämpft haben. Handfest und bodenständig wirkt Ocala, das bereits vor 400 Jahren von Timucuan-Indianern dicht besiedelt war, bis heute.

#  OCALA ERLEBEN

### AUSKUNFT

**Ocala County CVB**
409 SE Ft. King Street
Ocala, FL 34471-2239
Tel. (352) 438-2800
www.ocalamarion.com

### EVENTS MIT PFERDEN

Die Pferdeauktionen im South-
eastern Livestock Pavilion und
im Ocala Breeders Sales Complex
ziehen Kundschaft aus aller Herren
Länder an. Beim Publikum beliebt
sind auch die Veranstaltungen
im Rahmen der »Horse Shows in
the Sun«. Auf dem westlich der
Stadt gelegenen »Classic Mile
Horse Race Track« finden das
ganze Jahr über hochkarätige
Pferderennen statt.

### ESSEN

▶ **Erschwinglich**
*Horse and Hounds*
6998 NW Hwy. 27
Tel. (352) 620-2500
Very english – yes indeed. Mit Fish &
Chips und Ploughman's Lunch. Aber
es kommen auch Crab Cakes auf den
Tisch, gute Salate, Suppen und Pasta
mit Hummer.

### ÜBERNACHTEN

▶ **Luxus**
*Hampton Inn & Suites*
2075 SW Hwy. 484
Tel. (352) 347-1600
www.ocalasouthsuites.
hamptoninn.com
Gepflegte Herberge der zur Hilton-
Gruppe gehörenden Kette; mit Pool,
Fitness-Einrichtungen und kosten-
losem WLAN-Zugang

▶ **Komfortabel**
*Sleep Inn & Suites*
13600 SW 17th Court
Tel. (352) 347-7830
www.sleepinn.com
Nettes Hotel nicht weit von Don
Garlits Museum of Drag Racing.
Mikrowelle und Kühlschrank im
Zimmer; kostenloses kleines
Frühstück.

Die Nachfahren der Crackers züchteten auf dem fruchtbaren, mit
klaren Quellen gesegneten Weideland Rinder und später, als Reiten
als Freizeitsport in Mode kam, auch Pferde. Heute ist Ocala bekannt
als Heimat edler Vollblüter und siegreicher Rennpferde.

Ocala ist als Ausgangsort für erlebnisreiche Ausflüge in die Umgebung zu empfehlen. Auch die Stadtväter begründen die hohe Lebensqualität ihrer Kommune mit den Attraktionen der Umgebung.

◀ Basisstation für
Ausflüge

## Sehenswertes in Ocala

Neben der Altstadt, wegen ihrer schönen alten Ziegelhäuser auch
»Brick City« genannt, bietet Ocala zwei Museen, die nicht unterschiedlicher sein könnten. Am Ostrand beherbergt das **Appleton Museum of Art** (4333 E. Silver Springs Blvd.; Öffnungszeiten: Di. bis Sa.
10.00 – 17.00, So. 12.00 – 17.00 Uhr) die fünf Jahrtausende umfassen-

**Ziegelhäuser,
alte Kunst und
schnelle Autos**
🕐

den Kunstsammlungen eines Industriellen aus Chicago. Die Palette der hochwertigen Ausstellungen reicht von der griechischen Antike bis zu ethnologischen Sammlungen aus Afrika.

**Don Garlits' Museum of Drag Racing ▶**

Im südlichen Vorort Belleview lockt ein durch und durch amerikanisches Museum Besucher an. Es ist dem Paten dieses Hochgeschwindigkeitssports gewidmet. Der bekannteste Dragster-Pilot der USA hat hier seine legendären »Swamp Rats« genannten Rennwagen ausgestellt. Zu sehen ist u.a. auch das Gefährt, mit dem er 2002 eine Geschwindigkeit von 323.04 mi/520 km/h erreichte (13700 SW 16th Ave.; Öffnungszeiten: tgl. 9.00 – 17.00 Uhr).

**Museum of Classic Automobiles ▶**

Wer sich für Automobil-Oldtimer begeistern kann, kommt in der benachbarten Ausstellung voll auf seine Kosten (Öffnungszeiten: tgl. 9.00 – 17.00 Uhr).

## Umgebung von Ocala

**Ausflug durch das Land der Pferde zum Orange Lake**

Ein reizvoller Ausflug führt von Ocala aus auf der CR 475 nordwärts zum Orange Lake. Unterwegs fährt man am **Zentrum der Vollblutzucht in Florida** entlang. Welliges Hügelland und viele Meilen lange Zäune zwischen Straßen und immergrünen Weiden prägen das Landschaftsbild ebenso wie Bauminseln mit Jahrhunderte alten und mit Spanisch-Moos behängten Lebenseichen. Dazwischen liegen recht fotogene Farmen und Gestüte. Schließlich erreicht man den rund 50 Quadratkilometer großen **Orange Lake**, den passionierte Sportangler wegen seiner fetten Barsche zu schätzen wissen.

**Silver Springs**

Wenige Meilen östlich von Ocala erreicht man einen der attraktivsten Plätze der Region. Bereits im 19. und frühen 20. Jh., als noch Raddampfer auf dem Silver River verkehrten, zog dieser **Quelltopf** mit seinem etwa 23 °C warmen Wasser Besucher an. Auf dem Quellteich bzw. auf dem von insgesamt 17 Quellen gespeisten Silver River verkehren **Glasbodenboote,** von denen aus man die exotische Unterwasserwelt betrachten kann. Schon mehrfach waren die Silver Springs Kulisse für Spielfilme. Hier wurden bis 1942 mehrere Tarzan-Filme mit Johnny Weismuller gedreht und 1982/1983 hat man hier auch die Tauchszenen für den James-Bond-Film »Sag' niemals nie« aufgenommen. Um die Silver Springs ist inzwischen ein Vergnügungspark mit vielerlei Attraktionen entstanden. Während einer **Lost River Voyage** oder einer **Jeep Safari** lernt man ein Stück ursprüngliches Florida kennen. Es gibt einen **Streichelzoo** für Kinder und auch eine Alligatoren- und Schlangenschau. Und wer noch nicht genug Trubel gehabt hat, kann sich im benachbarten Erlebnisbad **Silver Springs Wild Waters** austoben (unterschiedliche Öffnungszeiten; www.wildwaterspark.com).

**? WUSSTEN SIE SCHON …?**

■ Mit bis zu 23 m³/sec. Schüttung gehört der Quelltopf Silver Springs zu den stärksten artesischen Brunnen der Erde.

Östlich von Silver Springs erstreckt sich der 1330 km² große, seit 1908 als Schutzgebiet ausgewiesene Ocala National Forest. Hier ist noch ein Stück der für Zentralflorida einstmals ganz typischen Wald-

**★**
**Ocala National Forest**

landschaft erhalten. Charakteristisch sind Pinienbestände auf sandigen Standorten, die wie Inseln aus dem **»Big Scrub«** genannten dichten Buschland herausragen.
In den Niederungen dominieren Sumpfzypressen. Hartholz-Bauminseln (Hammocks) mit Magnolien, Eichen, Lorbeerbäumen und Palmen beleben das Landschaftsbild. Der Forst ist Rückzugsgebiet für vielerlei Tierarten. Außer

> **!**  *Baedeker* TIPP
>
> ### Wie Tarzan und Jane...
> Den Kindheitstraum, sich wie Tarzan und Jane an Lianen von Baum zu Baum zu schwingen oder ins Wasser zu stürzen, kann man sich am Quelltopf von Juniper Springs im Ocala National Forest erfüllen.

Schlangen, Alligatoren und Waschbären sollen hier noch Schwarzbären und **Florida-Pumas** umherstreifen. Natürlich gibt es auch interessante Vögel, mitunter kann man **Weißkopfseeadler** beobachten. Wegen seiner vielen Seen, Quelltöpfe und langsam dahin mäandrierenden Flüsse ist das Waldgebiet zu einem Paradies für Camper, Kanuten, Taucher und andere Outdoor-Enthusiasten geworden. Unerschrockene Wanderer kommen auf dem ca. 62 mi/100 km langen **Ocala Hiking Trail** auf ihre Kosten.
Herrliche Flecken sind **Juniper Springs**, **Alexander Springs** und **Salt Springs**. Hier gibt es Campingplätze, Kanuverleih, naturkundliche Lehrpfade und andere touristische Einrichtungen.

◀ Quelltöpfe

*Badefreuden im Quellteich der Alexander Springs*

# ★★ Orlando

H 4

**Region:** Central
**Einwohnerzahl:** 225 000 (Metropolitan Area: ca. 2 Mio.)
**Höhe:** 32 m ü.d.M.
**Telefonvorwahl:** 407

**Etwa 40 Millionen Besucher jährlich, rund 450 Hotels, zirka 113 000 Gästezimmer, Tendenz weiter steigend. Endlose Schlangen vor den Attraktionen, telefonbuchdicke Anzeigenbroschüren mit »special offers«. Den Neuankömmling kann Orlando durchaus überwältigen. Doch selbst wer gegen Mäuse allergisch ist, sollte die Welthauptstadt des Vergnügens zumindest gesehen haben.**

Orlando ist ein durch und durch amerikanisches Märchen. Selbst wer auf dem Interstate 4 einfach nur durchfährt, kann sich der Faszination dieser Erfolgsstory nicht entziehen. Büro-, Apartment-- und Hoteltürme, in allen Farben und links und rechts Spalier stehend, säumen den vielspurigen Asphaltstreifen. Digitale Werbeflächen werben für Disney, Burger King und Zahnarztpraxen. Nur 35 Jahre brauchte die Stadt, um sich von einem Landstädtchen im Herzen Floridas in eine Milliarden Dollar pro Jahr verdienende Geldmaschine zu verwandeln. Und ein Ende des Booms ist nicht abzusehen. Selbst das Hurrikan-Jahr 2004, als Orlando den Wirbelstürmen im Weg war, vermochte den Betrieb nur für ein paar Tage aufzuhalten.

*Amerikanisches Märchen*

## Highlights *in Orlando*

### Charles Hosmer Morse Museum of American Art
Wunderschöne Jugendstil-Gläser bzw. Glasmalereien von Louis Comfort Tiffany und anderen Künstlern, dazu Arbeiten des Maler-Dichters John LaFarge und des berühmten Architekten Frank Lloyd Wright sind Orlandos Vorort Winter Park zu sehen.
► **Seite 310**

### Discovery Cove
Ein Wasser-Themenpark mit tropischen Fischen, weitläufiger Lagune und neuartigen Delfin-Programmen.
► **Seite 310**

← *Spider-Man und Wolverine bei Universal Orlando*

### SeaWorld Orlando
Seit über 30 Jahren wird hier Vergnügen pur mit dressierten Delfinen, »Killer«-Walen, Seeottern, Seelöwen usw. geboten. Interessante Themenbereiche, darunter »Manatees – the Last Generation?« und einige feuchte »Thrill Rides« locken Kinder und Erwachsene an.
► **Seite 311**

### Universal Orlando
Neben der Walt Disney World das Nonplusultra an nervenaufreibendem High-Tech-Vergnügen. Erfolgreiche Kinofilme wie »Earthquake«, »Jurassic Park«, »Terminator 2« und »Spider-Man« in 3D, dazu rasante Achterbahnen und Stunt Shows der Spitzenklasse.
► **Seite 312**

Nicht schlecht also für eine Stadt, die gar nicht so genau weiß, woher sie denn ihren schönen Namen hat. Einer der vielen Theorien zufolge wurde sie nach Orlando Reeves benannt. Der Fähnrich wurde hier 1836 von Seminolen getötet, als er seine Kameraden mit einem Warnschuss weckte. Später ließen sich Veteranen aus den Seminolen-Kriegen hier nieder. Im Jahre 1843 bauten die Brüder Aaron und Isaac Jernigan am Lake Holden eine **Ranch** und einen **Handelsposten**, der weitere Siedler anzog. In den 1860er-Jahren war die Gegend bereits von Ranches und Baumwollplantagen bedeckt, 1872 erhielt Orlando die Stadtrechte.

Ein gewisser William Holden legte 1875 den **ersten Orangenhain** an, und wenig später überholten Zitrusfrüchte Rinder als wichtigste Geldbringer. 1880 kam die Eisenbahn – und mit ihr **die ersten Touristen**, die in feinen Hotels an der Orange Avenue abstiegen und sich an den 54 Seen innerhalb der Stadtgrenzen erholten. Unbeeindruckt von Kälteeinbrüchen – 1886 und 1894/95 vernichteten Temperaturstürze die gesamte Zitrusernte – wuchs Orlando weiter, zuletzt allerdings immer langsamer. 1929 ließ eine Fruchtfliegenplage die Zitrusindustrie zusammenbrechen. Dann kam die Depression.

Der Zweite Weltkrieg half die bisherige Monokultur zu diversifizieren, und bis Anfang der 1960er-Jahre hatte sich – angeschoben vom Kalten Krieg und der Weltraumindustrie im nahen Cape Canaveral – die **Luftfahrtindustrie** samt Zubrigern in Orlando angesiedelt.

Mitte der 1960er-Jahre erlebte Orlando die wichtigste Transaktion seiner Geschichte. **Walt Disney**, der »Vater« von Micky Maus und Donald Duck, ließ durch Strohmänner südwestlich der Stadt Land für sein geplantes Mega-Resort aufkaufen. Kaum wurde die Transaktion öffentlich bekannt, schossen die Immobilienpreise in astronomische Höhen. Orlando erlebte einen Landboom, wie Florida ihn selbst während der 1920er-Jahre nicht erlebt hatte. Am 1. Oktober 1971 eröffnete ► **Walt Disney World's Magic Kingdom** seine Pforten. Der sämtliche bislang bekannten Maßstäbe sprengende Vergnügungspark setzte neue Maßstäbe in der Vergnügungsindustrie und machte Orlando in den nächsten Jahrzehnten zur Entertainment-Hauptstadt nicht nur der USA, sondern der ganzen Welt. Weitere Themenparks gesellten sich hinzu, allen voran die Universal Studios und die Sea World Orlando, Disneys härteste Konkurrenten.

Das rasante Tempo hat auch die Stadt Orlando selbst infiziert. Vorbei sind die Tage, als man dem Treiben auf der Orange Avenue vom Schaukelstuhl auf der Veranda aus zuschaute. In den ersten Jahren des dritten Jahrtausends zählte Orlando zu den am schnellsten wachsenden Metropolen der USA. Für einen jähen Einbruch sorgte allerdings die ab 2007 schwelende Finanzkrise.

Doch auch ohne Disney & Co. ist Orlando in aller Munde: Das NBA-Basketball-Team der **»Orlando Magic«** spielt vorne mit. Die Vorliebe für Grünflächen hat sich die Stadt indessen bewahrt. 47 Stadtparks mit knorrigen alten Eichen und schönen Seen schützen das Nervenkostüm der Einwohner und das so mancher Besucher.

# *Orlando* Orientierung

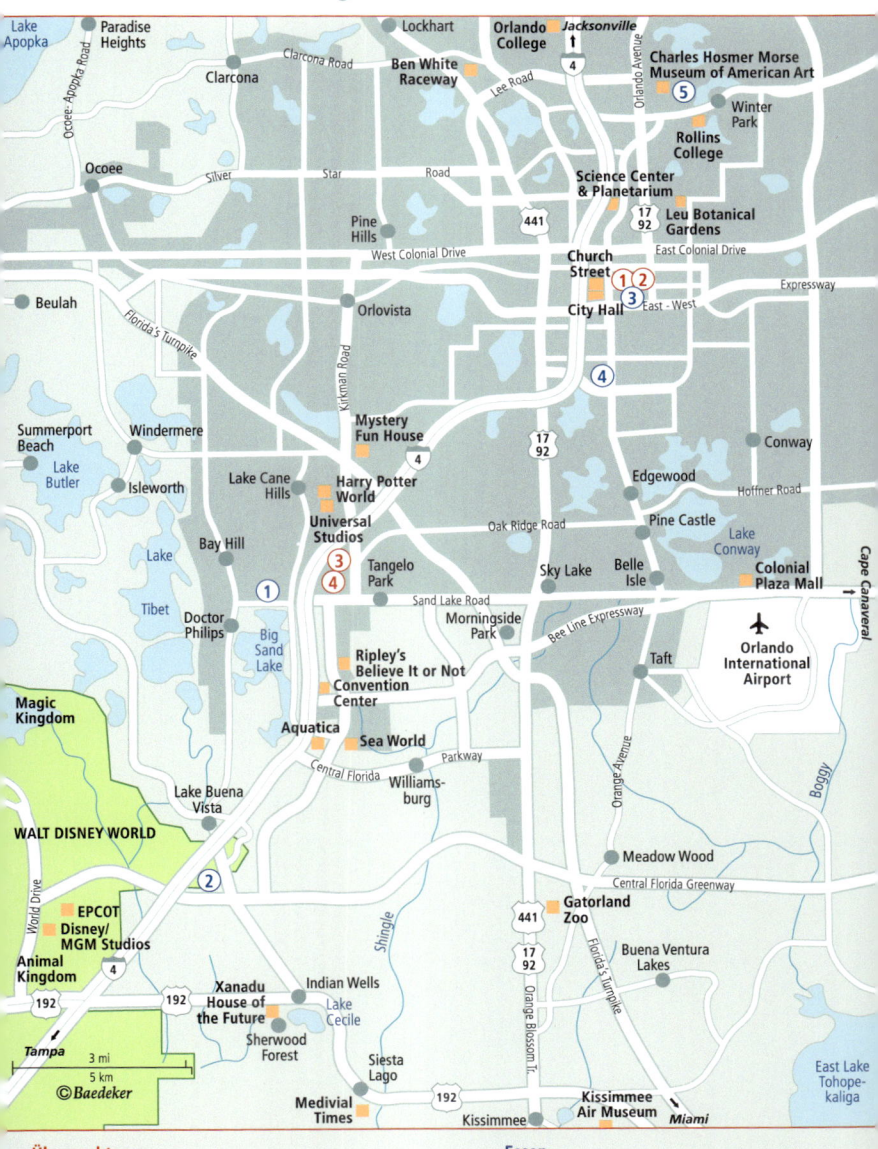

Lake Apopka
Paradise Heights
Lockhart
**Orlando College**
*Jacksonville*
1
**Charles Hosmer Morse Museum of American Art**
5
Ocoee Apopka Road
Clarcona Road
Clarcona
**Ben White Raceway**
Lee Road
Orlando Avenue
Winter Park
Ocoee
Silver
Star
Road
441
**Rollins College**
**Science Center & Planetarium**
17 92
**Leu Botanical Gardens**
Pine Hills
West Colonial Drive
East Colonial Drive
Expressway
Beulah
Florida's Turnpike
Orlovista
**Church Street**
1 2
3
**City Hall**
East - West
4
Kirkman Road
**Mystery Fun House**
4
17 92
Conway
Summerport Beach
Lake Butler
Windermere
Isleworth
Lake Cane Hills
**Harry Potter World**
**Universal Studios**
Oak Ridge Road
Edgewood
Hoffner Road
Pine Castle
Bay Hill
Lake
3
**Tangelo Park**
4
Sky Lake
Belle Isle
Lake Conway
**Colonial Plaza Mall**
Cape Canaveral
Tibet
1
Doctor Philips
Big Sand Lake
Sand Lake Road
Morningside Park
Bee Line Expressway
Taft
**Orlando International Airport**
**Magic Kingdom**
**Ripley's Believe It or Not**
**Convention Center**
Orange Avenue
**Aquatica**
**Sea World**
Parkway
Central Florida
Williamsburg
Boggy
**WALT DISNEY WORLD**
World Drive
Lake Buena Vista
2
Meadow Wood
Central Florida Greenway
**EPCOT**
**Disney/ MGM Studios**
441
**Gatorland Zoo**
**Animal Kingdom**
4
192
192
**Xanadu House of the Future**
Indian Wells
Lake Cecile
17 92
Florida's Turnpike
Orange Blossom Tr.
Buena Ventura Lakes
*Tampa*
3 mi
5 km
©Baedeker
**Sherwood Forest**
Shingle
Siesta Lago
**Medivial Times**
192
Kissimmee
**Kissimmee Air Museum**
*Miami*
East Lake Tohope-kaliga

## Übernachten
1 Eo Inn & Urban Spa
2 The Veranda Bed & Breakfast Inn
3 Best Western Orlando Gateway
4 Fairfield Inn & Suites Orlando International Drive

## Essen
1 Christini's Ristorante Italiano
2 Café Tu Tu Tango
3 Dexters of Thornton Park
4 Numero Uno
5 Briarpatch

# ▶ ORLANDO ERLEBEN

## AUSKUNFT

**Orlando/Orange County
Convention & Visitors Bureau**
8723 International Drive
Suite 101
Orlando, FL 32819
Tel. (407) 363-5872
Fax (407) 354-0874
www.orlandoinfo.com

## FLUGHAFEN

Der internationale Flughafen von
Orlando, der von allen großen und
etlichen kleineren US-Fluggesell-
schaften bedient wird, liegt ein paar
Meilen östlich vom Stadtzentrum.
Alle großen Vergnügungsparks,
Hotels, und Niederlassungen von
Mietwagenfirmen können problemlos
mit Shuttlebussen erreicht werden.
Linienbusse verkehren den ganzen
Tag über in kurzen Intervallen zwi-
schen dem Flughafen und Downtown
Orlando.

## STADTVERKEHR

Der Raum Orlando verfügt über ein
gut ausgebautes öffentliches Busli-
niennetz, das auch die großen
Vergnügungsparks umfasst. Darüber
hinaus bieten zahlreiche Taxi- Klein-
bus- bzw. Van- und Limousinen-
Unternehmen ihre Dienste an.

## PARKS UND PREISE

Ein Besuch der Mega-Vergnügungsparks ist nicht ganz billig. Andererseits schließen die Preise die
Benutzung bzw. den Besuch aller
Achterbahnen, Shows und sonstigen
Amusements ein.
Das Tagesticket (Single-Day-Ticket)
für »Aquatica« (www.aquaticabysea
world.com) kostet derzeit 48 US-$ für
einen Erwachsenen und 42 US-$ für
ein Kind.

Ein Tag in der »SeaWorld« (www.
seaworld.com) kostet rund 80 US-$
für einen Erwachsenen und rund 70
US-$ für ein Kind.
Wer mehrere Parks besuchen will,
sollte sich ein »4 Park Orlando Flex
Ticket« (ca. 260 US-$ für einen
Erwachsenen, ca. 180 US-$ für ein
Kind) besorgen, mit dem man
14 Tage lang die »SeaWorld«, die
»Universal Studios/Islands of
Adventure«, »Aquatica« und »Wet 'n
Wild« besuchen kann.
Ein Tag bei »Universal Orlando«
kommt auf rund 80 US-$ für einen
Erwachsenen und rund 70 US-$ für
ein Kind; das 2-Tage-Ticket gibt es
für rund 110 US-$ (Erwachsener)
bzw. 100 US-$ (Kind). Auch hier gibt
es Multi-Park-Angebote (www.
themeparks.universalstudios.com).

## SHOPPING

Wie es sich für ein Touristenziel
dieser Größenordnung gehört, das
zudem auch über genügend einheimische Kaufwillige verfügt, gibt es in
Orlando jede Menge Factory Outlets,
besonders entlang des International
Drive. Die beiden größten hier sind
die »Prime Outlets (Öffnungszeiten:
Mo. – Sa. 10.00 – 23.00, So. 11.00 bis
21.00 Uhr) sowie »Orlando Premium
Outlets« (Öffnungszeiten: Mo. – Sa.
10.00 – 23.00, So. 10.00 – 21.00 Uhr).
Das mit Abstand größte Einkaufszentrum Zentralfloridas ist die
»Florida Mall« in Downtown Orlando
mit rund 260 Spezial-geschäften und
einem der besten Food Courts weit
und breit. Modisches gibt es im
»Orlando Fashion Square« gegenüber
dem Orange County Convention
Center sowie mit Einschränkung in
»Universal's CityWalk« und im
»Downtown Disney Marketplace«.

## ESSEN

### ▶ Fein & teuer

① *Christini's Ristorante Italiano*
7600 Dr. Phillips Blvd.
Tel. (407) 345-8770
Feinste italienische Küche. Besonderer Tipp: in Portwein mariniertes Schweinskotelett.

### ▶ Erschwinglich

② *Café Tu Tu Tango*
8625 International Drive
Tel. (407) 248-2222
Trendiges unter käuflichen Gemälden: Steinofen-Pizza, Sushi, Sandwiches, Vegetarisches.

③ *Dexters of Thornton Park*
Thornton Park
808 E Washington Street
Tel. (407) 648-2777
Ahi, Thunfisch, Tacos, exotisch gewürzt, kreativ zubereitet. Hübsches Dekor, oft Live-Musik.

④ *Numero Uno*
Downtown
2499 S Orange Avenue
Tel. (866) 495-7187
Sehr ordentliche kubanische Küche, zu empfehlen: »Moros y Christianos« (schwarze Bohnen mit Reis).

### ▶ Preiswert

⑤ *Briarpatch*
Winter Park
252 Park Ave. N.
Tel. (407) 628-8651
Seit einem Vierteljahrhundert gibt es hier hausgemachtes Frühstück und Mittagessen. Sehr empfehlenswert: Eggs Benedict und die selbstgemachte Eiscreme!

## ÜBERNACHTEN

### ▶ Komfortabel

① *Eo Inn & Urban Spa*
Thornton Park
227 N. Eola Drive
Tel. (407) 481-8485
Fax (407) 481-8495
www.eoinn.com
19 Zimmer
Elegantes Boutique-Hotel mit Wellness-Bereich. Außerdem kann man einen hübschen Blick auf den Lake Eola genießen.

② *The Veranda Bed & Breakfast Inn*
Thornton Park
115 N Summerlin Avenue
Tel. (407) 849-0321
Fax (407) 848-0321
www.theverandabandb.com
12 Zimmer
Romantisches B & B am Lake Eola. Gute Shopping-Gelegenheiten in der Nähe.

### ▶ Günstig

③ *Best Western Orlando Gateway*
7299 Universal Blvd.
(östlich vom International Drive)
Tel. (407) 351-5009
Fax (407) 352-7277
www.bworlando.com
298 Zimmer und Suiten
Preiswerte und sichere Unterkunft mit Pool und Restaurant in der Nähe von »SeaWorld« bzw. vom Wasservergnügungsparks »Aquatica«.

④ *Fairfield Inn & Suites Orlando International Drive*
7495 Canada Avenue
Tel. (407) 351-7000
www.fairfieldinn.com
133 Zimmer, 67 Suiten
Sauberes und modernes Haus in guter Lage: recht ruhig und doch nicht allzu weit von den berühmten Attraktionen entfernt. In den großzügig bemessenen Zimmern können bis zu vier Personen übernachten; kleines Frühstück inklusive.

## Downtown Orlando

**Eine junge Stadt**

Orlandos schachbrettartig gegliedertes Stadtzentrum ist übersichtlich und gut zu Fuß zu erkunden. Lange bestand es aus der für amerikanische Städte dieser Größenordnung üblichen Ansammlung moderner Bürotürme. In den letzten Jahren hat sich die Innenstadt Orlandos deutlich belebt. Zehntausende sind in neu gebaute und restaurierte Wohnungen eingezogen. Restaurants, Cafés, verkehrsberuhigte Straßen und kulturelle Angebote haben das einst verödete Zentrum wieder attraktiver gemacht. Dabei spielt sicher eine Rolle, dass Orlando mit über 100 000 Studenten und vielen jungen Beschäftigten im Dienstleistungsbereich und moderner Technik und Elektronik eine fast jugendliche Stadt geworden ist.

**Orange Avenue**

Hauptgeschäftsstraße ist die mittags von Büroangestellten überflutete, in Nord-Süd-Richtung verlaufende **Orange Avenue**. Hier setzen einige Gebäude Akzente, darunter die postmoderne, 1992 eingeweihte **City Hall**. In Höhe der altägyptisch inspirierten **First National Bank** kreuzt die **Church Street** mit der **Church Street Station**. Der alte Bahnhof wird derzeit renoviert und wird ab 2013 eine wichtige Station der in Zentralflorida zwischen Poinciana und DeLand verkehrenden Reginalbahn namens **»SunRail«** sein.

*Sehr modern: Downtown Orlando mit Lake Eola und Fontäne*

Recht anspruchsvoll ist das im säulenbewehrten County Courthouse untergebrachte Orange County Regional History Center. Hervorragend inszeniert, decken die Ausstellungen die Geschichte der Gegend ab. Beachtenswert sind die Dokumentation über die afro-amerikanischen Gemeinde von Orlando sowie die Ausstellung **»Walt Disney World«**, die sich mit den Veränderungen seit dem Auftreten von Walt Disney in der Region beschäftigt (65 E Central Blvd., Öffnungszeiten: Mo.–Sa. 10.00–17.00, So. 12.00–17.00 Uhr).

**Orange County Regional History Center**

## Loch Haven Park

Über den I-4 gelangt man in wenigen Minuten in den knapp 3 mi/5 km nordöstlich von Downtown gelegenen Loch Haven Park mit drei künstlichen Seen. Mit drei Museen und dem **Orlando Repertory Theater** ist der Park kulturelles Zentrum der Region. Das **Orlando Museum of Art** (2416 N Mills Ave.; Öffnungszeiten: Di. – Fr. 10.00 bis 16.00, Sa., So. 12.00 – 16.00 Uhr), das sich vor allem auf amerikanisches Kunstschaffen seit dem 19. Jh. sowie auf afrikanische Kunst konzentriert, gilt Kennern als Juwel.

**Kulturelles Zentrum der Region**

Diese Institution behandelt so unterschiedliche naturwissenschaftliche Themen wie die Landschaftsformen Floridas, die sog. Mars-Kanäle und den menschlichen Körper 8777 E Princeton St.; Öffnungszeiten: So.–Fr. 10.00–17.00, Sa. 10.00–22.00 Uhr).

◄ Orlando Science Center

Eine wahre Oase der Ruhe sind die herrlichen Gärten des Unternehmers Harry P. Leu. Der Rosengarten zeigt über 1000 verschiedene, das ganze Jahr über blühende Arten. Ferner gibt es hier die **größte Kameliensammlung der USA** sowie wunderschöne Magnolien-, Orchideen- und Azaleen-Pflanzungen. Eine besondere Attraktion ist der **Butterfly Garden**, in dem man bunte Schmetterlinge aus aller Welt sehen kann. Vom Leu House aus hat der »grüne« Unternehmer seine Geschäfte abgewickelt (1920 N. Forest Ave.; Öffnungszeiten: tgl. 9.00–17.00, Führungen: tgl. 10.00–15.30 Uhr).

◄ Harry P. Leu Gardens

## ✳ Winter Park

Nordöstlich schließt das wohlhabende Winter Park an, ein Gemeinwesen, das seit seiner Gründung 1887 als Künstlerkolonie nichts von seinem entspannten Charme verloren hat. Die hiesigen Sehenswürdigkeiten reflektieren das Lebensgefühl der Bewohner. Die **Albin Polasek Museum & Sculpture Gardens** (633 Osceola Ave.; Öffnungszeiten: Sept. – Juni Sa. 10.00 – 16.00, So. 13.00 – 16.00, Juli/Aug. Mo. bis Fr. 10.00 – 16.00 Uhr) zeigt in lichtdurchfluteten Hallen und palmenbestandenem Garten das Lebenswerk des tschechisch-stämmigen Kunstschaffenden, der mit seinen Skulpturen zu den bedeutendsten amerikanischen Künstlern des 20. Jh.s gezählt wird.

Nicht minder inspirierend: Ein Spaziergang durch die von tausenden Azaleen und verschiedenen Palmenarten verzierten **Kraft Azalea Gardens** (Alabama Drive) am schönen **Lake Maitland**.

**★★**
**Charles Hosmer**
**Morse Museum**
**of Art**

Das an der Flanierstraße von Winter Park gelegene Museum zeigt Arbeiten von **Louis Comfort Tiffany** (1848 – 1933), die zu den originellsten Schöpfungen des Jugendstils gehören. Zahlreiche Gemälde, Glasfenster, Lampen usw. stammen aus dem früheren Tiffany-Haus in New York City. Auch andere wichtige Jugendstil-Künstler sind vertreten, darunter der französische Glasmaler **Emile Gallé,** der amerikanische Maler und Schriftsteller **John LaFarge** und der Architekt **Frank Lloyd Wright** (445 Park Ave. N.; Öffnungszeiten: Di. – Sa. 9.30 bis 16.00, So. 13.00 – 16.00, Nov. – April Fr. bis 18.00 Uhr).

**Maitland**

Der beste Grund, über Winter Park hinaus noch weiter nach Norden zu fahren, ist das **Audubon of Florida - National Center for Birds of Prey**. Der Naturschutzverband unterhält neben einem informativen Besucherzentrum die größe Reha-Einrichtung für verletzte Vögel im Osten der USA. Hier kann man in Florida heimische Greife wie Ospreys und Weißkopfseeadler aus nächster Nähe zu beobachten.

## ★ International Drive

**Dynamik pur...**

Die Anfang der 1980er-Jahre begonnene und seitdem kontinuierlich ausgebaute knapp 4,5 mi/7 km lange **Magistrale** südwestlich von Downtown Orlando ist sozusagen die Nabelschnur, an der fast alle bekannten Themenparks der Region hängen. Ihren Beinamen »Orlando's Most Dynamic Destination« trägt sie zu Recht. Über 100 zum Teil **spektakuläre Hotels** säumen die Fuß- und Radwege, hinzu kommen drei sehr große **Themenparks** neben einer Unmenge kleinerer Vergnügungseinrichtungen, gut 150 Restaurants, rund 500 Designerläden, Kaufhäuser und Factory Outlets und mehrere Entertainment-Komplexe.

Wer die Wahl hat, hat die Qual! Zu den ungewöhnlichsten Attraktionen gehört zweifellos das im Jahre 2000 eröffnete Discovery Cove, ein SeaWorld-Tochterunternehmen.

**!** *Baedeker* TIPP

**Den freien Fall üben ...**

... kann man bei Skyventure Orlando. Nach Einweisung durch professionelle Fallschirmspringer übt man die richtige Haltung schwerelos auf dicken Luftkissen. Adresse: 6805 Visitors Circle, Tel. (407) 903-1150, Öffnungszeiten: Mo. bis Fr. 14.00 – 23.30, Sa., So. 12.00 – 23.30 Uhr.

**★★**
**Discovery Cove**

Drei Dutzend **Delfine** tummeln sich in einer weitläufigen **Lagune**. Gegen Aufpreis darf man mit ihnen schwimmen. Das Gästelimit von nur 1000 Besuchern pro Tag (die großen Nachbarn zählen bis zu 50 000 Besucher täglich!) garantiert, dass man die Delfine in aller Ruhe genießen kann. Weitere Attraktionen, darunter das Schnorcheln in einem Korallenriff und einem kilometerlangen tropischen Fluss, beide von Schwärmen bunter Fische bewohnt, sind im hohen Eintrittspreis miteingeschlossen (6000 Discovery Cove Way; **Achtung! Einlass nur mit Reservierung**, mindestens 30 Tgae zuvor, Tel. 407/370-1280, www.discoverycove.com).

Dunkle Faszination bietet dieser Erlebnispark. Von der berühmten Freitreppe, auf der Leonardo DiCaprio alias Jack Dawson im legendären Kino-Hit wandelte, bis zu originalem Deckgestühl und vergilbten Originalfotos: Titanic-Fans kommen hier voll auf ihre Kosten (7324 International Drive; Öffnungszeiten: tgl. 9.00 – 21.00, Führungen ab 10.00 Uhr).

**Titanic – The Experience**
🕐

Mit diesem Wasservergnügungspark hat SeaWorld im Jahre 2008 einen neuen Superlativ gegründet. Sage und schreibe 36 Wasserrutschen, sechs künstliche Flüsse und neu geschaffene Lagunen verteilen sich auf dem 20 ha großen Gelände. **The Dolphin Plunge** ist die beliebteste Attraktion, mit zwei parallelen transparenten Röhren, in denen die Besucher durch eine Lagune flitzen, vorbei an vier Commersion-Delphinen, die mit ihrer hell-dunklen Zeichnung Orcas, den Wappentieren der Sea World Gruppe ähneln. **Tassie Twisters** heißt die aufregende Floßfahrt auf einem Wildbach bergab in den **Lazy River** (5800 Water Play Way; Öffnungszeiten: tgl. ab 9.00 Uhr, Schließzeiten: variabel zwischen 18.00 und 22.00 Uhr; Tel. 407/351-3600).

★ ★
**Aquatica**


🕐

Eine Attraktion ist auch das einst von Robert L. Ripley gegründete Museum. Jung und Alt können im total schrägen »Sinking Building« die unglaublichsten Ausstellungsstücke bestaunen (8201 International Dr.; Öffnungszeiten: tgl. 9.30 – 24.00 Uhr).

**Ripley's Believe it or not! Museum**
🕐

## ★ ★ SeaWorld Orlando

Der über den International Drive erreichbare Themenpark liegt 10 mi/16 km südwestlich von Downtown Orlando (Anreise via I-4, Exit 72) und ist einer der spektakulärsten der Welt. Im Jahr 1973 von Busch Entertainment, einem Unternehmenszweig der Mega-Brauerei Anheuser-Busch, eröffnet, bietet er Vergnügen pur – über und unter Wasser. Ständig verbessert und erweitert, umfasst er ein imposantes **Meerwasseraquarium**, ein künstliches **Riff** mit Schwärmen bunter Korallenbewohner, Becken für **Stachelrochen**, ein **Delfinarium**, Anlagen für Pinguine, Robben und Otter sowie einen **Flamingogarten**. Seit Jahren die Publikumsrenner sind Vorführungen mit dressierten **Delfinen und Schwertwalen** (Orkas, »Killer-Wale«).

Das Schöne an diesem Park ist der Verzicht auf Reizüberflutung: Die Dimensionen sind übersichtlich

*Delfine sind Meister im Synchronspringen.*

Öffnungszeiten:
je nach Saison und
Wochentag
tgl. 9.00 – 19.00
bzw. 22.00 Uhr

und alles ist gut zu Fuß erreichbar. Die persönliche Atmosphäre lässt tief durchatmen. In der **Dolphin Nursery** werden Delfine großgezogen werden. Im Bereich **Manatee Rescue** lassen sich Seekühe aus der Nähe beobachten. Für die meisten Florida-Reisenden ist dies übrigens eine der wenigen Gelegenheiten diese vom Aussterben bedrohten Tiere in aller Ruhe zu betrachten. Im **Sea Lion & Otter Stadium** hat man sich eine nette Story ausgedacht, in der die beiden Seelöwen »Clyde« und »Seymore« als Piraten auftreten und von flinken Seeottern ausgetrickst werden. Auch ein Walross ist mit von der Partie.

Atemberaubend ist das Meerwasseraquarium: Besucher können es in einem Acrylglas-Tunnel durchschreiten und **Rochen, Barrakudas, Haifische** und andere Schönheiten der Tiefe an sich vorbeiziehen lassen. Doch kein Trip nach SeaWorld ist komplett ohne den Besuch im **Shamu Stadium**: Der Schwertwal »Shamu« und seine tonnenschweren Gefährten führen Kunststücke auf, die das Wasser über den Beckenrand schlagen lassen und mitunter die Zuschauer in den ersten 14 Reihen komplett durchnässen! Und dies wäre nicht Orlando, gäbe es nicht auch Achterbahnen und allerlei andere »Thrill Rides«.

## ✷ ✷ Universal Orlando

Öffnungszeiten:
tgl. 9.00 – 18.00, an
Wochenenden bis
19.00 Uhr. Während
der Hauptreisezeit
und zu besonderen
Anlässen werden
diese Zeiten oft bis
22.00 oder 24.00
Uhr verlängert.

Alles kracht, explodiert, fliegt in die Luft. Universal Orlando, ein Ableger der Universal Studios in Hollywood, setzt voll auf »Action«. Er bietet einige der besten High-Tech-Attraktionen überhaupt.

1990 eröffnete Universal in Orlando mit den **Universal Studios**. Nach holperigen Anfängen erkämpfte sich der auf Hollywood-Themen spezialisierte Park seinen Platz neben der Walt Disney World. Mit Hilfe kreativer, von den Disney-MGM - Studios zu Universal Orlando übergelaufener Köpfe wurde wenige Jahre später ein zweiter Themenpark konzipiert und umgesetzt. 1999 eröffneten **Universal Islands of Adventure**, eine auf Jugendliche und Erwachsene zielende, ebenfalls von Hollywoods Blockbustern inspirierte Tour de Force der haarsträubensten Achterbahnen und verrücktesten technischen Effekte. Mit **City Walk**, einer im gleichen Jahr eröffneten, beide Parks verbindenden Unterhaltungszone für Erwachsene, untermauerte Universal auch sein Interesse an »älterer« Kundschaft.

✷ ✷
**Universal Studios**

Das kennt man doch? Beim Bummel über das Gelände begegnen einem berühmte Filmkulissen. Hier wurden Szenen von **»Ghostbusters«** gedreht, dort die Außenaufnahmen von **»Blues Brothers«** und diverser Mafia-Filme. Insgesamt sind die Kulissen von über drei Dutzend Filmproduktionen hier aufgebaut, darunter auch das aus dem Hitchcock-Klassiker **»Psycho«** bekannte Norman-Bates-Haus.

Unter die Haut gehenden Nervenkitzel bieten solche Themenbereiche, vor denen sich besonders an Wochenenden und während der Hauptreisezeiten lange Schlangen bilden. In **»E.T. Adventure«** kann man mit Steven Spielbergs beliebtestem Außerirdischen dessen bedrohten Heimatplaneten retten. In **»Disaster! A major motion pictu-**

**re ... starring You«** erlebt der Besucher in einem interaktiven Abenteuer ein Erdbeben der Stärke 8.3 auf der Richter-Skala: Plötzlich bebt die Erde, U-Bahn-Schächte stürzen ein, Wassermassen überfluten den Tunnel, ein Tankwagen explodiert.

Modernste High-Tech stellt die Wahrnehmung des Besuchers in computeranimierten Shows auf die Probe. **»Terminator 2« 3-D Battle**

**across Time** benutzt drei Riesenleinwände und Live-Vorführungen auf der Bühne, um den Besucher ins Geschehen zu ziehen. Neueste Digitaltechnik, High-Tech-Simulatoren, Geruchsdüsen und im Eselsgalopp auf und ab ruckelnde Sitze produzieren in **»Shrek 4-D«** ein Event, bei dem man Shrek, Prinzessin Fiona und Donkey auf neue Abenteuer begleitet. **»Revenge of the Mummy – The Ride«**, ebenfalls neu, stürzt den Besucher zunächst in tiefste Finsternis, um ihn dann - mit Hilfe allerneuester, teils eigens entwickelter Technologien und jeder Menge sprechender Mumien und krabbelnder Skarabäen – auf die schrecklichste Reise seines Lebens zu schicken.

Die Live Shows setzen ebenfalls auf Nervenkitzel. **»Men in Black: Alien Attack«** ist ein interaktives Spektakel, in dem die Zuschauer dabei helfen dürfen, Angriffe von Außerirdischen abzuwehren. In der **»Horror Make-Up Show«** werden vor staunendem Publikum Arme abgesägt und sonstige »Schönheitsoperationen« durchgeführt – wahrlich nichts für zart besaitete Seelen! Die gerade aktuellen Shows und Infos sind auf folgender Website zu finden: www.universalorlando.com

*Abwärts im »Incredible Hulk Coaster«*

★★
**Islands of
Adventure**

Achterbahnen brettern, Menschen schreien und quieken, und auch hier kracht und rummst es, als gäbe es kein Morgen: Willkommen in Islands of Adventure, dem Mekka für Adrenalin-Junkies! Der Park, an dessen Gestaltung kein Geringerer als der legendäre Steven Spielberg mitgewirkt hat, weckt Dinosaurier zum Leben und bietet mit wirklich Respekt einflößenden Achterbahnen, die auf amerikanisch viel treffender »thrill rides« heißen, das Allerneueste auf dem Gebiet der Unterhaltungstechnologie.

Die kann man auch in den Themenbereichen **»Marvel Super Hero Island«** und **»The Lost Continent«** ausprobieren. Der **»Incredible Hulk Coaster«** rast mit bis zu 90 km/h durch Schleifen und Loopings. Die Hängebahn-Konstruktion **»Challenge Dragon«** besteht aus zwei ineinander gewundenen Spiralen, in denen die Hänger immer wieder aufeinander zu und nur wenige Zentimeter aneinander vorbei rasen. Nichts für schwache Nerven und Mägen ist auch **»Doctor Doom's Fearfall«**: Wie bei einem Raketenstart wird man in einem Schacht fast 60 m nach oben »geschossen«, um kurz darauf – praktisch im freien Fall – zum Ausgangspunkt zurückzukehren.

Ein absoluter Leckerbissen für Achterbahn-Fans ist **»The Amazing Adventures of Spider-Man«** (Bild s. S. 302). Mit 3-D-Brille auf der Nase erlebt der Besucher, wie sein Wagen zunächst durchgeschüttelt wird, um dann mittels computergesteuerter Bewegungseffekte und dreidimensionaler Video-Projektionen fast 100 Meter tief in eine New Yorker Häuserschlucht zu stürzen. Spider-Mann ist jedoch rechtzeitig zur Stelle.

Für Familien – vor allem die Kinder verlangen nach Dinos – ist der Themenbereich **»Jurassic Park«** der Höhepunkt eines Besuches. Hier begegnen sie jenen Dinosauriern, denen Spielberg in seinen erfolgreichen Filmen das Laufen beigebracht hat. Die als tropischer Dschungel gestaltete Zone bietet ein dem Besucherzentrum im Film nachempfundenes »Discovery Center«, wo man alles über die urweltlichen Echsen erfahren kann. Und diverse dino-relevante Attraktionen, darunter »Jurassic Park River Adventure«, wo sich eine gemächliche Floßfahrt unversehens in einen Albtraum verwandelt, in dem man auf der Flucht vor einem hungrigen T-Rex einen fast 30 m hohen Wasserfall hinunter muss.

Neueste Attraktion ist die **Harry Potter World** mit Hogwarts Castle, dem Dorf

*Nass wird man im Jurassic Park!*

Hogsmeade und dem verbotenen Wald. Natürlich kann in Spezialrestaurants auch zauberhaft gegessen und in entsprechenden Läden mirakulös eingekauft werden.

## Umgebung von Orlando

Folgt man dem FL 50 ostwärts Richtung Titusville, so erreicht man nach 25 mi/40 km den Ort Christmas mit einem rekonstruierten **Fort aus der Zeit der Seminolenkriege**. Dokumente, Waffen und Gebrauchsgegenstände der ersten Siedler sowie Bilder der Seminolenanführer erinnern an die Zeit der Landnahme durch die Weißen.

**Fort Christmas**

Übrigens: Viele Besucher geben ihre Weihnachtskartengrüße im Postamt von Christmas/Florida auf (1300 Fort Christmas Rd.; Öffnungszeiten: Di. – Sa. 10.00 – 17.00, So. 9.00 – 16.00 Uhr).

**Christmas Post Office**
🕐

Die vom Siedlungsgründer nach seinem französischen Heimatort benannte Kleinstadt liegt 23 mi/37 km westlich von Orlando. Sie war bis in die 1980er-Jahre bekannt als Zentrum des Orangen- und Pampelmusenanbaus. Heute erfreut sich das in einer hügeligen und seenreichen Landschaft gelegene Clermont als Wohn- und Erholungsort wachsenden Zuspruchs. Zwei auch für Touristen interessante Attraktionen sind der für Badegäste und Wassersportler neu hergerichtete **Jaycee Beach** sowie der neue **Bike Trail** (Radweg), der einer aufgelassenen Eisenbahnstrecke von Clermont nach Ocoee folgt.

**Clermont**

## ! *Baedeker* TIPP

### Feine Weine

7 mi/10 km nördlich von Clermont lädt die am US 27 gelegene Lakeridge Winery & Vineyards ein. Man erfährt hier einiges über die Entwicklung des hiesigen Weinbaus. Auch die Kellerei, in der es gute Tropfen zu probieren gibt, kann besichtigt werden (Mo. – Sa. 10.00 bis 17.00, So. 11.00 – 17.00 Uhr; www.lakeridge winery.com).

Clermont ist alljährlich auch Veranstaltungsort eines berühmten Triathlon, der Sportler aus ganz Nordamerika anzieht.

Etwa 20 mi/32 km nördlich von Orlando, auf dem Weg nach ►Daytona Beach, erreicht man die am idyllischen **Lake Monroe** gelegene 24 000-Einwohner-Stadt. Sie ist aus einem 1837 gegründeten Handelsposten hervorgegangen und war bis vor wenigen Jahren Zentrum eines größeren Obst- und Gemüseanbaugebietes. Bis heute hat sie Bedeutung als »Tor nach Südflorida«, vor allem für jene Touristen, die mit dem Autozug in den »Sunshine State« kommen.

**Sanford**

Im Süden von Sanford gelangt man via General Hutchinson Parkway in den Big Tree Park. Dessen Hauptattraktion ist eine 42 m hohe, inzwischen ca. **3500 Jahre alte Sumpfzypresse**, die zu den ältesten noch lebenden Bäumen in den gesamten Vereinigten Staaten gehört.

◄ Big Tree Park

Vom Monroe Harbor aus kann man erholsame **Bootsausflüge** auf dem See selbst (u.a. mit einem Raddampfer) sowie auf dem **St. John's River** unternehmen.

◄ Monroe Harbor

# ✶✶ Palm Beach

**Region:** Southeast          **Höhe:** 0 – 5 m ü.d.M.
**Einwohnerzahl:** 11 000     **Telefonvorwahl:** 561

**Ist Palm Beach in Florida die wohlhabendste Stadt der Welt oder doch eher das kalifornische Malibu? Unzweifelhaft ist nur, dass die Stadtväter mit Argusaugen über ihre Milliardäre wachen. Anfang 2005 untersagten sie selbst einem Donald Trump das Feuerwerk für seine Hochzeit. Der Besucher, der in einem Jahr soviel verdient wie die Dame am Nebentisch während eines Wohltätigkeitsballs spendet, reibt sich die Augen…**

Teenager in Rolls-Royce-Cabrios, Power-Shopping und ein Stadtgesetz, das Wäscheleinen verbietet: Auf einer Palmeninsel vor der Gold Coast gelegen ist Palm Beach mit seinen grandiosen Villen und seinen Tiffany-, Armani und Gucci-Schaufenstern das **Winterdomizil von Amerikas »Rich and Famous«** und deren ebenso reichen bzw. berühmten Freunden. Von November bis April trifft »man« sich im Palm Beach Polo & Country Club oder im Ballsaal des Trump'schen »Mar-a-Lago-Estate« am Ocean Boulevard, wo der Baulöwe gern Weltstars wie Céline Dion und Gloria Estefan vor kleinem Freundeskreis auftreten lässt. Betrieb herrscht dann auch auf der noblen Worth Avenue, der **Architekt Addison Mizner** (► Berühmte Persönlichkeiten) mit mediterranen Häusern, Arkaden und Innenhöfen seinen Stempel aufgedrückt hat. Und dann sind da noch die vielen edlen Gourmet-Restaurants und Nobelhotels direkt am Strand, als Nachbarn der Kennedys, Rockefellers und Vanderbilts.

**Tummelplatz des Jet Set**

---

## *Highlights* Palm Beach/West Palm Beach

### The Breakers
Das unangefochtene »Flaggschiff der Hotellerie« in Florida ist Treffpunkt des alten und neuen Geldadels.
► Seite 320

### Whitehall
Heute als Museum zugänglicher Winterpalast des rast- und ruhelosen Eisenbahnmagnaten Flagler.
► Seite 320

*← Edler geht es kaum: Shopping bei Tiffany in Palm Beach*

### Worth Avenue
»It´s worth it« – so lautet das Motto in einer der edelsten Einkaufsstraßen der Welt mit allen Marken von Rang und Namen.
► Seite 321

### Norton Museum of Art
Gilt unter Kunstfreunden als »erste Adresse«: Bilder von Impressionisten wie Gauguin und Matisse sowie von modernen Amerikanern, darunter Edward Hopper und Andy Warhol.
► Seite 322

**Geschichte**  Man vermutet richtig: Palm Beach war schon immer reich. Alles fing damit an, dass 1878 der spanische Frachter »Providentia« mit Kokosnüssen aus der Karibik an Bord vor der nur einen knappen Kilometer breiten Sandinsel auf Grund lief. **Eisenbahn-Magnat Henry M. Flagler**, der während der frühen 1890er-Jahre das Terrain sondierte, erkannte das Potential des inzwischen palmenbestandenen Eilandes mit dem tiefblauen, ins Türkis übergehenden Atlantik davor sofort. 1894 ließ er seine Florida East Coast Railroad bis nach Lake Worth verlängern und auf Palm Beach das legendäre »Royal Poinciana Hotel« bauen. Ein Jahr später kam der »Palm Beach Inn« hinzu, das spätere »Breakers«. Erwartungsgemäß lockten die Edelherbergen eine illustre Klientel an. John D. Rockefeller stieg hier ab, der Zeitungszar Randolph Hearst und US-Präsident Harding logierten hier. 1918 kletterte **Addison Mizner** aus dem Zug und schenkte der Stadt ihr mediterranes Antlitz. Derweil lebte das Dienstpersonal jenseits vom Lake Worth in West Palm Beach auf dem Festland. Inzwischen hat sich die einstige Vorstadt zum Zentrum des Palm Beach County entwickelt. Elektronikfirmen haben sich angesiedelt sowie Steuerberater und Immobilienhändler, die von hier aus ihr Territorium in Palm Beach kontrollieren.

##  PALM BEACH ERLEBEN

### AUSKUNFT

***Palm Beach CVB***
1555 Palm Beach Lakes Blvd.
Suite 800
Palm Beach, FL 33401
Tel. (561) 233-3000
Fax (561) 471-3030
www.palmbeachfl.com

### STRÄNDE

Die schönsten Strandabschnitte sind zwar in Privatbesitz und unzugänglich, doch auf den Sprung ins kühle Nass braucht man nicht zu verzichten. »Midtown Beach« am Ostende der Worth Avenue ist öffentlich zugänglich. Ruhiger ist es weiter südlich im Phipps Ocean Park.

### SHOPPING

Selbst für amerikanische Verhältnisse ist die Worth Avenue in Palm Beach ein Non-plus-ultra, was das Shopping betrifft. Alle Marken von Rang und Namen sind vertreten. Allerdings benötigt man auch eine entsprechend große Geldbörse bzw. eine Platin-Kreditkarte.

Kaum zu glauben, aber wahr: In der Stadt der Milliardäre gibt es auch Second-Hand-Läden! Wer für einen Tuxedo nicht vierstellige Beträge ausgeben möchte, sollte es einmal bei »Déjà vu« (219 Royal Poinciana Way) oder »The Church Mouse« (378 S County Rd.) probieren.

### NACHTLEBEN

Nach Sonnenuntergang bleibt Palm Beach lieber für sich: Nachtleben findet meist im Rahmen privater Parties, Bälle und Wohltätigkeitsveranstaltungen statt. Zum Abtanzen fährt man am besten hinüber nach West Palm Beach, wo rund um die Clematis Street Bars, Restaurants und Musikkneipen bis morgens um vier geöffnet haben.

Seit gut 15 Jahren einer der besten Plätze für Live-Musik in Florida ist das »Respectable Street Café« (518 Clematis St., Tel. 561/832 - 9999, www.respectablestreet.com).

## ESSEN

### ► Fein & teuer

① *L'Escalier at the Florentine Room*
in: The Breakers Hotel
1 S. County Road
Tel. (561) 659-8480
Essen gehen wird hier zum Event: Unter schweren Kronleuchtern und prächtigen Fresken servieren kundige »Garçons« Preisgekröntes aus der neuen französischen Küche.

② *Eau Spa Cuisine at the Ritz-Carlton*
100 S. Ocean Boulevard
Tel. (561) 533-6000
Von November bis Mai kreiert Küchenchef Ryan Artim kulinarische Köstlichkeiten. Und dazu gibt es edle Weine aus aller Welt.

### ► Erschwinglich

③ *Amici Ristorante & Bar*
375 S. Country Road
Tel. (561) 832-0201
Hier gibt es italienische Spezialitäten wie »Gnocchi Sorrentina« und »Pollo Milanese« in nettem Ambiente.

### ► Preiswert

④ *Havana Restaurant*
6801 S. Dixie Highway
Tel. (561) 547-9799
Kubanischer Küche zu bezahlbaren Preisen – vom Sandwich bis zum gebackenen Fischfilet mit Kräutern.

## ÜBERNACHTEN

### ► Luxus

① *The Breakers*
Palm Beach
1 S. County Road
Tel. (561) 655-6611

Fax (561) 659-8403
www.thebreakers.com
560 Zimmer und Suiten

Das traditionsreiche Luxushotel mit seinen eleganten Räumlichkeiten, zeitgemäßem »Kid´s Club« und fünf himmlischen Restaurants ist nach wie vor die allererste Adresse in Florida.

② *Biba*
320 Belvedere Road
West Palm Beach
Tel. (561) 832-0094
Fax (561) 833-7848
www.hotelbiba.com
43 Zimmer und Suiten
Schickes Boutique-Hotel mit Sake-Bar und Zen-Garten. Zimmerdekor in klaren Linien und warmen Farben.

### ► Komfortabel

③ *The Colony Hotel*
Palm Beach
155 Hammon Ave.
Tel. (561) 655-5430
Fax (561) 659-8104
www.thecolonypalmbeach.com
83 Zimmer und Suiten
Gepflegte Unterkunft zwischen Atlantik und Worth Avenue mit freundlichem Service.

*Traditionsreicher Treffpunkt des amerikanischen Geldadels: das Luxushotel »The Breakers«*

## Sehenswertes in Palm Beach

**★★**
**The Breakers**

Seit 1926 ist dieser Palast das **Wahrzeichen von Palm Beach** und seine schönste Visitenkarte! Das einem italienischen Palazzo ähnliche 540-Zimmer-Luxushotel steht direkt am Wasser und wirkt trotz seiner Größe nicht pompös. Bis heute ist es ein Treffpunkt des alten und neuen Geldadels der Stadt. Es verfügt über eine für Hotels dieser Klasse angemessene Zahl von Golfplätzen, Fitnessclubs und Schönheitssalons. Mit dem **Flagler Club** in den oberen zwei der insgesamt sieben Etagen beherbergt es darüber hinaus ein noch edleres Hotel im Hotel: Auf die Gäste der 28 Suiten warten ebensoviele Butler, um das Wörtchen »Service« neu zu definieren.

**★★**
**Whitehall (Flagler Museum)**

An der Westseite der Insel ließ Eisenbahn-Magnat Henry M. Flagler (▶ Berühmte Persönlichkeiten) einen 55-Zimmer-Palast im Beaux-Arts-Stil mit dem klangvollen Namen **»Whitehall«** als Hochzeitsgeschenk für seine dritte Frau erbauen. Die Flaglers residierten hier jeden Winter von 1902 bis zu Flaglers Tod im Jahr 1913 und hoben damit die »High Society« aus der Taufe. Wie während des »Gilded Age« um 1900 üblich, wurde jeder Raum nach einem anderen historischen Thema verschwenderisch dekoriert. So gibt es u.a. einen **Louis-XV-Ballsaal**, einen **Schweizer Billiard-Salon** und einen **Louis-XIV-Konzertsaal**. Nach dem Tode Flaglers wechselte Whitehall mehrmals den Besitzer und stand 1959 sogar kurz vor dem Abriss. Heute steht das Gebäude unter Denkmalschutz und vermittelt dem Besucher ein Bild von seinem rastlosen Erbauer. Im neu errichteten Pavillon in einem von der Straße durch einen schönen schmiedeeisernen Zaun getrennten Garten steht **»The Rambler«**, Flaglers privater Eisenbahnwaggon, mit dem er 1912 auch die erste Fahrt nach Key West unternommen hat (Whitehall Way, Cocoanut Row; Öffnungszeiten: Di. – Sa. 10.00 – 17.00, So. 12.00 – 17.00 Uhr).

★
**Society of the Four Arts**

Ein paar Gehminuten weiter südlich, am Intracoastal Waterway entlang, liegen – in subtropisches Dickicht gebettet – die stuckverzierten Gebäude dieser gemeinnützigen Gesellschaft. 1936 von wohlhabenden kunstsinnigen Bürgern gegründet, um die kulturellen Bedürfnisse der Gemeinde zu befriedigen, beherbergt die vom berühmten Architekten Mizner entworfene Anlage eine sehenswerte **Bibliothek** (Öffnungszeiten: Mo. – Fr. 10.00 – 17.00 Uhr), interessante **Wechselausstellungen** und schöne **Skulpturengärten** mit allen in Südflorida gedeihenden Pflanzenarten (2 Four Arts Plaza; Öffnungszeiten: tgl. 10.00 – 17.00 Uhr).

★★
**Worth Avenue**

»It's worth it!« – so buhlen die rund 200 Nobelläden an dieser **höchst eleganten Einkaufsmeile** um ihre wohlhabende Kundschaft. Und da sie wissen, dass gerade auch Milliardäre sich besonders über Sonderangebote freuen, winken sie mit verbilligten Parkplätzen – »no matter if you spend one or a hundred thousand dollars...«. Alle Marken von Rang und Namen sind hier vertreten: Hermès, Chanel, Louis Vuitton usw. Dazwischen gemogelt haben sich einige neuere Trendmarken wie Victoria's Secret und Banana Republic. Feine Restaurants und ein mediterranes Flair, für das einmal mehr **Addison Mizner** verantwortlich zeichnet, machen den Bummel über diese sündhaft teure Shopping-Meile, von der aus immer wieder kleine Abstecher in stille Hinterhöfe führen, zu einem fast schon obszönen Vergnügen.

★★
**Luxusvillen**

Auch einige der schönsten, während der 1920er-Jahre gebauten Luxusvillen hat Stararchitekt Addison Mizner entworfen. Besonders schöne Beispiele sieht man am South Ocean Boulevard, darunter die **Villa der Kosmetik-Königin Estée Lauder** (Nr. 126), ein 1919 erbautes Domizil, in dem sich Jahrzehnte später der Ex-Beatle John Lennon entspannen sollte (Nr. 720), und nicht zuletzt die schlossähnliche **Villa »Mar-a-lago«** (Nr. 1100), die einst von der Cornflakes-Erbin Marjorie Merriweather Post in Auftrag gegeben wurde und 1985 für den Schnäppchenpreis von 8 Mio. Dollar an den Milliardär Donald Trump ging.

> **!** *Baedeker* TIPP
>
> **Radelnd durchs Paradies**
>
> Die beste Art, Palm Beach mit seinen Menschen, Hunden und Autos zu erleben, ist eine Tour mit dem Rad und zwar auf dem Lake Trail. Unterwegs kann man einige der schönsten Villen und Yachten in Ruhe betrachten. Radverleih: Palm Beach Bicycle Trail Shop, 223 Sunrise Ave., Tel. (561) 659-4583.

## *Palm Beach* Orientierung

## Sehenswertes in West Palm Beach

**Raymond F. Kravis Center for the Performing Arts**

Mittelpunkt des alten Kerns von West Palm Beach ist das 1992 fertiggestellte Raymond F. Kravis Center for the Performing Art (701 Okeechobee Blvd.) mit seinem großzügig proportionierten **Theater- und Konzertsaal**. Das architektonisch sehr ansprechende Kulturzentrum hat der Deutschkanadier **Eberhard Zeidler** entworfen. Regelmäßig werden hier Konzerte der **Palm Beach Symphony** und des Philharmonic Orchestra of Florida geboten.

**Norton Museum of Art**

1941 von einer Industriellenfamilie aus Chicago gegründet, gilt das »Norton« unter Kunstfreunden als erste Adresse. Hier sind u.a. einige wichtige Werke französischer Impressionisten zu sehen, darunter

Bilder von **Gauguin, Matisse und Monet**. Die amerikanische Sammlung präsentiert Schwergewichte wie **Edward Hopper, Jackson Pollock, Georgia O`Keeffe und Andy Warhol** (1451 S Olive Ave.; Öffnungszeiten: Di. – Sa. 10.00 – 17.00, So. 13.00 – 17.00 Uhr). ⏱

In dem Museum im **Dreher Park** kann man technische und naturwissenschaftliche Phänomene untersuchen. Im **Native Plant Center** sind fast alle heimischen Pflanzen vertreten und im **Aquarium** sieht man in Florida vorkommende Wasserlebewesen. Wer gerne einen Blick ins Universum werfen möchte, der besucht das Planetarium bzw. das **Observatorium** mit seinem großen Teleskop (4801 Dreher Trail; Öffnungszeiten: Mo. – Fr. 10.00 – 17.00, Sa. 10.00 – 18.00, So. 12.00 – 18.00 Uhr; Laser Show Fr. 20.00 u. 21.00 Uhr).

**South Florida Science Museum, Planetarium & Aquarium**

⏱

Beliebt ist auch der Zoo, in dem heimische und exotische Tiere zu sehen sind. Manche dürfen auch gestreichelt werden. Die Stars in diesem Tierpark sind **Florida-Panther**, die in freier Wildbahn kaum mehr anzutreffen sind (1301 Summit Blvd.; Öffnungszeiten: tgl. 9.00 bis 17.00 Uhr)

◄ Palm Beach Zoo

⏱

## Umgebung von Palm Beach

15 mi/24 km westlich erstreckt sich der **Safari- und Freizeitpark,** in dem sich Löwen frei bewegen. Man fährt mit dem Auto durch das Gelände. Fenster und Türen sind aus Sicherheitsgründen geschlossen zu halten! Im Safari Village gibt es einen **Streichelzoo** sowie einen **Dino- und Reptilienpark** (2003 Lion Country Safari Rd., Loxahatchee; Öffnungszeiten: Juni – Mitte Aug. tgl. 9.30 – 16.30 Uhr).

★
**Lion Country Safari**

⏱

Nördlich von Palm Beach verlässt man endgültig das Einzugsgebiet von ►Miami bzw. die sog. Gold Coast. Auf den nächsten 80 mi/130 km weist die Küste zwischen einzelnen Städten, Seebädern und nagelneuen Rentner-Refugien erstaunlich breite und kaum bebaute Lücken. Der Boom, der die »Gold Coast« während der letzten Jahrzehnte überrollte, erreichte diesen »Treasure Coast« genannten Abschnitt nur in stark abgeschwächter Form.

**Treasure Coast**

Auf Singer Island, einer leider größtenteils verbauten Barriere-Insel, bietet der hinter Dünen gelegene **John D. MacArthur Beach State Park** gute Bade- und Wandermöglichkeiten sowie ein Nature Center, das über die hochempfindliche Umwelt informiert (10900 State Rd. 70; Öffnungszeiten: tgl. 8.00 – Sonnenuntergang).

**Singer Island**

⏱

Das Seebad Juno Beach (3300 Einw.) ist ein typisches Senioren-Domizil: Während der Wintermonate verdreifacht sich hier die Einwohnerzahl. Die Siedlung mit dem schönen Badestrand wurde damals von Flaglers Eisenbahn umgangen, weil der Eisenbahn-Magnat nicht mit den Betreibern der hiesigen Bahnlinie handelseinig wurde. Juno Beach verpasste so seine Entwicklung zur Millionärsenklave.

★
**Juno Beach**

◄ weiter auf S. 326

*Henry B. Plant*

*Henry M. Flagler*

# WEICHENSTELLER FÜR DIE WIRTSCHAFT

**Florida wäre nie geworden, was es heute ist, hätten nicht drei Männer und eine Frau im 19. Jh. im wahrsten Sinne des Wortes die Weichen gestellt. Mit dem Eisenbahnbau schufen sie die Voraussetzungen für den Aufstieg der sumpfigen Halbinsel zum Touristenparadies.**

Die Idee stammte von **US-Senator Yulee:** Bereits kurz vor dem Amerikanischen Bürgerkrieg ließ er die **erste Bahnstrecke** vom Atlantikhafen Fernandina quer durch Nordflorida zum Golfküstenhafen Cedar Key legen, um Zedernholz, Zuckerrohr und Baumwolle transportieren zu können.

Kleinere Unternehmer zogen nach und legten eigene Bahnlinien an, die aber nicht miteinander verbunden wurden.

## Henry M. Flagler

Als der Geschäftsmann **Henry M. Flagler** 1879 Florida besuchte – seine kranke Frau sollte sich hier erholen – erkannte er die **Marktlücke**. Florida galt zwar seinerzeit bereits als Geheimtipp bei wohlhabenden Erholungssuchenden, nur die Anreise war ziemlich beschwerlich und es gab keine angemessenen Unterkünfte. Flagler, der zusammen mit John D. Rockefeller im Ölgeschäft reich geworden ist, verfügte über die finanziellen Mittel, um Florida zu erschlie-

ßen. Er kaufte bereits bestehende Bahnlinien auf und verband sie miteinander. So schuf er entlang der Ostküste der USA ein zusammenhängendes Schienennetz. An besonders schönen Stelle, so etwa in **St. Augustine**, ließ er elegante Luxushotels im mediterranen Stil errichten. 1894 erreichten Flaglers Bahnbauer den zauberhaften **Palm Beach**. Flagler kaufte ein bereits bestehendes Hotel auf und ließ es zum legendären »The Breakers« ausbauen. Flaglers Saat ging auch hier auf: Wohlhabende aus dem kalten Nordosten der USA fuhren jetzt zu Tausenden nach Florida.

## Julia Tuttle lockt Flagler

Der **Winter 1895** versetzte dem Florida-Tourismus einen herben Rückschlag. Anhaltende Fröste vernichteten nicht nur die Ernte auf den Zitrusplantagen, sondern vertrieben auch die Gäste. Dies war die Stunde der in Südflorida am Miami River ansässigen Plantagenbesitzerin **Julia Tuttle**, die Flagler schon mehrfach

*22. Januar 1912: Flaglers Eisenbahn erreicht Key West.*

erfolglos gebeten hatte, seine Eisenbahn weiter nach Süden voranzutreiben. Sie schickte ihm einen Strauß **blühende Orangenzweige** – und überzeugte ihn. Julia Tuttle und Henry M. Flagler wurden Geschäftspartner. Im April 1896 erreichte der erste Zug die damals noch recht kleine Siedlung **Miami**. Damit begann deren unaufhaltsamer Aufstieg zur Metropole Floridas. Aber Flaglers Elan war nicht zu bremsen: Er ließ seine »East Cost Railroad« als »Overseas Railroad« weiter nach Süden und über die Keys hinweg bis nach Key West vorantreiben, wobei aufwändige Brückenbauten realisiert werden mussten. Am 22. Januar 1912 erreichte Flagler mit dem ersten Zug Key West. Dieses Unternehmen hatte etliche Millionen gekostet und über 700 Arbeiter waren ums Leben gekommen. Aber jetzt konnte man von New York bis Key West durchfahren. Doch dann dies: Am Labour Day 1935 zerstörte ein **Hurrikan** den Schienenweg über die Keys und wehte zudem einen vollbesetzten Zug ins Meer. Danach wurde diese Bahnstrecke nicht wiederhergestellt.

## Henry B. Plant

Was Flagler an der Ostküste erfolgreich schuf, gelang **Henry B. Plant** an der Golfküste. Wie Flagler erkannte auch er das touristische Potenzial Floridas bei einem Kuraufenthalt seiner Frau. Er erschloss **Floridas Südwesten** und wickelte von Tampa aus Transporte nach Key West und Kuba ab. Mit seinen komfortablen Zügen und Hotels lockte er viele Touristen an die für ihre traumhaften Strände und für ihren langen Sonnenschein bekannte Golfküste. Schon 1895 war er Gebieter über ein Schiennetz von gut 2400 Kilometern.

## Und heute?

Die große Zeit der Eisenbahn ist mittlerweile Geschichte. Zwar fahren auch heute noch Züge von New York bzw. Washington nach Orlando und Miami, doch reisen heute die meisten Touristen mit dem Flugzeug oder dem eigenen Auto in den »Sunshine State«. Nur einige kürzere Teilstrecken sind in jüngerer Zeit für den Museumsbahnbetrieb reaktiviert worden – für eine nostalgische Fahrt ins Grüne.

**Marine Life Center of Juno Beach ►**

Zwischen Mai und September veranstaltet das hervorragende Marine Life Center of Juno Beach (14200 US 1; Öffnungszeiten: Mo. – Sa. 10.00 – 17.00, So. 12.00 – 16.00 Uhr) im **Loggerhead Park** Führungen zu Nistplätzen von Meeresschildkröten. Die urweltlichen Tiere gehen im Juni und Juli hier an Land, um ihre bis zu 100 Eier in tiefen Sandgruben zu verscharren.

**✱ Jupiter**

7 mi/11 km weiter nördlich liegt das Seebad Jupiter (50 000 Einwohner). Wahrzeichen ist das weithin sichtbare, aus roten Ziegeln errichtete **Jupiter Lighthouse** (500 Captain Arrows Way; Öffnungszeiten: Di. – So. 10.00 – 17.00 Uhr). Es stammt noch aus dem Jahre 1860 und gilt als Keimzelle der Stadt. Einen Besuch verdient das **Loxahatchee River Historical Museum** (805 US-1; Öffnungszeiten: Di. – So. 10.00 – 17.00 Uhr), das sich mit dem harten Alltag der ersten weißen Siedler auseinandersetzt.

**Burt Reynolds Ranch ►**

Manche steigen allerdings nur aus einem Grund aus: Burt Reynolds! Das 1999 auf der Ranch des beliebten Hollywood-Schauspielers gegründete **Burt Reynolds and Friends Museum** bewahrt Erinnerungen an Burt-Reynolds-Filme auf, darunter auch das Kanu aus »Beim Sterben ist jeder der Erste«, und zeigt auch »Reliquien« berühmter Reynolds-Kumpane, so etwa von Baseball-Legende Mickey Mantle signierte Bälle und Boxhandschuhe von Muhammad Ali (100 N. US-1; Öffnungszeiten: Fr. – So. 12.00 – 16.00 Uhr).

**Jupiter Island**

Jenseits des Jupiter Inlet, auf der schönen Barriere-Insel Jupiter Island, lohnt das **Blowing Rocks Preserve** (574 S. Beach Rd.; Öffnungszeiten: tgl. 9.00 – 16.30 Uhr) einen Abstecher. An diesem Küstenabschnitt steht poröser Korallenkalk an. Die Flut oder hoher Seegang pressen Meerwasser durch Löcher und Röhren im Gestein und erzeugen bis zu 15 Meter hoch spritzende Fontänen.

**✱ Hobe Sound National Wildlife Refuge**

Ca. 7 mi/11 km weiter nördlich erstreckt sich ein wunderschönes Naturschutzgebiet am Hobe Sound. Hier gibt es außer einem herrlichen Strand und einer imposanten Dünenlandschaft auch mehrere Quadratkilometer Salzwassermarsch im Urzustand. In dem Schutzgebiet kommen alljährlich im Sommer noch zahlreiche Meeresschildkröten an Land, um ungestört ihre Eier abzulegen.

**✱ Jonathan Dickinson State Park**

Wenige Meilen landeinwärts bietet der Jonathan Dickinson State Park (16450 SE Federal Highway; Öffnungszeiten: tgl. 8.00 Uhr bis Sonnenuntergang) ein gänzlich anderes Bild. Vom **Hobe Mountain**, einer gewaltigen Sanddüne, schweift der Blick über ein undurchdringliches Dickicht aus Kiefern- und Palmettogebüsch. Den Lauf des **Loxahatchee River** begleiten Mangrovenwälder und Zypressensümpfe. Das Schutzgebiet bietet zahlreichen gefährdeten Tierarten Unterschlupf, allen voran **Seekühen** und **Karettschildkröten.** Diese urig-harmlosen Geschöpfe beobachtet man am besten vom Kanu aus (Kanu-Verleih im Park).

# ★ Panama City ·
# Panama City Beach

**D 2**

**Region:** Northwest
**Einwohnerzahl:** 51 000

**Höhe:** 0 – 9 m ü.d.M.
**Telefonvorwahl:** 850

**Wer sich hier nach Museen und Galerien erkundigt, erntet verwunderte Blicke. In Panama City Beach, dem Zentrum der 30 km langen »Redneck Riviera«, dreht sich alles darum, wieviel Spaß man auf dem feinen Sandstrand und im warmen Meeresblau haben kann. Entsprechend unverhohlen signalisieren endlose Reihen gesichtsloser Hotelkästen ihren einzigen Daseinsgrund. Dem konnte auch die Ölpest im Golf von Mexiko im Sommer 2010 wenig anhaben.**

Doch eines muss man Panama City Beach zugute halten: Die Stadt hat auch nie versucht, etwas Besseres zu sein. Mit ihrer Schwesterstadt Panama City jenseits der St. Andrews Bay war sie bis 2010 Ziel von Millionen Erholungssuchender aus Alabama, Mississippi und Georgia. An den Stränden erholten sich die Südstaatler mit ihren Familien. Lange Zeit nannte man den Ort abschätzig »Baja Georgia« oder gar »Redneck Riviera«, denn hier holten sich stiernackige Muskelprotze einen heftigen Sonnenbrand. Und jeden Frühling (Spring Break) fielen Abertausende College-Studentinnen und -Studenten

**Redneck Riviera**

*An der »Redneck Riviera« tanzen im Frühling die Puppen.*

ein, um hier die Puppen tanzen zu lassen. Die **ausgelassenen Strandparties** wurden von Musiksendern in ganz Nordamerika übertragen. Entsprechend musste Abstriche machen, wer Kultur suchte und anspruchsvolle Unterhaltung. Panama City Beach besteht aus Sport-Bars mit Dutzenden Bildschirmen und altmodischen Motels, Go-Cart-Bahnen, Minigolf-Anlagen und hastig hochgezogen wirkenden Hotels. Der Highway US-98, der innerhalb der Stadtgrenzen **Front Beach Road** heißt, war und ist heute noch die Tag und Nacht belebte Magistrale, an der sich alles abspielt.

### Sehenswertes in Panama City & Beach

**Downtown Panama City**
Im Zentrum der umtriebigen Hafen- und Industriestadt Panama City sind einige historische Bauten nett hergerichtet. Hier gibt es auch ein paar gute Lokale. Am Ende der Harrison Avenue öffnet sich eine **Marina**, in der über 400 Jachten und Fischerboote Platz finden. Im **Junior Museum of Bay County** werden jungen Besuchern naturwissenschaftliche Phänomene ebenso nahegebracht wie die Kultur der früher in dieser Gegend ansässigen Indianer. Ferner ist die Hofstelle

## PANAMA CITY BEACH ERLEBEN

### AUSKUNFT
**Panama City Beach CVB**
17001 Panama City Beach Parkway
Panama City Beach, FL 32413
Tel. (850) 233-5070
www.visitpanamabeach.com

### ESSEN
#### ▶ Fein & teuer
① *Firefly*
535 Richard Jackson Blvd.
Tel. (850) 249-3359
Bestens zubereitete Speisen, umfangreiche Weinkarte

#### ▶ Erschwinglich
② *Boars Head*
17290 Front Beach Rd.
Tel. (850) 234-6628
Gutes Essen, exzellente Weine.

### ÜBERNACHTEN
#### ▶ Luxus
① *Edgewater Beach Resort*
11212 Front Beach Rd.

Tel. (850) 235-4044
www.edgewaterbeachresort.com
520 Apartments
Hier ist Erholung pur angesagt, mit eigener Badelandschaft, Wellness-Bereich und Golfplatz.

#### ▶ Komfortabel/Günstig
② *Quality Inn & Suites*
3602 West Hwy. 98
Tel. (805) 522-5200
www.qualityinn.com 52 Zimmer
Ordentliche moderne Herberge in Panama City, nicht weit vom Campus der Universität.

③ *Gulf Crest Beach Resort*
8714 Surf Drive
Tel. (866) 672-0006
www.gulfcrestbeachresort.com
Riesige und etwas unpersönlich wirkende Ferienanlage mit zwei Pools, Spa und diversen anderen Annehmlichkeiten. Die Apartments sind recht geräumig.

## *Panama City* Orientierung

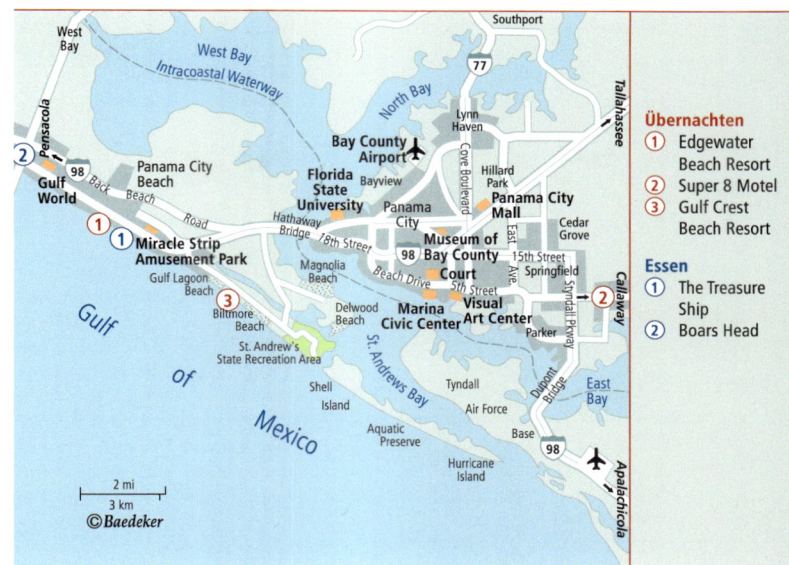

**Übernachten**
① Edgewater Beach Resort
② Super 8 Motel
③ Gulf Crest Beach Resort

**Essen**
① The Treasure Ship
② Boars Head

eines Pioniersiedlers aus dem 19. Jh. mit Scheune und Räucherkammer rekonstruiert (1731 Jenks Ave.; Öffnungszeiten: Mo.–Fr. 10.00 bis 17.30, Sa. 10.00–16.00 Uhr).

Hoch her geht es Tag und Nacht auf dem Miracle Strip von Panama City Beach mit seinen Freizeiteinrichtungen, Bars, Discos und sonstigen Attraktionen. Hier hat zu Beginn des 20. Jh.s die touristische Entwicklung ihren Anfang genommen. Vor allem zur Zeit der »Spring Break« treffen sich hier Abertausende junger Leute aus Alabama, Georgia und anderen Bundesstaaten zu ausgelassenen Parties. Gleich mehrere Vergnügungsparks, darunter auch das Spassbad **Shipwreck Island Water Park,** ziehen Jung und Alt in ihren Bann. Wer genug hat von Riesenwasserrutschen, Bungee Jumping und Achterbahnen kann auf der langen **City Pier** oder von den in den Sanddünen verlaufenden Plankenwegen aus imposante Sonnenuntergänge genießen.

★ **Miracle Strip**

Der als subtropischer Garten angelegte Aquapark zeigt **Delfine, Seelöwen, Seeotter und Haifische** in ihrem natürlichen Element. Die Delfin-Shows ziehen immer viel Publikum an. Wer will, darf gegen Aufpreis zu den possierlichen Meeressäugern ins Wasser steigen (15412 Front Beach Rd.; Öffnungszeiten: tgl. ab 9.00 – 17.30, Juni, Juli, Aug. bis 19.30, Dez. geschlossen).

**Gulf World Marine Park**

**Museum of Man in the Sea**

Wie das Nervenkostüm früherer Taucher beschaffen gewesen sein muss, darüber mag man beim Bummel durch dieses interessante Museum spekulieren! Von alten **Taucherglocken** über **Taucherhelme aus dem 18. Jh.** bis zu klaustrophobisch engen Taucheranzügen aus der Zeit vor dem Zweiten Weltkrieg dokumentiert die vom Institute of Diving geführte Ausstellung das Bestreben des Menschen, unter Wasser zu leben und zu arbeiten (17314 Panama City Beach Parkway; Öffnungszeiten: Di. – So. 10.00 – 16.00 Uhr).

**✳ St. Andrews State Park**

Das am Ostende des Panama City Beach liegende Naturschutzgebiet besitzt die schönsten vier Kilometer Sand der »Redneck Riviera«. 1951 gegründet, war das Gelände zuvor militärisches Sperrgebiet. Heute kann man hier nachvollziehen, wie dieser Küstenabschnitt vor dem Aufkommen des Massentourismus ausgesehen hat. Spaziergänger können den durch Dünen und Salzwassermarschen führenden **Heron Pond Trail** begehen und dabei Kraniche sowie Ibisse beobachten (4607 State Park Lane; Öffnungszeiten: tgl. 8.00 Uhr bis Sonnenuntergang).

> ! **Baedeker** TIPP
>
> **Sonne pur ...**
>
> ... gibt es am 10 km langen Strand auf Shell Island, einem paradiesischen Inselchen in der St. Andrew's Bay. Man erreicht es ab dem St. Andrew's State Park per Boot (tgl. 10.00 bis 17.00 Uhr alle 30 Min.; Winterpause).

## Umgebung von Panama City Beach

**Ausflugsziele**

Reizvolle und leicht erreichbare Ausflugsziele in der näheren Umgebung sind die weiter nordwestlich liegenden Seebäder **Seaside** und **Grayton Beach** (► Fort Walton Beach, Umgebung), die eine Autostunde nordöstlich gelegenen **Florida Caverns** (►Marianna) und das historische Städtchen ►**Apalachicola** im Südosten.

# ✳✳ Pensacola

**B 2**

| | |
|---|---|
| **Region:** Northwest | **Höhe:** 0 – 12 m ü.d.M. |
| **Einwohnerzahl:** 54 000 | **Telefonvorwahl:** 850 |

**Weiße Strände, angenehme Temperaturen und eine gastfreundliche Südstaaten-Atmosphäre waren bis zur Ölpest im Jahre 2010 die Trümpfe dieser Stadt am äußersten Westzipfel des Florida Panhandle. Und seit sie ihre historische Altstadt restauriert hat, entdeckten auch Touristen, dass Pensacola mehr ist als ein Luftwaffenstützpunkt am Golf von Mexiko.**

**Eine der ältesten Städte der USA**

Um Haaresbreite wäre Pensacola – und nicht ►St. Augustine oder Jamestown (Virginia) – als älteste Stadt der USA in die amerikanischen

*Kolonialspanische Architektur am Seville Square in Pensacola*

Geschichtsbücher eingegangen. **Spanische Konquistadoren** wussten im 16. Jh. den Naturhafen der von den Barriere-Inseln Perdido Key und Santa Rosa Island geschützten Pensacola Bay zu schätzen. 1559 ging Don Tristan de Luna mit Soldaten und Kolonisten an Land. Drei Jahre später vernichtete ein Hurrikan die Siedlung, die nicht wieder aufgebaut wurde. Ernst mit der Kolonisierung wurde es zu Beginn des 18. Jh.s, als die Spanier das **Castillo San Carlos de Austria** anlegten. Während des Spanisch-Französischen Krieges wechselte Pensacola mehrmals den Besitzer. 1763, am Ende des Siebenjährigen Kriegs, kam es an die Briten, doch schon 1781 kehrten die Spanier zurück. In der Folgezeit wurde Pensacola ein sicherer Hafen für Piraten, entlaufene Sklaven und vertriebene Indianer. 1821 spürte man in Pensacola kurz den Hauch der Geschichte, als Florida hier an die USA übergeben wurde. ◀ Mehrfacher Besitzerwechsel

Die USA bauten den Hafen zum Marinestützpunkt aus. Während des Bürgerkrieges spielte das von Unionstruppen gehaltene Fort eine wichtige Rolle bei der Blockade der Südstaaten. Den Wiederaufbau nach dem Krieg erleichterte ein Holzboom, der allerdings schon um 1900 wieder vorüber war. Die kommerzielle Fischerei schob sich nun als Wirtschaftsfaktor vorübergehend in den Vordergrund, bis das Militär mit seinem neuen Stützpunkt für Marineflieger die Weichen für die moderne Entwicklung der Stadt stellten. ◀ Marinestützpunkt

Heute ist Pensacola das wirtschaftliche Zentrum der Region und dank seiner Lage bzw. seines kulturellen Erbes ein gern besuchtes Urlauberziel. Dabei profitiert es von der Nähe der Gulf Islands National Seashore mit ihren tollen Stränden, die allerdings 2010 schwer unter den Folgen der Deepwater-Horizon-Ölpest zu leiden hatten. ◀ Wirtschaftliches Zentrum

# ● PENSACOLA ERLEBEN

## AUSKUNFT

*Pensacola Visitor*
*Information Center*
1401 E. Gregory Street
Pensacola, FL
Tel. (800) 874-1239
Fax (850) 432-8211
www.visitpensacola.com

## STADTBESICHTIGUNG

Warum Pensacola oft auch die »Five Flags City« genannt wird, erfährt man während einer Fahrt mit dem vom Visitor Center aus startenden Trolleybus durch alle touristisch interessanten Quartiere (tgl. 11.00 und 13.00 Uhr).

## EVENT

*Fiesta of the Five Flags*
Alljährlich Ende Mai wird im alten Stadtzentrum ausgiebig gefeiert. Höhepunkt der Festlichkeiten ist die Landung des ersten Stadtgründers Don Tristán de Luna am weißen Sandstrand von Pensacola Beach und seine Begrüßung durch den Indianerhäuptling Mayoki.

## ESSEN

### ► Fein & teuer
*Jackson's Steakhouse*
400 S. Palafox Street
Tel. (850) 469-9898
Das derzeit feinste Restaurant am Ort bietet eine innovative »Southern Cuisine«.

### ► Erschwinglich
*Dharma Blue*
300 S. Alcaniz Street
Tel. (850) 433-1275
Bekömmliche »Fusion Cuisine« und exzellente Sushi gibt es am Seville Square. Besonders hübsch ist es auf der Terrasse.

### ► Preiswert
*Flounder´s Chowder House*
800 Quietwater Beach Rd.
Tel. (850) 932-2003
Hier gibt es frischen Fisch und frische Meeresfrüchte – und gratis dazu draußen auf der Terrasse einen herrlichen Sonnenuntergang.

## ÜBERNACHTEN

### ► Komfortabel

## *Baedeker-Empfehlung*

*The Portofino*
10 Portofino Drive
Pensacola Beach
Tel. (877) 484-3405
www.portofinoisland.com
Die 150 mit allem Komfort ausgestatteten Wohneinheiten verteilen sich auf mehrere Hochhäuser am Strand. Auf dem mehr als 100 ha großen zugehörigen Gelände gibt es gepflegte Gartenanlagen, Sportstätten, Restaurants und Cafes.

*Pensacola Grand Hotel*
200 E. Gregory Street
Tel. (850) 433-3336
Fax (850) 469-1417
www.pensacolagrandhotel.com
212 Zimmer und Suiten
Der 15-geschossige Bau bietet geräumige Zimmer. Originell: Als Lobby dient ein historisches Bahndepot.

### ► Günstig
*Seville Inn & Suites*
223 E. Garden Street
Tel. (850) 433-8331
126 Zimmer
Schlicht eingerichtete Zimmer in der Nähe der historischen Stadtquartiere.

## Sehenswertes in Pensacola

Was für ein Menschenmix! Als Pensacola Ende des 17. Jh.s allmählich den Kinderschuhen entwuchs, war es Treffpunkt von Indianern, schwarzen Ex-Sklaven, weißen Siedlern unterschiedlichster Herkunft und allem möglichen Seefahrer-Volk aus der Karibik. An den Hafenmolen des Seville District östlich der Palafox Street gingen sie ihrem Gewerbe nach. Die Erfolgreichsten hinterließen in dem von Government Street, Adams Street, Tarragona Street und Alcanz Street begrenzten Quartier zum Teil prächtige Residenzen.

✳
**Seville District**

Etwa zwei Dutzend liebevoll restaurierte Bauten bilden heute als Historic Pensacola Village die größte Attraktion der Stadt. Spanische, kreolische und kolonial-britische Architektur prägen das Ensemble. So ist das 1871 erbaute **Dorr House** (311 Adams St.) ein seltenes Beispiel für den Greek-Revival-Style in Florida. Das Lavalle House (205 E Church St.) wurde 1805 von Carlos Lavalle im sog. French-Creole-Style gebaut und enthält Mobiliar aus dieser Zeit. Das **Julee Cottage** (210 E Zaragoza St.), ein unscheinbares, etwas windschiefes Holzhaus, stammt aus dem Jahr 1804 und gehörte Julee Panton, einer freigelassenen schwarzen Sklavin. Ein paar Meter weiter widmet sich das in einem alten Eisenbahnwaggon untergebrachte **Museum of Industry** (120 E Church St.) der Entwicklung des Gewerbes in diesem Teil Floridas. Gleich daneben zeigt das in einem um 1890 errichteten Lagerhaus untergebrachte **Museum of Commerce** (120 E Church St.) die Entwicklung des Transportwesens anhand einer rekonstruierten Straßenszene um 1890. Ebenfalls benachbart ist das zweistöckige **Lear-Rocheblave House** (214 E. Zaragoza St.) aus dem Jahre 1890, ein schönes viktorianisches Haus mit umlaufenden Veranden. Ein paar Blocks entfernt beschäftigt sich das **Pensacola Historical Museum** mit der wechselhaften Stadtgeschichte (115 E Zaragoza St.; Öffnungszeiten: Di. – Sa. 10.00 bis 16.00 Uhr).

✳
**Historic Pensacola Village**

**? WUSSTEN SIE SCHON …?**

■ Wegen des häufigen Machtwechsels in der Vergangenheit wehten fünf verschiedene Flaggen über Pensacola, weshalb die Stadt auch als »City of the Five Flags« bekannt ist. Die Flagge wechselte insgesamt dreizehn Mal!

Das historische Geschäftsviertel von Pensacola reicht vom Hafen bis zur Wright Street landeinwärts. Viele der schönen Häuser erinnern an New Orleans: Schmiedeeiserne Balkone zieren die Straßenseiten, Passanten wandeln unter Schatten spendenden Arkaden. Spanische Neorenaissance und mediterraner Stil herrschen vor, vor allem am **Palafox Square**, dem Herzen des alten Stadtzentrums. Hier verdient das 1925 eröffnete **Saenger Theater** (118 Palafox St.) eine kurze Visite. Mit seiner opulenten Terrakotta-Ornamentik ist es ein schönes Beispiel des spanischen Neobarocks. Steht die Tür offen, sollte man hineingehen. Drinnen geht es noch prachtvoller zu!

✳
**Palafox Historic Business District**

**Civil War Soldiers Museum**

Nur wenige Schritte weiter bietet sich eine in Florida seltene Gelegenheit, etwas über den Bürgerkrieg zu erfahren. Das Civil War Soldiers Museum enthält die Kollektion eines Arztes aus Pensacola und dokumentiert den Alltag der Rekruten und die Rolle der Stadt während der blutigen Auseinandersetzung (108 S Palafox Place; vorübergehend geschlossen).

**T.T. Wentworth Jr. Florida State Museum**

Dieses an der Plaza Ferdinand gelegene Museum ist in einem 1907 errichteten Neorenaissance-Palast mit roten Ziegeldächern untergebracht. Es beschäftigt sich mit der Geschichte des Florida Panhandle. Das **Jefferson-Denkmal** vor dem Museum erinnert an den amerikanischen General und Haudegen, der Florida 1821 auf diesem Platz von den Spaniern übernommen hat.

## Umgebung von Pensacola

**★ ★**

**National Museum of Naval Aviation**

Man kommt nicht umhin, beeindruckt zu sein: Dies ist eines der größten und interessantesten Luft- und Raumfahrtmuseen der Welt. Auf dem Gelände der **Naval Air Station** (NAS) wenige Meilen südwestlich vom Stadtzentrum stehen und hängen in Hallen und Hangars über 100 Flugzeuge aus fast 100 Jahren amerikanischer Marinefliegerei. Die Palette reicht vom uralten **Doppeldecker** aus dem Ersten Weltkrieg bis zu **Hornet-Jägern**, die noch vor wenigen Jahren im

*Fürs Museum ausgemusterte Jets der legendären »Blue Angels«*

Nahen Osten im Einsatz waren. Flugboote, der Kommandoturm eines Flugzeugträgers, die tiefblauen Jets der berühmten **Kunstflugstaffel »Blue Angels«** sowie die **Kommandokapsel des Raumlabors »Skylab«,** die von Marinepiloten geflogen wurde, sind Highlights der Ausstellungen. Ein visueller Leckerbissen ist auch das **IMAX-Kino**, in dem man den Flugalltag eines Jetpiloten miterleben kann (1750 Radford Blvd.; Öffnungszeiten: tgl. 9.00 – 17.00 Uhr).                    ⊕

★
**Fort Barrancas**

So wichtig war den Herren Pensacolas der Naturhafen, dass sie vier Festungen bauten, um ihn vor fremdem Zugriff zu schützen. Das Fort Barrancas, auf einer Klippe am Hafeneingang gelegen und hinüber nach Perdido Key und Santa Rosa Island blickend, wurde zwischen 1834 und 1844 von US-Truppen auf dem Fundamenten englischer und spanischer Befestigungen errichtet und kann heute im Anschluss an einen Besuch des National Museum of Naval Aviation (s. oben) besichtigt werden (Öffnungszeiten: März – Okt. tgl. 9.30 bis   ⊕
16.45, Nov. – Feb. tgl. 8.30 – 15.45 Uhr).

★★
**Santa Rosa Island, Perdido Key**

Vor Pensacola erstreckt sich feiner, ursprünglich herrlich weiß bis silbern schimmernder Sand zweier Barriere-Inseln – Perdido Key und das nur wenige hundert Meter breiten, dafür jedoch rund 50 mi/80 km lange, bis nach ▶Fort Walton reichende Santa Rosa Island. Abschnitte besonderen ökologischen oder historischen Interesses sind als **Gulf Islands National Seashore** geschützt.

◀ Ölpest 2010

Doch am 20. April 2010 explodierte nicht weit südwestlich von hier vor dem Mississippi-Delta die Tiefbohr-Plattform »Deepwater Horizon«. Seither strömen täglich Millionen Liter Öl ins Meer. Öllachen und Teerklumpen verschmutzten die bislang herrlich weißen Strände. Das Baden im Meer musste für längere Zeit untersagt werden.

◀ Pensacola Beach

Von Pensacola geht die Fahrt zunächst über die knapp 3 mi/5 km lange **Pensacola Bridge** hinüber in den weitläufigen Vorort **Gulf Breeze** auf der Landzunge zwischen Bay und Golf. Von dort aus führt eine kürzere Brücke hinüber nach **Santa Rosa Island**. Gleich hinter dieser Brücke beginnt – unüberseh- und -hörbar – das Seebad **Pensacola Beach**, eine wirklich endlos erscheinende, am früher weißen **Sandstrand** aufgereihte Kette von Snack Bars, Restaurants, Tavernen, Hotels, Motels, riesigen Apartmentbauten, T-Shirt-Ständen sowie Fahrrad- und Surfboard-Verleihern. Und dann gibt es hier noch eine 400 m lange **Pier.**

★
◀ Fort Pickens

Am Westende von Santa Rosa Island wacht das trutzige, auf weißem Sand erbaute Fort Pickens. Die 1834 vollendete **Festung** bewachte mit dem gegenüber auf Perdido Island liegenden Fort McRee und Fort Barrancas auf dem Festland den Eingang zum Hafen. Ihre auch heute noch gewaltigen Ruinen, vor allem die finsteren Gänge und Höfe, verdienen einen näheren Blick. Sie erinnert an den berühmtesten Häftling von Fort Pickens: Von 1886 bis 1888 war der **Apachen-Häuptling Geronimo** mit siebzehn seiner Krieger hier eingekerkert (Führungen: tgl. 14.00 Uhr).                                    ⊕

★
**Blackwater River
State Forest**

Milton ►

Das sich nur 20 Autominuten nordöstlich von Pensacola erstreckende Waldgebiet ist berühmt für seine Flüsse Juniper Creek, Sweetwater Creek, Coldwater River und Blackwater River. Diesen Umstand machte sich das Städtchen Milton am Südrand des Waldgebietes zunutze, indem es sich zur **»Kanu-Hauptstadt Floridas«** ausrief. Tatsächlich sind Paddeltouren auf den durch unberührte Mischwälder mäandrierenden Flüssen ein Genuss. In Milton gibt es einige Veranstalter, die Kanus und Kajaks nicht nur vermieten, sondern auch ein- und mehrtägige geführte Touren anbieten.

★ # Perry

**F 2**

| | |
|---|---|
| **Region:** North Central | **Höhe:** 13 m ü.d.M. |
| **Einwohnerzahl:** 7 000 | **Telefonvorwahl:** 850 |

**Auf dem Weg in den Panhandle liegt ein Stück altes Florida. Nicht Eisenbahnbarone und ihre reichen Freunde waren es, die das Land hier erschlossen, sondern kleine Farmer und Tagelöhner, die so genannten »Florida Crackers«. In Perry gedenkt ein Museum auch derer, die dabei geholfen haben, Florida urbar zu machen.**

Die Stadtväter nennen ihren Ort nicht unbescheiden »Tree Capital of the South«. Damit erinnern sie an die bedeutende Rolle Perrys während des Holzbooms um 1900. Ende des 19. Jh.s hatte man den Holzreichtum der Region erkannt, die 1857 gegründete Siedlung war Zentrum der Holzverarbeitung geworden. Ein anderes bedeutendes Waldgewerbe war seinerzeit die Terpentingewinnung. Doch schon Ende der 1930er-Jahre waren die Wälder großflächig abgeholzt. Sägewerke und Papierfabriken mussten schließen, viele Einwohner wanderten ab. Heute hält die US-98 den Ort am Leben: Mit seinen Motels am Highway ist Perry für Touristen auf dem Weg nach Süden ein willkommenes Etappenziel.

**? WUSSTEN SIE SCHON …?**

■ Als »Cracker« bezeichnete man die ersten weißen Siedler in Florida. Der Ausdruck »Cracker« rührt vom Peitschenknallen her, mit dem die damaligen oftmals nicht sehr wohlhabenden Pioniere ihr Vieh und ihre Ochsengespanne antrieben.

## Sehenswertes in Perry und Umgebung

★
**Forest Capital
State Museum &
Cracker Home-
stead**

Das 1973 in einem duftenden Waldpark südlich der Stadt eröffnete Museum gewährt Einblicke in die **Entwicklung der Forstwirtschaft und der Holzindustrie** Floridas. Die wichtigsten Baumarten werden ebenso vorgestellt wie eine breite Palette von Erzeugnissen aus Holz bzw. aus Holzfasern und Baumharz. Ausstellungsschwerpunkte sind die Geschichte der hiesigen Forstwirtschaft und der früher weit verbreiteten Terpentingewinnung. Neben dem Museum steht eine **rekonstruierte »Cracker Homestead«** mit dazugehörigen Nebenbauten. 1863 hat sich also hier eine Pionierfamilie niedergelassen, die ihren Lebensunterhalt in den für diese Gegend typischen Waldgewerben verdiente. Das Haupthaus ist ein recht einfaches Blockhaus mit einer für den amerikanischen Süden ganz typischen Veranda und einem Küchenanbau. Das ganze Anwesen ist von einer Holzpalisade umgeben (204 Forest Park Dr., US 19/27A/98; Öffnungszeiten: Do. bis Mo. 9.00 – 12.00 u. 13.00 – 17.00 Uhr).

Ein reizvoller Abstecher führt über die CR-361 südwärts an die hier noch ziemlich **wenig erschlossene Golfküste**, die heute noch als »Lost Coast« (»Vergessene Küste«) bezeichnet wird. Nach rund 20 mi/36 km erreicht man den schönen Keaton Beach mit einem sehr beliebten Ausflugslokal. Nach weiteren 20 mi/36 km gelangt man in die noch ziemlich verträumte Holzmacher- und Fischersiedlung Steinhatchee (800 Einw.) an der Mündung des gleichnamigen Flusses, der ein **Eldorado für Sportangler** ist. Steinhatchee entstand in den 1870er-Jahren, als erste Siedler die im Hinterland geschlagenen Zedernstämme zusammenbanden und dann an der Küste entlang nach ▶Cedar Key flößten. Inzwischen hat hier auch der Tourismus Fuß gefasst.

**✱ Keaton Beach, Steinhatchee**

#  PERRY ERLEBEN

## AUSKUNFT

*Perry-Taylor County Chamber of Commerce*
428 N. Jefferson Street
Perry, FL 32347
Tel. (850) 584-5366
www.taylorcountychamber.com

## EVENT

Im Oktober findet das »Florida Forest Festival« statt mit diversen Darbietungen zum Thema Wald (u.a. Wett-Sägen), Ausstellungen und Musik.

## ESSEN

### ▶ Erschwinglich/Preiswert

*Roy's Restaurant*
Steinhatchee, 100 1st Ave SW
Tel. (352) 498-5000
Beliebter Treffpunkt von »Locals« und Touristen. Hier gibt es eine Riesen-Salatbar und gute Fischgerichte.

## ÜBERNACHTEN

### ▶ Komfortabel

*Steinhatchee Landing Resort*
203 Ryland Circle
Steinhatchee, FL 32359
Tel. (352) 498-3513
www.steinhatcheelanding.com
29 urgemütliche Cottages im Cracker-Stil.

### ▶ Günstig

*Days Inn Perry*
2277 S. Byron Butler Parkway
Perry, FL 32348
Tel. (850) 584-5311
www.daysinn.com
60 Zimmer
Zentral gelegenes Motel mit geräumigen und gut ausgestatteten Zimmern sowie schönem Swimming Pool im Freien.

# ★ ★ St. Augustine

**Region:** Northeast  **Höhe:** 0 – 10 m ü.d.M.
**Einwohnerzahl:** 13 000  **Telefonvorwahl:** 904

**Die schön herausgeputzte alte Stadt an der Matanzas Bay empfängt den Besucher mit offenen Armen. Vor allem Gäste aus Europa empfinden das so. In seiner palmenbestandenen Altstadt, die ebensogut in Spanien oder Mexiko angelegt sein könnte, fühlen sie sich auf Anhieb wohl. Kein Wunder: St. Augustine ist die älteste Stadt Nordamerikas – und ihre Bewohner sind die Geschichtsbewusstesten im Sunshine State.**

**Älteste Stadt der USA**  Enge und gewundene Gassen, spanische Häuser mit gusseisernen Toren, durch die man in schattige Innenhöfe tritt, romantische Balkone und weitläufige, von Palmetto und moosbehängten Bäumen bestandene Plazas: St. Augustine lädt zu einer Zeitreise ein. Die beginnt bereits im Jahre 1513 mit **Ponce de León**. In jenem Jahr ging der spanische Seefahrer – angeblich, denn Beweise gibt es nicht – hier an »pascua florida« (Ostersonntag) an Land, nahm es für seinen König in Besitz und nannte es »Florida«. Doch erst als sich die Franzosen weiter nördlich bei ▶ Jacksonville niederließen, erinnerten sich die Spanier ihrer Erwerbung. Mit dem Auftrag, alle Protestanten in der Neuen Welt zu töten, ging General **Don Pedro Menéndez de Aviles** 1565 mit 600 Soldaten hier an Land. Nachdem er das Castillo de San Augustín gegründet hatte, zog er an der Spitze seiner Armee nach Norden, brannte das französische Fort Caroline nieder und löschte dessen gesamte Besatzung aus.

## Highlights *in St. Augustine*

### Castillo de San Marcos
Dieses Meisterwerk kolonialspanischer Festungsbaukunst wurde zum Schutz der Stadt und zur Sicherung des Seeweges der nach Spanien heimkehrenden Schiffe erbaut.
▶ Seite 340

### Old Town
Wunderschön herausgeputzt ist die historische Altstadt von St. Augustine, in der gleich mehrere hochinteressante Museen Besucher anlocken.
▶ Seite 340

### Old St. Augustine Village Museum
Nicht entgehen lassen sollte man sich einen Besuch dieses Museums. Es umfasst einen ganzen Block historisch interessanter Bauten aus verschiedenen Epochen der Stadtgeschichte.
▶ Seite 341

### Anastasia Island
Die von St. Augustine über die Bridge of Lions erreichbare Barrier-Insel kann mit wunderschönen Stränden aufwarten.
▶ Seite 347

In der Folgezeit entwickelte sich die spanische Niederlassung St. Augustine zum Verwaltungssitz der etwa dreißig spanischen Stützpunkte auf der Halbinsel Florida. Wiederholt geriet die Siedlung ins Visier beutelustiger Seeräuber. Einer der berühmtesten Piraten, **Sir Francis Drake**, plünderte die aufstrebende Kolonialstadt im Jahre 1586. John Davis, ein anderer Seeräuber, tötete 1668 gut fünf Dutzend Einwohner von St. Augustine. Als die Engländer ihre Siedlungen im 17. Jh. von Virginia aus nach Süden vorschoben, antworteten die Spanier in St. Augustine mit der Errichtung des Castillo San Marcos. Die trutzige Festung wehrte mehrere Belagerungen der Engländer ab.

Im Jahre 1763 wurde Florida vorübergehend britisch. St. Augustine, jetzt **Hauptstadt der britischen Kolonie East Florida**, erlebte den Zuzug britischer Loyalisten, die vor der Amerikanischen Revolution nach Süden flohen. 1783 fiel Florida wieder an die Spanier zurück. Angelockt durch recht großzügige Landtitel erwarben nun US-amerikanische Interessenten die von den königstreuen Engländern verlassenen Güter.

1821 wurde Florida amerikanisch und ▶ Tallahassee die neue Hauptstadt. St. Augustine geriet ins Abseits. Erst die Ankunft der »East Coast Railroad« des Eisenbahn-

**St. Augustine** *Orientierung*

Magnaten **Henry Flagler** weckte die Stadt aus ihrem Dornrös-chen-schlaf. 1883 besuchte Flagler die Stadt und erkannte deren touristisches Potenzial sofort: Wenig später erreichte seine Bahn die Stadt, Luxushotels schossen aus dem Boden, die Strände auf Anastasia Island wurden erschlossen. 1887 und 1914 vernichteten Stadtbrände viele historische Gebäude, doch die Weichen für die touristische Zukunft waren gestellt. Heute ist der Fremdenverkehr die wichtigste Einnahmequelle der Stadt und die Erhaltung des spanischen Erbes ihr wichtigstes Anliegen.

*Eine der Hauptattraktionen von St. Augustine ist das Castillo de San Marcos.*

## Sehenswertes in Old Town St. Augustine

**★★**
**Castillo de San Marcos**

Der Blick über die Kanonen hinweg auf die Matanzas Bay lässt Segel am Horizont auftauchen und verwegene Gestalten an Land springen: Die Besatzung der 1672 zum Schutz der Stadt und der von den Antillen nach Spanien heimkehrenden Gold-Flotten angelegten **Festung am Meer** sah jede Menge »Action«. Mit ihren vier Meter dicken, aus Coquina-Kalkstein von Anastasia Island errichteten Mauern und vier massiven Bastionen widerstand die Feste jedoch Piraten und Armeen. Über zwei Zugbrücken erreicht man das Haupttor, das in einen geräumigen Innenhof führt. Von hier aus gelangt man in die Mannschaftsquartiere und Vorratsräume, deren massive Gewölbe diverse Kanonaden überstanden. Heute sind hier kleine Ausstellungen zur spannenden Geschichte des Castillo zu sehen (1 E. Castillo Dr.; Öffnungszeiten: tgl. 8.45 – 17.15 Uhr).

**★★**
**Old Town**

Die Altstadt von St. Augustine konzentriert sich rund um die alte **Calle Real** bzw. die heutige **St. George Street**. Sie reicht vom nördlichen **Stadttor** unweit des **Castillo de San Marcos** bis zur **Plaza de la Constitución**. An der als Fußgängerzone ausgewiesenen St. George Street liegen Dutzende restaurierter Häuser aus kolonialspanischer Zeit. Gleich hinter dem Stadttor liegt das **Oldest Wooden Schoolhouse in the USA** (Nr. 14; Öffnungszeiten: tgl. 9.00 – 17.00, Fr., Sa. länger), einer Filmkulisse ähnlicher als der ältesten Schule des

Landes. Vor 1716 aus dem Holz der Rotzeder gebaut, wird es von Holznägeln zusammen- und von einem schweren Anker, an den 1937 besorgte Bürger das windschiefe Haus ketteten, am Boden gehalten. Denn der nächste Hurrikan kommt bestimmt!

Etwas südlich, an der Ecke George und Cuna Street, entführt das aus neun Gebäuden bestehende Museum (29 St. George St.) in den **Alltag um 1740**: »Echte« Schmiede stehen an der Esse, Handwerker zimmern Möbel, Kerzendreher bieten ihre Erzeugnisse feil. Sehenswert ist vor allem das **DeMesa-Sanchez-House** von 1740, das einzige noch original erhaltene Gebäude des Ensembles (43 St. George St.; Führungen: tgl. 9.00 – 16.45 Uhr).

◄ Spanish Quarter Museum

◔

Für viele Besucher ist die Casa Peña – Peck House ein bemerkenswertes Haus in der Altstadt. Es wurde nachweislich vor 1690 für den spanischen Kämmerer Juna de Peña erbaut und war während der britischen Periode Residenz des englischen Gouverneurs. Die Einrichtung stammt aus der Zeit des amerikanischen Südstaaten-Antebellum, d.h. aus dem frühen 19. Jahrhundert (143 St. George St./ Treasury St.; Öffnungszeiten: Mo. – Sa. 10.00 – 16.00 Uhr).

◄ Casa Peña – Peck House

◔

Zuletzt mündet die St. George Street in die Plaza de la Constitución. Der Platz, zur Bay hin offen, ist mit seinen Bänken unter alten Bäumen ein schöner Ort zum Ausruhen. 1598 wurde er nach dem überall in der spanischen Welt angewandten Schema angelegt, wonach jede neue Stadt rund um einen zentralen Platz erbaut werden sollte. Das Denkmal in der Mitte des Platzes wurde jedoch erst im Jahre 1813 enthüllt.

✳
**Plaza de la Constitución**

Die Westseite wird beherrscht vom Government House. Der einstige **Palast der spanischen Kolonialregierung** zeigt im Erdgeschoss Ausstellungen zur Stadtgeschichte und der verschiedenen Restaurationsphasen (Öffnungszeiten: Mo. – Fr. 10.00 – 16.30 Uhr).

◄ Government House

◔

Mehrmals erneuert und umgestaltet wurde auch die Cathedral-Basilica of St. Augustine, die **Bischofskirche der ältesten katholischen Diözese Nordamerikas**. Das schöne, 1797 im spanisch-maurischen Stil errichtete Gotteshaus nimmt die Nordseite der Plaza ein.

◄ Cathedral-Basilica of St. Augustine

Ein Highlight ist dieses einen ganzen Block einnehmende Freilichtmuseum. Das Ensemble besteht aus neun historischen Gebäuden, die an ihren originalen Standorten belassen sind. Sie wurden in der Zeit vom späten 18.Jh. bis zum frühen 20. Jh. errichtet und stehen so für einige wichtige Epochen der Stadtgeschichte. Das älteste Gebäude ist auch das interessanteste: Um 1790 erbaut, beherbergte das **Prince Murat House** Achille Murat, den Neffen Napoléons und Prinzen von Neapel. Vom postnapoleonischen Frankreich exiliert, bezog der Prinz 1824 dieses Haus und stieg danach wiederholt hier ab. Eine kleine Ausstellung enthält einen Briefwechsel zwischen Murat und Napoléon Bonaparte sowie einige nette Berichte über die schillernde Persönlichkeit des Prinzen (246 St. George St.; Öffnungszeiten: Di. bis Sa. 10.00 – 16.30, So. 11.00 – 16.30 Uhr).

✳✳
**Dow Museum of Historic Houses**

◔

# CASTILLO DE SAN MARCOS

**★★ Seit mehr als 300 Jahren wacht das mächtige Festungsbauwerk über die älteste kontinuierlich besiedelte Stadt der USA. Sie wurde von 1672 bis 1695 von den Spaniern zum Schutz der Stadt und zur Sicherung der aus dem karibischen Raum nach Spanien zurückkehrenden Gold- und Silberschiffe erbaut. Mit ihren bis zu vier Metern dicken Mauern aus widerständigem hiesigem Coquina-Kalkstein sowie mit ihren Kanonen- und Mörserdecks bot sie guten Schutz vor angreifenden Seeräubern und vor dem Beschuss anrückender feindlicher Truppen.**

Öffnungszeiten:
tgl. 8.45 – 17.15 Uhr

① **Kaimauer**
an der Hafeneinfahrt
(Matanzas River)

② **Ravelin**
Dieses dreieckige Vorwerk hatte
den Eingangsbereich zu schützen.

③ **Graben**
Er war normalerweise trocken,
konnte aber bei Gefahr geflutet werden.

④ **Äußere Zugbrücke**
Über diese Brücke erreicht man
das Vorwerk der Festung. Sie wurde
jeden Abend geschlossen.

⑤ **Innere Zugbrücke**
Einziger Zugang zur Festung
mit Fallgitter

⑥ **Südwestbastion**
(San Pedro Bastion)
mit Wachturm und
Kanonendeck

⑦ **Südostbastion**
(San Agustin Bastion)
mit Wachturm, Flaggenmast und
Kanonendeck

⑧ **Kanonen- und Mörserdeck**
Hier standen schwere, aus Bronze und
Eisen gefertigt Kanonen und Mörser

⑨ **Nordostbastion**
(San Carlos Bastion) mit hohem
Wach- und Glockenturm

⑩ **Plaza de Armas**
Innenhof; Waffen- und Exerzierplatz

⑪ **Festungskapelle**
westlich schließt ein rekonstruierter
»British Room« an, der mehr Personal
aufnehmen konnte als der ursprüngliche spanische Raum.

⑫ **Pulverlager**
Es wurde später auch als Warenlager
und Gefängnis genutzt.

Nordwestbastion
(San Pablo Bastion)
mit Wachturm

Die kolonialspani-
sche Flagge mit dem
Burgunderkreuz
weht am Mast.

In diesem Ofen
wurden Kanonen-
kugeln bis zur
Rotglut erhitzt.

Mörser

Zu besonderen Anlässen
treten auch heute noch
Kanoniere in Aktion.

Die innere Zugbrücke ist
der einzige Zugang zur
Festung.

© Baedeker

**Bridge of Lions**

★ Von der Kathedrale aus sieht man schon die beiden steinernen Löwen, die die Auffahrt zur fotogenen Bridge of Lions bewachen. Die im spanisch-maurischen Stil erbaute **Zugbrücke über die Bay** verbindet seit 1927 die Altstadt mit den Stränden auf Anastasia Island. Sie wird derzeit aufwändig restauriert.

**Spanish Military Hospital**

Südlich der Plaza warten weitere Attraktionen auf Besucher. Nichts für Zartbesaitete ist jedoch das Spanish Military Hospital. Anekdotenfeste Guides führen durch das aus der zweiten spanischen Kolonialperiode stammende **Militärkrankenhaus** und wissen zu allen chirurgischen Instrumenten schaurig-schöne Geschichten zu erzählen (3 Avíles St.; Öffnungszeiten: Mo. – Sa. 10.00 – 17.00, So. 12.00 – 17.00 Uhr).

**Oldest House – Casa González-Alvarez**

★ Das »Oldest House« von St. Augustine ist leicht zu erkennen an seinen draußen hängenden **vier Flaggen**, die während der letzten 400 Jahre über der Stadt geweht haben. Der aus mehreren Gebäuden bestehende Komplex umfasst die nach zwei Besitzern benannte **Casa González-Alvarez**, deren Anfänge ins Jahr 1702 zurückreichen, sowie ein Haus, in dem das **Manucy Museum of St. Augustine History** untergebracht ist. Hier sind alte Landkarten und Fotos und diverse Exponate aus kolonialspanischer Zeit ausgestellt (14 St. Frances St.; Öffnungszeiten: tgl. 9.00 – 17.00 Uhr).

**Lightner Museum**

★ Vom Südrand der Plaza de la Constitución führt die King Street aus dem kolonialspanischen Kern von St. Augustine hinaus weiter nach Westen. Nur ein paar Gehminuten hinter dem Government House liegt das Lightner Museum. Es ist im prachtvollen Ambiente der vom Eisenbahnmagnaten Flagler erbauten und während der Depression der 1930er-Jahre pleite gegangenen **Nobelherberge »Alcazar Hotel«** untergebracht.

In dem repräsentativen Gebäudekomplex sind die **Sammlungen des Chicagoer Verlegers Otto Lightner** ausgestellt, der das leer stehende Hotel 1948 erworben hat. Auf mehreren Etagen sind ägyptische Mumien ebenso zu sehen wie ausgestopfte Vögel, seltene Mineralien, historische Dampfmaschinen und automatische Musikinstrumente (75 King St.; Öffnungszeiten: tgl. 9.00 – 17.00 Uhr).

Flagler College ►

Erst einmal hier, sollte man sich auch nicht die kunstvoll bemalten **Tiffany-Fenster** des von einigen Türmchen bekrönten Flagler College schräg gegenüber entgehen lassen. Dieses Gebäude war einstmals das legendäre **»Ponce de León Hotel«**.

**Zorayda Castle**

Ebenfalls an der Südseite der King Street, aber jenseits der Granada Street, wurde im Jahre 1883 ein großer **Palast im maurischen Stil** erbaut. Vorbild war die Alhambra in Granada. Auch hier sind allerlei Altertümer ausgestellt, darunter ein über 2000 Jahre alter ägyptischer Teppich, der ein Katzenmotiv zeigt (83 King St.; Öffnungszeiten: Mo. – Sa. 10.00 – 17.00, So. 11.00 – 16.00 Uhr).

*Die Casa Gonzáles ist wohl das älteste Haus der USA.*

## Sehenswertes außerhalb der Old Town

Im Jahre 1513 – so wollen es Legende und Werbefachleute – ging Ponce de León hier, d.h. nördlich vom heutigen Castillo, an Land, um den **sagenumwobenen Brunnen der Ewigen Jugend** zu suchen. Die Quelle fand er zwar nicht, doch immerhin gruben Archäologen hier ein präkolumbischen Dorf der Timuacan-Indianer aus. Bei einer Führung bekommt man Gärten, Ausgrabungsorte und auch jenen Brunnen zu sehen, dessen Geschichte zu gut war, um ihn nicht zu rekonstruieren. Dementsprechend weist dieser Ort alle Merkmale einer Touristenfalle auf, ist aber bei allem Kitsch doch von rührendem Charme (11 Magnolia Ave.; Öffnungszeiten: tgl. 9.00 – 17.00 Uhr).

**Fountain of Youth Archeological Park**

Das Gelände der **ersten Missionsstation in Nordamerika** schaut auf den Intracoastal Waterway und ist ein schöner Ort zum Ausspannen. 1565 soll Pedro de Menéndez de Avíles hier an Land gegangen sein und mit seinen Priestern den ersten Gottesdienst der USA gefeiert haben. Neben einer Kirche und einem 63 m hohen Kreuz verdient die kleine Kapelle **Our Lady of La Leche** Beachtung. Sie ist wohl das älteste Marienheiligtum der USA (27 Ocean Ave.; Öffnungszeiten: tgl. 8.30 – 17.30 Uhr).

**Mission of Nombre de Dios**

> ### ! Baedeker TIPP
>
> #### Edle Tropfen
>
> Schon spanische Mönche zogen in dieser Gegend Weinreben. 1996 folgte ihnen die San Sebastian Winery, die seitdem Tafelweine, Sekt und Sherry produziert (157 King St.; Öffnungszeiten: Mo. bis Sa. 10.00 – 18.00, So. 11.00 – 18.00 Uhr).

# ● ST. AUGUSTINE ERLEBEN

## AUSKUNFT

**St. Augustine, Ponte Vedra & The Beaches VCB**
29 Old Mission Avenue
St. Augustine, FL 32084
Tel. (904) 829-1711
www.getaway4florida.com

## PARKEN

Parkplätze sind in St. Augustine ausgesprochen rar. Man sollte sein Fahrzeug in dem von kolonial-spanischer Architektur inspirier-ten Großparkhaus am Nordrand der Altstadt abstellen (6 S. Castillo Drive).

## STADTBESICHTIGUNG

Die »Old Town« genannte Altstadt ist gut zu Fuß zu erkunden. Das Visitor Center (10 Castillo Drive, Öffnungs-zeiten tgl. 8.30 – 17.30 Uhr) am großen Parkplatz am Nordrand der Altstadt bzw. beim Castillo des San Marcos hält Stadtpläne bereit. Dort starten auch »Sightseeing Trains« und Pferdedroschken.

## ESSEN

### ► Erschwinglich

① **Harry's Seafood Bar & Grill**
46 Av. Menendez
Tel. (904) 824-7765
Deftige und gut gewürzte Spezialitä-ten der Südstaaten-Küche und wun-dervolle Fischgerichte – inklusive Lobster und Shrimps – werden hier serviert.

② **O. C. White´s**
118 Av. Menendez
Tel. (904) 824-0808
Beliebter Treffpunkt von Einhei-mischen und Touristen, die sich hier »Coconut Shrimps« ebenso schmecken lassen wie »Caribbean Chicken« oder gar ein »Porterhouse Steak«.

### ► Preiswert

③ **Spanish Bakery**
St. Augustine Beach
42½ St. George Street
Tel. (904) 471-3046
Hier gibt es leckere Snacks und auch ein gutes Mittagessen.

## ÜBERNACHTEN

### ► Luxus

① **Casa Monica**
95 Cordova Street
Tel. (904) 827-1888
Fax (904) 819-6065
www.casamonica.com
138 Zimmer und Suiten
Die schlossähnliche Herberge wurde 1888 errichtet und 1999 nach umfangreicher Renovierung bzw. Modernisierung wiedereröffnet. Kolonialspanisch ist das Ambiente, erstklassig der Service.

### ► Komfortabel/Günstig

② **Best Western Spanish Quarter Inn**
6 Castillo Drive
Tel. (904) 824-4457
Fax (904) 829-8330
www.bestwestern.com
40 Zimmer
Angenehme Unterkunft in der Nähe des Castillo de San Marcos. Die Altstadt ist zu Fuß erreichbar.

③ **Ramada Inn**
116 San Marco Avenue
Tel. (904) 824-4352
Fax (904) 824-2745
www.ramadainnhistoric.com
100 Zimmer
Am Rand der Altstadt liegt dieses gut geführte moderne Haus.

## Umgebung von St. Augustine

Von St. Augustine führt die Bridge of Lions bzw. der Highway A1A hinüber auf die schmale, dem Festland vorgelagerte Barrier-Insel. Sie ist bekannt für ihren zauberhaften Sandstrand und ihre hohen Dünen. Am schönsten ist es am **St. Augustine Beach** bzw. in der Anastasia State Recreational Area. Leider sind inzwischen weite Bereiche des Dünengürtels mit Ferienvillen verbaut. Allerdings gibt es in regelmäßigen Abständen Durchgänge zum öffentlichen Strand.

**✳ ✳**
**Anastasia Island**

Bereits wenige Meilen nach der Brücke erreicht man eine interessante Alligatoren-Farm. Hier werden seit 1893 **Großechsen** gezüchtet. Unangefochtener Star ist »Maximo«, ein über sechs Meter langes australisches Krokodil. Ferner gibt es hier eine Handvoll Albino-Alligatoren aus Louisiana. In Sümpfen und Teichen lassen sich bunte Watvögel, Gänse, Schwäne und Kraniche beobachten (999 Anastasia Blvd.; Öffnungszeiten: tgl. 9.00 – 17.00, Sommer bis 18.00 Uhr).

**St. Augustine Alligator Farm Zoological Park**

Nicht weit von der Alligatorenfarm ist ein 50 m hoher **Leuchtturm** mit schwarz-weißem Spiralmuster ein beliebtes Fotomotiv. 1874 auf den Fundamenten eines spanischen Vorgängerbaus errichtet, bietet er von seiner Aussichtsplattform einen tollen **Rundblick**. Doch Vorsicht: Zuvor wollen 219 Stufen bewältigt werden! Im liebevoll restaurierten **Leuchtturmwärterhäuschen** erzählt eine kleine Ausstellung vom harten Leben der Turmbesatzungen (81 Lighthouse Ave.; Öffnungszeiten: tgl. 9.00 – 18.00 Uhr).

**✳**
**St. Augustine Lighthouse & Museum**

Ca. 14 mi/22 km südlich von St. Augustine erreicht man das kleine, von den Spaniern in der Einfahrt zum Intracoastal Waterway erbaute Fort. Hier kam es 1565 zu dem denkwürdigen Gemetzel zwischen Spaniern und französischen Hugenotten, die weiter nördlich an der Mündung des St. John's River ihr Fort Caroline gegründet hatten. Vom Visitor Center am A1A kann man per Boot zur Festung übersetzen (Mi. – Mo. 9.30 – 16.30 Uhr).

**✳**
**Fort Matanzas**

Etwa 20 mi/32 km südlich von St. Augustine, jenseits des Matanzas Inlet, erreicht man via Highway A1A das im Sommer 2005 nach aufwändiger Renovierung wiedereröffnete **Marineland of Florida**. Diese Touristenattraktion hat ihre Pforten ursprünglich in den 1930er-Jahren geöffnet und ist somit die älteste ihrer Art. Hier

*Relikt aus kolonialspanischer Zeit: Fort Matanzas*

werden **Programme mit Delfinen** geboten. Man ist sehr bemüht, den Intentionen eines umweltverträglichen Tourismus zu entsprechen (9600 Oceanshore Blvd.; Öffnungszeiten: tgl. 8.30 – 16.30 Uhr).

**Flagler Beach**

Ein paar Meilen weiter südlich erreicht man den herrlichen, größtenteils noch von Bebauung verschonten Flagler Beach mit seinen Dünen, an dem man sich bestens erholen kann. In den Sommermonaten legen **Meeresschildkröten** an geschützten Stellen ihre Eier ab.

**World Golf Village & Hall of Fame**

Ca. 12 mi / 20 km nördlich von St. Augustine ist 1998 gleich neben dem I-95 das hypermoderne Mekka aller Golfsportler eröffnet worden. Den Kern der Anlage mit zwei 18-Loch-Golfplätzen bilden ein Luxus-Hotel und die Golf Hall of Fame samt IMAX-Kino. Hier wird an die berühmtesten Golfer aller Zeiten erinnert und die Entwicklung des Spiels mit der weißen Kugel in allen Facetten aufgezeigt (Öffnungszeiten: Mo. – Sa. 10.00 – 18.00, So. 12.00 – 18.00 Uhr).

# ✶✶ St. Petersburg

**G 5**

| | |
|---|---|
| **Region:** Central West | **Höhe:** 0 – 14 m ü.d.M. |
| **Einwohnerzahl:** 245 000 | **Telefonvorwahl:** 727 |

**Juan Ponce de León würde sich wohl im Grab umdrehen: Der Jungbrunnen, den der spanische Seefahrer vergebens suchte, steht in St. Petersburg. Wirklich in St. Petersburg? In Floridas bekanntestem Senioren-Domizil? Jawohl, denn die Einwohner sind während der letzten drei Jahrzehnte zehn Jahre jünger geworden und jetzt durchschnittlich 39 Jahre alt.**

**Gelungene Verjüngungskur**

Natürlich hat St. Petersburg etwas gemogelt. In Ermangelung von Ewige Jugend verheißendem Quellwasser hat es seit den 1990er-Jahren verstärkt High-Tech-Unternehmen angezogen. Die jungen Hard- und Software-Entwickler mischten das Nachtleben der bis dahin etwas zu ruhig wirkenden Rentner-Hochburg auf. Neue Trend-Hotels, Gourmet-Restaurants und Bistros beschleunigten die Verjüngungskur. Auch die Skyline des Seebades wurde voluminöser. Seit 1998 hat die Stadt 1.5 Milliarden Dollar in Apartment- und Bürotürme gesteckt. Hinzu kamen neue Konzert-Arenen, ein aufpolierter Veranstaltungskalender mit hochkarätigen Events und ein Dutzend neuer Kunstgalerien. Heute genießen Senioren »St. Pete« ebenso wie Punks mit bunt gefärbten Haaren. Seinen besonderen Charme hat St. Petersburg beim Wechsel seines Erscheinungsbildes behalten: Die zur Tampa Bay offene Downtown mit ihren palmengesäumten Straßen verströmt noch immer die parfümierte Aura einer alten Resortstadt. An der Pier und in den Yachthäfen sitzen die Pelikane noch immer Spalier, Segelboote liegen vor Anker, Delfine spielen in den Fluten.

1875 kaufte General John Williams aus Detroit auf der Pinellas-Halbinsel ein 700 ha großes Gelände, um eine Ferienstadt mit schönen Parks und breiten Alleen darauf zu stellen. 13 Jahre später erhielt seine Vision mit der Ankunft der »Orange Belt Railway« des russischen Unternehmers Peter Demens Auftrieb. Der Russe benannte den Ort nach seiner Heimatstadt: St. Petersburg.

Die Erfindung der Klimaanlage in den 1950er-Jahren bescherte der Stadt einen verstärkten Zustrom von Senioren und sie galt als Rentnerstadt. Doch seit den 1990er-Jahren hat die Stadt erfolgreich am Imagewechsel gearbeitet. Das Wetter leistete dabei Schützenhilfe. Die Sonne scheint hier fast jeden Tag, ein Umstand, der St. Petersburg sogar einen Eintrag ins Guinness-Buch der Rekorde eingebracht hat.

## Sehenswertes in St. Petersburg

★ ★
**The Pier**

Das **Wahrzeichen von St. Petersburg** – und der beste Ort fürs »Leute gucken« – ragt 730 m weit in die Tampa Bay hinein. Ihren Kopf bildet eine umgekehrte fünfstöckige **Pyramide** mit diversen Lokalen und Geschäften, deren Angebot auf Kreuzfahrttouristen und andere Kurzbesucher der Stadt zielt. Von der Aussichtsterrasse bietet sich ein schöner Blick auf die Skyline der Stadt (800 2nd Ave. NE; Öffnungszeiten: Mo. – Do. 10.00 – 20.00, Fr., Sa. 10.00 – 21.00, So. 11.00 – 19.00 Uhr).

*Ein Wahrzeichen on St. Petersburg ist die »umgekippten Pyramide« auf der 400 Meter weit in die Tampa Bay ragenden Pier.*

# ▶ ST. PETERSBURG ERLEBEN

## AUSKUNFT

**St. Petersburg/Clearwater Area Convention & Visitors Bureau**
13805 85th St. N
Suite 2-200
Clearwater, FL 34622
Tel. (727) 464-7200
www.visitpeteclearwater.com

## SHOPPING

**BayWalk**
153 2nd Avenue North
Mit dem BayWalk Entertainment Center hat die bis dahin recht ruhige Innenstadt von St. Petersburg vor ein paar Jahren die dringend benötigte Vitaminspritze erhalten. Das im kalifornischen Mission-Style errichtete Einkaufszentrum bietet außer Trend-Boutiquen auch Restaurants, Bars und Kinos sowie schöne Innenhöfe zum Ausruhen.

**Haslam's Book Store**
2025 Central Avenue
Öffnungszeiten: Mo. – Sa. 10.00 bis 18.30 Uhr
Ein Muss für Bücherwürmer ist Floridas größter Buchladen: Haslam's Book Store in St. Petersburg führt sage und schreibe 350 000 neue und gebrauchte Bücher!

## NACHTLEBEN

**① BayWalk**
Auch abends und nachts ist das neue BayWalk Entertainment Center in St. Petersburg mit seinen Restaurants, Bars und Kinos wirklich eine gute Adresse.

**② Jannus Landing Courtyard**
16 2nd Street North
Tel. (727) 896-2276
In dieser herrlichen Arena von St. Petersburg treten das ganze Jahr über berühmte Musiker auf.

**③ Coliseum Ballroom**
535 4th Ave.; Tel. (727) 892-5202
In dem herrlich altmodischen Ballsaal tanzen Senioren und rocken die Jungen.

## EVENTS

**Fun 'n Sun Festival**
Im April/Mai findet am Clearwater Beach ein Fest mit buntem Programm statt (u. a. Badewannen-Regatta).

## DELFINBEOBACHTUNG

**Hubbard's Marina**
Madeira Beach
John's Pass Village
Tel. (727) 393-1947
www.hubbardsmarina.com
Die besten Delfin-Beobachtungstouren weit und breit.

## ESSEN

▶ **Fein & teuer**

### Baedeker-Empfehlung

**① Marchand´s Grill**
im Renaissance Vinoy Resort
501 5th Ave. NE
St. Petersburg
Tel. (727) 894-1000
Nostalgische Eleganz und französisch-mediterran inspirierte Küche: Sehr zu empfehlen sind vor allem die Pasta mit wilden Pilzen und die Steaks.

**② Lobster Pot**
17814 Gulf Boulevard
Redington Shores
Tel. (727) 391-8592
Bestens zubereitete Hummer sowie

ausgesprochen leckere Fisch- und
Muschelgerichte

### ► Erschwinglich
③ *Hellas*
785 Dodecanese Blvd.
Tarpon Springs
Tel. (727) 934-8400
Das wohl beste griechische Restaurant
in dem alten Schwammtaucherort.

### ► Preiswert
④ *PG's Oyster Bar*
7500 Gulf Blvd.
St. Petersburg Beach
Tel. (727) 367-3309
Austern, Muscheln, Langusten und
frittierte Fische, gut und günstig.
Filiale in Indian Rocks Beach.

## ÜBERNACHTEN
### ► Luxus
① *Renaissance Vinoy Resort*
St. Petersburg
501 5th Ave. NE
Tel. (727) 894-1000
Fax (727) 822-2785
www.marriott.com
360 Zimmer und Suiten
Die beste Herberge von Downtown
mit eigenem Golfplatz besticht mit
mediterran inspirierter Eleganz. Viele
VIPs waren schon hier.

② *The Don CeSar
Beach Resort & Spa*
St. Pete Beach
3400 Gulf Blvd.
Tel. (727) 360-1881
Fax (727) 367-6952
www.loewshotels.com
350 Zimmer und Suiten
Kühle Marmorböden und elegante
Stuckdecken, wunderschön ausges-
tattete Zimmer und Suiten mit
Meerblick: Das Wahrzeichen von
»St. Pete« Beach bietet Luxus pur
mit viel Kultur.

### ► Komfortabel
③ *Hotel Indigo*
St. Petersburg
234 3rd Ave. N.
Tel. (727) 822-4814
Fax (727) 823-1644
www.ichotelsgroup.com
81 Zimmer
Auch unter neuem Management hat
das frühere »Martha Washington
Hotel« seinen altmodischen Charme
bewahren können.

④ *Beach Haven*
4980 Gulf Boulevard
St. Pete Beach
Tel. (727) 367-8642
Fax (727) 360-8202
www.beachhavenvillas.com
18 Zimmer und Suiten.
Durchweg in Pink und Türkis gehaltene Art-Deco-Herberge am Strand.

*Freiluft-Gastronomie bei »St. Pete«*

## St. Petersburg Downtown *Orientierung*

**Übernachten**
① Renaissance Vinoy Resort
② Don CeSar Beach Resort
③ Hotel Indigo
④ Beach Heaven

**Essen**
① Marchand's Grill
② Lobster Pot
③ Hellas
④ PG's Oyster Bar

**Ausgehen**
① Bay Walk
② Jannus Landing Courtyard
③ Coliseum Ballroom

**St. Petersburg Museum of History**

Wie alt – und doch so jung – die Stadt ist, erfährt man hier in einer permanenten und diversen ansprechend inszenierten Wechselausstellungen. Alle, die »St. Pete« gemacht haben, passieren hier Revue: die ersten Zitruspflanzer, die wütend hinter dem hoch verschuldeten Peter Demens her jagende Meute der Gläubiger, das Wasserflugzeug, das 1914 von hier aus die kommerzielle Luftfahrt eröffnete (am Beginn der Seebrücke, 335 2nd Ave.; Öffnungszeiten: Mi. – So. 10.00 bis 16.00 Uhr).

**Florida International Museum**

Das mit der berühmten Smithsonian Institution verbundene Museum lockt mit interessanten Ausstellungen zu spannenden Epochen der Geschichte. Eine solche über die Kuba-Krise war seinerzeit so erfolgreich, dass sie inzwischen als Dauerausstellung installiert ist. Andere »Renner« der jüngeren Vergangenheit waren: »Der Untergang der Titanic«, »Alexander der Große«, »Der Schatz der Zaren-Familie« (244 2nd St. N.; Öffnungszeiten: Mo. – Sa. 10.00 – 17.00, So. 12.00 – 17.00 Uhr). ☉

★
**Museum of Fine Arts**

Einen Block nördlich von der Pier steht eine neoklassizistische Villa, die eine exquisite Kunstsammlung beherbergt. Deren Palette reicht von Kunstwerken der Antike über Schöpfungen aus dem präkolumbischen Amerika sowie fernöstliche Kunst bis zu namhaften französischen Impressionisten und modernen amerikanischen Kunstschaffenden vom Range einer Georgia O'Keeffe (255 Beach Dr. NE; Öffnungszeiten: Di. – Sa. 10.00 – 17.00, So. 13.00 – 17.00 Uhr). ☉

★
**Salvador Dalí Museum**

Südlich von Downtown widmet sich seit 1982 eine moderne Galerie dem **Werk des katalanischen Surrealisten** Salvador Dalí (1904 bis 1989). Die Ausstellung zeigt 95 Ölgemälde, über 100 Zeichnungen und Aquarelle, Drucke und Plastiken, die Salvador Dalí von 1914 bis 1980 geschaffen hat. Darunter befinden sich auch einige Meisterwerke wie »Selbstbildnis (Figueres)«, »Die Beharrlichkeit der Erinnerung« (»Schmelzende Uhren«) sowie das Großgemälde »Die ersten Tage des Frühlings«. Angeschlossen ist eine umfangreiche Bibliothek mit Publikationen über Dalí und den Surrealismus (1000 3rd St. S.; Öffnungszeiten: Mo., Di., Mi., Sa. 10.00 – 17.30, Do. 10.00 – 20.00, So. 12.00 bis 17.30 Uhr). ☉

*Meisterwerke von Salvador Dalí in St. Petersburg*

**Sunken Gardens** ✱ Nördlich der Stadtmitte breiten sich die Sunken Gardens aus. Bereits in den 1930er-Jahren angelegt findet sich hier eine üppige tropische und subtropische Vegetation. Ein besonderer Publikumsmagnet ist die große **Schmetterlings-Volière** geboten (1825 4th St. N.; Öffnungszeiten: Mo. – Sa. 10.00 – 16.30, So. 12.00 – 16.30 Uhr).

## Pinellas Suncoast

**Urlauberparadies** St. Petersburg Beaches, Pinellas County Beaches, Holiday Islands: Wer fragt, hört verschiedene Namen für die insgesamt rund 50 Kilometer langen, der Golfküste der Pinellas-Halbinsel vorgelagerten Barriere-Inseln. Mit **361 Sonnentagen im Jahr** und schneeweißen Endlos-Stränden war ihr Weg vorbestimmt: Die Freizeitindustrie hat sie mit Hotels, Restaurants, Marinas, Tauch-, Angel- und anderen Wassersportangeboten derart zugebaut, dass man einzelne Gemeinden kaum zu unterscheiden vermag. Besondere Zielgruppen der hiesigen Tourismusindustrie sind amerikanische Großfamilien, die die Nähe zu Floridas Top-Vergnügungsparks schätzen, und europäische Pauschalreisende. Entsprechend laut und hemdsärmelig geht es auch zu. Viele Strandabschnitte sind vor allem in den Wintermonaten überlaufen, so dass man landeinwärts oft nur im Schritttempo vorankommt. Es gibt aber auch ruhigere (weniger gepflegte) Abschnitte.

> ! **Baedeker TIPP**
>
> **Radler und Skater aufgepasst!**
>
> Statt mit dem Auto im Stop-and-Go-Tempo an der »Sun Coast« entlang zu fahren, sollte man besser aufs Rad steigen oder sich Rollerskates anziehen und den knapp 50 mi/80 km langen »Pinellas Trail« befahren. Dieser asphaltierte Radweg ist auf einer alten Eisenbahntrasse angelegt und verbindet St. Petersburg mit Tarpon Springs. Noch herrscht heir kein Gedränge!

**St. Pete Beach** ✱ Im Seebad von St. Petersburg fing alles an. Schon vor hundert Jahren planschten hier Touristen im badewannenwarmen Wasser des Golfes von Mexiko. Gleich mehrere Dammstraßen führen über die **Boca de Ciega Bay** zu den knapp zehn Kilometer langen Traumstränden des traditionsreichen Erholungsortes. Hier hat man nur die Qual der Wahl der Wassersportart: Alles geht! Wahrzeichen ist das pinkfarben auf dem Strand thronende, von Palmen umrahmte **Don CeSar Resort** (3400 Gulf Blvd.). Die mit maurischen Stilelementen und schlanken Türmchen verzierte Nobelherberge wurde vor einigen Jahren mit Millionenaufwand restauriert und strahlt heute wieder die Atmosphäre der 1920er-Jahre aus.

Unmittelbar südlich schließt das auf einer schmalen Landzunge gelegene **Pass-a-Grille** an. Der Strand des 1911 von französischen Fischern gegründeten Ortes ist etwas ruhiger und bietet unverstellte Blicke auf die Inselchen in der Tampa Bay.

*Erholung pur: das Don CeSar Resort am Strand von St. Petersburg →*

**Fort DeSoto Park** ✱

Südlich von Pass-a-Grille erreicht man zuletzt **Mullet Key**, eine den Eingang zur Tampa Bay bewachende Insel. Namensgeber des Naturschutzgebietes für Vögel und Pflanzen ist das wuchtige **Fort DeSoto**, das 1898 anlässlich des Amerikanisch-Spanischen Krieges errichtet worden ist. Die Feuerprobe blieb ihm jedoch erspart, da der Krieg noch vor der Fertigstellung der Festung zu Ende war.

**Von St. Pete Beach nach Sand Key** ✱

Nördlich von St. Pete Beach schließt **Treasure Island** an, eine 6 km lange, von zwei Brücken mit dem Festland verbundene Barriere-Insel. Der Name erinnert an frühere Zeiten, als sich hier Piraten versteckten, und daran, dass Siedler fast die ganze Insel auf der Suche nach Seeräuberschätzen umgruben. Hier wie auf dem benachbarten **Madeira Beach** wird – natürlich – Badetourismus groß geschrieben. Madeira Beach wartet zudem mit dem **St. John's Pass Village** auf, einem im Stil der Jahrhundertwende nachgebauten Fischerdorf, wo man auf einem knarrenden Plankenweg zu hübschen kleinen Geschäften, gemütlichen Fischrestaurants und Bars kommt. Auch Bootsausflüge und Delfin-Beobachtungsfahrten kann man von hier aus unternehmen. Ausgesprochene Familienziele sind die nördlich anschließenden Strände von **Reddington Beach**, North Reddington Beach und Reddington Shores.

Indian Shores ►

Abwechslung vom Sonnenbaden verspricht das im Jahre 1971 in Indian Shores gegründete **Suncoast Seabird Sanctuary**. Es ist das größte »Reha-Zentrum« für verletztes wildes Federvieh in den USA, darunter auch Kraniche, Pelikane und Ibisse. Die meisten Verletzungen rühren direkt oder indirekt vom Kontakt mit Menschen her: Umweltverschmutzung, Motorboote und Angelschnüre sind die häufigsten Übeltäter (18328 Gulf Blvd.; Öffnungszeiten: tgl. 9.00 Uhr bis Sonnenuntergang).

Sand Key ►

Danach kommt Sand Key, die längste der Barriere-Inseln dieses Küstenabschnitts, wo der **Sand Key Park** (1060 Gulf Blvd.) zu einem Sprung in die Fluten lockt, ein traumhaft schöner, in Palmenhaine gebetteter Sandstrand.

**Clearwater Beach** ✱

Vom Sand Key Park aus blickt man hinüber nach Clearwater Beach, die nächste von Kopf bis Fuß auf Sonnenanbeter eingestellte Ferieninsel. Etliche Kilometer **feinster Sandstrand** warten hier, gesäumt von Hotels, Motels, Restaurants und Anbietern zahlloser Fun-Sportarten. Der Badeort gleichen Namens, auf einen schmalen Sandstreifen zwischen Golf und Clearwater Harbor gestellt, wirkt mit seinen ruhigen Seitenstraßen viel entspannter als die vorherigen Ortschaften. Einheimische und Touristen geben sich am Clearwater Public Beach mit seiner 330 m langen Pier ein fröhliches Stelldichein. Traumhaft schön sind hier die Sonnenuntergänge.

Clearwater Marine Aquarium ►

Sehenswert ist das Clearwater Marine Aquarium. Hier werden auch verletzte **Delfine, Seelöwen** und **Seeotter** gesund gepflegt (249 Windward Passage; Öffnungszeiten: Mo.–Do. 9.00–17.00, Fr., Sa. 9.00–19.00, So. 10.00–17.00 Uhr).

In Clearwater Beach ist das Inselhüpfen zuende. Über den **Memorial Causeway** geht es zurück aufs Festland und an der Küste entlang weiter nach Norden. Kurz vor Dunedin lockt ein ungewohntes Bild: Unbebaute, naturbelassene Eilande! 1921 wurden die Caladesi und Honeymoon Islands von einem Hurrikan auseinander gerissen und danach zu State Parks erklärt. Sie zeigen, wie die Barriere-Inseln noch vor 120 Jahren ausgesehen haben. Honeymoon Island, über den mautpflichtigen Causeway Boulevard erreichbar, bietet **herrliche Strände** mit Duschen und Umkleidekabinen. Ein Boot bringt Interessierte hinüber nach Caladesi Island. Die Strände der Insel tauchen regelmäßig in den Hitlisten einschlägiger Lifestyle-Magazine auf. Caladesi Island gehört auch zu den Plätzen in Florida, an dessen Stränden **Meeresschildkröten** in Sommernächten ungestört ihre Eier ablegen können.

★
Caladesi &
Honeymoon
Islands

Mit seinem griechischen Flair ist Tarpon Springs am Nordende der Pinellas Suncoast das ungewöhnlichste Ziel der Sonnenküste. Durch das 24 000-Einwohner-Städtchen winden sich **»bayous«** genannte Kanäle. Restaurants und Bäckereien tragen griechische Namen, aus dunklen Kafenions dringt Musik aus der alten Heimat. Ein Drittel der **Einwohner sind griechischer Abstammung**, Nachkommen der um 1900 von Key West aus hierher gekommenen griechischen **Schwammtaucher**. Die begannen damals, mit dem aus der Ägäis mitgebrachten »Gewusst-wie«, im großen Stil die Naturschwämme von

★
**Tarpon Springs**

*Naturschwämme in allen Größen gibt es in Tarpon Springs zu kaufen.*

den Schwammriffen zu »ernten«. Doch 1940 setzten Bakterien den Schwammriffen zu und zudem untergrub die Produktion synthetischer Schwämme den Handel mit Naturschwämmen. Erst in neuerer Zeit hat die Nachfrage nach Naturschwämmen wieder zugenommen.

**Dodecanes Boulevard ►** Reizvoll ist ein Bummel auf diesem Boulevard. In den alten **Sponge Docks** kann man Naturschwämme kaufen. In Ausflugsbooten der **St. Nicholas Boat Line** (693 Dodecanese Blvd., Tel. 727/942 - 6425) erfährt man während einer halbstündigen Tour alles über die hiesige Schwammindustrie. Im **Konger Coral Sea Aquarium** (850 Dodecanese Blvd.; Öffnungszeiten: Mo. – Sa. 10.00 – 17.00, So. 12.00 – 17.00 Uhr) kann man Tauchern beim Füttern von Haien zuschauen.

**Spongeorama's Sponge Factory ►** Hier erfährt man alles über die hiesige Schwammindustrie und die griechische Einwanderung. Auch gibt es Schwämme zu kaufen (510 Dodecanes Blvd.; wechselnde Öffnungszeiten).

**St. Nicholas Orthodox Cathedral ►** Einen Abstecher in die Innenstadt wert ist dieses 1943 geweihte Gotteshaus, das der Hagia Sophia in Konstantinopel nachempfunden ist. Sie ist mit Ikonen und griechischem Marmor ausgestattet (Pinellas Ave./Orange St.; Öffnungszeiten: tgl. 10.00 – 16.00 Uhr).

**Sunshine Skyway** Das Meisterwerk der Ingenieurskunst schwingt sich als etwa 20 km langer **Highway auf Stelzen** (I-275/US 19; Überfahrt mautpflichtig) elegant über den Eingang der Tampa Bay. Kernstück des Verkehrsbauwerks ist eine 7 km lange **Hochbrücke,** deren Mittelteil von zwei riesigen Pylonen gehalten wird und auch Ozeanriesen die Durchfahrt gestattet. Die **alte Brücke** ist 1980 von einem Frachter gerammt worden und brach teilweise ein. Bei diesem Unglück stürzten mehrere Fahrzeuge ins Wasser, mehr als 30 Menschen kamen um. Teile der alten Brücke dienen heute als Angelpier.

# ✶✶ Sanibel & Captiva Islands

**G 6**

**Region:** Southwest
**Einwohnerzahl:** 6 000

**Höhe:** 0 – 2 m ü.d.M.
**Telefonvorwahl:** 239

**Kein Haus ist höher als die Palmen. Angesichts der herrlichen Strände lässt dies auf streitbare Insulaner schließen. Tatsächlich rächten diese sich in den 1970er-Jahren mit den strengsten Landnutzungsgesetzen Floridas für die 1963 gegen ihren Willen vom Festland herüber gebaute Brücke. Deshalb gibt es hier keine Hotelkästen und Apartmentblocks, sondern nur lächelnde, zumeist wohlhabende Menschen.**

**Natürliche Schönheit** Auch Hurrikan »Charley«, der im August 2004 die meisten Kiefern am Periwinkle Way, der Vorzeigestraße auf Sanibel Island, ausriss und die restlichen gewaltsam stutzte, vermochte die natürliche

Schönheit der beiden Insel-Schönheiten nicht dauerhaft zu entstellen. Kein Schilderwald stört die beiden durch eine Bücke miteinander verbundenen Inseln, keine Neonreklame fügt dem Auge Schmerzen zu. Ruhe und Frieden sind die beiden Worte, um die sich alles dreht auf diesen südlichen Barriere-Inseln an der Golfküste. Und da braucht es nicht zu verwundern, dass die Insulaner mitunter mürrisch auf Besucher reagieren. Insbesondere während der Wintermonate ist ihr Paradies nämlich zum Platzen voll.

Die beiden durch den schmalen Blind Pass getrennten Inseln waren schon früh entdeckt. Angeblich nannte Juan Ponce de León Sanibel, die größere der beiden, nach seiner Königin Isabella »San Ybel«. Auch woher der Name der Nachbarinsel stammt, weiß niemand genau. Allerdings waren diese Gewässer einstmals ein beliebter **Piratenunterschlupf**. Und es heißt, José Gaspár, der Gefürchtetste von ihnen, habe auf Captiva Island entführte Frauen gefangen gehalten. Gegen Ende des 19. Jh.s siedelten sich ein paar »Crackers« auf den Inseln an und bauten erfolglos Limonen und Kokosnüsse an. Danach versuchten sie es mit Tourismus: 1938 öffnete die erste Ferienanlage.

**Geschichte**

Blau, gelb und grün, und in allen Tönen dazwischen strahlen die Strände der Insel. Sanibel Island verfügt über vier öffentliche, alle auf der Golfseite liegende Strände – fünf, zieht man die durchaus annehmbaren Causeway Beaches an der Brücke hinzu. Der Lighthouse

**★ ★**
**Strände**

*Sie genießen Weltruhm: die von Muscheln übersäten Strände von Sanibel.*

SANIBEL UND CAPTIVA ERLEBEN

### AUSKUNFT

**Sanibel & Captiva Islands
Chamber of Commerce**
1159 Causeway Road
Sanibel Island, FL 33957
Tel. (239) 472-1080
Fax (239) 472-1070
www.sanibel-captiva.org

**Lee County CVB**
12800 University Dr., Suite 550
Fort Myers, FL 33907
Tel. (239) 338-3500
Fax (239) 334-1106
www.fortmyers-sanibel.com

### PARKEN

Auf den beiden Inseln sind Parkplätze
rar, vor allem an den öffentlichen
Stränden. Während der Hochsaison
ist der Autoverkehr wirklich eine
Zumutung.

### RADFAHREN

Das wohl beste Fortbewegungsmittel auf beiden Inseln ist das
Fahrrad. Allein auf Sanibel gibt es
rund 20 mi/32 km Radwege. Alle
Attraktionen lassen sich per Rad vom
Periwinkle Way (Haupt- und Geschäftsstraße der Insel) aus erkunden.

### MUSCHELN SAMMELN

Das Zauberwort heißt hier »Shelling«:
Jede Flut spült neue Muscheln bzw.
Muschelschalen an die Strände von
Sanibel und Captiva. Und es gibt sie
hier in allen Formen und Farben.
Leere Muschelschalen darf man ohne
Einschränkung sammeln, die Mit-
nahme von lebenden Muscheln ist
allerdings streng verboten und wird
ggf. mit empfindlichen Geldstrafen
geahndet. Übrigens: Die beste Zeit,
um Muscheln zu sammeln, sind die
Monate Februar bis April.

### BOOTSAUSFLÜGE

Vom Dock der South Seas Plantation
fahren Ausflugsboote zu den benach-
barten einsamen, ja geradezu para-
diesischen Inselchen Cabbage Key,
Useppa Island, Boca Grande und
Cayo Costa. Während einer solchen
Bootstour kann man bestimmt einige
Delfine beobachten, die vor dem
Schiffsbug spielen.

### ESSEN

▸ **Fein & teuer**
**Mad Hatter**
Sanibel Island
6467 Sanibel-Captiva Rd.

---

Beach liegt am Ostende der Insel und bietet zudem einen
begehbaren **Leuchtturm** aus dem Jahre 1884, eine hübsche Pier und
einen **Plankenweg** durch das angrenzende Feuchtgebiet. Der Gulfsi-
de City Park, erreichbar über Algiers Lane, bietet außer herrlich feinem Sand schöne Picknick-Tische im Schatten knorriger Kiefern.
Tarpon Bay Beach am Ende der Tarpon Bay Rd. liegt einen kurzen
Spaziergang vom Parkplatz entfernt. Bowman's Beach, der ruhigste
der vier, ist über die Bowman's Beach Rd. zu erreichen und der einzige Strand mit Grillgelegenheiten – und stillen Ecken, wo selbst die
Amerikaner die Hüllen fallen lassen.

Tel. (239) 472-0033
Romantisches Restaurant mit Blick
auf den Golf von Mexiko. Kreative
»Fusion Cuisine«, die von Rezepten
aus aller Welt inspiriert ist.

### ► Erschwinglich
*Mucky Duck*
Captiva Island
11546 Andy Rosse Lane
Tel. (239) 472-3434
Englischer Pub direkt am Strand.
Tolle Atmosphäre, tolle
Sonnenuntergänge.

*Hungry Heron*
Sanibel Island
2330 Palm Ridge Rd
(im Palm Ridge Place)
Tel. (239) 395-2300
Riesen-Sandwiches, selbstgemachte
Pommes Frites: Beliebter Treffpunkt
der Insulaner .

### ÜBERNACHTEN
### ► Luxus
*Casa Ybel Resort*
Sanibel Island
2255 W Gulf Drive
Tel. (239) 472-3145
Fax (239) 472-2109

www.casaybelresort.com
114 Suiten
Die wahrlich paradiesische Ferienanlage direkt am Strand mit ihrem
ausgezeichneten Restaurant gehört
mit zu den Besten ihrer Art im
»Sunshine State«.

### ► Komfortabel/Luxus
*West Wind Inn*
Sanibel Island
3345 West Gulf Drive
Tel. (239) 472-1541
Fax (239) 472-8134
www.westwindinn.com
103 Zimmer
Schöne Ferienanlage am Strand;
von vielen Zimmern hat man einen
zauberhaften Blick auf das Meer.
Nette Pool Bar.

### ► Günstig/Komfortabel
*Kona Kai Motel*
Sanibel Island
1539 Periwinkle Way
Tel. (239) 472-1001
Fax (239) 472-2554
www.konakaimotel.com
13 Zimmer
Angenehmes Motel im polynesischen
Stil mit großem Pool.

## Sehenswertes auf Sanibel

Für Naturfreunde hochinteressant ist diese Ausstellung. Über 30 000 **Muscheln aus aller Welt** und alle auf die hiesigen Strände gespülte Arten sind ausgestellt. Auch Kunsthandwerk aus Muscheln ist zu sehen, darunter aus Barbados und Mexiko. Muschelsammler-Novizen können hier ihre Funde bestimmen lassen (3075 Sanibel-Captiva Rd.; Öffnungszeiten: tgl. 10.00 – 17.00 Uhr).

★ ★
**Bailey-Matthews Shell Museum**

🕐

Wie der Alltag auf der Insel vor über hundert Jahren ausgesehen hat, zeigt dieses aus mehreren Gebäuden bestehende Ensemble. Der Bummel über das palmenbestandene Gelände führt zum **Rutland Home**, dem 1913 erbauten Holzhaus eines Siedlers, zu **Bailey's General Store** mit einer alten Tanksäule und zu **Miss Charlotta's Tea Room**.

★
**Sanibel Historical Village & Museum**

Angestellte des Museums erzählen gern Anekdoten aus Sanibels Vergangenheit (850 Dunlop Rd.; Öffnungszeiten: Nov. –Apr. Mi. – Sa. 10.00 – 16.00, Mai – Mitte Aug. Mi. – Sa. 10.00 – 13.00 Uhr).

**★★**
**»Ding« Darling National Wildlife Refuge**

Das nach dem in den USA beliebten Karikaturisten J. N. »Ding« Darling benannte Wildnisgebiet schützt 2000 Hektar unberührte **Mangroven-, Marschen- und Sumpflandschaft** auf der dem Festland zugewandten Seite. Auf dem 5 mi/8 km langen **Wildlife Drive** (Öffnungszeiten: Sa. – Do. 7.30 bis kurz vor Sonnenuntergang) können Autotouristen im Winter zahllose Zugvögel und im Sommer **Ibisse, Rosa Löffler, Graureiher** sowie die fast ausgerotteten **Silberreiher** beobachten. Ein 2 mi/3,5 km langer Plankenweg führt zu Beobachtungspunkten, von denen aus **Alligatoren** und **Seeotter** zu sehen sind. Im **Visitor Center** erfährt man alles Wissenswerte über das Schutzgebiet (Öffnungszeiten: Sa. – Do. 9.00 – 16.00 Uhr).

*Mangroven-Dickicht auf Sanibel*

Ein besonders authentisches Florida-Erlebnis hat man bei einer Paddeltour durch die Mangrovenwildnis des »Ding« Darling NWR.

## Sehenswertes auf Captiva

Fünf Meilen bzw. acht Kilometer lang und kaum einen Kilometer breit, präsentiert sich die Insel Captiva als die kleinere Schwester von Sanibel. Die wenigen Inselbewohner leben zumeist vom Tourismus. Der **Turner Beach** am Blind Pass ist für Tagesgäste der Hauptgrund für einen Besuch: So mancher kommt allein wegen der spektakulären Sonnenuntergänge hierher. Die Nordspitze der Insel nimmt das luxuriöse **South Seas Island Resort** ein. Auf dem Gelände einer ehemaligen Kopra-Plantage angelegt und von Mangrovenwäldern dicht umschlossen, gilt es dank seiner schönen Courts als eines der besten Reiseziele für Tennis spielende Urlauber in Florida.

**Ausflug nach Cabbage Key**

Vom South Seas Plantation Resort fahren Ausflugsboote zum nördlich benachbarten Cabbage Key, wo es weder Straßen noch Autos gibt, sondern nur eine Pier und den **Cabbage Key Inn** mit 6 Zimmern, 7 Cottages und einem Restaurant. **Jimmy Buffett** soll der hier zubereitete Käseklops zu seinem Hit »Cheeseburger in Paradise« inspiriert haben. Das Restaurant hat auch noch die teuerste Tapete der Welt zu bieten: Wer hier gegessen hat, heftet einen Geldschein an die Wand. Angeblich hängen dort rund 25 000 Dollar!

# ★ ★ Sarasota

G 5

**Region:** Central West
**Einwohnerzahl:** 52 000

**Höhe:** 0 – 9 m ü.d.M.
**Telefonvorwahl:** 941

**Bereits vor dem Ersten Weltkrieg haben einige wohlhabende Touristen das damals noch verträumte Fischerdorf mit seinen herrlichen Stränden für sich entdeckt. Inzwischen hat sich die Stadt zu einem der attraktivsten Erholungsorte an Floridas Golfküste gemausert.**

Die weißen Strände auf den vorgelagerten Sandinseln Lido Key, Siesta Key und auf dem sich nach Norden bis Bradenton erstreckenden Longboat Key, ein ganzjährig mildes subtropisches Klima, ein gelassener südlicher Lebensstil sowie ausgezeichnete Freizeitmöglichkeiten sind Faktoren, die bis heute eine wachsende Zahl von Erholungsuchenden und Pensionären anziehen. 1842 ließ sich hier der erste weiße Siedler nieder. In den 1880er-Jahren kam eine größere Anzahl schottischer Einwanderer an. Noch im Jahre 1910 war Sarasota ein verträumtes Fischerdorf. Wenig später entdeckten Wohlhabende von der US-amerikanischen Ostküste die Sarasota Bay.

*Refugium der Wohlhabenden und Kunstbeflissenen*

Den Beinamen **»Stadt der Künste«** verdankt Sarasota dem Zirkusmagnaten und Kunstsammler John Ringling sowie dessen Frau Mable.

**? WUSSTEN SIE SCHON …?**

- Unter den schottischen Einwanderern der 1880er-Jahre war auch ein gewisser J. Hamilton Gillespie, der hier einen ersten Golfplatz anlegte und so diese Sportart in Amerika populär machte.

Ihre Kunstsammlung ist eine der Hauptsehenswürdigkeiten Floridas. Seit 1959 hat Sarasota auch eine Oper mit eigenem ständigen Ensemble sowie ein eigenes Orchester. Das Asolo State Theater hat sich weit über Florida hinaus einen Namen gemacht, und in der Van Wezel Performing Arts Hall treten häufig namhafte Interpreten moderner, aber auch klassischer Musik auf.

## Sehenswertes in Sarasota

Das alte, in den 1920er-Jahren im mediterranen Stil erbaute Stadtzentrum ist jüngst erfolgreich wiederbelebt worden. Teure Schmuck- und Antiquitätengeschäfte, Kunstgalerien etc., die den Ruf Sarasotas als Stadt des Geldes unterstreichen, findet man in der noblen **Palm Avenue** und an der westlichen **Main Street** verdient das Einkaufszentrum **Kress International Plaza** Beachtung. In den 1930er-Jahren im Art-Deco-Stil erbaut, beherbergt es heute Boutiquen, einen Food Court sowie eine Dauerausstellung lokaler Künstler. Heimstatt der Sarasota Opera Association ist das restaurierte **Sarasota Opera House** (Pinapple Ave./First Street).

★
**Downtown**

## ▶ SARASOTA ERLEBEN

### AUSKUNFT

**Sarasota Visitor Center**
701 N. Tamiami Trail
Sarasota, FL 34236
Tel. (941) 957-1877
www.sarasotafl.org

### EVENTS

**Sarasota Music Festival**
Im Mai bzw. Juni findet dieses
hochkarätig besetzte Musikfestival
statt.

**Suncoast Offshore Grand Prix**
Am letzten Juni-Wochenende
bzw. am ersten Juli-Wochenende
kämpfen Rennboot-Piloten um
Trophäen.

### ESSEN

#### ▶ Erschwinglich

**Bijou Café**
1287 1st Street
Tel. (941) 366-8111
Im Lokal von J. P. Knagg gibt es lecker
zubereitete »Crab Cakes« und weitere
Köstlichkeiten.

### ÜBERNACHTEN

#### ▶ Luxus/Komfortabel

#### *Baedeker-Empfehlung*

**Hyatt Sarasota**
1000 Blvd. of the Arts
Tel. (941) 953-1234
Fax (941) 952-1988
www.sarasota.hyatt.com
294 Zimmer und Suiten
Gediegene Unterkunft in schöner Lage mit
eigener Marina und einem wunderschönen
lagunenähnlichem Pool.

#### ▶ Komfortabel/Günstig

**Golden Host Resort**
4675 N. Tamiami Trail
Tel. (941) 355-5141
www.goldenhostresort.com
80 Zimmer
Zentral gelegene Komfort-Herberge
mit Pool inmitten duftender Gärten,
in der sich Familien mit Kindern wohl
fühlen.

---

**★**
**Bayfront**

An der attraktiv gestalteten Bayfront fällt die **Van Wezel Performing Arts Hall** (777 N. Tamiami Trail) ins Auge, ein moderner Zweckbau mit einem rosafarbenen und muschelförmigen Dach. Hier finden Theatergastspiele, Konzerte etc. statt.
Am Ende der Main Street hat man die städtische **Marina** mit dem **Island Park** direkt an der Bucht angelegt. Von hier aus kann man erlebnisreiche Bootsausflüge unternehmen.

**Sarasota Jungle Gardens**

Auf recht üppige subtropische Vegetation und vielerlei exotische Tiere trifft man im Süden der Stadt. Täglich werden Vorführungen mit **Papageien** sowie eine aufregende **Reptilien-Show** mit Schlangen und Alligatoren geboten.
In der dschungelähnlichen Anlage gibt es auch einen **Kiddy Jungle** für die Kleinen (3701 Bayshore Rd.; Öffnungszeiten: tgl. 10.00 bis 17.00 Uhr).

Seit 1975 haben Botaniker dieser Einrichtung im Süden Sarasotas Expeditionen in tropische Regenwäldern unternommen und eine große **Epiphyten- und Orchideenkollektion** zusammengetragen. In dem botanischen Garten stehen auch zwei Musterbeispiele eleganter Südstaaten-Architektur: das ehemalige Wohnhaus der Familie Selby sowie die Christy Payne Mansion, die das **Museum of Botany & Art** beherbergt (811 S. Palm Ave.; Öffnungszeiten: tgl. 10.00 – 17.00 Uhr).

✱
**Marie Selby Botanical Gardens**
🕐

Hier bekommt man Einblick in die Arbeit einer Forschungsstation. Vielerlei Lebewesen, die im Golf von Mexiko vorkommen, kann man hier beobachten, darunter auch Seepferdchen und Tintenfische. Ein Besuchermagnet ist das Haifisch-Aquarium (1600 Ken Thompson Parkway; Öffnungszeiten: tgl. 10.00 – 17.00 Uhr).

**Mote Marine Aquarium**
🕐

## ✱ ✱ Ringling Center for the Cultural Arts

Hauptattraktion von Sarasota ist das Museum des Zirkuskönigs, das zirka 3 mi/5 km nördlich des Stadtzentrums an der Bayshore Road liegt. Ringling hat es 1936 dem Staate Florida vermacht. Der 1927 bis 1930 im **Neorenaissancestil** errichtete Gebäudekomplex steht inmit-

✱ ✱
**John & Mable Ringling Museum of Art**

*Auf dem Anwesen des Zirkuskönigs Ringling glaubt man sich nach Italien versetzt.*

ten gepflegter Gartenanlagen, von denen sich herrliche Ausblicke auf die Sarasota Bay bieten. Das Kunstmuseum beherbergt nicht nur eine bedeutende **Kollektion antiker zypriotischer Kunst,** sondern auch eine hervorragende Sammlung europäischer Meister des 16., 17. und 18. Jh.s, darunter berühmte **Werke von Lukas Cranach, Peter Paul Rubens, Anthonis van Dyck** und anderen. Den Innenhof zieren Repliken von berühmten Statuen, so auch Michelangelos »David«. Im Museumsanbau sind Wechselausstellungen zeitgenössischer Kunst zu sehen (Öffnungszeiten: tgl. 10.00 – 17.00, Mi. bis 20.00 Uhr).

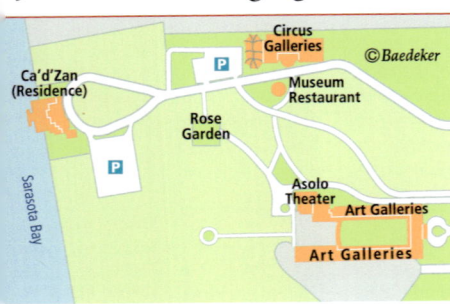

*John and Mable Ringling Collections*

Sarasota Bay · Ca'd'Zan (Residence) · Circus Galleries · © Baedeker · Museum Restaurant · Rose Garden · Asolo Theater · Art Galleries · Art Galleries

★
**Asolo Theater**

Im Jahre 1950 erwarb das Ringling Museum das wunderschöne Interieur des Barocktheaters in der italienischen Stadt Asolo. Es wurde nach Florida verschifft und hier für viel Geld wieder originalgetreu aufgebaut. Es wird auch nach Fertigstellung des neuen Asolo Center for the Performing Arts im Jahre 1989 als Spielstätte genutzt.

★
**Circus Museum**

In der reichhaltigen Ausstellung erinnern Exponate an die große Zeit des Zirkusunternehmens von John Ringling. Neben alten Zirkuswagen, Kostümen und Plakaten gefällt auch ein hübscher Miniaturzirkus. Sonderausstellungen beschäftigen sich mit berühmten Artisten und Clowns.

★ ★
**Ca' d' Zan**

Direkt an der Sarasota Bay liegt Ca' d' Zan, die geradezu feudal wirkende Winterresidenz des Ehepaares John und Mable Ringling. »John's Haus«, eine höchst luxuriöse 30-Zimmer-Villa, wurde 1926 im Stil eines venezianischen Renaissance-Palastes errichtet. Sie ist ein besonders **schönes Beispiele historisierender Baukunst** der 1920er-Jahre. Extra aus Barcelona hat man die alten Ziegel für das Dach und den ca. 30 m hohen Turm kommen lassen. Die Fenster sind aus venezianischem Glas gefertigt. Von der Terrasse führen Marmorstufen hinab zum Wasser, wo einst die venezianische Gondel von Mable Ringling lag.

**Classic Car Museum**

Nicht weit von den Ringling-Museen entfernt lädt diese Ausstellung zum Besuch ein. Blitzblank polierte **Automobil-Oldtimer,** darunter der Mini-Cooper von Paul McCartney, der Mercedes Roadster von John Lennon und ein Dragster aus der Werkstatt von Don Garlit sind neben gut 100 weiteren Fahrezugen zu bestaunen (5500 N. Tamiami Trail/US 41; Öffnungszeiten: Mo. – Sa. 9.00 – 18.00, So. 10.00 bis 18.00 Uhr).

## Umgebung von Sarasota

Der **Ringling Causeway** verbindet St. Armands Key und Lido Key mit dem Festland. St. Armands Key wurde in den 1920er-Jahren vom Zirkusmagnaten John Ringling aufgekauft. Heute ist St. Armands für seine exquisiten Geschäfte und Restaurants bekannt. Der 1988 angelegte **Circus Ring of Fame** erinnert an berühmte Zirkusartisten. Der kilometerlange, mit einigen Picknick- und Spielplätzen ausgestattete **Lido Beach** ist der beliebteste Strand Sarasotas.

**✱**
**St. Armands Key**

Auf der Insel Siesta Key gibt es seit längerem eine **Künstlerkolonie**. Der weiße Sandstrand von **Crescent Beach** gilt als einer der schönsten Strände Floridas. Große Teile der Insel sind heute mit Villenkolonien bebaut. Etliche in üppigen Gärten versteckte ältere Häuser sind im typischen »Sarasota Style« erbaut, den die Architekten Ralph Twitchell und Paul Rudolph in den 1920er-Jahren kreiert haben.

**Siesta Key**

Das Schutzgebiet erstreckt sich knapp 19 mi/30 km südöstlich von Sarasota an der FL 72. Das Ökosystem am Myakka River ist noch weitgehend intakt. Offenes Land, weite Wasserflächen, Sumpfgebiete mit Hammocks (Bauminseln), größere Kiefernbestände und Palmetto-Prärie sorgen für ein abwechslungsreiches Landschaftsbild. Das Gebiet ist bekannt für seinen Reichtum an Rehen, wilden Truthähnen, Alligatoren und Wasservögeln. Häufig kann man Seeadler, Reiher und Sandkraniche beobachten. Am Parkeingang informiert ein Visitor Center über das Gebiet. Park Ranger bieten Vogelführungen und Lagerfeuer-Programme an. Wanderwege, darunter der herrliche **Myakka Trail,** und Kanurouten erschließen den State Park.

**✱ ✱**
**Myakka River**
**State Park**

**! *Baedeker* TIPP**

**Mit dem Airboat zu den wilden Tieren**
Beim Visitor Center des Myakka River State Park startet ein Airboat zu Wildnistouren ins Schutzgebiet. Unterwegs bekommt man u.a. wilde Truthähne und natürlich Alligatoren zu Gesicht. Weitere Informationen: Tel. (941) 365-0100

Ca. 10 mi/16 km südlich von Sarasota erreicht man den Historic Spanish Point. Hier sind **altindianische »Mounds«** (Grabhügel) nachgewiesen. 1867 ließ sich hier eine Familie nieder. Sie benannte den Ort nach den spanischen Fischern, die an der Küste ihre Stützpunkte hatten. 1910 kaufte die als Frauenrechtlerin bekannt gewordene **Mrs. Potter Palmer** das Gelände. Die berühmte Hotelierswitwe aus Chicago errichtete hier ihre Winterresidenz »The Oaks«. Für Sarasota war die Ankunft der Dame ein Glücksfall, denn durch sie kam die junge Stadt zu willkommener Publicity.

**Historic Spanish**
**Point**

Südlich von Sarasota liegt auch die heute rund 17.000 Einwohner zählende Stadt Venice. Das Fischernest erlebte in den 1920er-Jahren einen Aufschwung, als man begann, eine **Siedlung für Pensionäre**

**✱**
**Venice**

aus dem Boden zu stampfen. Der Börsenkrach von 1929 sorgte für ein abruptes Ende des Booms. Erst in den 1960er-Jahren sollte sich ein neuer Aufschwung einstellen, als das Zirkusunternehmen **Ringling Bros. & Barnum and Bailey** sein Winterquartier hier aufschlug. Heute ist Venice vor allem ein sehr beliebtes Urlaubsziel mit wunderschönen Badeständen, Marinas und guten Möglichkeiten für Sportangler.

★
**Bradenton**

Die 1878 von Dr. Joseph Braden gegründete Siedlung, die heute rund 55 000 Einwohner zählt, liegt einige Autominuten nördlich von Sarasota am Mündungstrichter des Manatee River. Sie ist Gewerbestandort und ein beliebter Ausgangspunkt für Angler, die im Golf von Mexiko oder auch im **Manatee River** fischen wollen. Badeurlauber fühlen sich am **Bradenton Beach** wohl. Im Osten der Stadt steht der festungsartige Bau des Stadtgründers, der frühen europäischen Einwanderern als Zuflucht vor Überfällen der Indianer gedient hat. Das **Manatee Village,** das sich zwischen 6th Ave. E. und 15th St. E. ausbreitet, umfasst die alte Kirche von 1887, das alte Gerichtsgebäude von 1860, den 1903 eingerichteten Wiggins Store, das 1908 erbaute alte Schulhaus sowie Stephens House, das im Jahre 1912 in der für die damalige Zeit typischen Holzbauweise der Cracker errichtet worden ist.

★
South Florida
Museum ►

⊕

Hier wird die Natur- und Kulturgeschichte der Region erläutert. **Indianische Kulturzeugnisse** sind ebenso ausgestellt wie Relikte aus der spanischen Kolonialzeit. Eine Sonderschau beschäftigt sich mit den in den hiesigen Gewässern lebenden Manatis (201 10th St. W.; Öffnungszeiten: Mo.–Sa. 10.00–17.00, So. 12.00–17.00 Uhr).

**De Soto National Memorial**

Nordwestlich außerhalb von Bradenton, an der Mündung des Manatee River in die Tampa Bay, wird an den spanischen Konquistadoren **Hernando De Soto** erinnert, der im Mai 1539 hier oder in der Nähe mit einer Streitmacht an Land gegangen sein soll. De Soto führte die erste Expedition von Europäern an, die den Südosten der heutigen USA bis hin zum Mississippi erkundete.

**Gamble Plantation**

⊕

Nordöstlich von Bradenton erstreckt sich die unter Denkmalschutz stehende Gamble Plantation am Nordufer des Manatee-Mündungstrichters. Hier betrieb Robert Gamble, ein Major der Konföderierten, Mitte des 19. Jh.s eine **Zuckerrohrplantage** mit Raffinerie, auf der etwa 200 Sklaven beschäftigt waren. Das Herrenhaus von 1844 ist restauriert (Führungen: Do.–Mo. 9.30–16.00 Uhr).

★
**Longboat Key, Anna Maria Island**

Westlich von Bradenton liegen die beiden Inseln Longboat Key und Anna Maria Island. Hier draußen gibt es wunderschöne Muschelsandstrände, an denen die modernen Feriensiedlungen **Bradenton Beach, Holmes Beach** und **Anna Maria** herangewachsen sind. Die bekanntesten Adressen sind der Longboat Key Club mit seinen Meisterschaftsgolfplätzen sowie das Colony Beach & Tennis Resort.

# Sebring

H 5

**Region:** Central
**Einwohnerzahl:** 10 000

**Höhe:** 40 m ü.d.M.
**Telefonvorwahl:** 863

**Wer sich für den Automobilrennsport interessiert, dem ist Sebring ein Begriff, denn auf dem hiesigen Rundkurs werden alljährlich am dritten Märzwochenende Grand-Prix-Rennen ausgetragen.**

Der Ort liegt im fruchtbaren Hügelland Zentralfloridas, wo Zitrusfrüchte und Avocados angebaut werden. Die »Höhenlage« sowie Seen und Wasserläufe sorgen für ein angenehmes Lokalklima.

 ## SEBRING ERLEBEN

### AUSKUNFT

*Greater Sebring Chamber*
227 US 27 North
Sebring, FL 33870
Tel. (863) 385-8448
Fax (863) 385-8810
www.sebringflchamber.com

*Sebring International Raceway*
113 Midway Drive
Sebring, FL 33870
Tel. (863) 655-1442
Fax (863) 655-1777
www.sebringraceway.com

### AUTORENNEN

*12 Hours of Sebring*
Hochkarätig besetztes Grand-Prix-Rennen für Sportwagen im März.

*Historic Fall Classic*
Im Oktober fahren Sportwagen-Oldtimer um Wertungspunkte.

### EVENT

*Roaring Twenties Festival*
Im Mai lässt man im Stadtzentrum die wilden 1920er-Jahre wieder aufleben. Einer der Höhepunkte ist der bunte Straßenmarkt im Stil der »Roaring Twenties«.

### ESSEN

► **Erschwinglich**
*Chicanes*
(im »Inn on the Lakes«)
3100 Golfview Road
Tel./Fax (863) 471-9400
Herrlich frischer Fisch und andere leckere Gerichte werden von einer innovativen Küchen-Crew zubereitet. Umsonst dazu gibt es einen wundervollen Blick auf den See.

### ÜBERNACHTEN

► **Komfortabel**
*Inn on The Lakes*
3100 Golfview Road
Tel./Fax (863) 471-9400
www.innonthelakes.com
160 Zimmer und Suiten
Elegantes und traditionsreiches Haus mit Spa, Pool und sehr geräumigen Zimmern.

*Kenilworth Lodge*
1610 Lakeview Drive
Tel. (863) 385-0111
www.kenilworthlodge.com
107 Zimmer und Suiten
Das noble und gut geführte Hotel am Lake Jackson besteht bereits seit dem Jahre 1916.

*Seit mehr als fünf Jahrzehnten dröhnen die Motoren bei Sebring.*

Sebring ist erst 1911 gegründet worden. Kurz danach erreichte die Eisenbahn die neue Siedlung, die sich in den 1920er-Jahren zum Wintererholungsort mauserte. Während des Zweiten Weltkrieges entstand bei Sebring ein Luftwaffenstützpunkt. Nach Kriegsende erwarb die Stadt das weitläufige Gelände, auf dem dann der Rundkurs für Automobilrennen angelegt wurde.

## Sehenswertes in Sebring und Umgebung

**Sebring International Raceway**

Auf dem südöstlich außerhalb der Stadt gelegenen früheren Militärflugplatz ist der 4 mi/6,5 km lange Sebring International Raceway angelegt, ein Rundkurs, auf dem seit 1950 wichtige **Autorennen** veranstaltet werden. Highlights sind die »12 Hours of Sebring« im März und die »Sebring Historic Fall Classic« im Oktober. Nach Indianapolis und ▶ Daytona ist Sebring die dritte große Adresse für Abertausende von Motorsportbegeisterten.

**Downtown**

Nett hergerichtet ist das **historische Zentrum** mit seinen Backsteinbauten um Circle Park, Main Street und Commerce Avenue. Vom **City Pier** bietet sich ein schöner Blick über den Lake Jackson. Im **Cultural Center Complex** sind das Highlands Little Theater und das Highlands Museum of Arts mit seiner Kunstsammlung untergebracht.

**Lake Jackson**

Der im Sommer sehr belebte Lake Jackson hat mehrere schöne und gepflegte Strände aufzuweisen. Neben Badegästen kommen hier auch Segler, Fallschirmsegler und Wasserskiläufer auf ihre Kosten.

Westlich von Sebring erstreckt sich der 1931 eingerichtete **älteste State Park Floridas**, den man via US 27 und CR 634 erreicht. In dem Schutzgebiet (Öffnungszeiten: 8.00 Uhr bis Sonnenuntergang) kann man eine nahezu unberührte und ganz typische Hammock-Flora kennenlernen mit Harthölzern und Palmen auf horstartig herausgehobenen Standorten, die von Zypressensümpfen und Kiefernwäldern umgeben sind. Rehwild, Waschbären, Alligatoren sowie allerhand Vögel (auch Weißkopfseeadler) bevölkern das Gelände, durch das einige Nature Trails führen. Im **Parkmuseum** kann man sich über die Pflanzen- und Tierwelt informieren und zu naturkundlichen Führungen anmelden (Öffnungszeiten: tgl. 9.30 – 15.30 Uhr).

★
**Highlands Hammock State Park**

# ✳ ✳ Tallahassee

E 2

**Region:** North Central
**Einwohnerzahl:** 172 000

**Höhe:** 58 m ü.d.M.
**Telefonvorwahl:** 850

**Die nur eine halbe Autostunde von der Golfküste entfernte Stadt hat sich noch einiges vom Charme des Alten Südens erhalten können. Alte Eichen, dicht behangen mit Spanisch-Moos, gepflegte Grünanlagen und hübsche Bauten aus dem 19. Jahrhundert prägen das Bild der weitläufigen »biggest small town in Florida«.**

Die beschauliche Hauptstadt des »Sunshine State« liegt im Norden Floridas am Beginn des sog. Pfannenstiels. Die »alten Felder« – dies in etwa bedeutet der indianische Siedlungsnamen – breiten sich über mehrere Hügel aus, umgeben von Kiefernwäldern und Seen.
Schon vor der Ankunft der Europäer bestand hier eine florierende Siedlung von Ackerbau betreibenden Indianern. 1528 durchstreiften erste Spanier die Region, elf Jahre später überwinterte hier der Konquistador **Hernando de Soto**. Im 16. Jh. gründeten Franziskaner die Mission San Luis, die zeitweise die zentrale spanische Siedlung der Apalachee-Region war. Konflikte zwischen den rivalisierenden Kolonialmächten Spanien, Frankreich und Großbritannien führten zu Beginn des 18. Jh.s zu Angriffen der Engländer. Damals wurden viele spanische Ansiedlungen zerstört und die ansässigen **Apalachee-Indianer** vertrieben. Wenig später ließen sich in dem entvölkerten Gebiet andere Indianerstämme nieder, die aber in den Seminolen-kriegen wieder vertrieben wurden. Verstärkt rückten weiße Siedler vor. Sie legten Baumwoll- und Zuckerrohrplantagen an. 1824 wurde Tallahassee zur Hauptstadt Floridas erhoben, was bereits damals zu einem starken Zuzug führte. Ein verheerender Stadtbrand im Jahre 1843 und eine Gelbfieberepidemie beeinträchtigten jedoch die Entwicklung der jungen Stadt. Erst um die Jahrhundertwende erholte sich Tallahassee wieder. Seit den 1940er-Jahren hat die enorme Zuwanderung nach Florida auch Hauptstadtregion erfasst.

**Floridas Hauptstadt**

# ● TALLAHASSEE ERLEBEN

## AUSKUNFT

*Tallahassee Area*
*Visitor Information Center*
106 E. Jefferson St.
Tallahasse, FL 32301
Tel. (850) 606-2305
Fax (850) 606-2301
www.visittallahassee.com

## PARKEN

Sein Fahrzeug abzustellen, ist auch in Tallahassee ein Problem. Wer das Zentrum besichtigen will, dem sei die unterirdische Parkgarage an der Klemen Plaza westlich der City Hall empfohlen. Touristen erhalten im Visitor Information Center (106 E. Jefferson St.) eine Stunde Parken vergütet.

## STADTBESICHTIGUNG

In Tallahassee gibt es ein sehr gut ausgebautes Stadtbusnetz. Ab dem Visitor Center (106 Jefferson Street) verkehrt täglich zwischen 8.00 und 18.00 Uhr ein »Old Town Trolley« auf einem Rundkurs durch die Innenstadt. Von den dicht beieinanderliegenden Haltestellen kann man die interessantesten Sehenswürdigkeiten leicht zu Fuß erreichen. Die Rundfahrten sind gratis!

## EVENT

*Market Days*
Am ersten Wochenende im Dezember finden die vielbesuchten Markttage statt, im Rahmen derer wunderschönes Kunsthandwerk feilgeboten wird.

## ESSEN

### ► Erschwinglich

① *Barnacle Bill´s*
1830 N. Monroe St.
Tel. (850) 385-8734

Gemütliches Restaurant mit ausgezeichneter Fischküche.

## ÜBERNACHTEN

### ► Luxus/Komfortabel

### *Baedeker-Empfehlung*

① *Governor´s Inn*
209 S. Adam Street
Tel. (850) 681-6855
Fax (850) 222-3105
www.thegovinn.com
40 Zimmer, 8 Suiten
Das elegante Hotel (unter Denkmalschutz!) findet man im Zentrum. Mahagonimöbel zieren die geschmackvoll eingerichteten Zimmer.

### ► Komfortabel/Günstig

② *Econo Lodge North*
2681 N. Monroe Street
Tel./Fax (850) 365-6155
www.choicehotels.com
80 Zimmer
Nördlich von Downtown gelegenes Motel mit gemütlichen Zimmern und gutem Service. Das Continental Breakfast ist gratis.

③ *Doubletree Hotel Tallahassee*
101 S. Adam Street
Tel. (850) 224-5000
Fax (850) 513-9516
www.doubletree.com
240 Zimmer und Suiten
Das moderne Hotel im Herzen von Downtown verfügt über zeitgemäß ausgestattete Zimmer, ein Restaurant und eine Bar. Übrigens: Viele Korrespondenten, die im Jahre 2000 über die Unregelmäßigkeiten bei der Wahl von George W. Bush berichtet haben, hatten sich hier eingemietet.

*Welch ein Gegensatz: das alte und das neue Kapitol in Tallhassee*

## Sehenswertes in Tallahassee

Floridas Hauptstadt ist bekannt für ihre wunderschönen »Canopy Roads«, Alleen, die von den weit ausladenden und mit Spanisch-Moos behangenen Kronen uralter Lebenseichen überdacht sind. Die erste Allee, die **Old St. Augustine Road**, wurde bereits im 16. Jh. angelegt und verband damals die Mission San Luis mit der damaligen Hauptstadt St. Augustine. Weitere hübsche Canopy Roads sind die **Miccosukee Road**, die **Centerville Road**, die **Meridian Road** und die **Old Bainbridge Road**.

★★
**Canopy Roads**

Auf dem höchsten Hügel von Downtown Tallahassee steht das im Jahre 1839 erbaute und im Stil der Jahrhundertwende renovierte alte Kapitol von Florida mit seiner blendend hellen Fassade und auffallend rot-weiß gestreiften Markisen vor den Fenstern. Das **Zimmer des Gouverneurs** sowie die **Sitzungssäle** des Obersten Gerichts, des Senats und des Repräsentantenhauses können besichtigt werden (400 S. Monroe St./Apalachee Pkwy.; Führungen: Mo. – Fr. 9.00 – 16.30, Sa. 10.00 – 16.30, So., Fei. 13.00 – 16.30 Uhr).

★★
**Old State Capitol**

🕐

Im Jahre 1978 wurde das neue Kapitol eingeweiht. Das mit 22 Stockwerken nach wie vor höchste Bauwerk von Floridas Hauptstadt ist ein Symbol für die dynamische wirtschaftliche Entwicklung des »Sunshine State«. In der Eingangshalle befindet sich das große Bronze-Siegel des Staates Florida. Von der **Aussichtsgalerie** des Hochhauses bietet sich ein toller Rundblick (S. Duval St.; Führungen: Mo. bis Fr. 8.00 – 17.00 Uhr).

◀ New
State Capitol

🕐

**Union Bank**

Vor dem Alten Kapitol fällt das 1841 errichtete kleine Gebäude der Union Bank ins Auge. Es war seinerzeit das wichtigste Geldinstitut der Plantagenbesitzer und gehört heute zu den Seite 376 beschriebenen »Black Archives« (219 Apalachee Parkway, Öffnungszeiten: Mo. bis Sa. 9.00 – 17.00 Uhr).

**Adam's Street Commons**

Nördlich der beiden Parlamentsgebäude hat man zwei Häuserblocks des alten Tallahassee restauriert. Pflasterstraßen, Restaurants, Bars, Boutiquen und **Gallie's Hall**, die Ende des 19. Jh.s Stadttheater war, machen Adam's Street Commons zum beliebten Treffpunkt.

**★ Museum of Florida History**

Zwei Häuserblocks westlich unterhalb des Kapitols beherbergt das 1976 errichtete R. A. Gray Building das **Staatsarchiv**, eine Bibliothek und vor allem die ausgezeichnete **landeskundliche Ausstellung.** Eindrucksvoll ist das fast drei Meter hohe Skelett eines in Florida gefundenen Mastodon (500 South Bronough St.; Öffnungszeiten: Mo. – Fr. 9.00 – 16.30, Sa. 10.00 – 16.30, So. 12.00 – 16.30 Uhr).

**★ Park Avenue Historic District**

Wenn man vom Museum aus der Bronough Street nach Norden folgt, so erreicht man die Park Avenue mit ihrem alten Baumbestand und mehreren historischen Gebäuden. An der Ecke Bronough St./ Park Ave. fällt der vornehme Säulenbau **The Columns** auf. Er ist eines der ältesten noch erhaltenen Gebäude der Stadt und wurde 1830 im Auftrag des damaligen Präsidenten der Bank of Florida errichtet. Heute ist er Sitz der Tallahassee Chamber of Commerce. Nur wenige Schritte weiter oben steht die **First Presbyterian Church,** die älteste Kirche der Stadt. In dem 1838 in neoklassizistischem Stil errichteten Ziegelbau suchte die Bevölkerung während der Überfälle der Seminolen 1838/1839 Schutz. Bis zum Bürgerkrieg war die Galerie den Sklaven vorbehalten. Jenseits der **Monroe Street,** die Tallahassee von Nord nach Süd als Magistrale durchzieht, kommt man in den hübschen **Lewis Park.** Hier gibt es einige beachtenswerte, meist schon vor dem Bürgerkrieg errichtete Villen mit den für die Südstaaten typischen Veranden und Säulenvorbauten. Ein besonders eindrucksvolles Beispiel der Südstaaten-Architektur ist das **Lewis House,** das von 1850 bis 1993 einer wohlhabenden Bankiersfamilie gehörte (316 E. Park Avenue).

Gegenüber lädt das **Knott House** zum Besuch ein. Die im Jahre 1843 errichtete komfortable Residenz des Unionisten-Generals Edward McCook wurde 1928 von William Knott erworben, dem damaligen Kämmerer des Bundesstaates Florida. Er ließ das Haus mit imposanten Portikus anbauen und stattete das Haus mit wertvollem viktorianischem Mobiliar aus (301 E. Park Ave.; Führungen: Mi. – Fr. 13.00 – 15.00, Sa. 12.00 – 15.00 Uhr).

**★ Calhoun Street Historic District**

Recht lohnend ist auch ein Spaziergang durch das noble Quartier an der nördlichen **Calhoun Street.** Hier haben sich im 19. Jh. wohlhabende Bürger niedergelassen. Daher findet man auch einige recht

## Tallahassee Downtown *Orientierung*

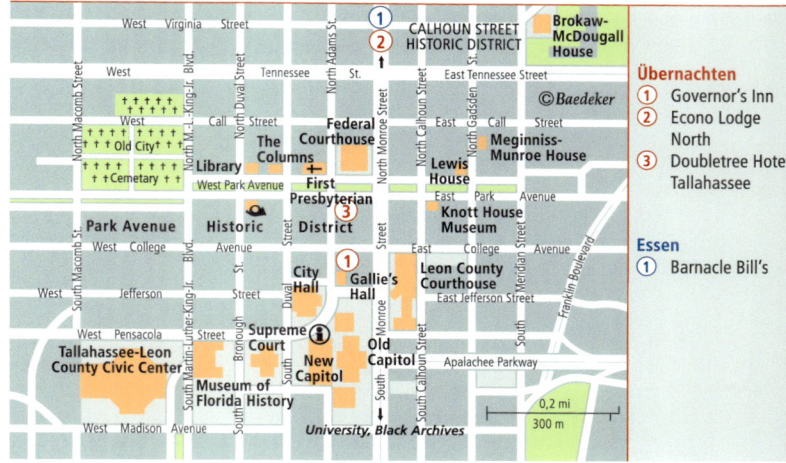

**Übernachten**
① Governor's Inn
② Econo Lodge North
③ Doubletree Hotel Tallahassee

**Essen**
① Barnacle Bill's

schöne Architektur-Beispiele des **Greek Revival Style** und des Neo-klassizismus. Nur aus Anlass von Feierlichkeiten und sonstigen Veranstaltungen zugänglich ist das **Brokaw-McDougall House,** das im Jahre 1856 am Südwestrand des Villenviertels errichtet worden ist. Gelegentlich dient es der Regierung von Florida als Tagungszentrum (329 North Meridian Street).

Nordwestlich des Calhoun Street Historic District liegt die **Residenz des Gouverneurs von Florida** in einem gepflegten Park. Das Gebäude mit seinem von korinthischen Säulen flankierten Eingang kann besichtigt werden (700 N. Adam St.; Führungen: März – Mitte Dez. Mo., Mi., Fr. 10.00 – 12.00 Uhr).

**Governor's Mansion**

⏱

## Sehenswertes in den Außenbezirken

Ca. 5 mi/8 km nördlich vom Stadtzentrum stehen wundervolle Gärten zur Besichtigung offen, die ein New Yorker Financier 1923 anlegen ließ und die seine Witwe dem Bundesstaat Florida vermachte. Wunderschön ist es hier im Winter, wenn die **Kamelien** blühen, aber auch im Frühling, wenn **Azaleen** und **Magnolien** ihre Pracht entfalten. Darüber hinaus lohnt auch ein Blick ins 1905 erbaute Maclay House.

★
**Maclay State Gardens**

Als im Jahre 1987 ein neues Baugebiet erschlossen werden sollte, stieß man östlich der Innenstadt (Goodbody Lane/Lafayette Street) eher zufällig auf Reste jenes Lagers, das der spanische Konquistador **Hernando de Soto** 1539 aufgeschlagen hatte.

**DeSoto Archaeological & Historic Site**

**Black Archives Research Center & Museum**

Auf dem Campus der Florida Agricultural & Mechanical University am südlichen Stadtrand beschäftigt man sich mit der Geschichte der Afro-Amerikaner. Hier sind Dokumente zum Thema Sklaverei sowie Zeugnisse kulturellen Schaffens dunkelhäutiger Amerikaner ausgestellt (Öffnungszeiten: Mo. – Fr. 9.00 – 16.00 Uhr).

**Tallahassee Museum of History & Natural Science**

Das im Westen der Stadt nahe beim Flughafen gelegene Museum zeigt, wie es im 19. Jh. im ländlichen Florida zugegangen ist, beispielsweise auf der **Big Bend Farm.** Die elegante **Maison Bellevue** bewohnte einst die Witwe eines Neffen von Napoleon I., der nach der Schlacht von Waterloo nach Amerika ausgewandert ist und sich bei Tallahassee als Plantagenbesitzer niedergelassen hat (3945 Museum Dr.; Öffnungszeiten: Mo. – Sa. 9.00 – 17.00, So. 12.30 – 17.00 Uhr).

★ ★
**San Luis Archeological & Historical Site**

Ebenfalls im Westen der Stadt liegt der Hügel, auf dem man Spuren einer Siedlung der Apalachee-Indianer und auch die Überreste einer 1656 gegründeten **Missionsstation** der Franziskaner und einer Ende des 17. Jh.s angelegten spanischen **Festung** ausgegraben hat. In der Glanzzeit der Siedlung (um 1670) lebten hier 1400 Menschen – Indianer und Spanier – zusammen. Nach Attacken der Engländer verließen alle Bewohner die Siedlung. Im neuen **Freilichtmuseum** sieht man Nachbauten der Missionskirche und des Franziskaner-Priorats, eines indianischen Versammlungshauses und der Wohnung des Apalachee-Häuptlings. Auch das spanische Fort ist rekonstruiert. Das Visitor Center befindet sich in einem typischen Südstaatenhaus der 1930er-Jahre (2020 Mission Rd.; Öffnungszeiten: Di. – So. 10.00 bis 16.00 Uhr).

**Lake Jackson Indian Mounds**

Ca. 6 mi/10 km nordwestlich vom Stadtzentrum, am Südende des Lake Jackson breitet sich ein Hügelfeld (Mounds) aus. Man nimmt an, dass hier von etwa 1200 bis um 1500 ein **indianischer Häuptlingssitz** bzw. ein kultisches Zentrum bestanden hat. Zumindest einer dieser Hügel war Grabstätte. Die hohe Qualität der Grabbeigaben weist auf enge Beziehungen mit anderen präkolumbischen Kulturen im Südosten der USA hin (3600 Indian Mounds Drive; Öffnungszeiten: tgl. 8.00 bis Sonnenuntergang).

## Umgebung von Tallahassee

★
**Pebble Hill Plantation**

Wer von Tallahassee auf dem US 319 nach Nordosten in den Bundesstaat Georgia fährt, lernt ein Stück **Plantagen-Amerika** kennen. Ca. 20 mi/32 km nördlich von Floridas Hauptstadt erreicht man die riesige Pebble Hill Plantation, deren **schlossartiger Herrensitz** besichtigt werden kann. Pebble Hill wurde in den 1820er-Jahren angelegt. Später war das Anwesen Wintersitz einer reichen Familie aus Cleveland, Ohio. Im prunkvoll ausgestatteten Haupthaus verdeutlicht sich die aristokratische Lebensweise der einstigen Plantagenbesitzer (Führungen: Di. – Sa. 10.00 – 17.00, So. 13.00 – 17.00 Uhr).

*Grazile Südstatten-Architektur: das Herrenhaus der Pebble Hill Plantation*

Ca. 12 mi/20 km weiter nordöstlich erreicht man diese 20 000-Einwohner-Stadt. Hier sind noch schöne **Bauten aus dem 19. Jh.** erhalten. Damals war die Stadt bekannt für ihr angenehmes Klima und besaß elegante Hotels. Selbst amerikanische Präsidenten hielten sich hier zu Wachteljagd und Golfspiel auf. Der **Historic District** zeigt sich in viktorianischer Pracht. Die Geschäfte in der früheren Main Street (Broad/Jackson St.) sehen noch aus wie Ende des 19. Jahrhunderts.

**Thomasville (Georgia)**

Folgt man von Tallahassee aus dem US 90 ostwärts, so kommt man nach 26 mi/42 km in das Städtchen Monticello (3000 Einw.), in dem die Zeit stehen geblieben zu sein scheint. Der Baumwollanbau hat dem 1827 gegründeten Ort zu Wohlstand verholfen. Eine mächtige **City Hall** und schöne **Ante-Bellum-Häuser** zeigen dies heute noch.

**Monticello**

Lohnend ist ein Abstecher zu den 16 mi/26 km südlich von Tallahassee gelegenen Wakulla Springs, die man entweder über den US 319 oder über den Woodville Highway (FL 363) und die FL 267 erreicht. Die stärksten **Karstquellen** Floridas, die gelegentlich über 54.000 l/sec schütten, treten in einem Quellteich aus einem weitverzweigten Höhlensystem aus. Der Bereich um die Wakulla Springs ist als State Park ausgewiesen und präsentiert sich als ein kleines Stück ursprüngliches Florida. Kristallklares Wasser, üppige Vegetation, exotische Tiere wie **Alligatoren, Wasserschildkröten** und **Anhingas** (Schlangenhalsvögel) haben in den 1930er- und 1940er-Jahren auch Filmschaffende gefangen genommen. Sie nutzen das Quellgebiet als **Kulisse für Tarzan-Filme** mit dem gebürtigen Donauschwaben Johnny Weissmuller und für andere Dschungelfilme. Heute ist der Quellteich ein beliebtes Naherholungsziel. Man kann hier baden und interessante Ausflüge mit Glasbodenbooten unternehmen.

**★ ★**
**Wakulla Springs**

*Einstmals Kulisse für Tarzan-Filme: die Wakulla Springs*

Am Ufer steht die 1937 erbaute **Wakulla Springs Lodge,** in deren Eingangshalle der ausgestopfte »Old Joe« alle Blicke auf sich zieht. Der ca. 200 Jahre alt gewordene Alligator lebte früher im Wakulla-Quellteich, bis er 1966 von einem Unbekannten erschossen wurde.

**San Marcos de Apalache State Historic Site**

26 mi/42 km südlich von Tallahassee, an der Apalachee Bay, errichteten die Spanier 1679 eine **Festung,** die in der Folgezeit heftig umkämpft war. Im Mai 1800 wurde das Fort von W. A. Bowles, einem entlassenen britischen Offizier, und 400 Indianern besetzt. Bowles rief sich selbst zum König von Florida aus. Seine Regierungszeit dauerte jedoch nur ein paar Wochen, dann wurde die Feste wieder von den Spaniern eingenommen. 1818 nahm General Andrew Jackson das Fort ein. Nach dem Anschluss Floridas an die USA wurde die Festung aufgegeben. Von 1861 bis 1865 hielten die Konföderierten das Fort besetzt, um die Mündung des St. Marks River zu blockieren. Ein **Museum** ist eingerichtet (Öffnungszeiten: Do.–Mo. 9.00–17.00 Uhr).

**St. Marks National Wildlife Refuge**

Der Mündungsbereich des St. Marks River ist Kernzone eines 263 km² großen Naturschutzgebietes. Die Marsch- und Sumpflandschaft an der Apalachee Bay ist geprägt von sumpfigen **Bayous** (Flussarme), Hammocks (Hartholzinseln), Eichen- und Kiefernwäldchen. Hier leben zahlreiche Wasservögel und Alligatoren. Auch Weißkopf-Seeadler und Fischadler kann man beobachten. Ca. 3 mi/5 km südlich der Abzweigung der FL 267 vom US 98 liegt das **Nature Center** (Öffnungszeiten: Mo.–Fr. 8.00–16.00, Sa., So. 10.00–17.00 Uhr).

St. Marks Lighthouse ▶

Ein Sträßchen führt durch das Schutzgebiet bis zum 1831 errichteten **Leuchtturm** von St. Marks. Von der Aussichtsplattform und von mehreren **Trails,** die durch das Gelände führen, kann man die artenreiche Tierwelt beobachten.

# ✶ ✶ Tampa

**Region:** Central West
**Einwohnerzahl:** 340 000
(Tampa Bay Area: 3,4 Mio.)

**Höhe:** 0 – 17 m ü.d.M.
**Telefonvorwahl:** 813

**Alle fahren nur durch. Nach Busch Gardens, das mit Tampa in einem Atemzug genannt zu werden pflegt, oder über die Tampa Bay zu den fabelhaften Stränden der Pinellas Peninsula. Das ist schade. Denn dabei verpassen sie das kräftig schlagende Herz der boomenden Tampa Bay Area.**

Dem Besucher hat die an der Mündung des Hillsborough River gelegene quirlige Hafenstadt so manches zu bieten. Die Innenstadt, geprägt von schimmernden Bürotürmen, ist Resultat des Baubooms der 1980er- und 1990er-Jahre. Sie verfügt über einige bedeutende Stätten von Kunst und Kultur. Historische Viertel wie Ybor City und Old Hyde Park sind mit ihren Geschäften und Restaurants attraktive Ziele bei einem Stadtbummel.

**Quirlige Hafenstadt**

Schwer nachzuvollziehen ist, dass diese dynamisch wachsende Hafen- und Industriestadt – sie ist zugleich das Tor zu den Traumstränden am Golf von Mexiko – nur wenig älter als 100 Jahre ist. Spanische Konquistadoren waren zwar die ersten Weißen in der Bucht von Tampa, doch erst 300 Jahre später begann die systematische Erschließung dieser Gegend. 1824 errichteten die US-Amerikaner an der Mündung des Hillborough River das **Fort Brooke**, um die Indianer (Seminolen) in Schach zu halten. Im Schutze dieser Festung entwickelte sich ein kleines Fischerdorf namens Tampa. Dieses blieb bedeutungslos, bis die »South Florida Railroad« des Eisenbahnmagnaten **Henry B. Plant** im Jahre 1885 den Ort erreichte und die Mün-

**Jung und dynamisch**

## *Highlights* in *Tampa*

**Ehem. Tampa Bay Hotel**
Die vom Eisenbahnmagnaten Plant für die »Oberen Zehntausend« erbaute einstige Nobelherberge ist heute als Museum zugänglich.
▶ Seite 381

**Ybor City**
Auf die Karibikinsel Kuba versetzt glaubt man sich in diesem historischen Quartier, das ein Zigarrenfabrikant im 19. Jahrhundert erbauen ließ.
▶ Seite 384

**Florida Aquarium**
Diese für Alt und Jung lehrreiche Einrichtung gehört zu den Besten ihrer Art. Höhepunkt ist ein künstliches Korallenriff.
▶ Seite 382

**Busch Gardens**
Diese Kombination aus großem Vergnügungspark und Tierpark lohnt wirklich einen Besuch!
▶ Seite 385

dung des Hillsborough River zum Tiefseehafen ausgebaut wurde. Danach ging es Schlag auf Schlag. 1886 verlagerte der spanische Zigarrenhersteller **Vicente Martínez Ybor** seine Produktion von Kuba und Key West nach Tampa. Tausende kubanischer Arbeiter siedelten sich an. Nach der Eröffnung des feinen Tampa Bay Hotel im Jahre 1891 kam Tampa als Winterdomizil in Mode. Der Phosphatbergbau im Hinterland der Stadt stimulierte zusätzlich deren Entwicklung.

## Downtown Tampa

**Innenstadt im Wandel** Kompakt, übersichtlich und vor allem stürmisch gewachsen, ist das Stadtzentrum vor allem auf Business ausgerichtet und stirbt demzufolge nach Feierabend so gut wie aus. Tagsüber jedoch ist die **Franklin Street Mall**, eine begrünte Fußgängerzone zwischen in der Sonne glitzernden Bürotürmen, die mit Abstand munterste Meile der Innenstadt. Sehenswert ist hier das opulente **Tampa Theater** (711 Franklin St.) von 1926, einst das modernste Kino der USA und heute sicher noch eines der schönsten. Mittwochs, samstags und sonntags werden Backstage-Touren hinter die Kulissen dieses andalusisch anmutenden Palastes angeboten, wobei auch die riesige Wurlitzer-Theaterorgel ertönt.

*Blick über die Hillsborough Bay auf Tampas moderne Skyline*

## *Tampa Downtown* Orientierung

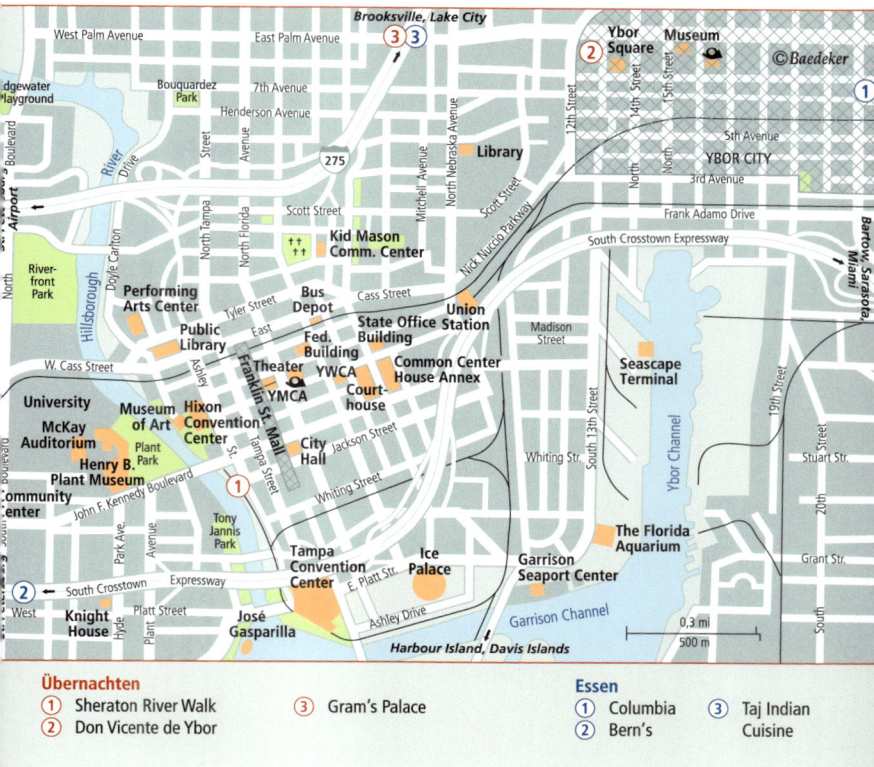

**Übernachten**
① Sheraton River Walk
② Don Vicente de Ybor
③ Gram's Palace

**Essen**
① Columbia
② Bern's
③ Taj Indian Cuisine

★
**Tampa Museum of Art**

Unweit westlich, am Ufer des Hillsborough River, empfängt eine für amerikanische Verhältnisse geradezu großartige Sammlung von Kunstgegenständen der griechischen und römischen Antike kunstsinnige Besucher. Ferner ist hier **amerikanische Kunst des 20. Jh.s** ausgestellt (600 Ashley Dr. N.; Öffnungszeiten: Mo., Di., Mi., Fr. 11.00 – 19.00, Do. 11.00 – 21.00, Sa., So. 11.00 – 17.00 Uhr).

## University of Tampa · Hyde Park

★★
**Ehem. Tampa Bay Hotel**

Gegenüber, am Westufer des Hillsborough River, fallen die **minarettartigen Türme** des ehemaligen Tampa Bay Hotel ins Auge. Diesen maurischen Prachtbau ließ der Eisenbahn-Magnat Henry B. Plant 1891 errichten. Mit 511 Zimmern war er seinerzeit die Bleibe der »Haute Volée« aus dem kühlen Nordosten der USA. Heute fungiert das einstige Luxushotel als Hauptgebäude der renommierten **University of Tampa**. Der noch original ausgestattete Südflügel des ganz orientalisch wirkenden Gebäudekomplexes ist heute als **Henry B. Plant Museum** zugänglich, in dem an das Leben und Werk des Eisenbahn-Tycoons erinnert wird (401 W. Kennedy Blvd.; Öffnungszeiten: Di. – So. 10.00 – 17.00, So. 12.00 – 17.00 Uhr).

**★**
**Hyde Park**

Vom einstigen Tampa Bay Hotel führt die South Hyde Park Avenue in Tampas gepflegtestes historisches Wohnviertel. Die viktorianischen Bauten zeigen noch einiges von der Eleganz der Jahrhundertwende. Reizvoll ist eine Fahrt auf dem **Bayshore Boulevard**, von dem aus man tolle Blicke auf die Hochhaussilhouette von Downtown Tampa hat. In Höhe Beach Place liegt der alte **Dreimaster »José Gasparilla«** vor Anker, der im Februar quasi das Epizentrum des größten Festes der Stadt ist.

Old Hyde Park
Village ►

Im Old Hyde Park Village (712 S. Oregon Ave./Swan Ave.) versucht man, die Atmosphäre vergangener Zeiten wieder aufleben zu lassen. Hier gibt es etliche Modeboutiquen, Galerien, feine Restaurants und nette Lokale für Freunde des Jazz.

## Channelside

**★**
**Hafenfront am
Garrison Channel**

Die »Wasserseite« von Downtown Tampa hat ihr Gesicht in den letzten Jahren total verändert. An der Nordseite des Garrison Channel sind moderne Betonpaläste entstanden, darunter das **Tampa Convention Center,** der **Ice Palace,** das multifunktionale **Garrison Seaport Center** und auch das inzwischen zur Top-Touristen-Attraktion herangereifte **Florida Aquarium.**

**★ ★**
**Florida Aquarium**

Unter einer markanten grünen Glaskuppel kann man mehrere Tausend verschiedene Pflanzen und Tiere studieren, die in den Gewässern um Florida heimisch sind.

Die Anlage ist in mehrere Ökosysteme gegliedert. In den zypressenbestandenen »Wetlands« sieht man nicht nur **Ibisse** und Eulen, sondern auch Schlangen und andere Reptilien. Die Stars in der Abteilung »Bays & Beaches« sind die **Stachelrochen**. Absoluter Höhepunkt der Schau ist aber das von farbenprächtigen Fischen bewohnte künstliche **Korallenriff**, das täglich von einem Taucher in allen Einzelheiten erklärt wird.

Im Bereich »Ocean Commotion« schwimmen einige **Haie,** begleitet von vielerlei anderen mehr oder weniger bekannten Meeresbewohnern (701 Channelside Dr.; Öffnungszeiten: tgl. 9.30 – 17.00 Uhr).

## ! *Baedeker* TIPP

### Tauch' mit dem Hai!

Publikumsrenner im Florida Aquarium ist das Programm »Dive with the Sharks«. Dabei können interessierte und vor allem mutige Besucher in Begleitung erfahrener Taucher zu Haifischen aus allen Weltmeeren in die Fluten steigen. Allerdings sollte man einen Tauchschein vorweisen können.

## ● TAMPA ERLEBEN

### AUSKUNFT

**Tampa Bay Company
Visitor Center**
615 Channelside Dr., Suite 108 A
Tampa, FL 33602
Tel. (813) 223-2752
www.visittampabay.com

### STADTVERKEHR

Im Stadtgebiet verkehren Busse von
Hillsborough Area Transit (HART).
Zwischen dem Cruise Ship Terminal
und der Ybor City pendeln nostalgische Wagen der TECO Line.

### FLUGHAFEN

Der internationale Flughafen liegt
5 mi/8 km nordwestlich von Downtown an der Tampa Bay. Mit Bussen
und Taxis kommt man in die Stadt
Infomation: Tel. (813) 870-8700,
www.tampaairport.com

### EVENT

**Gasparilla Festival**
Am ersten Samstag im Februar erinnert man mit einem bunten Festival
an den legendären Piraten José
Gaspár, der im 18. Jh. die Siedler
an Floridas Golfküste in Angst und
Schrecken versetzt hat.

### SHOPPING

Behaglich einkaufen – ohne Stress
und Trubel – kann man im Old Hyde
Park Village südlich von Downtown
im Bereich von Swan Street und
Dakota Street. In diesem Quartier
haben sich mehrere Dutzend gute
Geschäfte angesiedelt, die zumeist
hübsche Textilien und sonstige hochwertige Waren feilbieten.
Beste Zigarren gibt es in der Ybor City
bei »Tampa Rico Cigar Co.« am Ybor
Square sowie bei »King Corona
Cigars« an der 1523 E 7th Avenue.

### ESSEN

► **Fein & teuer**

### Baedeker-Empfehlung

① **Columbia**
Ybor City
2117 E 7th Avenue
Tel. (813) 248-4961
In diesem 1905 eröffneten Restaurant
gibt es schmackhafte Genüsse einer
hervorragenden spanisch-kubanischen
Küche. Wunderbar: »Paella a la Valen-
ciana« und »La Completa Cubana«
(mit Schweinefleisch, Pataten und
schwarzen Bohnen). Übrigens: Fast
jeden Abend wird hier eine tolle
Flamenco-Show geboten.

② **Bern's Steakhouse**
Hyde Park District
1208 S. Howard Ave.
Tel. (813) 251-2421
Steak vom feinsten: In kitschig-über-
ladenem Ambiente werden hier seit
vier Jahrzehnten mit die besten Steaks
am Golf von Mexiko gegrillt.

► **Erschwinglich**
③ **Taj Indian Cuisine**
2734 E. Fowler Ave.
Tel (813) 971-8483
Wirklich köstlich schmeckt hier das
Geflügel, besonders das »Chicken
Tikka«.

### ÜBERNACHTEN

► **Luxus**
① **Sheraton Riverwalk Hotel**
200 N. Ashley Drive
Tel. (813) 223-2222
Fax (813) 273-0839
www.starwoodhotels.com
282 Zimmer und Suiten

Gut geführtes Haus der Nobelhotel-kette mit schönen Zimmern, von denen aus man über den Hillsborough River blickt.

► **Komfortabel**

② *Don Vicente de Ybor Historic Inn*
Ybor City
1915 Avenida República de Cuba
Tel. (813) 241-4545
www.donvicenteinn.com
16 Zimmer

Die beste Unterkunft der Ybor City ist im kolonialspanischen Stil gehalten und verfügt über geräumige Suiten sowie eine Zigarren- und Martini-Bar.

► **Günstig**

③ *Gram's Place*
3109 N. Ola Avenue
Tel. (813) 221-0596
www.grams-inn-tampa.com
8 Zimmer
Einfache Herberge mit sauberen Zimmern.

## Ybor City

★★
**Historisches Industriequartier**

Im Jahre 1886 gründete **Zigarren-König Don Vicente Martínez Ybor** das rechtwinklige, jeweils elf Blocks umfassende Quartier im Norden von Downtown Tampa. Vier Jahrzehnte lang die beste Adresse für handgedrehte Zigarren in den USA. Das Viertel hat alle Höhen und Tiefen erlebt und ist heute noch lateinamerikanisch geprägt. Die Nachkommen der seinerzeit nach Tampa gekommenen Kubaner verkaufen noch immer Zigarren, sie führen Restaurants, Musikläden und Hotels. »La Setima« – so heißt hier die 7th Avenue – erinnert ein wenig an das French Quarter in New Orleans: Alte Holz- und Ziegelbauten prägen die Straße, von schmiedeeisernen Balkonen wird der Verkehr beobachtet, Passanten bummeln unter **Arkaden**, aus dunklen Straßencafés dringen Son und Salsa. Depression und Massenproduktion machten den handgedrehten Zigarren den Garaus, doch seit den 1990er-Jahren erlebt Ybor City eine echte Renaissance und ist heute dank seiner Restaurants und Bars das angesagte Ziel für Nachtschwärmer.

Tagsüber sollte man sich das **Ybor City State Museum** ansehen. Hier lernt man die Zigarrenherstellung in allen Einzelheiten kennen. Am Wochenende gibt es sozusagen »living history« (1819 9th Ave.; Öffnungszeiten: tgl. 9.00 – 17.00; Zigarrenrollen: Fr., Sa., So. 9.30 bis 13.00 Uhr).

*Tabakmanufaktur in Ybor City*

An dem hübschen Platz mit verschiedenen Geschäften und Lokalen kann man bei der **Tampa Rico Cigar Company** zusehen, wie Zigarren von Hand gerollt werden. Unweit nördlich befinden sich das 1888 eröffnete legendäre **Café Creole** (z. Zt. geschlossen) und der 1917 eröffnete nicht minder geschichtsträchtige **Cuban Club.**

**Ybor Square**

Nicht versäumen sollte man einen Bummel über 7th Avenue bzw. »La Setima«, wie diese einstige Geschäftsstraße auf spanisch heißt. Hier stehen noch das 1917 eröffnete **Ritz Theater**, dessen Lobby prächtige Art-Deco-Motive zieren, sowie diverse **»Social Clubs«.** Seinerzeit waren die verschiedenen Bevölkerungsgruppen dieses Viertels in vereinsähnlichen Interessenvertretungen organisiert.

**★**
**La Setima**

## North Tampa

Durch den »Kongo« streifen Tiger, in einem afrikanischen Dorf hausen Orang-Utans, doch wen stören die kleinen Ungenauigkeiten schon? Der Themenpark der Mega-Brauerei Anheuser-Busch im Norden von Tampa gehört zu den beliebtesten Floridas und präsentiert sich als in dieser Art einmalige und durchdachte Kombination aus **Tierpark, Abenteuerpark und Vergnügungspark.** Dass die Busch Gardens mit zu den größten zoologischen Gärten Amerikas gehören und dass sie sich um die Erhaltung bedrohter Tierarten verdient gemacht haben, fällt angesichts der zahlreichen rasanten Achterbahnen und der sonstigen Attraktionen meist unter den Tisch. So hat man beträchtliche Zuchterfolge bei den seltenen **Schwarzen Nashörnern,** bei **Koalas** und **Panda-Bären** aufzuweisen.

**★ ★**
**Busch Gardens**

Das durchgängige Thema ist Afrika. Tausende Tiere vom »Dunklen Kontinent« leben hier in artgerechten Gehegen. Dazu gehört auch eine nachempfundene Savanne, in der sich Zebras, Giraffen und Gnus ebenso wohlfühlen wie in ihrer früheren Heimat.

🕐
Öffnungszeiten: Tgl. 10.00 – 18.00, im Sommer mitunter bis 22.00 Uhr

Busch Gardens ist in acht Bereiche gegliedert. Jeder präsentiert ein anderes Stück Afrika, wobei weniger auf »correctness« Wert gelegt wurde, als auf den Unterhaltungswert. So treten in **»Morocco«** hinter hohen Festungsmauern nicht nur Schlangenbeschwörer und Feuerschlucker auf, sondern dort gibt es auch eine Eisrevue zu sehen. In **»Egypt«** steht das nachgebildete **Grabmal von Pharao Tut-ench-Amun** Amateur-Schatzgräbern offen und wartet die **»Montu«-Achterbahn** mit haarsträubenden Loopings auf Leichtsinnige. In den Bereichen »Congo«, »Timbuktu« und »Stanleyville« gibt es weitere magenumdrehende Achterbahnen. In **»Edge of Africa«** gibt es ein nachgebautes **Massai-Dorf** und ein

www.busch gardens.com

> **!** *Baedeker* TIPP
>
> **Wer zuerst kommt …**
> Um lange Warteschlangen vor den Achterbahnen zu vermeiden, sollte man schon um 9.00 Uhr früh in den Busch Gardens sein. Einlass ist dort bereits um 9.30 Uhr. So kann man schon mal 4 »thrill rides« in einer Stunde genießen. Später ist zu befürchten, dass man mindestens eine Dreiviertelstunde vor jeder Bahn warten muss.

*Nervenkitzel in den Busch Gardens*

**Safari-Camp**. Hier nimmt man an **»Wildlife Tours«** mit fachkundiger Begleitung teil. Im Parkbereich »Nairobi« ist ein Stück **Regenwald** namens **»Myombe Reserve«** angelegt. Dort leben Schimpansen und Gorillas und fühlen sich ganz offensichtlich wohl. Das **»Land of Dragons«** richtet sich mit Karussels und einem schönen Baumhaus an die kleinsten Besucher. Die neueste Attraktion der Busch Gardens heißt **»Sheikra«** und ist die derzeit steilste Achterbahn der Welt mit einem nach dem deutschen Kampfflieger Max Immelmann benannten Loop: Zweimal stürzen die Passagiere praktisch im freien Fall in die Tiefe, um dann noch eine rasante Kehrtwende zu vollziehen.

**Adventure Island Waterpark**

Von den Abenteuern in der Savanne erholt man sich am besten in diesem Spaßbad in der Nachbarschaft der Busch Gardens. **Mega-Wasserrutschen** mit viel versprechenden Namen wie »Runaway Rapids« und »Gulf Scream« und **Wellenbecken** verheißen ein feucht-fröhliches Vergnügen (10001 Malcolm McKinley Drive; Öffnungszeiten: Ende März – Aug. tgl. 10.00 bis mindestens 17.00 Uhr, Sept./ Okt. nur an Wochenenden; http://adventureisland.com).

**Museum of Science & Industry (MOSI)**

Wer schon immer einmal auf einem Drahtseil in zehn Metern luftiger Höhe radfahren oder sich einem tropischen Wirbelsturm (Hurrikan) aussetzen wollte, ist hier richtig. Das Museum im Norden von Tampa bietet **Technik und Naturwissenschaften zum Anfassen** und Begreifen. Nicht entgehen lassen sollte man sich auch die eingängige Darstellung von Klima und Wetter in Florida, die auch Folgen des globalen Klimawandels thematisiert (4801 E. Fowler Ave.; Öffnungszeiten: tgl. 9.00 – 17.00 , Sa./So. bis 18.00 Uhr).

Ca. 6 mi/10 km nördlich von Downtown Tampa liegt dieser Tierpark. Hier am Hillsborough River geht es ruhiger zu als in den Busch Gardens. Zu sehen sind einige vom Aussterben bedrohte Tierarten, so **Florida-Panther**, Nebelparder und einen weißen bengalischen Tiger. Im Manatee & Aquatic Center werden verletzte **Seekühe** gesundgepflegt (1101 W Sligh Ave., Öffnungszeiten tgl. 9.30 – 17.00 Uhr).

**★**
**Lowry Park Zoo**

## Umgebung von Tampa

Im Süden von Tampa, am Eingang der Hillsborough Bay, unterhält die Tampa Electric Company ihre Big Bend Power Station, in deren warmen Abwässern sich im Winter Dutzende von Seekühen aufhalten. Die Stromlieferanten haben inzwischen ein **Manatee Viewing Center** eingerichtet, von dem aus man die plump-possierlichen Tiere beobachten kann, und das auch sonst viel Interessantes über die liebenswerten Manatis zu berichten weiß (Big Bend Rd./Dickman Rd.; Öffnungszeiten: Nov. – Mitte April tgl. 10.00 – 17.00 Uhr).

**Die Seekühe bei der Big Bend Power Station**

Am östlichen Stadtrand, nördlich des I-4, erreicht man einen Vergnügungstempel der Seminolen mit **Spielkasino**, Komfort-Hotel, mehreren Restaurants, »Food Market«, Pool-Bar, diversen Nachtklubs, Hard Rock Store etc. Auch in ein paar komfortabel ausgestatteten Original-**Chickees** der Seminolen kann man sich ein paar Tage entspannen. Auch ein **»Body Rock Spa«** steht den Gästen zur Verfügung (5223 North Orient Rd; Öffnungszeiten: 0.00 – 24.00 Uhr; Tel. 866/502-7529, www.seminolehardrocktampa.com).

**Seminole Hard Rock Cafe Hotel & Casino**

Das Schutzgebiet 20 mi/32 km nordöstlich von Tampa bietet die einzigen Stromschnellen außerhalb von Floridas Mega-Vergnügungsparks. Hier ist noch ursprüngliche und ziemlich üppig bewachsene Flusslandschaft erhalten, durch die **Planken- und Wanderwege** führen. Kanus und Kajaks zur Erkundung der geradezu tolkienschen Flussschleifen kann man bei der Parkverwaltung ausleihen. Die Stromschnellen sind, da nur kniehoch, eher enttäuschend. Hier kann man zumindest am Wochenende ein rekonstruiertes **Palisadenfort** besichtigen, das während des Zweiten Seminolenkrieges die Indianer in Schach hielt (Thonotosassa, 15402 US-301 N.; Öffnungszeiten: tgl. 8.00 bis Sonnenuntergang).

**★**
**Hillsborough River State Park**

◄ Fort Foster

27 mi/44 km nordöstlich von Tampa liegt das Städtchen Dade City in dem von Pferdekoppeln und Zitruspflanzungen geprägten Hügelland. Hauptattraktion ist das **Pioneer Florida Museum,** ein Freilichtmuseum, in dem an die Frühzeit der weißen Besiedlung Floridas erinnert wird. Ein Gotteshaus aus dem 19. Jh., ein altes Schulhaus, ein im Stil der Zeit eingerichtetes Wohnhaus aus den 1860er-Jahren, ein altes Eisenbahndepot mit Lokomotiven und Waggons sowie diverse landwirtschaftliche Gerätschaften sind hier zu sehen (15602 Pioneer Museum Rd.; Öffnungszeiten: Di. – Sa. 10.00 – 17.00 Uhr).

**Dade City**

# ★ ★ Walt Disney World

**H 4**

**Region:** Central

**Höhe:** 28 m ü.d.M.
**Telefonvorwahl:** 407

**Über 23 Millionen Besucher jährlich! Walt Disney World ist »die Mutter aller Mega-Themenparks«. Und das scheint erst der Anfang zu sein: Denn nur ein Viertel der von der Walt Disney Company bei Orlando gekauften Fläche ist bislang bebaut.**

Das Ziel aller – kindlichen – Träume liegt nur eine halbe Autostunde südwestlich von ▶ Orlando am Lake Buena Vista. Hier hatte **Walt Disney** (▶Baedeker Special S. 398) im Jahre 1963 ein Gelände gefunden, auf dem er seine Vision von einer perfekten Freizeitlandschaft realisieren konnte: weites, unbebautes Land, nicht zu weit entfernt von den boomenden Ferienorten an Atlantik- und Golfküste, mit guten Verkehrsverbindungen und ganzjährig angenehmem Klima.

**Perfekte Freizeitlandschaft**

Im Herbst 1971 eröffnete das »Magic Kingdom« als erster Teilbereich der Walt Disney World. Was damals als riesiger, aber noch überschaubarer Vergnügungspark begann, ist inzwischen zu einer gigantischen Freizeitmaschine herangewachsen, die weit über 100 km² Fläche bedeckt. Auf dem Gelände, auf dem die Walt Disney Company praktisch schalten und walten kann wie eine souveräne Regierung, sind heute nicht weniger als **vier Themenparks**, Dutzende »kleinerer« Attraktionen, Fernsehstudios, ein Sportzentrum mit Ferienakademie, mehr als zwei Dutzend Hotels und Resorts sowie ein komplettes Dorf mit Einkaufsmöglichkeiten und Nachtleben angesiedelt.

Mehr als 30 000 Angestellte sorgen Tag für Tag für reibungslose Aufführungen und vor allem auch für Sauberkeit, denn das Imperium der Maus zählt an Spitzentagen bis zu 150 000 Besucher!

## *Highlights* in *der Walt Disney World*

**Magic Kingdom**
Der älteste Teil der Disneyworld kann mit 60 Attraktionen aufwarten.
▶ Seite 392

**EPCOT**
heißt das populärwissenschaftlich ausgerichtete Pendant.
▶ Seite 392

**Disney – Hollywood Studios**
Diese einzigartige Kombination

← *Familienglück mit Micky Maus*

aus Vergnügungspark und Filmstudios zieht mit ihren tollen Shows Jung und Alt in ihren Bann.
▶ Seite 395

**Animal Kingdom**
Hier verquicken sich Freizeitwelt und »echte« Wildnis.
▶ Seite 395

**Typhoon Lagoon**
**Blizzard Beach**
Wasserpark der Extraklasse.
▶ Seite 397

# WALT DISNEY WORLD ERLEBEN

### AUSKUNFT

*Walt Disney World*
Lake Buena Vista, FL 32830
Tel. (407) 939-6244
www.disney.de
www.disneyworld.disney.go.com/
contact

### ANREISE

*Mit dem Flugzeug*
Die beiden nächstgelegenen internationalen Flughäfen liegen in Orlando und Tampa. Shuttlebusse verbinden die beiden Flughäfen mit der Disney World. Auch vom internationalen Flughafen in Miami fahren Shuttlebusse zur Disneyworld.

*Mit dem Auto*
Die Disney World erreicht man mit dem Auto von Orlando aus am schnellsten über den Irlo Bronson Highway (US-192) sowie den Interstate I-4, der Tampa mit Orlando verbindet. Aus dem Raum Miami – Fort Lauderdale kommt man am schnellsten auf dem mautpflichtigen Highway namens Florida´s Turnpike« nach Orlando.

### ÖFFNUNGSZEITEN

Die Öffnungszeiten variieren, liegen in der Regel jedoch häufig zwischen 9.00 und 19.00 Uhr. Während der Hauptreisezeiten sowie an Wochenenden und Feiertagen werden die Öffnungszeiten dem Andrang entsprechend verlängert.
Es ist empfehlenswert, schon sehr früh an den Eingängen zu sein, da sich rasch lange Schlangen bilden. Auch in den Parks selbst muss man mit Schlangen rechnen. Vor besonders populären Achterbahnen können die Wartezeiten mehr als zwei Stunden betragen.

### PREISE

Derzeit kostet ein Tagesticket für jeden (!) der 4 Themenparks 79 US-$ (Erwachsener) bzw. 68 US-$ (Kind). Hinzu kommen die Parkgebühren, die Shuttlefahrten zwischen den verschiedenen Vergnügungsparks sowie Ausgaben für Speis' und Trank. Relativ günstig fährt, wer sich mehrere Tage Zeit für die Walt Disney World nimmt. Denn ein 4-Tage-Pass (Four-Day Park Hopper Pass), der vier Tage lang unbegrenzten Zutritt zu den Attraktionen in allen vier Parks gewährt, kostet derzeit 277 US-$ (Erwachsener) bzw. 245 US-$ (Kind) Mit 5-Tage-Pass (228 US-$ pro Erwachsenen, 195 US-$ pro Kind) und dem 6-Tage-Pass (231 US-$ pro Erwachsenen, 198 US-$ pro Kind) hat man mehr Zeit.
Wer in einem Disney-Hotel absteigt, kommt in den Genuss zusätzlicher Vergünstigungen. Einige deutsche Reiseveranstalter bieten preisgünstige Pakete an, die Flug, Übernachtung und den Besuch der Walt Disney World umfassen.

### EVENTS

*Disney Parade*
Täglich um 15.00 Uhr treten Micky Mouse, Goofy und Konsorten zur großen Parade im »Magic Kingdom« an. Von der »Main Street« bis ins »Frontierland« tanzen sie auf den Straßen und winken ihrer vieltausendköpfigen Fan-Gemeinde zu. Am Schluss der Parade wird vor »Cinde-rella's Castle« ein farbenprächtiges Show-Spektakel abgespult. Spät-abends treten die Stars dann nochmals zur Parade an. Sozusagen zum Abschluss des Tages wird dann noch ein Brilliant-Feuerwerk abgebrannt.

**IllumiNations**
Dieses Laser- und Licht-Spektakel mit Feuerwerk kann man im Parkbereich »EPCOT« an der »World Showcase Lagoon« in vollen Zügen genießen.

## ESSEN
### ▶ Fein & teuer
① **Les Chefs de France**
EPCOT, France Pavilion
Nichts zu verkennen: die Handschrift der drei französischen Küchenpäpste Paul Bocuse, Gaston Lenôtre und Roger Vergé. Das Lokal ist eines der besten in der Walt Disney World.

② **Coral Reef**
EPCOT, The Living Sea
Schmackhaft zubereitete Fische, Lobster und sonstige Meeresfrüchte, ferner gegrillte Würstchen aus Alligatorenfleisch, werden hier serviert. Dazu gibt es kostenlos einen tollen Blick ins »Living Seas Aquarium«.

### ▶ Erschwinglich/Preiswert
③ **House of Blues**
Downtown Disney West Side
Leckere »Cajun Cuisine« und kreolische Spezialitäten werden mit musikalischer Begleitung serviert. Beliebt ist auch der »Sunday Gospel Brunch«.

## ÜBERNACHTEN
### ▶ Luxus
① **Walt Disney World´s Swan & Dolphin**
1500 Epcot Resorts Blvd.
(via Buena Vista Drive)
Tel. (407) 934-4000
2267 Zimmer und Suiten
Nicht weniger als 17 Restaurants, 5 Pools, 2 Health Clubs, Tennis und Golf hat diese Luxusherberge zu bieten, die zudem auch noch ein Highlight moderner Architektur ist.

② **Disney's Polynesian Resort**
Magic Kingdom

1600 Seven Seas Drive
Tel. (407) 824-2000
850 Zimmer und Suiten
Hier kommt man sich tatsächlich vor wie in der Südsee: Wasserfälle rauschen, Palmen und Bananenstauden wiegen sich im Wind, Orchideen zeigen sich in ihrer ganzen Pracht. Dazu gehören zwei Pools, ein Health Club und diverse Sportprogramme.

### ▶ Komfortabel
③ **Disney's Port Orleans Resort**
1251 Riverside Drive
Lake Buena Vista
Tel. (407) 934-7639
1008 Zimmer
Die kürzlich renovierte Unterkunft ist dem Hafenviertel von New Orleans um 1900 nachempfunden. Hier gibt es zwei Restaurants, mehrere Geschäfte und sechs Pools.

### ▶ Günstig
④ **Disney's Pop Century Resort**
1050 Century Drive
(via Osceola Parkway)
Tel. (407) 934-7639
2880 Zimmer
Poppig bemalt und mit Symbolen der Pop-Kultur dekoriert, ist dieses ständig erweiterte Disney-Hotel eine preiswerte Alternative.

## ✳ ✳ Magic Kingdom

**Märchenreich**

Sein Wahrzeichen ist das dem bayerischen Schloss Neuschwanstein nachempfundene **Cinderella's Castle**. Dieses Märchenschloss ist Zentrum des »magischen Königreichs«. Sieben »Länder« mit rund 60 Attraktionen sowie Fast-Food-Restaurants und Eisständen gruppieren sich um das Schloss. Auf der **Main Street USA** geht es hinein ins Vergnügen. Auf dieser amerikanischen Hauptstraße aus der Zeit um 1900 verkehren Pferdedroschken und Autobus-Oldtimer.

Dann überquert man die Brücke nach **»Adventureland«**. Hier kann man – Disney macht's möglich – während einer **»Jungle Cruise«** durch den Dschungel die Urwälder Zentralafrikas und Amazoniens sehen, an den ägyptischen Pyramiden vorbeischippern und sich von den Piraten der Karibik erschrecken lassen.

In **»Frontierland«** rast die **»Big Thunder Mountain Railroad«** über Berg und Tal und durch finstere Tunnels. Höhepunkt dieses als Wilder Westen hergerichteten Bereichs ist **»Splash Mountain«**, wo man auf Flößen durch Bayous und Sümpfe zischt und feucht-fröhlich einen Wasserfall hinunterschießt. Auf dem **»Liberty Square«** wird man in die Kolonialzeit zurück versetzt, und in der **»Hall of Presidents«** werden alle Präsidenten der Vereinigten Staaten vorgestellt. Gleich daneben steht – ist das ein Zufall? – das »Haunted Mansion«. In dem verwunschenen Haus gehen Gespenster um, dazu spielen unheimliche Musikanten und selbst in der Lore fahren Geister mit.

**Fantasyland ►**

Hier treffen besonders die kleinsten Disney-World-Besucher viele alte Bekannte wieder. **Peter Pan** und Käpt'n Hook schütteln Hände, **Schneewittchen** scherzt mit den Sieben Zwergen und **Dumbo**, der fliegende Elefant, stolpert über seine Segelohren. Auf **»Mickey's Toontown Fair«** ist die Welt auf Kindergröße zusammen geschrumpft. Hier begegnen die Kleinen ihren Helden aus dem Fernsehen, allen voran **Micky Maus, Donald und Goofy**.

**Tomorrowland ►**

Im »Land von morgen« geht es nüchtern zu: Mit **Buzz Lightyear** und HighTech rettet man das Universum. Mit dem **»Space Mountain«**, einer rasanten Achterbahn, schießt man hinauf in die Umlaufbahn. Mit einer tollen funkensprühenden Show namens **»Wishes«** geht der Abend im Magic Kingdom schließlich zu Ende, außerhalb der Hochsaison allerdings nur an bestimmten Tagen.

## ✳ ✳ EPCOT

**Blick in die Zukunft**

Die **Experimental Prototype Community Of Tomorrow** ist sozusagen das wissenschaftliche Pendant zum »Magic Kingdom«. Dem Traum Walt Disneys vom makellosen Paradies entsprungen, öffnete es 1982 als zweiter Themenpark seine Pforten. Das interaktive Begreifen und Erlernen wissenschaftlicher Zusammenhänge und neuester Technologien wird hier zum Vergnügen. EPCOT besteht aus den beiden

*Nostalgische Pferdebahn vor Cinderella's Castle →*

*»Mission Space« – Disneys neueste Attraktion*

Bereichen **»Future World«** und **»World Showcase«**. Wahrzeichen der »Welt der Zukunft« ist das **»Spaceship Earth«**, eine riesige, silbrig glänzende Erdkugel, die einem riesigen Golfball ähnelt. Rund um diesen Globus präsentieren global operierende US-Unternehmen – darunter AT & T, Kodak und General Motors – die neusten Errungenschaften aus Forschung und Technik. Auf dem **»Test Track«** rast man in einem offenen Wagen mit atemberaubender Geschwindigkeit durch Steilkurven und haarscharf an diversen Katastrophen vorbei. Nichts für schwache Nerven! **»Mission: Space«** heißt eine der beliebtesten und zugleich umstrittensten Attraktionen der gesamten Walt Disney World. Hier wird ein Raketenflug zum Mond und zum Planeten Mars simuliert, bei der Kräfte bis zum Zweifachen der Erdanziehung wirken. Für gesundheitlich labile Teilnehmer gibt es eine zahmere Version.

**»Honey I shrunk the audience«** ist die interaktive Version des (fast) gleichnamigen Kinoerfolgs: Mittels raffinierter Spezialeffekte und optischer Tricks erscheinen Hunde auf der Leinwand riesengroß und springen ins Publikum, ebenso wie Mäuse und ein rauflustiger Fünfjähriger.

**»Living with the Land«** bietet eine viertelstündige Bootsfahrt durch verschiedene Naturräume. Im Pavillion of Imagination zeigt Michael Jackson als **»Captain EO«** in einem 3D-Film intergalaktische Abenteuer. Im **Test Track Pavillion** wird bei knapp 100 km/h die Fliehkraft bei Rennwagen erfahrbar.

An einer künstlichen Lagune im Süden des Parks präsentiert eine **Weltausstellung** elf Länder der Erde sozusagen mit deren typischen Merkmalen, was hier jedoch nur so etwas wie »Klischees satt!« bedeutet. So ist beispielsweise »Germany« ein naives Ensemble aus Lederhosen, Bierhumpen und mittelalterlichem Fachwerk. Frankreich und Italien ergeht es nicht viel besser. Eher zu empfehlen ist die Darstellung Kanadas: In einem Rundkino wird **»Oh Canada«** mit herrlichen Filmaufnahmen vom Pazifik über die Rocky Mountains bis zu den Leuchttürmen am Atlantik vorgeführt.

*World Showcase*

## ✳ ✳ Disney – Hollywood Studios

Im Jahre 1990 eröffnet, ist dieser Themenpark eine rasante Kombination aus realen Filmkulissen, Vergnügungseinrichtungen und nervenaufreibenden Fahrten. Berühmte Filmthemen benutzend, sausen »Thrill Rides« durch wohlbekannte Filmkulissen, während nebenan tatsächlich Filme gedreht und besonders in den USA populäre »Game Shows« produziert werden.

*Mischung aus Vergnügungspark und Filmstudios*

Den besten Einstieg in die Disney-Filmwelt bietet eine halbstündige **»Studio Backlot Tour«**. Man schaut hinter die Kulissen einer gerade laufenden Filmproduktion, besucht Garderoben und schaut Make-up-Künstlern bei der Arbeit zu. Höhepunkt dieser Tour ist **»Catastrophe Canyon«**: Ein Erdbeben lässt die Wände wackeln und erzeugt Springfluten, Brände und andere durch Spezialeffekte beängstigend lebensnah wirkende Naturkatastrophen. Ein weiteres Highlight ist das halbstündige **»Indiana Jones Epic Stunt Spectacular«**, bei dem scheinbar lebensmüde Stuntmen Nerven zerfetzende Szenen aus der Indiana-Jones-Trilogie vorführen.

Toll ist der **»Rock'n Roller Coaster«**, der seine Gäste in 2,8 Sekunden von 0 auf 100 beschleunigt und in fünf kurvigen Schikanen malträtiert. **»The Twilight Zone Tower of Terror«** ist das Nonplusultra eines Gruselkabinetts. Unter Zuhilfenahme allerneuester Computer-Entwicklungen werden Effekte erzeugt, die selbst dem hartgesottensten Zeitgenossen die Haare zu Berge stehen lassen können. Beispiel: Wer immer schon mal wissen wollte, wie man sich als Passagier eines abstürzenden Fahrstuhls fühlt, kann dies hier erleben.

## ✳ ✳ Animal Kingdom

Wahrlich ein Königreich der Tiere: So groß sind die Freigehege, dass man nach manchen Tieren regelrecht suchen muss. Das ist zwar für manch verwöhnten Besucher ärgerlich, andererseits wurde hier ein Lebensraum geschaffen, der dem ursprünglichen der meist in Afrika beheimateten Tiere sehr nahe kommt. Das »Animal Kingdom« wurde 1998 eröffnet und besteht aus fünf Bereichen. Die Übergänge zwischen künstlicher Freizeitwelt und »echter« Wildnis mit lebenden Kreaturen sind oft so fließend, dass man bald selbst hinter dem Getränkeautomaten einen afrikanischen Springbock vermutet.

*Königreich der Tiere*

*Die weltberühmte
Maus vor den
Filmstudios*

# DER VATER DER MAUS

**Aus einer Mücke einen Elefanten machen – das kann jeder. Der Werbezeichner
Walt Disney konnte mehr: Er machte aus einer Maus einen Giganten, ja einen
internationalen Star, der schon seit über 70 Jahren erfolgreich gegen das Böse
kämpft und seinen Schöpfer zum Milliardär werden ließ.**

**Walter Elias Disney** wurde 1901 in
Chicago geboren. Mit 18 begann er als
Reklamezeichner. Zunächst konnte er
von seinem Verdienst kaum leben.
Auch eine Anstellung als **Trickfilm-
zeichner** brachte wenig, obwohl Disney ein neues Verfahren entwickelt
hatte: Statt Figuren mit beweglichen
Gliedern zu zeichnen und dann in
unterschiedlichen Positionen abzufo-
tografieren, zeichnete er seine Dar-
steller in jeder einzelnen Bewegungs-
phase neu. Dadurch wirkten die
Bewegungsabläufe lebendiger. 1922
machte sich Disney selbstständig und
begann, mit seinem Bruder Roy
Werbefilme zu produzieren.

## Die Maus wird geboren

Den Durchbruch schaffte Disney
**1927**, als er eine vorwitzige Maus mit
Riesenohren zeichnete, die er »Morti-
mer« nannte. Auf Vorschlag seiner
Frau wurde die Maus umbenannt und
machte als **»Mickey Mouse«** rasch
Karriere. Schon 1933 hatte Walt
Disney mit Mickey und seinen Freunden etwa fünf Millionen Dollar verdient. Zwei Jahre später spielte sein

erster abendfüllender **Zeichentrickfilm
»Schneewittchen«** 45 Millionen Dollar ein. Weitere Kassenfüller wie
»Pinocchio« (1938) und »Bambi«
(1942) folgten. Mit Abenteuerfilmen
wie »Die Schatzinsel« und Dokumen-
tarfilmen wie »Die Wüste lebt« (1953)
war Disney auch auf anderem Terrain
erfolgreich. »Walt Disneys wunder-
bare Farbenwelt« war 1961 die erste in
Farbe gedrehte Fernsehserie.

## Zu neuen Ufern

Schon **1955** hatte Disney im kalifornischen **Anaheim** seinen ersten Vergnügungspark eröffnet. Mickey, Goofy und Donald überlebensgroß und
zum Anfassen – das Konzept kam an.
Aber bald wurde »Disneyland« seinem Schöpfer zu klein. Disney schickte Mitarbeiter aus, um nach geeigne-
tem Land zur Verwirklichung seines
Traums zu suchen. In Florida fanden
sie es. Bei **Orlando** sollte ein noch
größerer Vergnügungspark entstehen,
in dem Disney die **Utopie einer Mo-
dellstadt** ohne wirtschaftliche und
soziale Probleme verwirklichen wollte. In aller Stille ließ er das Gelände

*Walt Disney bei der Arbeit*

von Scheinfirmen zu Billigstpreisen aufkaufen. So kam Disney in den Besitz von 113 km² Land.

## Ein Königreich entsteht

Das **400-Mio.-Dollar-Projekt** wurde vom Staat Florida tatkräftig unterstützt. Angesichts des zu erwartenden Nutzens für die Region brauchte Disney keinerlei Land- und Bauvorschriften zu befolgen und konnte eigene Straßen, Hotels usw. bauen lassen. Die Eröffnung des Magic Kingdom im Jahre 1971 erlebte er nicht mehr mit. Disney war bereits 1966 verstorben. Sein Lebenswerk gedieh dennoch prächtig.

## Sagenhafter Erfolg

Schon in den ersten 15 Jahren strömten über 240 Mio. Besucher in Disneys neue Wunderwelt. Der Disney-Konzern selbst wurde vom Erfolg überrascht und expandierte unaufhaltsam weiter zum **größten Unterhaltungskonzern der Welt**. Zur Walt Disney Company (WDC) gehören heute u.a. die American Broadcasting Company (ABC), die Walt Disney Studios, drei Trickfilmkanäle, Beteiligungen an etlichen Fernsehsendern (u.a. am europäischen Fernsehsenders Super RTL). In letzter Zeit geriet die WDC in die Schlagzeilen, als Roy Disney, Neffe des Firmengründers, im Streit mit Firmenchef Michael Eisner das Unternehmen verließ. Auch die angesichts der digitalen Konkurrenz verfügte Schließung der Zeichentricksparte und die Entlassung von mehreren Hundert Zeichnern sorgte für Aufregung.

## Enorme Wirtschaftskraft

Walt Disneys Wunderwelt – heute die Entertainment-Kapitale der Welt – erwies sich für den Bundesstaat Florida und besonders für den Raum Orlando als **kraftvoller Entwicklungsmotor**. Weitere Vergnügungsparks und Hotels – ja ganze Siedlungen – schossen wie Pilze aus dem Boden, neue Highways durchschnitten die Landschaft, Zehntausende suchten und fanden hier Arbeit. Der Erfolg der Disneyworld ließ die Einwohnerzahlen im Raum Orlando explodieren. Das ist leicht zu verstehen, denn allein die Walt Disney Company hat in Florida **gut 40 000 Arbeitsplätze** geschaffen.

Vorwürfe von Umweltschützern, die WDC würde geradezu unverantwortlichen Landschaftsverbrauch betreiben, kontert der Konzern mit dem Hinweis auf seine Umweltpolitik. So benötige man auf dem gesamten Gelände praktisch kein Benzin, die benötigte Energie werde aus dem von den Besuchern hinterlassenen Abfall gewonnen und Abwässer würden biologisch gereinigt.

## *Walt Disney World Florida* *Orientierung*

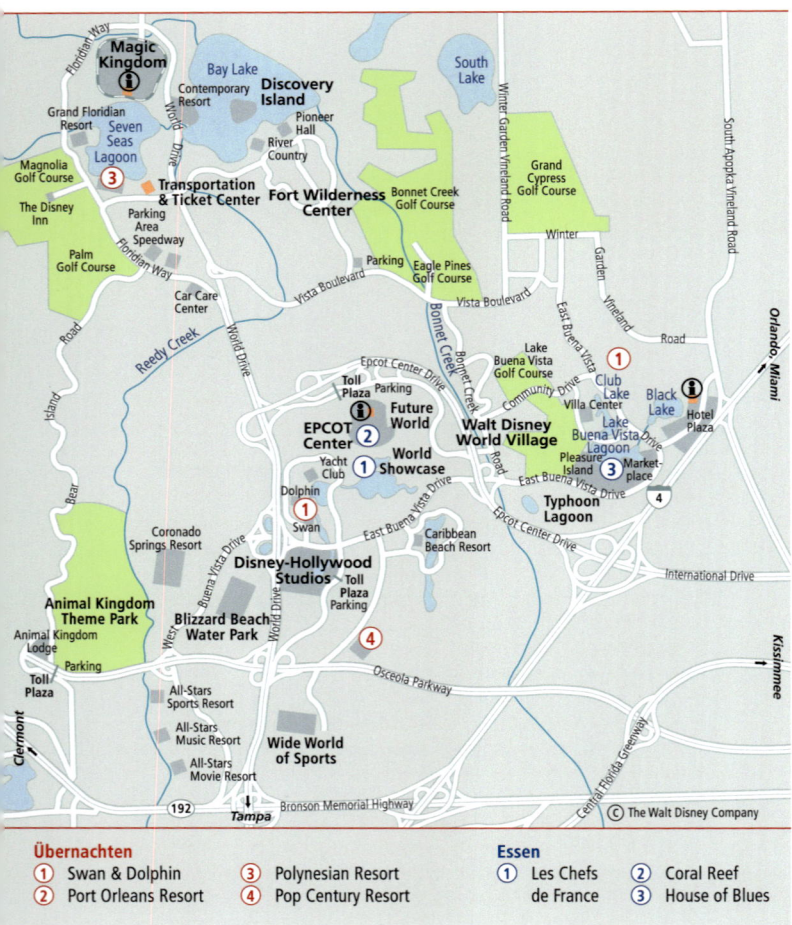

Floridian Way

**Magic Kingdom** ⓘ

Bay Lake

Contemporary Resort

**Discovery Island**

Pioneer Hall

South Lake

Winter Garden Vineland Road

Grand Floridian Resort

Seven Seas Lagoon

River Country

Magnolia Golf Course

③

**Transportation & Ticket Center**

**Fort Wilderness Center**

Bonnet Creek Golf Course

Grand Cypress Golf Course

South Apopka Vineland Road

The Disney Inn

Parking Area Speedway

World Drive

Winter

Palm Golf Course

Floridian Way

Parking

Eagle Pines Golf Course

Garden

Vineland

Orlando, Miami

Car Care Center

Vista Boulevard

Vista Boulevard

Reedy Creek

Bonnet Creek

Lake Buena Vista Golf Course

East Buena Vista

Road

Island Road

World Drive

Epcot Center Drive

Community Drive

① Club Lake

Villa Center

Black Lake ⓘ

Bear Road

**Toll Plaza** ⓘ

Parking

**Future World**

②

**EPCOT Center**

**World Showcase**

**Walt Disney World Village**

Lake Buena Vista Lagoon

Hotel Plaza

Yacht Club ①

Dolphin ①

Swan

Buena Vista Drive

East Buena Vista Drive

Pleasure Island ③

Market place

East Buena Vista Drive

**Typhoon Lagoon**

4

Coronado Springs Resort

Caribbean Beach Resort

Epcot Center Drive

International Drive

**Disney-Hollywood Studios**

Toll Plaza Parking

**Animal Kingdom Theme Park**

World Drive

**Blizzard Beach Water Park**

Osceola Parkway

Kissimmee

Animal Kingdom Lodge

Parking

④

Toll Plaza

Clermont

All-Stars Sports Resort

All-Stars Music Resort

All-Stars Movie Resort

**Wide World of Sports**

192

Tampa

Bronson Memorial Highway

Central Florida Greenway

© The Walt Disney Company

**Übernachten**
- ① Swan & Dolphin
- ② Port Orleans Resort
- ③ Polynesian Resort
- ④ Pop Century Resort

**Essen**
- ① Les Chefs de France
- ② Coral Reef
- ③ House of Blues

**Der Baum des Lebens**

Wahrzeichen dieses Parkteils ist der **»Tree of Life«** im Discovery Island. In Stamm und Äste des 44 Meter hohen Gebildes sind über 300 Reliefs verschiedener Tiere geschnitzt. Hier sind – in Anlehnung an den Kinoerfolg »The Lion King« – auch alle Tiere zu sehen, die in dem Song »The Circle of Life« vorkommen. Besonders bei den Kindern beliebt ist der 3-D-Film **»It's Tough to be a Bug«**, der täglich im Wurzelbereich des Lebensbaums läuft. In dem Film bekommen die Kleinen es mit Flüssigkeiten absondernden Termiten, übel riechenden Mistkäfern und vielerlei anderem Krabbelvieh zu tun.

Zum Knuddeln sind dagegen die vielen bekannten Disney-Figuren, die sich im »Camp Minnie-Mickey« ein Stelldichein geben. Hier kann man im **»Lion King Theater«** auch das mitreißende **»Festival of the Lion King«** miterleben, das sowohl auf der Bühne als auch in den Zuschauerreihen gefeiert wird.

Camp Minnie-Mickey

In **»Africa«** nimmt man an der **»Kilimanjaro Safari«** teil. Man fährt stilgerecht in einem offenen Safari-Truck durch eine gekonnt nachgebaute Savanne. Bei diesem »Game Drive« sieht man allseits bekannte Vertreter der afrikanischen Tierwelt, allen voran Giraffen, Antilopen, Gnus, Zebras, Nashörner und Elefanten. Besonders spannend ist der **»Pangani Forest Exploration Trail«**, auf dem man Flusspferde und – offensichtlich zufriedene – Gorillas beobachten kann.

Klein-Afrika

Bengalische Tiger und viele andere Tiere bevölkern den Parkbereich **»Asia«**. Auf dem **»Maharajah Jungle Trek«** kann man die vom Aussterben bedrohten Raubkatzen in einem ihrem nordindischen Lebensraum nachempfundenen Ambiente bewundern. Amüsement wird hier auch geboten: Die **»Kali River Rapids«** bieten eine Floßfahrt durch das schäumende Inferno eines reißenden Flusses – an einem heißen Tag sicher eine willkommene Erfrischung.

Parkbereich Asien

**»Dinoland USA«** ist nach wie vor ein Knüller. Im **»Fossil Preparation Lab«** ist das Skelett eines Tyrannosaurus Rex namens **»Dino Sue«** aufgebaut. Auf dem **»Cretaceous Trail«** kann man Pflanzen- und Tierarten studieren, die jene schlimme Katastrophe überlebt haben, die vor rund 65 Millionen Jahren zum Aussterben der Dinosaurier geführt hat. In **»Dinosaur«** kann man zudem mit dem **»Time Rover«** eine virtuelle Zeitreise zurück in die Kreidezeit unternehmen. Dabei muss man es mit unheimlichen Urweltgeschöpfen aufnehmen. Ein »Thrill Ride« der Sonderklasse ist **»Primeval Whirl«**, bei dem man durch enge Kurven rast, bis es einem schwarz vor den Augen wird.

Parkbereich Amerika

## ✷ ✷ Typhoon Lagoon · Blizzard Beach

Die beiden Disney-Spaßbäder sind – selbst Skeptiker geben es zu – eine absolute Wucht! **Wellenbäder** und **Wasserrutschen** in einer wunderschön angelegten Südsee-Welt, die vom 30 Meter hohen **»Mount Mayday«** überragt wird, machen den besonderen Charme der **»Typhoon Lagoon«** aus. Dieses Bad ist eher etwas für Familien. **»Blizzard Beach«** hingegen wendet sich an Jugendliche (und sportliche Erwachsene!). Die wahrlich atemberaubenden Wasserrutschen warten mit allen erdenklichen Schikanen auf. Absoluter Höhepunkt ist der **»Summit Plummet«**: Ganz Mutige rutschen in rasendem Tempo aus 40 Meter Höhe hinab und platschen mit knapp 90 km/h in ein Auffangbecken.

Wasserspaß der Extraklasse

# REGISTER

# BILDNACHWEIS

AKG  S. 235

Braunger  S. 2 (li.), 5 (li.), 7 (u.), 9 (o.), 37, 52, 85, 119, 129, 135 (re.o., Mi.u.), 143, 182, 191, 208, 257, 276, 286, 287, 288, 289 (re.o., re.u.), 340, 342, 343 (li.o., re.o., re.u., Klappe), 351

dpa Bilderdienste  S. 6 (u.), 13 (o.), 15, 23, 38, 50, 58, 60, 61, 62, 64, 67 (Einkl.), 93, 105, 121, 126, 137, 138 (re.o.), 141(li.), 144 (re.o.), 153, 159, 162, 163 (re.o., re.u., li.u., Klappe), 177, 201, 211, 230, 251, 254, 355, 388, 391, 394, 399

Faber-Castell Archiv  S. 167

Fieselmann  S. 14 (u.), 20, 264

Florida Department of Tourism  S. 29, 133 (Einkl.), 174, 253, 373

Florida State Archives  S. 42, 47, 324, 325

Getty Images/Brian Cleary  S. 308

HB Verlag/Frischmuth  S. 6 (o.), 7 (o.), 8, 14 (Mi.), 33, 57, 77, 132/133, 134, 138 (re.u.), 163 (li.o.), 187, 189, 192, 196, 205, 213, 236, 266, 295, 302, 316, 319, 327, 357

IFA  S. 16

Inger  S. 11 (Einkl.)

laif/Artz  S. 313

laif/Caputo  S. 283

laif/Heeb  S. 320, 343 (links unten), 353

laif/Maier  S. 27

laif/Neumann  S. 19, 40, 55, 135 (li.o.), 263, 289 (li.o., li.u., Klappe), 343 (Mi. o., Mi.re.), 380

laif/piepenburg  S. 169

laif/Sesse  S. 9 (u.), 90, 138 (li.o.)

Lang  S. 13 (u.), 265

Linde  S. 4 (re.), 5 (re.), 12, 25, 115, 138 (li.u.), 144 (li.o., li.u., re.u.), 147 (Einkl.), 150, 202, 216, 221, 232, 268, 297, 301, 311, 331, 334, 345, 347, 377, 378

Mauritius  S. 1, 10/11, 66/67, 146/147, 242

Mayer-Harth  S. 2 (re.), 359

Mittmann  S. 13 (Mi.), 273, 314, 384

PhotoPress/Hackenberg  S. 81, 98, 141 (re.), 362

PhotoPress/Master  S. 14 (oben)

PhotoPress/Rogler  S. 30, 180, 270

PhotoPress/Wolf  S. 184

Picture Alliance/BA Huber/Gräfenhain  S. 291

Picture Alliance/Pan Images Darren  S. 370

Pinellas Suncoast Chamber  S. 349

Reincke  S. 4 (li.), 157

Rowohlt-Verlag  S. 234

Scherm  S. 142, 171, 172, 219, 227, 241

Tampa CVB  S. 386

The Leo Group  S. 245

Walt Disney Company  S. 393, 398

Wrba  S. 365

Titelbild: Huber/Kremer

---

 atmosfair

Reisen bereichert und verbindet Menschen und Kulturen. Jedoch, wer reist erzeugt auch $CO_2$. Dabei trägt der Flugverkehr mit bis zu 10% zur globalen Erwärmung bei. Wer das Klima schützen will, sollte sich somit eine Möglichkeit für die schonendere Reiseform entscheiden (wie z. B. die Bahn). Wenn keine Alternative zum Fliegen besteht, kann man mit atmosfair handeln und klimafördernde Projekte unterstützen.

atmosfair ist eine gemeinnützige Klimaschutzorganisation unter der Schirmherrschaft von Klaus Töpfer. Die Idee: Flugpassagiere spenden einen kilometerabhängigen Beitrag für die von ihnen verursachten

nachdenken · klimabewusst reisen

Emissionen und finanzieren damit Projekte in Entwicklungsländern, die dort den Ausstoß von Klimagasen verringern helfen. Dazu berechnet man mit dem Emissions-rechner auf **www.atmosfair.de** wieviel $CO_2$ der Flug produziert und was es kostet, eine vergleichbare Menge Klimagase einzusparen (z.B. Berlin – London – Berlin 13 Euro). atmosfair garantiert die sorgfältige Verwendung Ihres Beitrags. Auch Karl Baedeker Verlag fliegt mit *atmosfair.* Unterstützen auch Sie unser Klima. Alle Informationen dazu auf www.atmosfair.de.

# VERZEICHNIS DER KARTEN & GRAFISCHEN DARSTELLUNGEN

# IMPRESSUM

**Ausstattung:**
204 Abbildungen, 34 Karten und grafische Darstellungen, eine große Reisekarte
**Text:**
Basistext: Inge Scherm. Textbeiträge: Annette Bickel, Helmut Linde, Andrea Mecke, Thomas Mittmann, J. u. P. Seeberger, Lydia Störmer, Reinhard Zakrzewski.
**Aktualisierung:**
Axel Pinck
**Bearbeitung:**
Baedeker Redaktion (Helmut Linde)
**Kartografie:**
Christoph Gallus, Hohberg; Falk Verlag, Ostfildern (Reisekarte)
**3D-Illustrationen:**
jangled nerves, Stuttgart
**Gestalterisches Konzept:**
independent Medien-Design, München (Kathrin Schemel)

**Sprachführer** in Zusammenarbeit mit Ernst Klett Sprachen GmbH, Stuttgart, Redaktion PONS Wörterbücher

**Chefredaktion:**
Rainer Eisenschmid,
Baedeker Ostfildern

10. Auflage 2011

**Urheberschaft:**
Karl Baedeker Verlag, Ostfildern
**Nutzungsrecht:**
MAIRDUMONT GmbH & Co KG; Ostfildern
Der Name Baedeker ist als Warenzeichen geschützt. Alle Rechte im In- und Ausland sind vorbehalten. Jegliche – auch auszugsweise – Verwertung, Wiedergabe, Vervielfältigung, Übersetzung, Adaption, Mikroverfilmung, Einspeicherung oder Verarbeitung in EDV-Systemen ausnahmslos aller Teile des Werkes bedarf der ausdrücklichen Genehmigung durch den Verlag Karl Baedeker GmbH.

Printed in China
Gedruckt auf 100% chlorfrei gebleichtem Papier

# BAEDEKER VERLAGSPROGRAMM

- ▶ Ägypten
- ▶ Algarve
- ▶ Allgäu
- ▶ Amsterdam
- ▶ Andalusien
- ▶ Argentinien
- ▶ Athen
- ▶ Australien
- ▶ Australien • Osten
- ▶ Bali
- ▶ Baltikum
- ▶ Barcelona
- ▶ Bayerischer Wald
- ▶ Belgien
- ▶ Berlin • Potsdam
- ▶ Bodensee
- ▶ Brasilien
- ▶ Bretagne
- ▶ Brüssel
- ▶ Budapest
- ▶ Bulgarien
- ▶ Burgund
- ▶ Chicago • Große Seen
- ▶ China
- ▶ Costa Blanca
- ▶ Costa Brava
- ▶ Dänemark
- ▶ Deutsche
  Nordseeküste
- ▶ Deutschland
- ▶ Deutschland • Osten
- ▶ Djerba • Südtunesien
- ▶ Dominik. Republik
- ▶ Dresden
- ▶ Dubai • VAE

- ▶ Elba
- ▶ Elsass • Vogesen
- ▶ Finnland
- ▶ Florenz
- ▶ Florida
- ▶ Franken
- ▶ Frankfurt am Main
- ▶ Frankreich
- ▶ Frankreich • Norden
- ▶ Fuerteventura
- ▶ Gardasee
- ▶ Golf von Neapel
- ▶ Gomera
- ▶ Gran Canaria
- ▶ Griechenland
- ▶ Griechische Inseln
- ▶ Großbritannien
- ▶ Hamburg
- ▶ Harz
- ▶ Hongkong • Macao
- ▶ Indien
- ▶ Irland
- ▶ Island
- ▶ Israel
- ▶ Istanbul
- ▶ Istrien •
  Kvarner Bucht
- ▶ Italien
- ▶ Italien • Norden
- ▶ Italien • Süden
- ▶ Italienische Adria
- ▶ Italienische Riviera
- ▶ Japan
- ▶ Jordanien
- ▶ Kalifornien

- ▶ Kanada • Osten
- ▶ Kanada • Westen
- ▶ Kanalinseln
- ▶ Kapstadt •
  Garden Route
- ▶ Kenia
- ▶ Köln
- ▶ Kopenhagen
- ▶ Korfu •
  Ionische Inseln
- ▶ Korsika
- ▶ Kos
- ▶ Kreta
- ▶ Kroatische Adriaküste
  • Dalmatien
- ▶ Kuba
- ▶ La Palma
- ▶ Lanzarote
- ▶ Leipzig • Halle
- ▶ Lissabon
- ▶ Loire
- ▶ London
- ▶ Madeira
- ▶ Madrid
- ▶ Malediven
- ▶ Mallorca
- ▶ Malta • Gozo •
  Comino
- ▶ Marokko
- ▶ Mecklenburg-
  Vorpommern
- ▶ Menorca
- ▶ Mexiko
- ▶ Moskau
- ▶ München